自由な学びとは

サドベリーの教育哲学

ダニエル・グリーンバーグ 著
大沼安史 訳

Worlds In Creation
Daniel Greenberg

緑風出版

Worlds In Creation

by Daniel Greenberg

Japanese Translation right arranged with

Sudbury Valley School in Massachusetts, U.S.A.

through Links Academy in Tokyo

自由な学びとは

サドベリーの教育哲学

目次

序

本書に収録したさまざまなエッセイは、一九九〇年から九三年までの三年の間に集中して書かれたものです。私はこのサドベリー・バレー校で、人間はコミュニティーにおける個人として、コミュニティーのメンバーとして、どう考え、どう行動するものなのか、私なりの理解を深めようと努力を続けて来ました。本書はその努力のひとつの成果ではありますが、それは私の理解が時の経過とともに変化したことを示すものでもあります。そこで得た私の理解は、社会が政治システムや子どもたちのための教育システムを、意味あるかたちで築いて行く上で、その前提になければならないもののように思われます。私はこれまで三十年もの長きにわたり、これらの問題に関し、多くの文章を書き続けて来ました。そしてその一つひとつが、この捉えがたく、時に不可侵なもののようにも見える複雑さに対して新しい局面を拓いて行く私なりの思考を、言葉で書き記した企てでもあります。

私の友人の多くは、本書を草稿段階で読んでくれ、私が自分の考えを洗練し明確化して行く手助けをしてくれました。妻のハンナも、私の説明の曖昧さを低減すべく、粘り強く私に迫り続けてくれました。私の長年のサドベリーの同僚で、疲れというものを知らないミムジー・サドウスキーは、エディターとしても批評家としても、私にとってはなくてはならないスキルの持ち主でありますが、私の論述を改善し、私の思考を焦点化する努力を惜しまずに続けてくれました。本書になお欠陥が残っているとするなら、それはもとより、改善できなかった私自身の力のなさによるものであり、その責めは私自身が全面的に負わなければならないものであります。

私の読者の皆さんへの願いは一つ、私が遂に人間の思考と行動というものの本質を一通り説明する道を見つけることができた、と思えた瞬間の興奮を、私が人間の思考と行動をつなぐものをようやく発見できた、と思えた瞬間の興奮を、たとえ部分的であれ、ともに分かち合っていただきたい、ということであります。

一九九四年三月

ダニエル・グリーンバーグ

I

恐怖が消えて行く

実はつながり合っていた、無関係に見えたいくつかの問題

私を悩ませていたいくつかの問題が、しだいに解決に向かい、ひとつの落ち着き場所を得るようになったのは、一九九二年三月のことだった。当時を思い返し、どのような解決が得られたのか辿ってみたい。その解決を知ることが、関連するさまざまな問題の理解を深める上で重要だと思えるからだ。これらの問題は一見本質的に異なり、無関係なもののようだが、実は同じ現象のさまざまな側面に過ぎないことが分かったのである。

当時、私の心を占めていた気がかりのひとつは、私たちサドベリー・バレー校の卒業生から聞き取りしたオーラル・ヒストリーが、間もなく本のかたちにまとまることだった。その聞き取りの中で、その気がかりが――今もサドベリーのことを外部の人々に話す時に感じる、あのもどかしい思いが生れたのだ。

そんなもどかしさを、私は今も、口に出して言い続けている。「みなさんには見えないのですか？」

と。これと似たことを、私の妻で、サドベリーのスタッフであるハンナも、よく言ったものだ。聖書の言葉*に事寄せて、「あの人たちは目があるのに、見えていないのね」と。

つい最近も中西部から、見学者たちがサドベリーに来た。私は見学者たちに、その朝のサドベリーでの出来事をこう語りかけたのだ。「今朝、ここで、ほんとにうれしいことがありました。私が中に入ろうとした時のこと、十歳になる女の子がドアを開けて出て来て、『ハーイ・ダニー**』と、私に声をかけてくれたのです。で、私もその子に言いました。『ハーイ』と。今朝、その子と交わした挨拶は、このサドベリーという場所の本質を、またひとつ物語るものです」と。

しかし結局のところ私は、その朝の出来事の「ほんとうの重要な意味」を伝えることはできなかったのだ。見学者たちの表情に浮かんだのは、「そうですか、それは素敵なことですね。幼い子どもも大人と話ができるのですね」といった程度のこと。

その女の子が私に「ハーイ・ダニー」と言ったその言い方に、サドベリーのすべてが凝縮されていることを私は見学者に伝えることができなかったのだ。外部の人々には「見えない」こと、それはこういうことを指すのである。

サドベリーの子どもたちが遊んでいる姿を外部の人が見て言うのは、たとえば「まあ、なんて素敵なことでしょう。年上の子が年下の子の面倒を見ているわ」といったことだ。しかしその「ほんとうの意

---

* マタイの福音書に、こうある。「わたしが彼らにたとえで話すのは、彼らは見てはいるが見ず、聞いてはいるが聞かず、また悟ることもしないからです」

** ダニーは、ダニエルの愛称。もちろん、ダニエル・グリーンバーグ氏のことを指す。

味」に考えを及ぼすことはない。

私は「サドベリー」がまさに新しい何かに向かう、歴史のある重要な展開を体現しているものだという深い想いを、これまで常に持ち続けて来た。私たちのサドベリーは、何らかのかたちで、より大きな物事と結びついている、と考えて来たのだ。他の人々が「サドベリー」を理解しにくいのは、まさにこの点に関係するため、と私は思う。彼らにはサドベリーが教育の場として有効なものであることを、なかなか受け入れられないのだ。

しかしこれは、私を悩ませていたもうひとつの気がかり、疑問と結びついたものだった。それは見学者たちの中に、「サドベリー」がなぜか激しく感情的なものを掻き立てることだった。見学者たちがサドベリーで抱く感情は、ほかの普通の学校では見られない、サドベリーでしかありえない激しさを持つものだった。見学の教育関係者だけでなく、サドベリーを見に来た親たちも、しばしばそうした感情的な反応を示すのだった。自分の子どもがまだ通っている「学校」に対してイライラを募らせ、そこにあれこれ不安を覚えている父母たちもまた、そうだったのである。

そうした人々に「サドベリー」が掻き立てる激しい感情は、心の底からわき上がる怒りの吐露のようでもあった。それは他の新しい型の公・私立学校に対して抱く感情さえも上回るものだった。

これは何故？　どうしたことか？――と私は考え込んだ。そして、こう思いついたのである。こうした感情的な反応は、アリス・ミラーの、あの先駆的な研究と結びつくものではなかろうか、と*。

私たちはサドベリーでさまざまな洞察を獲得し、何年もかけ、一つに纏め上げて来たが、そこに見落とした何かがあったのだ。

サドベリーは何故、ふつうの「学校」以上に人々の感情を呼び覚ますものなのか？　どうやらそれは〔アリス・ミラーの言うように〕家庭及び社会全般が子どもたちを扱っているそのあり方に関係しているような気がするが、それは何故か？　これらすべての疑問を解く鍵とは何か？

私はその頃、サドベリーでたまたま「ヨーロッパ史」のセミナーを続けていた。それがその謎を解く鍵を導くものになった。

ちょうど「近代」にたどり着いたばかりの頃だった。私はセミナーで数週にわたって、古代史と中世史、そして近代史を隔てるものはないことを説明し続けていた。中世の人々は、自分たちが古代と切り離されているとは思っていなかった。自分たちは前の時代から続いているものと感じており、事実としてもその通りだった。

実際問題として、長い人間の歴史に大きな断絶は二回あっただけだ。ひとつは、先史時代から有史時

＊　アリス・ミラー　現在のポーランドに生まれ、スイスで研究・著作活動を続けた心理学者（一九二三年～　）。ここで言う「先駆的な研究」とは、一九世紀のモルティン・シュレーバー（一八〇八～六一年、ライプツィッヒ大学教授）に始まる、近・現代ドイツにおける、暴力さえも動員する厳格な服従教育が、子ども時代に、それを受けた子どもの心に致命的な傷を残し、それがあのヒトラーのような、あるいはヒトラーの周囲に結集したような暴力的な志向を持つ成人を生み出してしまうことを論述した彼女の研究である。アリス・ミラー著、『魂の殺人』（山下公子訳、新曜社）などを参照。

シュレーバー流の教育は、「暗黒教育」（Schwarze Pädagogik 日本では「闇教育」と訳されている。英訳は、「有毒（ポイズナス）教育」）と呼ばれるもので、ナチス・ドイツの形成にも結果的に大きな役割を果たしたとされる。戦前・戦中の日本の軍国教育とも共通するものがある。

アリス・ミラー公式ＨＰは⇩　http://www.alice-miller.com/index_en.php

代への移行の際。この変化は書き文字というコミュニケーションの道具が出現したことで、人間の集団としての知恵が保存されるようになったためだ。これによって人類として活動に重大な変化が生れたのである。次の断絶は「前近代」から「近代」への移行の際に生れた。そして出現した「近代」というものの特徴を、セミナーで私は説明しようとしたのだ。私としては自分の分析に、ある程度満足してはいたのだが……。

しかしそれでも私自身、全く理解できていないな、と思うことがひとつあった。それは西欧世界の人間が、何故あれほどまでにテクノロジーによって高度に発達した物質社会の形成へ向けエネルギーを集中して注ぎ込んだか、という疑問だった。何が彼らを、あれほど駆り立てたのか? そこでは一体、何が起きていたのか?

今思えばこの疑問が、自分なりの理解に向けた最後の一歩を、私に踏み出させたように思う。

その頃、私はセミナーで「近代ヨーロッパ」を生み出した起爆剤のひとつを解説していた。「新世界」からの「黄金《ゴールド》の流入」がそれである。それによって「資本」の大貯水池が生れたのだ。それ以前は人間の全史を通じて、経済発展が大規模に始まるだけ十分な資本の蓄積は実は一度もなかったのである。

さて、この点を理解する鍵は、「マネー」の使用に二つの違った目的があることだ。「マネー」の昔ながらの使われ方はもちろん交換の仲介である。直接的な一対一の取引ではなく、コミュニティー全体における交換を可能にし物々取引の限界を乗り越えたものが古典的なマネーの役割だった。しかしマネーにはもうひとつ、第二の機能と呼ぶべきものがあった。それは今になって歴史を振り返ると、取るに足らないものに見えるが、近代の西洋世界では中心的な地位を占めていたものだ。それは人々の単なる生存のためのものではなく、それを超えた生産力の余剰により蓄積された「富」を表象するマネーである。そしてそうしたマネーは、未来へと投資されることによって、さらに富を生み出す機能を果たすようになった。マネーが資本として、将来の生産力の推進者として使われるようになったのだ。しかしマネーが富の形成に役立つためには、具体的な実体として存在しなければならない。

近代以前において、金及びその他の正貨の供給は世界的に限定されたものだった。それがある時突然、「新世界」からヨーロッパに対し大量の貴金属が実に一世紀もの長きにわたって流入するようになった。その結果、ヨーロッパに巨大な資本が形成されたわけである。スペインから広がるかたちで、西欧各地で事業をスタートさせることが可能となった。工場を建て、富を築いて行った。そして遂に前近代の人々が夢にも思わなかった物質的な繁栄を手にすることができた……。

こんなことを考えているうち、私は何かを見落としていたことに気づいたのだ。つまり、金も銀も元から、「新世界」に存在していたことに。

そう、金も銀も、「新世界」にはあったのだ。ただ「新世界」の先住民たちは、それで何かをしようとしなかったのだ。金銀で工芸品を作ってはいた。それを溜《た》めてはいた。たまには取引に使っていた。金と銀とともに生きてはいた。

それなのに何故、彼らは金と銀でもって資本制経済を生み出さなかったのか？　そこでは一体、何が起きていたのか？——それを私は理解できていなかったのだ。

私はさまざまな文献を読んで、その原因を突き止めようとした。たとえば、「プロテスタントの倫理」の欠如、云々《うんぬん》と……。しかしそのどれもが、私を説得するものにはならなかった。

人間はいつでも、どこでも働くことが好きだし、好きだったのだ。したがって、働くことが問題であったはずがない。人間は働くのに、プロテスタントの倫理を必ずしも必要としないわけだから。

「貪欲」を駆動力だと解説する人たちもいた。西欧文明は貪欲の文明だから、というわけだ。しかし西欧人が中国人、インド人、アフガン人をはじめその他の人々より、どうして特に貪欲だと考えなければならないのか?

あれこれ考えているうちに私は気づいたのだ。問題は「資本制経済がなぜ西欧に生れたか」ということではないことに。

そう、「西欧」というものにだけ関心を集中させることで、歴史家たちは間違いを犯したのだ。だから歴史家たちは「西欧」におけるさまざまなファクターに注目し、「これがその原因に違いない」と言ったのだ。

それとは違う視点を、私は手にしたのだ。

私にとって問題は、それが西欧で起きたことではなく、それがとにもかくにも起きたことだった。近代においてテクノロジーによる物質文明が何故、生起したのか——ということこそ、私にとって実は問題だったわけである。

さて私は、以上に挙げたものとは一見、全く関係ないように思える疑問をもうひとつ抱えていた。

私たちは「サドベリー」のイメージを、互いに尊敬し合い、コミュニティーの美徳を語り合い、ともに平和に生きている場所として心に描いている。サドベリーはたしかにそういう場所だが、いざ、サドベリーを離れ、それぞれが家に戻って、たとえばテレビの野生動物ドキュメント番組などを見ると、そこにあるのは暴力にあふれた「自然」である。「自然」のすべてが、残虐なものとしてそこにあるのだ。私たちは毎回、動物が餌食を食いちぎる場面を目にしている……。

ここから私の、もうひとつの疑問が生れたのだ。どうして私たちは、人類だけが暴力に根ざすものではないと考えているのだろう？　どうして私たちは、新しい育児法なり教育なり社会づくりで、生物の定めと思《おぼ》しき暴力から自分たちは無縁なものと思っているのだろう？　自然と進化の問題……？

しかし私はその一方で、心のどこかで、この問題は他の人々が声高に言うほど大した問題ではないらしい、と思っていたことも事実だ。ただ何故、そう思うかについて、自分でも分からなかっただけのことだった。

私にはさらに、これとは全く違ったことで、分からないことがもうひとつあった。それは「ニューエイジ」*といわれる思想哲学現象に絡む疑問だった。

たとえばジュディス・ボイス**の著書に収められた〝At One With All Life（「あらゆる命はひとつ」）〟という論文が呼びかける、国際規模のコミュニティーをつくろうという提言に、私は何故か心引かれるものを感じていた。しかし、それがどうして私を引き付けるか分からなかった。この論文の何が、私の心を動かすのか？　何に私は感動しているのか？　それが何かの先触れだとしてそれは何なのか？

＊　ニューエイジ　近代の西洋的価値を乗り越え、超自然の立場に立って人間を全体論的な視野から捉えなおそうという、一九八〇年代から盛んになった思想運動。
＊＊　ジュディス・ボイス　米国の自然療法家。コロラド州在住。*Mother Earth* など著書多数。

鍵、それは進化が付与したもの

さてここで私は、私が「進化」というものをどう理解しているか説明しておかなければならない。「進化」は、「地球」における長期的な生存を確かなものとするため、今のようなかたちで「世界」を生み出したものだから、そこにはこの地球という惑星を構成するすべての実体の間に、ある種の「超安定的な均衡《メタステイブル》」が存在するはずである。もちろんその均衡は静態的なものであるはずがない。モノは常に変化しているからである。そこに新たな生物種が進化して生れる素地がある。

しかし全地球的な尺度で見るならば、その変化は実にゆったりとしたものだ（これはもちろん、稀に起きるグローバル規模での天災による変化を除外してのことである）。モノの構成における革新は突如現れ、居座るものではない。千年、万年、時には数百万年もの長い時間の間に、生態系レベルにおいて大規模に、ゆっくり変化して行くものだ。

そして、そこに新たな革新が生れた時、世界はそれに対して再適応して行く。こうした中でさまざまな生物種が生存して行くには、互いに突然、絶滅しなくていいだけの、あるいは互いの生存を妨げないだけの、ある種の「調和」がなければならないわけだ。

こうした地球規模の「超安定的な均衡」の中で、あらゆる、さまざまな力が働いている。そこには食糧、水、住居といった生存のための基本的ニーズに関係するものも含まれている。生物種が生存し、存続するのに必要なメカニズムを、生物種に与えたもの——それが「進化」であるのだ。その「進化」

には最も単純なものから最も複雑なものまで、すべてが含まれる。

　こうして私たちの「世界」は今のかたちに出来上がっているわけだが、そこではさまざまな生物種が互いに相手を摂取することで生存しているのだ。もちろん無機物もこの地球の生命潮流の中に吸収されている。生命というものは生物種間の有機物の交換、生きているもの、死んだものの消費でもって維持されているのだ。生物種間の均衡とは、互いに相手のニーズを満たすための「相互破壊《ミューチャル・ディストラクション》」を通して生れて来るものである。

　地球における秩序がこうした均衡に達するのは、個々の動物たちの本能、欲求、リアルなニーズが捕食によってのみ満たされるものとして創られているからでもある。しかし、そのニーズはいったん満たされれば、自動制御のメカニズムが働き、スイッチは切れる。こうして、「命の相互破壊」は、「自然」のバランスの全面破壊に至らずに済むことになるわけだ。つまり正常な状態の中では、「命の無用な破壊」というものはない。ライオンだってお腹がいっぱいになれば、それで満足し、羊の群れの中でもおとなしくしている。無闇に羊を襲い、殺すわけではない。腹をすかした時に限り、生きて行くのに十分なだけ、羊を殺すのだ。

　これは「自然」に共通したものである。草食動物もまた、お腹がいっぱいになるまで食べる。目の前にある草を噛み、反芻してから吐き出すような無駄なことをしているわけではない。

　これは、あの「見えない手」で治められた自由市場経済の均衡と同じようなバランスだ。「自然のエコノミー」も時にはたしかに、一部のセクターでいくらか過熱することがある。たとえば、大増殖したシカの餓死など。しかし自然秩序の展開の中で、「捕食」というものは相互に破壊し尽くすものでもなければ無用の殺戮でもなく、私たちが見る「悪」ではないのである。

ここで私は少し脱線し、「擬人化《アンソロポモルファイジング》」というものを考えてみたい。この「擬人化」でもって私たちは自分たちの世界観を染め上げてしまうことがあるからだ。それはつまり、私たちは自分たちの経験に基づき、人間とは無関係な状況に私たちの道徳価値を導入しがちだ、ということである。動物が血を流して苦しんでいるのを見ると、私たちは自分たちの出血と同じものだと思ってしまう。動物が叫び、もがいているのを見ると、私たちは自分たちが襲われた場合と結びつけてしまう。それは動物たちの声が、私たちの耳に聞こえ、動物たちの血のしたたりを、私たちの目がとらえているからだ。その時、覚える残虐さを、私たちはしかし、花を摘み取る時には感じない。

もし私たちがいまひとつ冷静に考えることができるなら、たとえば、「動物が叫んでいる。その叫びとは何か？」というような、距離を置いた問いを立てることができる。答えは、動物は口を開け、声帯を震わせ、音声を発し、空気がその音波を運び、それが私たちの耳に届き、それを私たちは聴いている――ということになるだろう。私たちの感覚器官が傍受、解釈した一連の出来事が、そこにあるだけのことだ。花が刈り取られる時も、そこに同じような変化が起きているのである。一本の花が切り取られる状況の中で、もし私たちの耳が花の悲鳴を聞くのであれば、私たちは花をカットする人間は暴力的だ、と言うはずだ。つまり私たちは花の声を聞かないから「擬人化」もしないのだ。

私が野生動物のドキュメントを観て、それ自体に残虐さを覚えないのは、このためである。そこには無用な殺戮も悪意もない。悪として擬人化できるなにものもない。

だから私は、肉食の動物と草食の動物の間に決定的な違いを見ることはないのだ。結局のところ、この地球上の命というのは、むしろ命の「相互破壊」によって維持されているのである。これが、世界が動いている単純な事実であるのだ。

そしてより純粋かつ適切な「擬人化」をするなら、「自然」が超安定的な均衡に達するには、異なる生物種の間に、「互いの尊敬」のようなものがなければならない、ということになる。それは意識的に行われている現象ではもちろんない。生きとし生けるものを「生きとし生かしめる」生物同士の相互作用に対して、私はそうしたレッテルを貼っているだけのことだ。

生けるものは互いに、それぞれの生きる場所に生きることを許し合っている。互いに尊敬することのないかたちで相互作用しなければならない唯一の時――それは、その生物種が存続して行くために、生物的な欲求を満たさなければならない時である。その時……その限りにおいて、ある生物種は自分たちが存続するのに十分なだけ、他の生物種を侵害する。それが終わると、いつもの互いの尊敬が戻って来るのだ。そこには破壊の欲求が常にあるわけではない。存続のニーズが満たされたら、基本的に無関心になるだけだ。

さて、話を本筋に戻すと、「進化」の過程のいずれかの時点で、私がこれまで述べて来たものとはまるで違う「新しいファクター」が生れた。それが、「恐怖する能力」である。そしてこの「恐怖する能力」とともに、「恐怖」が引き起こす「ストレス」が生れた。

この「恐怖」と「ストレス」は、動物がノーマルな生存の起伏の波を超えた状況に遭遇した時に出現する。異常な状況は動物を恐怖に陥れ、動物の中に一連の心身的な反応を引き起こす。この一連の反応は動物という生体の安定と日常的持続に反するもので、安定と持続を脅かすのだ。

こうしたストレス反応が問題なのは、生物の正常なシステムをひっくり返してしまうからだ。そしてそれが何度も繰り返されようものなら、ストレス反応で動物を死に至らしめる。したがってストレス反応は長い間、持続可能なものではないのである。

このストレス反応が単細胞生物や植物にもあるものなのかどうか、私は知らない。しかし動物の世界では、進化のある時点で出現したことは疑いようのないことだ。この「恐怖」という新しいファクターは、それがどこから生れたものであれ、「進化」における、きわめて重要な、新しい一歩となったことだけは確かだ。

「恐怖」は、心身の全体秩序を覆すばかりか、普通の状況では絶対あり得ない行動に走らせるものだ。すべては「恐怖」の原因となったものの除去に注ぎ込まれるわけである。

生体とはその正常な欲求や本能のすべてが満たされなければ生きて行くことができない。命というものは食べることなしに生きては行けない。休むことなしに生きては行けない。水を飲むことなく、繁殖することなく、生きて行けないのだ。しかし、生けるもの、極端なストレス反応は経験せずとも、生きて行けるように出来ている。超安定的な世界においては、なおさらそうである。

では、どうして「恐怖」や「ストレス」が、「進化」の過程で導入されて来たのか?　「恐怖」や「ストレス」は、「進化」の中でどんな機能を果たしているのか?――これは私には分からないことだ。私としては、それらを「事実」として受け止めるしかない。そして私はそれを必要なものとは考えないのだ。「恐怖」や「ストレス」がなくても、「世界」は存在し得るからである。

私は動物及び植物が、捕食するものとの絶えざる相互作用の中、自分自身の生存を維持する上で、それに対処するシステムを自分の中に備えなければならないことは理解しているつもりだ。その内的システムの外側へと、進化のある時点で一線が越えられ、「恐怖」のファクターが生れたのだ。では、「自然」はどうして、その一線を越えたのか？　これも私には分からないところだ。「恐怖」や「ストレス」は、生物的な均衡を維持する上で必要のない外的なもの。それなのにどうしてそうなったのか、私には分からない。

さて、このエッセイを含む本書の第一部Ⅰで私が述べるさまざまな問題の鍵を握るものは、この「恐怖」である。

「恐怖」と、それが生体に及ぼすものが、すべての問題を解く鍵となるものなのだ。すべての疑問を結びつけるもの、それは「恐怖」――私たちは今、この「恐怖」という問題に触れようとしているのである。

「恐怖」と「前近代文化」

ところで人間と他の生物種を隔てるものの中で最も重要な点は、人間の場合、「自覚《セルフ・アウェアネス》」の感覚がとくに発達していることだ。他の生物種に「自覚」があるのかどうか私には分からない。ひとつ確かなことは、人間の場合、それをいっぱい持っているということだ。ここから、重大な結果が生み出される。

話を先の「恐怖」に関連づけると、たとえば犬や狼が、どんな時、恐怖を覚えるものなのか私は知らない。しかし動物が恐怖を覚えた時、そこから導かれるものは、均衡の破壊へと続く一連の反応である。恐怖に囚われた動物はこうして、他の生物種との間のバランス感覚を失い、恐怖を感じるものを除去しようと攻撃に出るのだ。恐怖の最中にある動物が、自分が食べる以上に殺しまくるのは、このためだ。自分の周りのすべてを無差別に攻撃し破壊しようとするのである。そしてこれを私たちは「残虐」と呼ぶのだ。

「残虐」とはすなわち、正常な生物的なニーズを満たすのに無用な破壊である。破壊のための破壊のようなものとして起きる。そしてそれは「恐怖」に対する反応として専ら起きるものである。

人間とは先ほど述べたように「自覚」するものだから、自分の「恐怖」に伴う衝動を自覚するばかりか、衝動を起こす前に不安を覚えた時もまた自覚する。人間は自分の「恐怖」を、きわめて強く自覚するものなのだ。人間は恐怖を強く覚える。人間は恐怖によって自分を圧倒しているものを感じる。「恐怖」を除去するために、「ストレス」に対して本能的に反応する。「恐怖」を除去したいと自分が思っていることを自覚するようになる。人間は恐怖や不安の元を探し求め、それに不安を覚え、それに取り憑かれてしまう。

この不安はいろんなかたちで現れるものだ。この点でひとつ言えば、「超自然」という考えは宗教そのものにつながるものだが、私はそれを、人々が自分の生きる世界を知らねばならないという思いから生れたものだと以前から考えていた。どんな宗教文化においても、「超自然的な力」は、西洋の世俗科学における「物理的な力」と全く同じ役割を——すなわち自然現象を説明する役割を果たしていたのだ。

このことは私にも分かっていたことだが、好奇心や理解欲以上のものがそこにあるとは考えてもみなかった。そうした説明パターン以上のものとして、実はそこには途方もない「恐怖」があったのだ。人々は自分たちがコントロールできず、自分たちの存在を脅かすものに曝されていることから来る、途方もない「恐怖」を覚えていたのである。

人間の精神はその本性として、自分がそれでうまく生きて行ける「世界モデル」を探し求めるものだから、そのために「世界」を理解したいと思うものだが、同時にまた、自分たちを恐れさせる、予期できない、歓迎できない現象の除去法を考え出すためにも「世界」を理解しようとするのだ。嵐、火事、雷、洪水、旱魃。そして獲物がとれなくなったり、子どもが生れなくなったり、その他あらゆる自然の災害をなくすにはどうしたらよいか思いめぐらし、「世界」を理解しようとするのである。恐ろしいことを取り除こうと、恐ろしさの元と考えるものを除去するメカニズムを生み出すのだ。

こうした理解が私の中で生れた時、私がそれまで不思議に思っていた、別のある現象に対する理解が一気に進んだのだった。

少し前、*The Continuum Concept* という本が*、大人は小さな子どもたちと一緒に眠り、密接な身体的な接触を図るべきだと呼びかけ、反響を呼んだことがあった。南米の先住民のいくつかを観察した結果、得られた結論だった。この本は米国でたちまちベストセラーになったが、私はそれを読んで、恐らくは読んだ人の九九％はそうだったように、こんな反発を覚えたものである。「何を言っているのだろ

＊ 米国人女性、ジーン・リードロフ（Jean Liedloff）の著書。ベネズエラの奥地、アマゾン流域に住む先住民族と暮らした著者によるこの本は一九七五年に出版され、世界的な反響を呼んだ。邦訳は『野生への旅——いのちの連続性を求めて』（山下公子訳、新曜社）。

う？　これら先住民の、どこがそんなに牧歌的な生活なものか？　何が素晴らしい子育ての結果なものか？　そんな素晴らしい子育てから育った、温和で平和で愛情豊かな大人に、どこへ行ったら会えるというのか」と。

つまり私はその時、間違った反発を覚えていたのだ。そのことに、今になって気づいているのだ。私は大事な点を見落としていたのだ。

先住民の間には、「恐怖」が無かったのである。恐怖のないところで人間の自然本能は、そしてさらにはあらゆる生物種の自然本能は、基本的にお互いバランスを取り合うものなのだ。そうでなければならないし、そうして命は連続して行くのである。そうでなければ、「世界」はとうの昔に自己破壊を遂げていただろう。「恐怖」を取り去ったとき、互いに尊敬し合う均衡のとれた環境が、この地上に生れるのである。私たちが「悪意」とか「邪悪」とレッテルを貼るものは存在しなくなるのだ。

しかし私たちは、もし「恐怖」に苦しみ、もし自分が「恐怖」に苦しめられていることを自覚したら、そうした自然的なものをすべて放棄してしまうことになる。「恐怖」は、その人間の中に、長い目で見た場合、その人自身の利益に反する反応を生み出してしまうのだ。「ストレス」の原因を除去しようと、そればかりに目が向いてしまう。

前近代においては、そうしたストレスの主因は常に、予測できず、理解することもできず、環境をコントロールすることも出来ない無力から生れたものだった。環境は常時、人間の生存を脅かす、気まぐれで破壊的な力にあふれていて、日々の生存とは無縁のものとして現れていたのである。いつも通りのことをやっても、洪水をはじめとする壊滅的な惨事は起き、突然、飢えに直面することにもなる。前近代の人々は、生きのびるためのいつもの苦闘に加え、自分たちの力ではなんともしがたい恐るべきことのすべてを経験せざるを得なかったわけである。

こうした「恐怖」を取り除こうとする企ては、あらゆる前近代の文化の中に「残虐」という要素を、ひとつの例外もなく植え込んだ。「残虐」は「恐ろしいもの」の力を鎮《しず》める道を探し求める、終わることなき探求に根ざすものである。

この「恐ろしいもの」を鎮める道を、人々がそれぞれどんなふうに見つけ出していたかは、まだその一部しか分かっていない。ただ言えることは、その多くが偶然から生み出された、ということだ。何か恐ろしいことの生起とその恐ろしさの除去が、ある偶然の一致から生れたことは、大いに考えられることだ。たとえば、子どもが死んだ時、同時にある災難が消えたとすれば、子どもを生贄に捧げれば、いまそこにある恐ろしい未知の力をなだめることができるのではないか、と考えたことはあり得る。

どんな残虐な儀式も、それを執り行うことによって恐怖の元を除去することができるという考えに遡ることは間違いない。そうした儀式が残虐なのは、それが自然の正常な均衡と全く切れたもので、恐怖に対するバランスを崩した反応から生れたものであるからだ。

聖書もまた、旧約の「汝の神エホバを畏れ……」のような、恐怖の言葉にあふれている。宗教が人々を引き付けた大きな要素は、宗教の指す超自然的な実体に焦点を合わせることができたからだ。一神教は人々のさまざまな恐怖を唯一の神に移転することで、人々を守ったわけである。唯一神を畏れるには、神という唯一の超自然的力を鎮める一連の儀式を正しく行いさえすればよい。何か災難が起きた時、その原因を考えたり、そのコントロールの仕方に思い悩むこともない。答えはもう分かっているからだ。唯一神との関係で、何かよくないことをしたから、災難は起きたのだ。答えはいつも、正しいことをしなかったから。そして災難から逃れることのできる唯一の道、それが神を讃えることであったわけだ。災難を引き起こした超自然的な力を満足させ、なだめる。その正しいやり方を見つけ出すことに、人間は努力を注いだのである。

恐怖と近代

近代の始まりとともに起きたこと、それは予測できない自然災害による恐怖を、自分たち自身の努力で取り除くことのできる「世界モデル」の構築に人々が取り掛かったことだ。科学の目標の中心には、人間の手で物理世界の理解を支配し切ることが据えられた。人々が物理的宇宙を理解したがった理由は、好奇心の働きだけではなく――恐らく最も重要なその動機は――恐怖にとりつかれずに自分たちのニーズを満たすのに役立て、それを手なずけようというものだった。

ここで決定的に重要なのは、科学はその本質において宗教に代わるものだったこと――この点を理解することである。その本質において、科学とは世俗的なものであるのだ。科学とはつまり、これまで超自然的な存在に頼って、それにだけ目を向けていたことを止め、人間の力でどう対処すべきか、その方法を考え出すことだったわけだ。科学とはその核心において、人間性を神性のレベルに引き上げることである。

近代科学がどうして西欧に出現したか?――この問いは私にとって、これまた重要な問いではない。

それは私にとって、単なる偶然の産物に過ぎない。それは、なぜニュートンはニュートンでなければならなかったかを問うようなものだ。シェイクスピアは実はベーコンだという人々もいるが[*]、そう言ってみたところで、ベーコンはなぜベーコンなのか、という問いに答えたことにはならない。その種の問いには、答えはないのだ。人間の「創造性」は任意《ランダム》なものだから、答えはない。

私の理解では、「近代的な世界観」は世界中、どこにでも最初に生れ得るものだった。仮に世界のある場所で生れていたとしたら、私たちは、どうしてそこで、と問うことになるだろう。しかし、それは特定の場所や出来事に縛られて生れたものではなかった、と私は思う。問題は、科学を中心とした近代的な世界観は、その本質において、それまでとは全く違った、全く新しい「世界モデル」だったことである。だから、それを理解し、受け入れるのに長い時間がかかったのである。

しかし、この「世界モデル」が、西欧とは別の場所で最初に確立されたならどんなことになったかを考えることは、それ自体、おもしろいことだ。実はこれを考えたことで、私は西欧に限らず、なぜ世界全体が「近代の西欧文化」に愛を抱くか、初めてその秘密に触れることができたのである。それは、「近代の西欧文化」が「繁栄」を約束したから——ではなかった。人々の多くを駆り立てたのは、裕福になりたいという思いではなかった。そこで提起された、ほんとうの問題は、「コントロール」だった。「近代の西欧文化」が約束したもの、それは「恐怖」からの脱出口、「恐ろしさ」からの脱出先だった。

＊ 劇作家の「シェイクスピア」については、同時代の英国の哲学者、フランシス・ベーコンのペンネームではないか、という説がある。

だからこそ、「西欧文化」と接触した多くの「非西欧文化」が、それを熱望し、それに適応し、自分自身の固有の文化を放棄したのは当然のことだったのである。これは全世界的な現象だった。それまでは決してなかった現象が起きたのである。

歴史を振り返ると、文化はこれまで一貫して互いに出会い、互いに影響し合って来た。世界中で常に、文化と文化のコンタクトが行われて来た。異文化が接触しても、それぞれ自分のネイティブな文化を捨てることはなかった。インド人は中国人と出会っても、中国人にならなかった。もちろん、中には自分の文化を放棄するようなこともあるにはあったが、それが例外的だったことは示唆的である。

キリスト教は、数百年もの時間をかけて、世界各地にようやく広がったものだ。そして、かつて多神教を信仰した人々は、その世界観を捨てて行った。その理由は、「恐怖」への対処法として、一神教のキリスト教の方を彼らが好んだからである。しかし世界が「西欧のテクノロジー」に触れた時、まさにあらゆる文化がそのパレードに参加したのだった。そこにはきっと、遂に「恐怖」を征服するものがあるに違いないという思いがあったはずだ。そんな安堵感を覚えたものだから、そうした事態が生れたのだ。「西欧文化」が訴えかける力とは、そういうものだったわけである。

しかしある種の「相殺《トレードオフ》」も、そこでは行われたのである。私はこの理解を今になってようやく深めているのだが、人々は「近代《モダン》」を手にするために、「悪魔の取引」をしなければならなかったのだ。近代化が進むにつれ、人々はしだいにハッキリと、新たな事態を直視するようになった。「恐怖」から逃れた生活を送れるだけ、科学やテクノロジーを享受するには――かつての宗教と同じように――、「犠牲」を払わなければならないことに気づいたのだ。人々は自分自身を残虐に扱わねばならなくなったのである。

かつて宗教は、神の加護を得ようとする人々に、わが子を生贄に差し出せ、手足を切断せよと迫ったものだが、こんどは科学とテクノロジーが、人間的な手段で世界をコントロールしたいのであれば感情を殺さなければならないと、数百年もの間、言い続けて来たのだ。人々は「産業期」の環境を生み出すために、自分自身の「感情」と分離しなければならなかったのである（ニューエイジの思想家たちの多くが、これと同じ結論に到達した理由も、ここにある。彼らは、「産業期」を生み出したものの本質は、人々の感情からの分離に、前近代の社会にはあった本能的な感情からの分離にあることを理解していたのである）。

こうして私は以前、その意味が良く分からなかったことをようやく理解し、その「取引」の意味についても確信を持って言えるようになった。私もまたこれまで、政治・経済用語でばかり語ろうとして来たのである。経済的な繁栄のためには自由を犠牲にするものだ、とだけ考え、語っていたのである。それは確かにそうであるにせよ、しかしそれは中心的な問題ではなかったのだ。政治・経済よりも、もっと深いところへ行き着くものだった。人々は、前近代の宗教感覚、聖書的な感覚の犠牲と同じことを、実は繰り返していたのだ。自分の感覚を、感情を、自然な本能を犠牲にしていたのだ。あらゆる本能を、そしてあらゆる自然な生存のメカニズムを押し潰す「恐ろしいもの」を心の中から除去するために、自分を殺していたのである。

しかし今や史上初めて、「取引」に意味ある結果が出始めている。ただ生存するために、衣、食、その他をもっと欲しがる心を捨て去っていいなどとは、人はどうやら一度も思ったことがなかったようなのだ。

私が思うに、問題はあまりにも多くの文化が、今や大きな物質的な富を手にしていながら、新たなものを生み出せないでいることだ。生き方全体を変えるには、「恐怖」を取り除けばいい。

「恐怖」は、フランクリン・ルーズベルトが「われわれには恐れるものは何もない。われわれは恐怖自体を恐れているのだ」と語った*ように、私たちの経済に対するものの考え方において、いまなお中心的なものとして居座り続けている。比べ物にならないほど破壊的で、自然なものではない力——それが「恐怖」である。

ポスト産業期における恐怖からの自由

私たちの「サドベリー」が象徴するもの——それは、「ポスト産業社会《インダストリアル・ソサエティー》」に生きる者は、自分に対して残虐になる代償を支払わず、自己を犠牲にすることなく、少なくとも産業社会が手にしたコントロールを維持できる、という考えである。人類史上初めて、人は恐怖を除去しつつ、その一方で自分のノーマルでナチュラルな本能に従って生きることができるようになったのだ。世界はこれまで三百年から四百年もの長い時間をかけて、科学に基づく工業化の時代を潜り抜けて来た。そしてようやく、恐怖を覚えず生きて行ける創造的な道を生み出す新しい「世界観」を構築可能な地点に立つことができたのである。これはまさに人類の全史において、かつてなかったことである。

もちろん私は原始時代、あるいは先史時代の生活に戻れとか「自然に帰れ」といったことを語っているのではない。今初めて、私たちは新しい現実を啓示として考えることができているのである。少なくとも、ここに希望はある。新しい現実はすでにほとんど存在している。

アリス・ミラーが今日、意味を持たねばならない理由はここにある。彼女の研究は当時としては、ある意味で説得力を持たないものだった。それは彼女が、人々が当時、どうして残酷な子育てという犠牲の儀式を子どもたちに強要しなければならなかったか理解していなかったからだ。必要があって、犠牲を強いていたことを理解していなかったのだ。しかし今や彼女の言うように、子どもたちから恐怖を消し去り、それでも生きて行ける世界を考える時代が、よくやく到来したのだ。そしてそれは、全く世俗的な、役に立つ「世界モデル」を生み出し続けて来た、人間の創造力の直接的な帰結である。人間は十分に困難で、十分に長かった進化の過程を経て、恐怖を克服できるだけの創造的な「世界モデル」を遂に生み出したのである。

アリス・ミラーも、ニューエイジの思想家たちも皆、人類が行き着いた、こうした「新しい段階」の先駆者たちである。彼らは皆、手探りで歩み続け、行き着いたのだ。それは、私たちが「サドベリー」で行って来たことと同じである。

たとえば、「デモクラシー」の新段階――。私たちはサドベリーを「デモクラティック・スクール」*と

---

* 米国の大統領、フランクリン・ルーベルトは一九三三年の就任演説で、「ですから、最初に言わせていただきたい私の固い信念とは、われわれが恐れなければならないものがあるとすれば、それは唯一、恐怖それ自体である、ということであります……(So, first of all, let me assert my firm belief that the only thing we have to fear is fear itself……)」と述べた。

呼んでいるが、デモクラシーは、カタチとしてあるのではない。「デモクラシー」は、ただそれだけでは無価値なものなのだ。形式としては多数派の専制に過ぎない。しかし、私たちが手探りで求めて来た「デモクラシー」に土台を置く重要なポイントは、投票によって結論を出すメカニズムにあるのではない。私たちサドベリーのデモクラシーの基本は、その平等と相互の尊敬にあるのだ。デモクラシーを価値あるものとし、深みと意味を持たせるには、この平等と尊敬から始めなければならない。「投票」も、本来そこからしか出て来ないものだ。しかし、投票はデモクラシーの本質ではない。本質は、誰もが平等に創られている、ということである。

米国の「建国の父」たちの天才も、実はここにある。彼らは理解していたのだ。この国の核心は、あらゆる人々の基本的な平等、人々が互いに完全に尊敬し合う必要性の上になければならないと分かっていたのだ。不幸なことに彼らは、この理解を白人の、それも男性に限定してしまったが、少なくとも「平等」という概念が価値あるものだとは分かっていたのだ。実際、この国の「憲法」は、「権利章典《ビル・オブ・ライツ》」が採択されたことで承認されたのである。憲法修正第一条から第十条までの十ヵ条の「権利章典」は、単なる素敵な付属物ではない。建国の父たちはハッキリ、こう言ったのだ。「これなしに、アメリカ合州国はあり得ない。どんなに美しく憲法をこしらえようと」と。そして実際、「権利章典」とは、相互の尊敬と平等の概念を具体化する以外のなにものでもないのである。それによって、米国のデモクラシーに、特別の性格が付与されたわけだ。

私たちの「権利章典」は、私が先に言及した、「自然」における「超安定的な均衡」に、実は結びつくものなのだ。なぜなら、自然の超安定的な均衡もまた、相互の尊敬に基づくものであるからだ。

しかし、この私たちの「相互の尊敬」というコンセプトは、「自然」界同様、理想的な世界では誰もが尊敬し合い、そこには恐怖というものがなく、他人に傷つけられる者もいない、ということを意味しているわけではない。そこでは命は失われない、ということではない。人々が苦しまねばならない場面はおおありである。しかしそこには、無闇な命の破壊はない。恐怖と悪意による命の無闇な破壊はないのである。それは私たちが目指すべき最善のものだろう。二〇世紀のとんでもない悲惨さを思えば、これほど力強い善はない。

新たな段階の世界秩序の先駆者として、もうひとつ挙げるべきは、環境運動にかかわる人たちである。ニューエイジの運動は、私たちが今、自分自身の感情及び自分自身に再び結びつくことのできるところにいることを強調して来た（このことは、サドベリーでも始終、私たちが言っていることだ。「自分自身として在れ、自分自身を見つけよ、ほんとうの自分と結びつけ」と）。これと同じところへ、環境運動の人々は別の角度から到達しているのである。環境運動の人たちにとって、いまようやく好機が訪れているのである。過去に、環境運動はあり得なかった。原始時代の部族は、環境保護派ではなかった。環境にダメージを与え、さまざまなかたちでバランスを崩しもした。しかし産業期を迎えると、環境破壊は深刻なものとなった……。つまり、環境保護派がほんとうに言いたいことは、バランスを回復させて生きて行かねばならない、ということなのだ。そして今、私たちには、それが可能なことであると。

＊「デモクラティック・スクール」とはサドベリーの自称・自己規定である。いわゆる進歩主義の学校、一般のフリースクール、オルタナティブ・スクール（「新しい学校」）と区別するため、こう呼んでいる。

環境保護派は、私たちに「森に帰れ」と言っているのではない。彼らは私たちに「ポスト現代《モダン》」になれ、と告げているのだ。人類は今、環境を理解する能力をようやく持ち始めたのだ。環境を均衡状態に戻す意味を理解し始めたのだ。「環境保護」とはその核心において、「ポスト産業社会」のコンセプトである。「自然に帰れ」の運動ではない。

さて、「サドベリー」とは何であるか、「サドベリー」を子育てにおける不可欠のものにしているものは何か、を語る時が来た。そう、それは――「恐怖の不在」であるのだ。

このエッセイで私たちはこれまで、この「恐怖の不在」にいきなり行き着くのでなく、それをさまざまな角度から見て来たわけだ。

しかし「恐怖の不在」に行き着いた今、私たちはこう言うことができる。「それが、皆さんがサドベリーに来て、見落としていることなのです。サドベリーの子は、大人の目を真っ直ぐ見ていますよね。大人を恐れていませんよね」と。

私たちはまた、私たちは権威的ではない、と言ってもいるが、それは単に私たちが、権威的な者ではないことを超えたことなのである。

私たちはサドベリーの特長として「年齢ミックス」についても語ってきた。この「年齢ミックス」それ自体は、特別新しいことではない。人々が、いろんな年齢の人の混在するところで、その経験の違いから学ぶことは言うまでもないことだ。それは、サドベリーの外の、残酷な世界においても起きていることである。

しかし何が違うかといえば、サドベリーの「年齢ミックス」は、「恐怖の不在」の中で行われていることだ。だから四歳の子が十七歳の子に語りかけることができるのだ。安心して語りかけることができるのだ。

サドベリーで私たちが語り合っていることが、今、幕を開けようとしている新しい世界のすべてと不可欠なかたちで関係しているだけでなく、私たちの子育てにも、あるいは私たちの家庭のあり方にも同じように不可欠にかかわっている、と言えるのは、このためである。もし子どもたちが恐怖でもって育つ家庭があるなら、それは今の世界にはそぐわないものなのだ。

アリス・ミラーが断ち切ろうとしたものが、この家庭における残虐のサイクルだった。私たちは今、このサイクルを断ち切ることのできる世界にいる。しかし、それとは裏腹に、恐怖によって育てられ、憎しみとともに成長した者は、サドベリーのような自由な社会をまた、そうとしか見ることができないのだ。サドベリーのような自由な社会から存在の恐怖さえ感じてしまうのだ。

だから私たちのサドベリーは常に、深く激しい感情を掻き立てるのだ。今の世界は恐怖を土台にしなくてもいいのですよ、という、私たちサドベリーのメッセージが逆に激しい感情を掻き立てるのだ。その感情の迸《ほとばし》りの中で、親たちの多くは、自分自身の恐怖を、あらゆる方向に表す。「サドベリーからいったん出たら、そこにあるのはタフな世界だから、サドベリーの子はやって行けないのじゃないかしら？　人生のハードパンチに耐えられるかしら？」――そうやって、自分がそれで育った残虐さを正当化しようとするのである。親たちはたしかにそうして、過去の時代を生き抜いて来たのだ。

親たちは、子どもが残虐さに対する対処法を学ばなければならないと思い込んでいるのだ。だから、子どもたちに厳しく当たらなければならないと信じているのだ。それは過去を振り返った場合、間違いではなかった。しかし今やそうではない。「サドベリー」は、それが今日、嘘でしかなくなったことを体現した場所である。

「サドベリー」はこの社会において——ただサドベリーの中だけではなく、家庭でも地域社会においても——声を大にして明確に呼びかけているのだ。恐怖は消すことができる、だから、残虐さよ、窓の外へ出て行け、と。

この私たちのメッセージの社会的な意味合いは、きわめて大きく重要なものである。そしてそれは、サドベリーは社会的な価値観には目を向けず、利己心ばかり育てているという、よく聞かれる主張を馬鹿げたものとして一蹴するものであるのだ。

これまで、あまりにも多くの宗教・社会運動が、善いことをなすことが義務、責務であるとの考えの上に立って行われて来た。義務として善をなす——これは恐怖に根ざした考え方である。だから、善きことをなす人々が、熱心に殺し合いをして来たのだ。宗教心に富む人々が「聖戦」を戦った理由もここにある。

しかし魂の中に恐怖を抱え込んでいない人は、その性向として、社会の善き構成員となることができるのだ。なぜなら、相手と均衡をとるとは、自分自身の広げたいものを相手にも広げて行くことであるから。それが善き行いの根に存在するものである。しかし恐怖に圧倒された者には、それはできない。

サドベリーでも、よくこんなことがある。親が自分の子どもを、好ましくない行動をする他の子どもたちの悪影響から守ってくれないと言って、私たちに不満を漏らすのだ。時には子ども自身が家に電話をかけ、「困っちゃった。あの子も、この子も、私にいやな態度とるの」と親に訴えることもある。親はわが子を守りたくなるものだから、私たちサドベリーのスタッフがそうした状況に何も心配をしていないと分かると、当惑し混乱してしまう。

しかし私たちのサドベリーでは、もしある子が「恐怖」でいっぱいの目をしようものなら、スタッフなり、他の子が、その場でただちにその子に対処している。「恐怖」に対して素早く対応しているのだ。私たちは子どもに対する目の向け方を知っているし、「恐怖」の有無を感じ取ることができる。そしてそこに「恐怖」がなければ、私たちは引き下がるのだ。その場の状況が、「均衡」を取り戻すのを見守るのだ。それが、私たちの「サドベリー」である。

この「恐怖のない状況」というものを、残念ながら多くの親たちは理解していない。それはもちろん彼らの過ちではない。彼らはただ、それを見て取れないだけのことだ。

サドベリーを訪れた人は、「恐怖の不在」を感じるか感じないかのどちらかである。感じる人は、ここは安心できる、子どもを通わせたい、と思うだろうし、感じない人は、ここでちゃんと勉強できるだろうか、大学に行けるか、と不安で頭がいっぱいになるはずだ。こうした疑問を抱く親は、「恐怖の不在」ということに、すべての問題の解決が含まれていることを見て取ることができないのだ。

「恐怖の不在」を感じるか感じないか、そこが分かれ目なのだ。「恐怖のサイクル」を断ち切りたいと思う親は、サドベリーで起きていることを見て取ることができる。ここが子どもたちのいるべき場所だと理解することができるのだ。

これは議論の余地のないことである。なにしろ、サドベリーでは、子どもたちが目に恐怖の色を浮かべることなど、めったにあるものではないからだ。それは子どもたちが大人たちや他の子のせいで恐れ慄いている、サドベリー以外の「学校」の日常茶飯事とは全く違う……。

サドベリーを訪れる人は、これを理解するかしないか二つに一つである。そしてたいていの訪問者は、これを理解しないのだ。理解しない人に、どんなに説明しても、何の役にも立たないのである。

さて、このエッセイの冒頭、サドベリーでは卒業生たちにインタビューした「オーラル・ヒストリー」をまとめているところだと言ったが、サドベリー出身者の回顧の理解の仕方についても、これは言える。ここにもまた、個々の人間の物語を超えるもの――「何をどうした」「森に出かけた」「一緒に遊んだ」「勉強した」「空想の世界をつくった」ことを超えるものを、果たして理解できるかどうか、という問題があるのだ。

それではその「超えたもの」とは何か? サドベリーの卒業生たちの物語のほんとうの美しさは、彼らが運ぶサドベリーの「大気《アトモスフィア》」にあるのだ。

でも困ったことに人々はなお、このサドベリーに流れる「大気」を見て取ることができずにいる。自分の見たものを認識できず、書かれたものの深い意味を理解できないのであれば、サドベリーの回顧録の中に、活発な子どもたちによる学校時代のエピソード群を見るだけに終わってしまう。それはしかし、サドベリーの卒業生によって語られた、ほんとうのストーリーではない。

大事なのは、個々の卒業生のすべてのストーリーに、「サドベリーの大気」が漲《みなぎ》っていることだ。回顧録の読者にどうやったら、それを感じてもらえるか、その術を私は知らないのだ。

アリス・ミラーが他の誰よりも明確に指摘したこと、それは幼児期の「恐怖」の体験が、その人間を生涯にわたって残虐な者とし、自分の憎悪を他に転嫁しなければならないものにすることだった。

これに対して、私たちのサドベリーが貢献したこと——それは私たちの世俗の人間性は今や、恐怖を消し去る力を持つに至っており、私たちは今や、日々、「恐怖」と向き合う必要のない歴史的な段階に到達している事実を明確に示したことである。

知識と不確実性

注目されるのを待ち望んでいたこと

私はこれまで長い間、現代世界における「脱集権化《ディセントラリゼーション》」の問題について考え続けて来た。私がこの問題に焦点を定め、今このエッセイを書き始めるのも、教育領域におけるこの「脱集権化」こそ、サドベリー・バレー校が依拠するものにつながる、思想的な鍵であるからだ。

私たちのサドベリーは、予め課題を設定する「カリキュラム」なるものを一切排除する原則を守り通して来た。「ポスト産業社会」の経済が、創造性から養分を引き出すものであり、ほとんど無限の多様な追求を許すものである以上、人々のあらゆる追求は実際、経済的に意味あるものとなる——。予め設定されたカリキュラムを排除する原則、それを支える土台にはこうした視点がある。これが私たちの主張するところだ。

私たちはサドベリーの核にあるいくつかの「理念」を考えるにあたって、それらをサドベリーとしてどう明確化すべきか、という問題に直面して来た。

たとえばサドベリーにおける、子どもたちの「追究する自由」について言えば、それはよく指摘されるような、子どもたちに対する単なる「信頼」の問題ではない。その「信頼」は、サドベリーでの学校生活の、とりわけ「政治的」*な側面を考える時、前面に出て来るものだ。

サドベリーの運営は子どもたちの判断に対する信頼に基づいている、と私たちは言うが、その「信頼」は口先だけのものではなく、「政治的なコンセプト」としてあることで初めて有効なものになるのだ。「信頼」は、サドベリーという学校社会をどう運営するかという政治的な問題に係わる。

しかしこれに対しては、こんな批判も当然出て来よう。「サドベリーという学校社会の自治に係わる問題で、子どもたちの判断を信頼する……これはたしかにそれでよろしい。しかし経済的《エコノミカル》に生産的《プロダクティブ》な大人になるため、何を知らねばならないかを決定する際、子どもたちの判断をどう信頼しろというのか?」と。

つまり「信頼」は、サドベリーの「教育的な側面」の問題としては、これまでそれほど深く考えられて来なかった、ということである。それはむしろ、子どもの頃、何をしようと、大人としてうまくやって行けるはず、という、私たちの「確信」の問題だった。子どもたちに対する「信頼」以上に、子どもたちに対する「無関心《インディファレント》」の問題だった……。

私たちは「信頼」の二つのコンセプト——「政治的な側面」と「教育的な側面」を十分、明確化せず、

＊ ここで言う「政治的」とは、「サドベリー」のメンバー（子どもたちとスタッフ）による、組織の「統治」の在り方、運営の仕方を指す。

関係付けても来なかったわけである。

そして親もまた、この二つが結び付いて生れる「信頼」というものを持てずに来たのだ。このこともまた、私たちは理解しなければならない。「自分のことは自分で決める、わが子を信じる心の準備ができています」という親でさえ、わが子が経済的に意味ある大人になるかどうかとなると、やはり心配するものなのだ。

親の持つこの不安はもちろん、今の「経済に対するものの見方《エコノミクス》」に縛りつけられたものである。この世界で現に起きている、「計画」などあらゆる経済的な出来事に縛り付けられたものだ。だから不安になるのである。

私はこうした「信頼の教育的な側面」においても、サドベリーは新しい教育モデルとして、新たな地平を切り拓きつつあると常々、感じてはいた。それがどういうことなのか、さらに理解を深めるには、今、私たちが直面している「ポスト産業社会の経済《エコノミー》」の姿を、現行の「経済に対するものの見方」に縛られずに見極めることが不可欠である。

中でも決定的なのは、それが特定のものに「偏らない《インディファレント》」特質を理解することである。それはまさに「任意化されたもの《ランダマイズド》」であるのだ。そしてこの事実が、「ポスト産業期」における「世界観」を性格付けるものである。

こうした問題を考える中で私は、数十年にわたって私を悩ませ続けたある問題に、一つの「解」を得たのだった。その問題は、上記のものとは一見、全く無関係に思えるものだった。

私を悩ませていた問題とは、ニュートン力学的な世界観に基づく科学システムは、なぜ生れるに至ったか？――だった。それはなぜ出現したのか？　何を満たす必要があったのか？

科学の理論はすべて、その時代の内なるニーズを反映する世界観とともに始まるものだ。そのことは私も分かっていたが、ではニュートン的な科学を世界に受け入れさせたものは何かという点で、私は悩んでいた。

もちろん新しい世界観や新しい科学理論なるものは絶えず生まれて来るものである。しかし科学史を振り返れば、時代の前面に浮かび上がり、真剣な注目を得る理論は実は極めて稀なことに気づく。なぜこの「ニュートン的科学理論」だけがその時期、浮上したのか？　なぜそれは生き延びることができたのか？　同時代においてデカルトが人気を博したのはなぜか？　当時、一世を風靡《ふうび》したカルヴィン主義の宗教的世界観はどうか？　共通するものはないか？

これら一連の疑問を考える中で、これらの問題がすべて関係し合うことに私は気づいたのだ。

前近代

さてニュートン力学的な「近代」の問題を考える前に、「前近代《プレ・モダン》」の基本的な特徴と、それが当時の世界観にどう関連していたかを眺めることにしたい。

「前近代社会」の最も支配的な特徴は、当時の共同体が面積的に、今日の基準から見て小規模だったことである。通信《コミュニケーション》、運輸《トランスポーテーション》、情報移転《インフォメーション・トランスファー》の在り様が、共同体の規模を限界付けていたのだ。共同体の人口も、ある一定の線に止まっていた。アテネがその創造性の頂点を極めていた時、そこに生きる「自由な市民」(男性) は五千人に過ぎなかった。この事実は、今日の私たちにとって、なかなか信じがたいことである。それだけの人口規模で当時のアテネ並みの創造的な成果を、現代において期待することは難しい。

それはたとえば、「前近代」における「政体《ポリティカル・エンティティー》」についても言えることである。当時、「大国《ラージ・カントリー》」は存在しなかったし、緊密な「帝国」というものも存在しなかった。「ローマ帝国」にしても、一九世紀の「大英帝国」とは似ても似つかぬものだった。せいぜい、中央に対する弱い忠誠心を持った、諸地域の緩やかな連合体程度のものだった。統合された国家というものは、どんな形のものにせよ実は存在しなかった。つまり、「前近代」における主要な政治的な単位とは、アテネやスパルタ、エルサレム、バビロンといった「都市国家《シティー・ステート》」と、それに近い小規模な公国《プリンシパリティー》だった。それらが近隣地域に対して、征服などを通じて覇権を及ぼそうとしても、緩やかな経済・政治支配に行き着くのが関の山だった。

このように「前近代」における文化的な世界は小規模なものだったことから、当時、生み出された「世界モデル」もまた、限定されたものにならざるを得なかった。そうした「世界モデル」の大半は、秩序に基づき凝縮された包括的なもので、比較的安定したものと考えられていた。

世界がどう動いているかに関する、「前近代」の文献を読んで驚かされるのは、すべてが「秩序」の中に位置づけられていることである。そこにはいつ何時《なんどき》、予想しがたい災害によって乱されるかも知れないという危機感を孕《はら》んだ「調和及び秩序」だけがあった。

「前近代」の「世界観」はみな、細部においては大きく異なりながら、全体としては、こうした特徴を兼ね備えていた。それは一方で「秩序」を共有しながら、他方、大動乱の予測しがたさを説明する部分を含むものだった。

異常な現象に対処するために「前近代」の文化は宗教を生み出した。それはある意味で、秩序を「補完する自然学」とでも言うべきものだった。事物はほとんどの時間、かくも秩序立っており、場所的にも分かりやすく、簡潔なものである。にもかかわらず時々、その縫い目から崩れ落ちるものがあるのはなぜか、ということを説明するものだった。それは通常の事物の秩序を超える、「超自然的な力」を導入して説明しようとするものだった。

そうした超自然力はたとえば、「前近代」世界における社会的な流動を承認するものでもあった。当時の人々はもちろん、社会的な階層秩序を自ら変えることなど考えもしなかった。しかし、その一方で彼らは、羊飼いの息子が王になり得ることは――神様が固定した階層秩序の中から選び出し、王座に据えることは、あり得ると考えていた。それは人間の作為を超えた現象とみなされていたのだ。そんな事例は、聖書やさまざまな神話、伝説に事欠かない。つまり、社会流動とは事物の秩序を破るものであり、超自然的な存在の介入によって初めて起きるものとされていたのである。

近代世界

「前近代」の「世界モデル」は簡潔なものだった。すべてがひとつにまとまっている世界だった。社会に関する見方は科学の考え方に一致し、両者は神学とぴったり重なり合っていた。それでは、「近代」が場面の前景に現れた時、人々の現実感覚を変えたものは何だったか?

「前近代」と「近代」を分けた最大のもの、それは「コミュニケーションの分水嶺」だった。その「コミュニケーション」の中には、西洋人が外海へ自らを投射した航海術の飛躍的な進歩が含まれるが、これはとてつもなく重要な意味を持つ出来事だった。西洋人らが手にした、束縛を逃れ、大海を渡る能力の副産物として全く新しい大陸が発見された。過去に出会ったことのない大陸だった。この「新世界」発見のインパクトは途方もないもので、これにより人々の「地平」は一気に拡大した。

「新世界」は、詩や散文、芸術、政治の中で常に言及されるようになった。新しい文化、新しい事物にあふれ、渡航し、探検し、入植できる新たな大地が突然、目の前に現れた。人々は突如として叫び出した。「この世界は考えていたものより大きい。違った世界があるんだ。その大地へ、われわれは、自分の意志さえあれば、旅することができる」と。

それと同時に、望遠鏡が発明された。それまた「地平を拡大する」影響力を持つものだったが、この場合は宇宙的なスケールにおける拡大だった。「望遠鏡」以前においては、宇宙の学《コスモス》も天文学《アストロノミー》も、あらゆる文化を通して基本的に変わりないものだった。人々は「天国の丸天井」を見上げ、天界の現象に親しみを抱いていた。望遠鏡の発明で人々は「天蓋」の向こうに「宇宙《ユニヴァース》」があることを知った。「宇宙《ユニヴァース》」は無限であり、地球という惑星は思ったより大きなものだという考え《アイデア》に加え、コミュニケーションにおける最大の発明が生まれた。「印刷」の登場である。「印刷」が出現したことで、わずか数世代のうちに以前には考えられなかった速度と量で「考え《アイデア》」をコミュニケートすることが可能になった。文化の中心《ハート》にある考え《アイデア》が突如、過去にはありえない大規模な集団の中で、ほぼ同時に共有され得るものとなった。文化的な交換が、こうして実現した。一冊、二冊、いや十冊、百冊の写本ではなく、千冊、万冊もの印刷物が諸大陸へ広がって行った。

この点について私が以前、考えていたのは、以下のような、通りいっぺんのものだった。「前近代」と「近代」を分けたのは、一一世紀にわたり、さまざまな最前線で生起した、コミュニケーションにおける途方もない進歩であり、それによって比較的短期間に、人々の地平は広がり、人々が交流する共同体の規模もまた飛躍的に拡大した事実である、と。

しかし実はそれだけではなかったのだ。新しい洞察をもたらす鍵は、実は他にもあったのだ。その鍵を手にするには、こう自問してみればいい。「こうしたもののすべてが、人々の精神に対し、どんな結果を生み出したか?」と。

答えは最早、明らかである。コミュニケーションの飛躍的な進歩は、人々の限定された、簡潔で秩序だった世界観を徹底して揺るがし、根刮《ねこそ》ぎにさえしてしまったのだ。歴史のその瞬間において、人々は過去の伝統的な世界モデルと決別したのである。それは、ジャングルに暮らす未開の原住民が、いきなり西洋文明に遭遇したようなものだった。モノやテクノロジーが衝撃のすべてではなかった。記憶の届かない遠い昔から続いていた、閉じられ、安定した、包括的な世界モデルが、想像力の限界を超えて一気に膨張したのである。従来の世界モデルを支えて来た秩序も結合も、一瞬のうちに過去のものとなった。

こうした「近代」への移行期において人類が直面したのは、膨大な未知の領域を前にした、途方もない不安だった。今振り返って、ようやく理解できる不安だった。

この危機に対する、対応の仕方は二つあった。ひとつは、世界理解を完全に諦め、絶望することだった。実際、当時の文献には、そうした絶望が数多く見受けられるのである。もうひとつの対処法は、懸命に「理解」しようとすることだった。

近代への移行期において人類が胸を高鳴らせた衝動は、新しく発見された「膨大さ」を「シンプルな秩序」に縮減して理解したい、というものだった。当時の人々が知的にも感情的にも生き延びて行く上で、「シンプルな理解」に対する心の底からの欲求こそ、実は鍵をにぎるものだった。これこそがニュートン、ガリレオ、デカルトら当時の偉大なる精神に求められた任務だった。彼らが探し求めたもの、それはあらゆるものを統治し、世界秩序に再び安定をもたらす、限られた数の、固定した基本法則だった。

「近代」を切り拓く彼らの探求は、その本質を曝け出すものだった。確かに「前近代」の人々もまた、すべてを「単一の基本原理」に還元したいと考えていた。しかしそれはあらゆるものを生み出す、ある種の基本的な要素を見つけ出したいという意味でのことだった。そして「前近代」の人々は、あらゆる現実に幾通りもの作動ルールがあることを気にもかけなかったのである。すべてのものが同じように動かなければならない、などと思い込む必要を感じなかった。感じる必要がなかったからだ。「前近代」の世界は秩序立っており、小規模で、すべてが含まれる包括的なものだったから。

しかし「近代」が訪れ、「前近代」の安定の蓋を取り払ったとたん、探求への衝動は、可能なかぎり単一化・単純化するものとなった。恐ろしい混沌《カオス》に秩序をもたらすものになった。ニュートンは、惑星の運動も月の運行も地上の身体の動きもすべて説明できる単純な法則群を探し求めた。それはニュートンに限らず、「近代」の物理学者たちに共通することだった。全宇宙の物質と力に適用できる普遍的な法則を探し求めようとしたのである。それは深層心理が要求するものだった。それだけがこの複雑な世界を分かりたいという願いを叶える唯一の道だった。

「私は三千もの異なる条件を支配する、三千種類の法則を持った新しい物理学を生み出そうとしています」と言う科学者がいたとして、聞く耳を持つ人はいなかったはずだ。それは「近代」の世界モデルに応えるものではなかったからだ。単純、統一、予測可能性——これこそ「近代主義《モダニズム》」を、その核心において「世俗化した」ものだ。「近代」という「理想」の本質とはつまり、「超自然」を想起することなく、「混沌」へとすべてを再び追いやる外部ファクターを導くことなく「世界」を理解することだった。

そんな風に世界を理解できない人と、理解できる人の間に緊張が生れた。自分をモダンだと言える人と、そう言うことのできない過去の残滓と見なされる人との間に。

近代における「決定論」と「意志」の衝突は、このようにして起きた。それは基本的に、「科学」と「宗教」間の対立でもあった。

この溝を越える術はなかった。だから科学の決定論を信奉するか、さもなければ超自然力のせいで何が起きるか分からない恣意的な世界を受け入れるしかなかった。

一七世紀から二〇世紀にかけての、近代におけるあらゆる科学思考は、物理学の法則をモデルとする単純な基本原理を求め続けて来た。科学が普遍的なアピール力を持つことができたのはそのためである。科学とは防潮堤のようなものだった。大海原の水平線は、ますます拡大して行くばかりだった。

科学は、その大海の潮流に耐える防壁だった。電気や磁気といった新しい現象が見つかると、科学者たちは、光や熱などを伝えるとされる仮想の媒質《エーテル》という従来の考えの枠内に取り込み、既知の力学原理の現れにしてしまおうと努めた。それに失敗すると彼らは、あらゆる現象を包摂する、総合的かつ単純な、新しい法則を見つけようと努力し始めるのだった。あらゆる物理学の焦点はすべて、統一的な自然法則を発見する探求に向けられたのである。

こうした歴史的な文脈における「経済に対するものの見方《エコノミクス》」について、次に簡単に見ておこう。近代における「工業化」もまた、科学の場合と同じ考え方によるものだった。「世界」を「機械」と見ようとすれば、「機械」はあらゆるところに見え始めるものだ。

歴史家たちは、古代世界はどうしてあの程度の機械化しかできなかったかと首を傾《かし》げる。しかし、現存する古代の文献は実のところ、「機械」のことでいっぱいなのだ。一例を挙げれば、古代人はなんと「蒸気タービン」まで考えていたのである。

では何故、彼らは「蒸気タービン」を利用しなかったのか?

「前近代」の人々はたしかに、高度に知的な人々だった。明らかに優秀な科学技術者《テクノロジスト》だった。道路をつくり、水道を引き、ダムを築いた。つくりたいと思ったものは何でもつくった。しかし彼らは、「単純さ」をあらゆるところに持ち込む必要性を感じていなかった。「世界」を、単純化しなければならないほど複雑なものとは思っていなかった。だから、気にならなかった。

あれこれ機械をつくっては、それでもって征服せずにはいられない欲求、すなわち大量生産への文化的衝動はすべて、人間はあらゆるものの運動を単純な法則、単純な方法でもって理解できるのだという基本的な宇宙観と合致しなければならなかった。

すべての運動を理解する鍵を手にしたならば、生活のあらゆる局面に適用することができる……。

かくして「近代」においては、あらゆるところに「機械」が生れることになった。機械論的な経済学が、機械論的な歴史学が、機械論的な社会学が、機械論的な人類学が生れたのである。「科学」は、あらゆる人間的な努力におけるすべてのものを機械論的な因果及び機械的操作に還元してしまったのだ。

こうして「前近代」の「安定」は、「近代」における、機械の「厳密さ」に取って代わられた。「安定」を失った人間性に、バランスを取る錨《アンカー》が与えられた——それが「心の平和《ピース・オブ・マインド》」だった。

「ポスト産業期」

「ポスト産業期」的思考の鍵は、一九世紀の終わりから二〇世紀の初期にかけて、とくに物理学の分野で生み出された。物理学が、機械論的な決定論から脱した最初の思考システムとして浮上したのは当然のことだった。物理学は常に、単純かつ最も包括的な法則を追い求めるものであるが故に、「複雑性」の重圧をもろに受け、最初に崩れ落ちる科学となった。

物理学の発展とともに、探求する地平は拡大し続けた。最初の頃、二つ、三つの物体の運動を理解することで満足していたのが、十の物体に変わり、そのうち非常に大きな数の物体の動きを理解しようと努めるようになった。たとえば数兆もの分子で構成される気体の動きをつかむ、といった探求がそれである。

やがて物理学者たちは気づいた。そうした大きなシステムを、小さなシステムの理解へと還元しても、うまく行かないことに。

理解不能——それは彼らの理解力を超えることだった。

結局、一九世紀の後半に形を取り出した考え《アイデア》とは、非常に複雑な物理システムにあっては、「統計学」というそれまでとは全く違った思考モードを適用するところから始めなければならない、ということだった。そしてこの思考モードは、複雑な物理システムを「本来的にランダム」なものと見なさなければならないという観念に根ざすものだった。

こうしたコンセプトに対処するため、独自の仮説と演算を持つ新たな数学が、「ある一つのシステムがランダムに動く成分を持つとしたら、どうなるのか? ランダムを超越する秩序は果たして存在するのか?」という問題を解くために開発された。

「数理統計学」の前提にあるのは、根本的な振る舞いは予測できないランダムなものである、との考えである。「数理統計」を発展させた人たちは、この前提から出発し、混沌の中から現れる驚くべき秩序のパターンの開発に思いもかけない独創的な方法で取り組んだ。

数理統計は、生れるや否や、物理学者たちに難問を突きつけた。彼らは、自分たちがあるパラドックスに取り組んでいることに気づかざるを得なかった。まるで自由意志と決定論の間の闘いのようなパラドックスに立ち向かっていることを理解したのである。

物理学者たちは頭を捻り続けた。「あらゆる物体は固定した法則に従って動いているという本質的には決定論のシステムを、それと正反対の考え方の、ランダムに基礎を置くツールでしか取り扱うことができないというのは、どうしたことか？　どうやったら、こうしたことが起こり得るのか？　ランダムから引き出した法則でもって、本来、決定論的な現象を、どう説明できるのか？」――これらの問いに対する満足すべき答えは、なかった。

ここに、そもそもの始まりがあった。それはしかし、単なる始まりでしかなかった。当時の世界観はそれでもなお、あらゆる物事を厳密に予測できるという固定観念にしがみついていた。そこに問題が潜んでいた。

大量のモノを取り扱う際、ランダムな考え方をした方が、ある意味でうまく行くことがあり、現実と一致する結果をもたらす……。しかしながらそうした考えは、表に浮かび上がろうとして、すぐさま忘却の淵に追いやられていたのである。

近代的な世界観に対する真の決別は、二〇世紀の初めの数十年間における量子力学の登場で起きた。私たちはここでもまた、物理学が、私たちの社会において表面化しつつある、深い欲求と出会う姿を目の当たりにすることになる。

当時の物理学者たちを突き動かしていたもの、それは忘却の淵にあったものをいかに取り出し、再生するかという問題だった。物理学者たちは数理統計モデルを知っていたので、ジレンマからの脱出口に立つことができたのだった。

これはもう、あまりに込み入ったことなのでこれ以上深くは立ち入らないが、物理学者たちにとってのもう一つの悩みは、原子や分子といった極小のものを扱う際の困難だった。

こうして最終的な解決が、物理学者の集団によって遂にもたらされることになる。「世界の本質とは、予測不可能性であり、ランダムさである」との考えに基づくモデルを採用したグループが現れたのだ。探求の環は、とりあえず完結したのである。

前近代の世界観は、すべてはきちんと整理され、ひとまとまりになっている、というものだった。説明し切れないランダムな部分もあったが、それは「超自然」として別に取り置かれていた。近代はランダムさから距離を置き、あらゆるものをマシーンであると見なすようになった。すべては予測できるものでなければならなかった。それだけが、近代人の前に突如、現れた世界の膨大さを理解する術だったからである。

そして今、ポスト・モダンの時代に来て、私たちはこう言い始めている。「あらゆるものは、その本性においてランダムなものである。完全に予測できるものは何もない。どんなに情報を持っていようと、ある物体が次の瞬間、どう動くか、正確に知ることはできない。この宇宙におけるどんなものも、それを理解し始める唯一の道は、混沌の中からある種の秩序を引き出す数理統計的な手法を採ることだ」と。

つまり私たちには最早、前近代における「自然」対「超自然」という二分法《ダイカトミー》はないのである。自然とは本来的に予測不能なもの、と見なされる時代に生きているのだ。私たちは確かに、さまざまな仕掛けでもって予測不能なものを理解し得ている。膨大なランダムさの中に秩序の系を見出しているからだ。しかし私たちは、常に認識していなくてはならない。予測不可能性こそ、「自然」の中に組み込まれているものだということを。それは、いつ何時、何が起きるか分からないことを知ることでもある。

前近代《プレ・モダン》から近代《モダン》への過渡期において、新しい世界観が受容されるのに長い時間がかかったように、ポスト・モダンの世界観モデルは物理学の分野から他の領域へ、今まさに広がり出したばかりだ。近代の世界観はだから、人類一般の精神から追い出されていないばかりか、知識人たちの大部分の中にもまだ居座り続けている。経済学者の多くは未だに厳格な経済法則を探し求めている。社会学者の多くも社会の法則なるものを追い求めている。政治家の大半もまた、国家的な社会経済計画づくりにおける「科学的に有効な」方法を探し求めている。

それは教育においてもしかり。近代的な思考の見事な実例が「カリキュラム」という考え方であり、それが今なお蔓延《はびこ》っているのだ。膨大な人々の群れに何らかの秩序を持ち込む必要性、それこそが「カリキュラム」や「社会計画」「産業計画」の土台に潜むものである。まさに典型的な近代のコンセプトである。それは国民経済という複雑なものを単純な要素に還元できる、と言い張るものであるのだ。

これとは対照的に、ポスト・モダンの世界観は、物理学者たちがすでに理解し、その他のあらゆる分野で、世界がその姿を垣間見始めている、新しいコンセプトに根ざすものだ。それとは即ち――「ランダムさから始まる世界観は、そうでない世界観より、多くの物事を説明する、より大きな力を持つ」ということである。

百年後に何が起きるか一体、誰が知ろう？　どんな新たな心理的な欲求が浮上しているか誰が知ろう？　その時、どんな世界観が生まれているか誰が知ろう？

しかし私たちが生きている今現在、現実を下支えする観念は「ランダムさ」である。それは厳格な規則で支配できないものであり、それこそポスト・モダンの世界観であるのだ。

これこそ私たちがサドベリーで、カリキュラムという考え方をなくした時、アピールしたことである。人生のまさに本質とは、ランダムさというレンズを通して見えて来るものでなければならない――これこそ私たちがサドベリーで言い続けていることである。

ランダム・創造・価値

以上の考察は、経済に対する見方ばかりか、「経済」の現実にも深く関連するものだ。たとえば「生産性」のコンセプトを見ると、エコノミストたちがこの用語を使用しているその姿は、産業社会の基準に沿った例の典型である。エコノミストたちは基本的に、全生産高を弾き出し、それを一人一時間あたりの労働で割る手法を採っている。

さてこの「生産性」だが、もちろん人々が生産したものに価値がある場合にのみ意味を持つ。経済学の出発点はまさにここにある。つまりそれは本質的に「価値論」であるわけだ。したがって、「生産性」のコンセプトの土台には、ひとつの社会が産み出す価値の計測法がなければならない。(原注1)

産業社会の市場が支配していた一九世紀、さらには二〇世紀の前半には、これは確かに意味のある考え方だった。モノとサービスの生産・提供には数に限りがあり、しかもそれが大量に生産される時代だったからだ。価値はそこで、大規模な自由市場での平準化プロセスを通して決定されるものと見なされていた。価値の評価はより決定論的・包括的なもので、個人の判断を超えたものと見なされていたのだ。

その時代のエコノミストたちが決して取り扱わないものが、ひとつあった。それは「価値」というコンセプトが持つ、本質的にランダムな性質である。いま産み出しつつあるものが将来、どんな価値を持つか予測することはできない……。

この点を、具体的な例でもって説明するとこうなる。

あなたが新しい発明を行い、それを新製品として売り出す会社をつくったと考えていただきたい。会社を設立した最初の年、あなたは計画を練り、経営計画をまとめ、新製品の良さを人々に売り込もうとした。そしてそれから一年間、懸命にガンバリ通した。

けれど結局、一個も売れなかった……。

となると、あなたの最初の一年の「価値」は、いったいどういうことになるのか？　あなたの「生産性」は？

さてもうひとつの可能性として、あなたが投資マーケットに出向き、投資家にこう言うとする。「これが、私のアイデアです。投資していただけますか？」

あなたの申し出に、「投資しましょう」という人が出て来た。

ということはつまり、投資家からすれば、あなたの仕事には「価値」があるということになる。そしてその「価値」は、あなたの新製品に関するプレゼンの仕方や、あなた自身がどんな人間であるのか、あなたの経歴、さらにはあなたのアイデアの将来性を投資家側がどの程度のものと見込むかで決ま

原注1　本書三二六頁～、「マネー・取引・経済秩序の進化」を参照。

るわけだ。

　これを別の言い方で言えば、こうなる。あなたの生産物には、「ランダムな創造ファクターとしての価値」がある、と。

　この点こそ、古典派の経済学者たちが取り組もうとさえしなかったことだが、これは自由市場経済の現実が今、その重要性に気づき始めていることである。そしてこの「ランダムな創造ファクター」こそ、ポスト・モダンの経済にとって「鍵をにぎる価値」であるのだ。いつ何時、新しいものが飛び出してくるか分からない、この予測不可能性こそポスト産業社会の特徴なのだ。

　これは大規模な製造業についてもあてはまることだ。たとえば、車のデザインが将来、どんな形になるか、本当のところ誰にも分からない。車の材質がどうなるかも分からない。あるいはセラミックスの将来がどうなるかも誰にも分からない。

　生物学の未来も見通しがつかない。将来の医学がどうなるか誰も分からない。それは遺伝学についても同じ。経済学のいかなる分野でも五年、十年、二十年後に必ずこうなると予測することは不可能なことであり、断言をしようものなら馬鹿にされるのがおちだ。

　つまり、そこにはあらゆる可能性が開けているのである。

　もし、誰かがあなたに、次のように言ったとしよう。「二十年以内に、今の大型コンピューターと同じ性能を持ったものを、腕時計のサイズでつくれるようになっても、私は別に驚かないね」と。

　そう聞いてあなたは今や、別に顔色を変えないはずだ。その程度のことは誰でも考えつくこと。問題は今、考えることのできない多くのことが将来、現実化することである。

ポスト産業社会の経済の本質は、それを構成する基礎的な諸価値のランダムさにある。創造の価値の予測不可能性について、人々は今、気づき始めているところだ。この米国という国では特に、創造性に非常な力点を置いている。だから私たちは、普通ではない発明の才を持った起業家《アントレプレナー》に対していつも声援を送っているわけだ。

私たちのサドベリーがポスト・モダンの時代にとてもフィットしているのは、こういう事情があるからである。サドベリーはランダムさが開く未来を映し出すものである。

サドベリーはだから、こう言うことができるのだ。ランダムさこそ世界の今、そして世界の未来の本質そのものである、と。

予測可能性に基づき、すべてのものを指定席に置くようなものは、サドベリーからは消えているのだ。私たちはつまり、時代転換の最先端にいるわけである。新たな仕事を生み出す今日的な世界観とは、その根底においてランダムさからスタートする世界観である。そこには決定論が入り込む余地はまったくない。機械論モデルの出る幕はない。

混沌としたポスト・モダンの世界に、もし予期できるものがあるとすれば、それは数理統計の手法を主体としたものになるだろう。それによって私たち人類は自分たちをうまく理解するパターンを手にすることができる。

しかしいくらパターンが出来ても、基本的な例外というものは、何度も何度も繰り返し、起きるものだ。普通でないことをする人々が必ず、現れる。それが世界の未来の偉大な進歩をリードする。これは、そうはならないのと同じ程度にありうることである。

ポスト・モダンの時代に考える

この題を見て、なんか変なタイトルだな、とお思いになる方も多いことだろう。「考える」とは結局、脳神経系で決定された精神活動であるから、その「考える」は、思考の生起する「時代」によって影響されるはずがない——そんなふうにも考えられるからだ。

実際、歴史家や人類学者、考古学者らは、人類の基本的な思考プロセスはホモ・サピエンスの登場以来、一定の性質を維持して来たと見ている。それなのにポスト・モダンの時代だけが、「考える」にどんな影響を与えているというのか?

本エッセイは、人間の思考の変わらない側面とともに、未だ十分に認識あるいは理解されているとは言えない、過去に生起した基本的な変化と、近い将来起きるであろう、これまでのものとは根本的に異なる構造を持つ変化を説明しようとするものである。

この問題を理解することは、心理学者、社会科学者、教育者にとって重要なことである。とくに教育者にとっては、それは活動の中心をつくるものだと言っていい。「思考」に対する深い洞察なしに、教育者は社会的な役割を十分果すことができないからだ。そして人間の思考の変化に対応すべく、全世界に蔓延する学校教育の制度の本質そのものをラジカルに変えなければならない時がいずれ必ずやって来る。

「考える」——つまり「思考」とは、「情報」に対応した人間精神のプロセスである。精神は、新しい心《コンフィギュレーション》の形を産み出すために情報を受け取るのだ。そうして生れた思考は、さらなる思考のための出発点にもなれば、将来における利用のため、期限を切らずに維持されもする。もちろん直接的な行動の引き鉄を引くこともある。

しかしいずれにせよ初めに情報のインプットがなければ思考もあり得ない。情報は諸感覚、感覚器の入力ポイントから送り込まれるナマのデータを伝達する神経ネットワークのチャンネルを通して精神にやって来る。これは一般に認められたことだ。

ある動物の種が動物王国の進化の流れの中で生き残るには、個体を形作る諸要素が、種が生存し進化する全体環境の中で長期的かつ安定的・調和的に機能するものでなければならない。

人類にとってこれはどういう意味を持つのか?——それは何よりも諸感覚、環境との相互作用、精神へのインプット、さらには精神そのものがすべて、均衡の中で維持されねばならないということである。もちろん時にはバランスが崩れ、一時的な変調をきたすこともあり得るが、それは自ら最終的に排除しなければならないことであり、長期的には生命活動の流れの中で生体それ自体が吸収し、正常な機能の中に取り入れるべきことであるのだ。

この単純と言ってもいい考えを「思考」に適用することで、いくつかの重要な理解が得られる。

第一に、進化は人間の諸感覚に、ある程度の鋭敏さと、正常な生活環境に対する一定の反応度を付与したに違いない、ということである。そしてその反応の度合は、人間の精神が安定的に対応できるインプットの限度内に収まっているに違いないはずである。

これは、たしかにその通りであろう。全体として、精神に対するインプットが、その健康な能力を維持する上で、弱すぎたり少なすぎたりしたら、人間は今ほどモノを処理できる脳を持ち得なかっただろう。その場合、脳の能力が時間の経過とともに衰えてしまうか、あるいはインプットを精神に取り込む諸感覚の力が、脳の能力と見合うまで時間をかけて高まるか、どちらかの結果になる。

同じように、もし精神に対するインプットが全体として脳の処理能力を上回るものなら、長期的に見て、超過分の負荷に耐え続けることはできない。その場合、脳は能力を向上するか、インプットの強度を下げるしかない。そして、この場合も長い時間的な経過の中で、安定的な均衡に達することになる。

私たちがここで今、確実に言えること、それは人間がホモ・サピエンスとして成功裏に進化を遂げた時間の大部分において、その感覚器官と脳の機能の間には互いに望ましい均衡があったということである。

人類にもまた、他の多くの生物種と同様――ともに同じ進化のプロセスを続ける中で――、究極において自己を否定し、進化するエコシステムに、より適応した種によって乗り越えられる、自己破壊の種子が組み込まれている。

有史以来、続けられて来た人間的営為の多くは他の生物種同様、人類自身に対して破局に行き着きかねない結果をもたらして来た。しかし、そうした明白な惨事を引き起こす行為とは別に、本質的により微妙で、より目立たない、均衡を危うくする人間の行いもあった。私が今、関心を持つのは、このうちの後者である。つまり、思考プロセスの中に持ち込まれた「不均衡」に対する関心である。

安定を突き崩す活動は、二つの基本的なカテゴリーに区分することができる。第一は、人間の生命活動と環境の界面を通した、精神に対するインプットにおける撹乱だ。第二は、思考する脳が動員する精神的プロセスにおける撹乱である。この二つのカテゴリーにおいて人類が、進化の過程で綿々と受け継がれて来た行動から別れを告げることは、人類の未来に対し深刻な影響を及ぼすものであるに違いない。

第一のカテゴリーから見ることにしよう。人類はこれまで、あらゆる感覚を大きく広げる外部メカニズムを開発して来た。これにより環境から脳への情報の伝達の範囲が、感覚の進化レベルの枠を遥かに超えるかたちで拡大してしまった。

一例として視覚について見てみよう。近代初期におけるさまざまな光学機器——望遠鏡、顕微鏡、双眼鏡——の発明で人間は突如、それまで見ることができなかったものを「見る」ようになった。もちろん、この場合の「見る」とは、ふつうの意味での「見る」ではない。

こうした新奇の道具を通し、私たちの眼が受け取った情報のインプットを吸収しようとする苦闘が数世紀にもわたって続いて来た。こうした中で、世界観、哲学、科学、人間行動における革命が相次いで起きて来たのである。私たちが当たり前とみなす文化の現在は、まさにあらゆる点で、視覚におけるラジカルな変化のインパクトに曝されているのだ。

最近——といっても過去一世紀くらいのスパンでの話だが、視覚の拡張は、カメラやビデオ、自在に再生可能な映像記録装置といった、「補助的な眼」ともいうべきもののおかげで飛躍的な発展を遂げて来た。肉眼で見ることができる視覚スペクトルの限界を超えて、「見る」ことが可能になったわけだが、もちろん私たちは、たとえば電磁波そのものを見てはいない。機械的な処理を通じ、電磁波がもたらす「映像」を目の当たりにしているだけだ。

私たちはしかし、これら最近の視覚の拡張を、私たちの文化の中に未だ吸収し始めてもいない。ただ「見てはいる」が、日常的な感覚的インプットとしては、吸収し始めてもいない。人類の未来の世代が、ラジオ波、マイクロ波、原子の放射、応力波などを絶えず「見続けた」結果として、それをインプットとして「吸収」するようになり、どう感じ、どう考えることになるのか、私たちには想像もできないことだ。光学的な機器でさえ、人間の思考や行動に革命を引き起こしたのだから、最近の途方もない、全人類的な視覚の拡張が、いったい何を生み出すものなのか予測しようにも不可能なことである。

視覚以外の諸感覚において有史以来、どれほどの拡張が行われて来たか、今さらそのすべてを述べることもなかろう。拡張のプロセスが今世紀にどれだけ加速したかもまた、言うまでもないことだ。過去の世代の人々が現状を目の当たりにしたら、きっと仰天するに違いない。視覚以外の諸感覚における拡張の実例は、このエッセイの読者の方々が、それこそ数限りなく、お知りになっていることだろう。

こうした状況を少し考えるだけで、以下のような結論に向かわざるを得ない。人類という種は、進化の時間の尺度で見て比較的短期間に、環境から脳への情報のインプットの面で、重大な攪乱に曝され始めているのだ。その攪乱とは、生来の人間の思考プロセスに対し、破局的な過重負荷を課す恐れのあるものであり、情報を処理する人間の精神的な能力の解体につながりかねないものである。

しかしながら幸いなことに、少なくともこれまでは、ある「歴史のアクシデント」が起きて破局的な事態になるのを防いでくれていた。生物的な進化を検討している今、それを「歴史のアクシデント」などと呼ぶことには、不遜なところがないわけでもないが、破滅の脅威を新たな生存への希望に変える「アクシデント」が起きたことは確かなことである。

私が今、「アクシデント」と呼んでいるものがどういうものであり、それがなぜ重要なのか説明する前に、私たちの精神がどんなふうに思考しているか、まずもって見る必要がある。

もちろん、私たちは「思考」がどうやって生起するものなのか、本当のところを知っているわけではない。それは私たちの最も古い関心事であり、今なお難しさを伴う研究テーマになっていることだ。しかし思考プロセスを構成する側面については、すでに私たちの知るところとなっている。

そのうちのひとつは、「インプット」を「考え」に変える活動だ。その「考え」は「言葉」というシンボルで表象される。ある個人及びグループが「考え」を産み出して行くシンボルの集合としての言語は、人間の完全な独占物でないかも知れないが、人類に広く使用されている思考の道具であることは間違いない。

もうひとつは、さまざまな「考え」の中から、ある「パターン」を産み出す活動である。それによってさまざまな「考え」が結びつき、接続し合い、そこからまた新しい「考え」なり「パターン」が生れる。それは外部世界からの神経系へのインプットとは一線を画した、独立したものだ。

こうした「パターン」は、その人が生きて行くため、自分のためにつくりださなければならない「世界モデル」を構成するものである。なぜなら人間の精神は外部世界からのインプットを元に、これらのパターンを通して外部世界に対し生命活動が関わり、働きかけて、行動を起こすものであるからだ。

私は「世界モデル」としてこの「パターン」の形成こそ「思考」の中心にあるものであることを示しているつもりだが、こうした世界モデルづくりには、「再帰的」な——即ち、新しく生み出されたパターンが、また新しいパターンを生み、それがまた新しいパターンを生み出す——活動が含まれていることも理解しなければならない。それは外部からの新たなインプットなしに、すでに脳内にあるインプットなり、考えでもって形作られるものである。

同時にまたそこで出来上がった世界モデルが、母体となるフレームワークを用意することで、新たな考え、シンボルの創造に向け、フィードバックを行うことも明記しておく必要があるだろう。

思考に関する三つ目の側面は、「記憶」への情報の蓄積及び記憶からの情報の回収活動である。現在進行形のインプット以外のすべては、記憶の仲介によらなければ何事もなしえない。自然が生んだ人間精神は、膨大な記憶容量を持ってはいるが、その記憶容量へのアクセスあるいはその使用は、脳が索引し、検索し、記録を残す、未知のメカニズムに依拠するものである。

思考という複雑なプロセスを見るには、この三つの側面を考えるだけでいい。それ以上はとりあえず必要ではない。この三つの側面はいずれもそれだけで十分な重要性を持つものであり、検討するのに十分、価するものであるからだ。

さて先ほど私が述べた、人間の諸感覚の拡張に対抗する「歴史的なアクシデント」とは、それに見合ったかたちで、受け取った情報を処理する精神的な能力の拡張――即ち、「書く」ことが創造されたことだ。この「書く」の創造は、遠く離れたさまざまな文化の中で、いろんなかたちをとりながら、それぞれ独自に生れたもののように思われる。

しかしこの「書く」が生れたことで起きた最初のインパクトは、「考え」や「シンボル」の数と種類、有用性の途方もない拡張だった。これにより、それまで脳の中に住み込んでいたものが、脳の外部で具体的な姿を顕にすることができるようになったのである。

この結果、人と人との間で、考え・シンボルの伝達が容易になり、集団的な文化の向上につながった。同じ考えの集合を基に、さまざまな脳がともに働く共生は、個々の構成メンバーの知性の総和を超える集団的知性を生み出し、文化の知恵の源泉になった。つまり、「書く」の創造は集団的な精神の創造につながったと言える。

それは電気的・化学的な刺激によって結びついた神経のネットワークではなく、書かれたシンボル、及び感覚的コミュニケーションによって結合した精神のネットワークとして生み出されたわけである。

もちろん集団的知性にしろ、集団的文化にしろ、いずれも「書く」ことに先行して存在していたものだ。それは人類の夜明けからすでに、各個体間の感覚的な相互作用の中で生起していたものである。「書く」が果たして来た新たな役割は、共有すべき考えの種類を増大させ、その共有の仕方を増やしたことである。それによって文化的な豊かさが劇的に向上したわけだ。

思考に対し「書く」がもたらしたインパクトのもうひとつの重要性は、その「世界モデル」づくりへの影響面で生れたものだ。書かれたシンボルの操作でもって、経験からパターンを築いて行く人間的能力に途方もない力が追加されたのである。この仕組みはまだすべて解明されてはいないが、少なくともそのひとつは、書かれたシンボルのパターンを視覚化し、それを複雑なパターンに築いたり、既製のパターンを変化させたりする、視覚を通じた脳へのフィードバックにあったことは間違いないだろう。

しかし、「書く」がこれまで私たち人類にもたらした最も重要なインパクトは――人間的な経験の進化に長い時間をかけて組み込まれて来たものは、脳の記憶容量に対するインパクトだった。なぜなら、「書く」ことこそ、その永遠に消去され得ない可能性と、書かれたものが眼に飛び込んで来る力のせいで、「考え」「情報」「世界モデル」の無限の貯蔵を可能とする土台となったものだからだ。「書く」とはつまり人間の精神にとって、無限の容量を備えた、外部取り付けのハード・ドライブのようなものである。「書く」をこうした次元まで引き上げたもの、それは「印刷」の発明だった。その衝撃は大きく、大衆規模でインパクトを与え得るものだった。しかし紙が安価なものになり、印刷がかんたんで手軽なものになったのは、これまた比較的最近のことだ。それによって、誰もが望むだけの印刷物を大量に供給することができるようになった。そして今や書かれたものを貯蔵し、自由にアクセスできる、新たな効果的な方法の出現で、「書く」ことが様変わりし、それが「思考」に対し重大なインパクトを与え始めているのである。

この、いま私たちの目の前で起きていて、直近の未来においてさえ、さらに天文学的に増大するであろう情報蓄積の劇的な飛躍が人間の思考をどう変化させるか、率直に言って私には分からない。しかし、ひとつだけ確かなことがある。それは思考する人間にとって、個々人の頭脳において、記憶に重点を置く必要性がますます薄らいで行く、ということだ。

つまり換言すれば将来の利用に備え、情報を記憶させる時間と努力が、ますます不必要になって行く。代わって重点が置かれるのは、情報の貯蔵と回収という込み入った作業をかんたんにやってのける方法の発見であろう。このプロセスがあらゆる個人の「もうひとつの性質」になれば、それに見合うかたちで個々人の思考能力もまた向上するはずだ。となると、集団的思考へのインパクトは、さらに途方もないものになるはずである。

「書く」がもし「思考」に対し遠大なインパクトを及ぼすものなら、他のさまざまな発明もまた、同等もしくはそれ以上の（より予測できない）効果を引き起こすはずだ。したがって情報革命——エレクトロニクス、コンピューター、その他の新しいテクノロジー——が全体として人間精神の思考力をどれだけ拡張するか予測することは、恐らくは不可能なことである。ただし、こう語る私の議論には遺伝情報のプログラミングや、神経伝達に対するダイレクトな調律、外部からの脳神経のコントロールといったものによる結果は含まれていないことを断っておきたい。

問題のキーポイントは、比較的最近（進化論的な視野での話だが）、人間の脳に対して、ラジカルな撹乱現象が二つ、生起していることである。第一は、感覚器経由で、環境から脳へ、情報をインプットする人間の生命活動の能力が膨大に増大していること。第二は、情報を考える脳の能力が膨大に増大していることである。この二つの増大はこれまで、必ずしも歩調を合わせて来なかったし、これからもそうだと思われるが、一方が他方にフィードバックするかたちで、両者はつながり合っているのだ。つまり、この二つの撹乱現象は相乗して近い将来、途方もない力を持つようになることは必至で、遠い未来のこととなると想像さえつかない。両者はすでに、人間がホモ・サピエンスとしてこの世に登場して以来、進化によって培ってきた人間的な自然と一致《シンクロ》しないものになっている。それは人類の種としての進化の未来において強力な力を発揮し、新たな亜種を、さらにはまったく新しい種を生み出しかねないものになっているのだ。

この、どちらかと言うと不安を誘う認識が現在の教育実践にどんな関わりを持っているか?——。これは一見、さほど重要なことではないと思えることだし、実際のところそうであるかも知れない。しかし他のあらゆる世代と同様、私たちもまた人類存続のため、最善の努力をし続けなければならないことは言うまでもない。今、私たちの世代は変化の波に呑み込まれようとしているわけだから……。

こうした状況下、私たち現人類が種の存続、さらには破局を回避できる唯一の希望とは、現在、私たちに押し寄せている(間もなく、そうなるだろう)インプット、情報処理の爆発的増大に向けて、私たちの脳の使い方を熟達することだろう。

何事につけ上達する最善の道は、それを自分でしてみることである。それもできるだけたくさん、してみることである。この点で鍵をにぎるのは、「あなたの《ユア》」という所有形容詞がもたらすものだ。あなたがいっぱい使わなければならないのは、「あなたの」脳である。他の誰かの脳ではない。

そして脳の使い方に熟達するには、なるべく早い段階から——生れた時から、自分の脳を使わなければならない。だから、子どもが好きなように自分の脳を使って、受け取ったインプットの迷路を潜り抜ける術を学び、世界モデルづくりを続ける自由が多ければ多いほど——つまり、誕生以来、子どもが行使する自由が大きければ大きいほど、その子が「思考に熟達する」可能性は高まるわけだ。

しかし、この逆も同じだけ真である。人々の脳の自由使用を制限すればするほど、人々が採り得る思考の道を制限すればするほど、人々が存続する上で必要な、複雑さに熟達する可能性は減る。思考の自由に制限を課すことはすべて、人間個人の存続にとっても、世代継承を通じた全人類の種としての存続にとっても打撃となるものだ。

今や、教育にとっての教訓は明らかである。そしてそれは、祝福したいほどシンプルである。人類が自滅を回避する唯一の道――それは子どもたちに誕生以来、彼らが喜んでするだけ、考える自由を与えることだ。

でも、だからといってそれは、子どもたちに何でも好きなことをさせることではまったくない。それは大人なら何でも許される、と言うのと同じくらい馬鹿げたことである。人間が集団として生き延びるには、個人の行動に制限を課さなければならない。しかし文化のルールの範囲内で、子どもたちはもちろん大人たちにも、最大限、好きなように考え、行動する自由を与えることは、過去数世紀にわたって続き、今後、数十年のうちに限界線を突破してしまいそうな、人間の思考における途方もない攪乱を生き抜く上で絶対必要なことである。

ところで、「言葉」はその意味をすべて表すものと言われるが、「生命《ライフ》」という言葉の意味は何か、と問われた場合、私はまだ答え切ることができない。しかし私はその問いに対し、ある「感覚《センス》」を持っている。そしてそれはより深い、別の言葉で表されるべきものと私は考えているのだ。

人間的思考の注目すべき点のひとつは、自分たちの思考をそれぞれの生命活動の中で共有し合う個々人の能力である。ここで私は、生物世界において生起している情報のダイレクトなコミュニケーションのことを言っているのではない。私が言っているのは、私たち人間の、「考え」ばかりか「世界モデル」さえも「共有」する能力のことを言っているのだ。それは、意味を相手に届ける能力である。個々人は皆、ある重要な意味を生み出す意味の主《あるじ》ではあるが、その意味を他の人々と共有する能力を持っているのである。

子どもの発達を注意深く観察する者は、他者と意味を共有するメカニズムを身につける闘いが個々の子どもにとって最大の挑戦であることを見逃すことはない。健康な子どもたちがこの闘いに相次いで成功する姿を見ることは、ちょっとした奇跡を見るようなものだ。

しかしそれがどうやって生起するものなのかは、誰にも分からない。思考が共有される、その獲得手段が何なのかも知らない。しかし、共有は現に人々の間で起きている事実である。それは年齢や人種、社会的なバックグラウンドとはほとんど無関係に生起しうるものである。

その一方で私たち人間は、考えやモデルを他の生物種との間で共有する、信頼すべき再生可能なメカニズムは持ち合わせていない。時々、それに成功したと吹聴する人間が現れる程度である。そしてこれとは逆に私たちは、それが存在することすら実はハッキリしないけれど、それに対して強い親近感を覚える人もいる、あのより高度で包括的な思考や意識とコミュニケートする再生可能なテクニックを未だ発見していない。

実際のところ、私たちはほとんど誰もが、私たちの上に、私たちの間に、私たちの中に、私たちを囲んで、何らかの充満する意識の力、全体を包摂する精神のようなものが存在する、と感じてはいる。だから私たちはそうした超越的な直感が、私たちが未だコンタクトできない、つかみどころのない「思考者」の現存を示唆するものではないかと訝《いぶか》りもするわけだ。

私たちはまた、他の動物たちとのギャップをまだ克服していないが、彼らも「考えている」ことは明らかなことである。もし私たちが動物たちと定期的に考えを共有することができるようになるなら、それだけで世界は私たちの前に大きく開けることだろう。

では逆に、私たちが感じる心の震えが、人間を超えた高度な精神の存在を示唆するものであっては絶対にならないものなのか？　それは今のところ、透過できないヴェールに包まれ、私たちから隔絶されているだけのことではないか？

もし、私たち人間がいずれ他の動物種との間で概念を伝え合うことができるほど思考というものの性質を理解できたなら、私たちの言葉よりもはるかに大きな言葉を持つ、意識の異領域への通路を切り開くことは、果たして永遠に不可能なことなのか？

そして、これまで私たち人類が生み出したものを超えた伝達によって、私たち人類が今後さらに存続して行くことは、果たしてあり得ないことなのだろうか？

遊び

サドベリーを訪ねて来た人が何よりも驚くのは、あらゆる年齢の子どもたちが一日中、自由に遊んでいる姿を目の当たりにする時だ。そんな子どもたちの姿は、人々が考える、「学校」のあるべき姿のすべてを裏切るものである。その驚きは、私たちの文化の見方を証明するものでもあるようだ。子どもたちに任せておけば、遊ぶだけだから、多くを期待することはできない、と。「遊び」はどんなものであれ、よくは見られないものだ。

「遊び」は概して、西洋社会では悪い評判を得ている。経済的に、社会的に、それどころか倫理的にも、最も無益な活動だと見なされているのだ。怠けと移り気に結びつけて考えられている。

「遊ぶ」は「働く」の反義語だ。よくて、生産的な活動を終えた人が手にする「他に何もすることがない時、するもの」であり、普通は「してはならない」とされるものなのだ。たまに、幼い子どもたちの必要悪とされる程度。そして、遊びの「質」を向上させる、などと言った大層な努力さえ払われている。さらには、もっと大事な中身のある何かを準備するものだと言って正当化することもある。

しかし、こうした見方には重大な誤りがある。遊びとは何より、年若い人類が物事をまるごと吸収する最も重要な活動であり、それは何より「自然」がアレンジしたことであるのだ。

人類の子が、大人として役に立つスキルを獲得しようとする止めようもない欲求を「自然」から十分、付与されていなかったら、人類は数万年、数十万年もの間、この地球上で生き抜くことはできなかったはず——これまた議論の余地のないことである。

驚くべきことに、人類の子どもたちは生れて数年の間に、ほとんどのことを最速で学んでしまうのだ。幼い子どもたちの、新しい物事をマスターし、新しい環境に適応し、次々に直面する圧倒的な課題を解決する、この途方もない能力に匹敵するものは、その後の人生段階には現れて来ない。

ということはつまり、「自然」の秩序に従えば、「遊び」とは最も効果的な学習の道具に間違いないわけだ。それにしても「遊び」の中で一体、何が起きているのか？　「遊び」とはそもそも何なのか？　西洋文化の中で、「遊び」がこんなにも悪評を獲得したのは、どうしたわけか？　「ポスト産業社会」は「遊び」に対して、どんな態度を採るべきなのか？　——本エッセイは、これらの疑問に答えようとするものである。


まず「遊び」を定義するところから始めよう。「遊び」とは、自由自在な想像力の駆使でもって特徴づけられる精神的なプロセスによる活動である、ということができるだろう。そのような活動はすべて「遊び」である。逆にあらゆる「遊び」は、そうした活動である。「遊び」に励む人の精神は、何らかの創造的な空想に耽っているに違いない。

こうした精神活動を、私は「モデルづくり」と呼んでいるが、「遊び」とはつまり、目下活動中の「モデルづくり」である。それは精神の実験室だ。純粋にメンタルなエクササイズの中で立ち現れた空想を、身体的にテストにかけて行く。あらゆる「実験」、あらゆる「現実のチェック」は、「遊び」と同じである。つくり上げた「モデル」を、現実的な環境の中で動かし、生れた結果を脳にフィードバックしているわけだから。幼い子どもたちにとって、「遊び」がどんなに不可欠なものか、理由はここにある。

他者の精神にダイレクトに分け入るコミュニケーションのスキルを身につける以前の子どもたちにとって、「遊び」はたったひとつの、自分の「現実モデル」を検証する道である。「遊び」はその後の人生においても、その個人が自分自身で新しい現実モデルを周囲の環境の中で検証にかける唯一の道であり続けるわけだ。

そんな「遊び」を、さらに詳しく見ることにしよう。そのいくつかの特徴を記すことにする。「遊び」で何よりも明白なことは、その強力な創造性である。人々が創造によって現在進行形で結果を生み出すプロセスの担い手、それが「遊び」である。そのパワーは、遊びの「自由」の中にある。それはその性質からして、予め決められた行動、あるいは思考モデルに縛りつけられてはいないものだ。遊びの中にある者は、与えられた状況を調べ、状況に対する無数の対応策を創り出す。想像の中で仮説を創り出す。無数の「新しい状況」を考え出すことができるのだ。そして、それら無数の「新しい状況」に即した対応策を創り出す。

創造的な人間はだからアイデア、理論、新たな行動パターンと遊ばなければならない。成果を生み出している研究機関は、このことをよく知っていて、そのための準備を怠らないのである。私たちの社会がより多くの創造的な人々を必要とすればするほど、より多くの遊ぶ機会が供給されねばならない。

そしてそれは、他のあらゆる人間の行動がそうであるように、幼い頃から遊びに親しんでいればいるほど、生涯を通じ、より良い遊びができるようになるのだ。それだけ、創造的な結果を生み出すことができるのである。子どもたちが「遊ぶ力」と、圧倒的な「遊ぶ意欲」を持って生れているという事実――それこそまさに人類が創造的であり、無数の現実モデルをつくり上げ、それを環境に対して、これまた無数のパターンで関連付けて行く生来の能力を持っている、最も明白な証明であるのだ。

子どもたちが自由に遊ぶことを許される――創造的な自由を持つことができることは今、私たちが急速に近づきつつある「ポスト産業社会」において、大人になった時、社会的に不可欠な前提条件である。それなのに大人たちは不安がっているのだ。一日中、遊ぶことを許された子どもたちは、成長した後、「現実」に直面する用意が出来ていない子になる、と不安がっているのだ。生活上の、より深刻な問題に目を向けず、一日中、遊びほうける大人になる、と。

こうした「不安」は、ある重要な問題を提起する。「遊び」と「現実」の関係とは何か、という重要な問題が提起されるのだ。やや角度を変えれば、それは「遊び」と「夢想《ファンタジー》」との関係とは何か、という問題につながる疑問である。この疑問に答えるには、「夢想」と「現実」「想像」の間の関係を摑んでおかねばならない。

人は誰しも環境との相互作用の中で、その精神にもたらされるインプットに対し自分の「モデル」づくりのスキルを適用することで、自分の「現実モデル」を創り出している。この「現実モデル」の構成、改訂、再構成の過程の中で、人はみな新しく生れた現実モデル及び情報を処理する新しいモードを常に検証しているわけだ。

「夢想」とは精神が生み出す現実の新しい構成物以上のものでもなければ、それ以下のものでもない。それは、その当事者がすでに使っている「現実モデル」に替わるものとして、意識的に生み出されるものだから、その人にとっては「現実」としてではなく「夢想」として生み出されなければならない。もちろん「夢想」もまたすべて、それなりに一貫したものである。「夢想」はすべて、ある「現実」のかたちに対するモデルなのだ。現在ただ今、使われている「リアルな」現実モデルとは「異質な《エイリャン》」ものだが、あくまで「現実モデル」の一種。「夢想」とはつまり、現実が「もしも、こうだったら」と考えるための道具である。そしてその「もしも」を思いの限りに追い続けるもの、それが「夢想」であるのだ。

この「夢想」の働きは、芸術の分野で——とくに文学の面で広く受け入れられていることである。しかしそれは、より「地に足のついた《ダウン・トゥー・アース》」科学やテクノロジーといった分野では、それほど認められていない。しかしその「科学」自体、自然現象に関する新たな考え方を絶えず検証するものでなければ、実は何ものでもない。実際のところ現代の科学は、新たな「仮説」が完璧な「夢想」のように見えるほど、限界の蓋を取り払ったものになっているのだ。テクノロジーにおける劇的な進展もまた、主流モデルから劇的な脱却を遂げた発明者個人、あるいは少数集団による「夢想の跳躍」にその起源を辿ることができる。

「遊び」の中にある子どもたちもまた、大人と同様、同じやり方で「夢想」を使っている。子どもたちは自分たちが創り出した「夢想」モデルと、自分たちが働きかけている「現実」モデルを決して混同することはない。自分たちで考え出した「宇宙ステーション」も、自分たちがなり切った「動物」も、自分たちがこしらえた「社会」も、自分たちの「現実」とは違ったものであることをちゃんと心得ているのだ。
ここで言う「現実との違い」には興味深い意味がある。**遊びは現実からの逃避ではなく、現実の新たなモードを試してみる機会である。**

子どもたちの遊びを見ていて最も引かれるものは、その粘り強さである。子どもたちはその執拗さでもって、彼らの「遊びモデル」がもたらす数限りない筋道を辿り、自らすすんで探索するのだ。そうした物事の完遂は、創造的なプロセスを有効なものにする上で、極めて重要である。子どもたちは、それをナチュラルに完遂して行くのだ（それが人間である、ということなのだが……）。だから、子どもたちが新たなモデルづくりにエネルギーを集中できる大人に育って行くのを支援する最善の道は、遊びながらモデルづくりに励む彼らを邪魔しないことである。

こうして見ると、私たちの「現実モデル」と「夢想」の間を裁断する鋭利な線はどこにもないことが分かる。人間の「現実モデル」は今も昔もこれからも、絶えざる流動の中にあり続けるはずだ。そして「夢想」こそ新しいものを全体として、あるいはまた部分的に創り出し、理解し、点検し、最終的に使って行く道具である。

「遊び」はまた何かに束縛されるものではない。しかし、それは逆に厳密なルールに支配されている。遊びのルールはもちろん変えることができるものだが、遊びが続いている限りは、プレーヤーによって厳格に守られるものだ。（原注2）これから遊びを始めようとする者は、その遊びがどう展開して行くものなのか、遊びのルールを新たな仮説として自分で考え、それが正しいものなのか理解しようとするものだ。

これはより幼い子どもたちにしても同じこと。言葉を習得する発達段階にある幼い子どもにしても、同様である。遊び出す前に自分の頭で、幼児たちもまた、そこまで考えているのだ。

「遊び」のこの特徴こそ、その素晴らしさの一面である。「遊び」には何事かを取り込む、二重の性格があるのだ。新たな仮説をつくることがひとつ（つまり、遊びのルール）。もうひとつは、その枠組の中でルールを極限まで拡張しながら遊びを精緻化すること。遊びを楽しむには、この二つが不可欠なことである。

それはまた「遊び」に、「モデルづくり」の行為としての重要性を与えるものである。「現実モデル」を生み出すためには、ただ単に理論のつくり方（モデルを生み出すための）を学ぶだけでは足りない。当事者自身の現実に対する感覚を、その理論の中に織り込むことを学ばねばならないのだ。これによってモデルを提起したそもそもの目的が達成されるのである。「現実モデル」の良きつくり手とは、遊び上手な人である！

自分が決めたルールの枠組の中で「現実」を動かす行為に集中する人たちの真剣さは、最も幼い子どもたちの場合を含め、これまでほとんど注意を払われて来なかったことだ。しかし実はこれこそ、生きる上でも、モデルづくりの上でも――そしてさらには遊びの面でも、最も重要なことである。モデル（すなわち、ルールの仮説群）を生み出すことは、それが人々の活動を効果的にするものでなければ意味はない。それは子どもたちもまた、大人同様に知っていることだ。だから子どもたちは皆、ハードに長い時間、関心を焦点化させて遊び続けるのである。遊べば遊ぶだけ、その子は良きプレーヤーになる。

幼い子が何度も何度も、同じ動きの組み合わせを繰り返す姿を見てほしい。その子は「遊んでいる」

のだ。自分のモデルを自分の「現実」にぴったり一致するものに完成させようとしているのだ。

精緻なファンタジーの世界を生きる子どもたちの姿を見ていただきたい。何時間も、最後の最後の細かなところまで、時間の制限なしに、いい加減さを許さず、ファンタジーの世界に耽っている。その子は、自分自身の「モデル」の精緻化と取り組んでいるのだ。欠陥を見つけるたびに、与えられた条件の中でうまく機能するよう学んでいるのだ。

「遊び」とは、自分を律した活動の母でもある。「遊び」の自律は、プレーヤー自身の中から生れて来るものであるのだ。遊びのプレーヤーたちは、「モデル」づくりの天性の名手だから、絶対に成功しようと自分を律し、身を入れて励むのだ。（原注3）

ここで言う「自律」の、恐らく最も生き生きとした実例は、ルールが予め決められたゲームに対する、人々の熱中ぶりだろう。ビデオ・ゲーム、コンピューター・ゲーム、チーム・スポーツ、ソネットの詩作は、すべてこれにあてはまる。こうしたケースでは皆、「遊び」の最大の魅力は、プレーヤー個人のパフォーマンスの完成である。つまり、それは新たな仮説ルールの世界の枠組の中で、個人の行為の効果を最大化するものであるのだ。こうしたゲームへの人々の熱中は、自分自身が生み出した現実モデルの中で、よりよい効果的な行為者であろうとする決意と変わらないものである。（原注4）

原注2　「自由な遊び」と、ルールに従ってする「遊び」（たとえば、スポーツのゲームやチェスなど盤面で行うゲーム）を区別することに頭を痛める人も多いが、私はそういう区別が意味あるものとは考えない。

原注3　生来の創造性の行使を制限されている産業社会においては、人々は職場では滅多に見られない物凄い集中と規律でもって、趣味や娯楽に励むものである。

「遊び」にはもうひとつ、特記すべき重要な側面がある。それは「遊び」が感情表現のはけ口となっていることだ。そうした感情の表出もまた、誰の中にもある「モデルづくり」の道具の、なくてはならない一部を(「認知のスキル」「感覚によるインプット」「自律神経の活動」と並んで)構成するものなのだ。遊びの中にいる人は、とりわけ外部的な制約で自分を意識しなくてよい場合、遊びが進むにつれ、考えられるあらゆる仕方で、自分の感情を表出するものである。

創造的なプロセスに感情的な側面が含まれていることは、よく知られたことだ。この感情的な側面を自由に解放するものが遊びである。遊びのプレーヤーは、自由に感情を表現できる。遊びの中では、怒りも悲しみも、喜悦も歓喜も、愛も憎しみも、とにかくあらゆる感情が表出される。そして遊びのプレーヤーたちは、「遊び」に熟達するにつれ、これらの感情を生産的なかたちで、遊びの中に統合することを学んで行くのである。対立し合う感情にどう折り合いをつけるか、相手の感情とどう付き合うか(個人でゲームを楽しんでいない場合だが)、折り合いの道筋を探し当てるようになる。一言で言えば、自分たちの感情を、好ましくない闖《ちん》入者としてではなく、むしろ「モデルづくり」のプロセスに参加する当事者にしてしまうわけだ。

こうした遊びの感情的な側面は、サドベリーの子どもたちの間で、よく見られることだ。だからサドベリーは、強い感情に満ち満ちているのだ。それはサドベリーが子どもたちばかりか大人たちにとっても濃厚な経験の場になっている主たる理由のひとつである。一日中続く遊びの中で、あらゆる年齢層の子どもたちによって感情が表出されているのだ。子どもたちが人生と折り合う術を学ぶ中で、彼らの知性と感情を分離せずに成長を遂げることができるのは、遊びのせいである。サドベリーにおけるこの自由な感情表出は、しばしば親たちの懸念材料にもなっている。自由であるはずのサドベリーで、子どもたちが一日中、「幸せ」でないのはどういうわけだ、と訝《いぶか》るのである。こうした懸念は産業社会期の、人は「パンとサーカス」さえ与えられれば常に満足していられるはず、といった考え方まで遡るものだ。「常に気分よく」生きている庶民……これは、それを民衆統治がうまくいっている証拠と見ていた当時の名残《なごり》である。永続する深い喜びをもたらす、健康な人間的情況とは、喜怒哀楽、あらゆる人間的な感情が生活の一部であり、人々が生きる「現実モデル」の中に組み込まれたところで生れるものなのだ。

「遊び」が産業社会期の西洋文化の中で悪評をこうむったことは驚くにあたらない。それは権威主義的な権力者が統治するどんな社会でもあることだ。遊びとはまさに、自由で創造的で独立した生活のエッセンスであるのだ。開けっぴろげなものを、つまりは自由を恐ろしがる社会では、遊びは呪いである。そうした社会においては、遊びは社会を生き延びるためにしなければならないことの反対物である。そこには、創造的な自由な精神の居場所がない。独立心のある人々は、そうした社会では苦しむことにな

原注4　昔の社会的なエリートは、この点を十分に理解していた。たとえば大英帝国の支配エリートたちが厳格なゲームで「遊ぶ」ことを奨励され、実際に遊んでいたことは、単なる偶然ではない。そうした「遊ぶ」ことこそプレーヤーたちの創造力を高めるものであり、過去の経験を超えた状況と日々、遭遇するほかない世界帝国の中で生きて行けるだけの内的規律を、自然なかたちで発達させるものであったことは実に明らかなことである。

る。自由な精神に基づいて行動すると、高い代価を支払わなければならなくなる。

しかしながら西洋文化は今、少なくとも米国においては、産業期を大きく踏み越えた進歩を遂げている。社会の指導者にも一般の人々にもますますハッキリして来たこと――それは現在、急速に進展中の社会経済環境の中で唯一、ほんとうに力を発揮する人は、遊びを知り、うまく遊べる人たちである、ということだ。この先、成功を収める人とは遊びを恥辱だと思わず、気持ちよく遊び、遊びに熟達した人――なるべく幼いうちから遊びを遊んだ人である。

サドベリーの存在理由はここにある。サドベリーは子どもたちが大人になるまで、そうした機会を提供する場所である。サドベリーに来てじっくり時間を過ごし、ここで続く遊びを静かに観察すれば、私たちが遊びをこんなにも高く評価する理由を容易に納得していただけることだろう。

サドベリーの子どもたちは自由に一日中遊ぶことができるし、子どもたちのほとんどは実際、幸せに遊んでいる……こう心の底から言えることは、私たちの喜びであるのだ。

付記

学びの道具としても、「遊び」に敵《かな》うものはない。教師が提供するどんなコースも「遊び」には敵わない。

学びのメカニズムとして「授業を受ける」ことの実質的な無意味さは、一般の教育書にもサドベリーの出版物にも書かれていることだが、この点に関しカリール・ジブラーン*ほど簡潔、雄弁に指摘している例はないので引用したい。

天文学者はその宇宙理解をあなたに歌いかけるかも知れない。しかし彼はあなたにその理解を与えることはできない。音楽家は宇宙のすべてのリズムをあなたに歌いかけるかも知れないが、リズムを、それを響かせる歌声をつかむ耳を、あなたに与えることはできない。数学の言葉で重さや計測の世界をあなたに語りかける人も、あなたをそこへ連れて行くことはできない。ある人の目は、ほかの人に翼を与えるものではないからだ。神の知ることをただ独り、知った時でさえ、人は神の知識の中で、彼自身の世界の理解の中で孤独である。（原注5）

こう語るジブラーンは、人が良き学び手になるのを支援する道を、以下のようなイメージでもって描き出している。

誰もあなたに、あることを顕わにしてみせることはできない。あなたの知識としてすでに半ば

原注5　カリール・ジブラーン『預言者（*The Prophet*）』（ロンドン・Heinemann社、一九六七年）、六七頁（「教えることについて」の項）参照。

＊　カリール・ジブラーン　レバノン出身のアメリカの作家、詩人（一八八三〜一九三一年）。邦訳に『預言者』（佐久間彪訳、至光社）、『ハリール・ジブラーンの詩』（神谷美恵子訳、新潮文庫）がある。

眠った状態にあるものを顕わにできるだけだ。**弟子を引き連れ、神殿の影を歩く師が与えることができるのは、彼の知恵ではなく、彼の信じるところであり、愛することである。**たとえ師が賢人であろうとも、あなたに賢き家に入るよう命じることはできない。あなたを、あなた自身の精神の入口の前に連れて行くことができるだけだ。(原注6)（太字は、ダニエル・グリーンバーグの強調）

このジブラーンの記述に対する素晴らしいコメントがある。一九八七年に、バグワン・シュリ・ラジニーシ*が弟子たちに語った連続講話をまとめた記録にある言葉だ。ラジニーシは上記の引用文に鋭い視線を注ぎ、以下のように論評している。(原注7)

カリール・ジブラーンは二つの言葉――「教師《ティーチャー》」と「師《マスター》」の違いを気にも留めなかった。しかし彼は、こういう意味のことを語っていたのだろう。すなわち、もしあなたが職業的な「教師」に過ぎないなら――ということはつまり、次の世代に知識を伝達するだけの手段に過ぎないのであれば――、あなたは分かち合い、与える何ものも持っていないことになる。しかしながら、もしあなたが真理に目覚め、あなたの家に光があふれ、あなたという存在が芳しい香りに満ちたものになれば、あなたは「師」となる。その時、あなたは最早、教師ではない。あなたはあなたの真理を分かち合う時、師となるのだ。

この「教師」と「師」は、東洋的な区分である。西洋はこの違いに気づいていない。西洋は「教師」も「師」も同じ意味だと考えている。しかし実際はそうではない。もし、私たちが借り物の教えで満たされているなら、私たちが師になれる可能性はそれだけ小さなものになる。深みのある智者を稀にしか見出せないのはそのためだ。動作が何事かを物語り、沈黙がメッセージとなり、そこにいるだけで相手の存在の中に矢のように届く智者は稀にしかいない……。

「知恵」は私たち自身の最深に潜む核心から生れて来るものだ。「知識」の中では私たちは、自分自身の存在を分かち合うことはできないのである。

「知識《ナリッジ》」とは外側から来て、私たちの中に住み着いてしまうものだ。そうして、私たち自身の「知恵《ウィズダム》」を阻害するものとなる。壁――自身の知恵を取り囲む万里の長城が出来上がる。

「知恵」はあなたの存在そのものの中で成長する子どもである。しかし「知識」は養子に過ぎない。それは誰かの子宮で育ちはするが、父親が誰か、母親が誰か、誰も知らない……「師」はあなたに「知恵」を授けはしない。それは授けることができないものだからだ。**しかし「師」はあなたの知恵が花開き、目覚める、正しき信頼《トラスト》の園《ミリュー》を創り出す。**あなたは「師」に感謝するだろう。「師」が何事かを授けてくれたと、たぶん思うはずだ。しかし「師」は何も授けてはいない。「師」

原注6　カリール・ジブラーン『預言者（The Prophet）』（ロンドン・Heinemann社、一九六七年）、六七頁（「教えることについて」の項）参照。

原注7　バグワン・シュリ・ラジニーシ（Bhgwan Shree Rajneesh）、*The Messiah : commentaries by Bhgwan Shree Rajneesh on Kahil Gibran's "The Prophet"*, 2vols.（Colgne :Rebel Publishing House, 一九八七年）、第二巻一一九～一三四頁

＊　バグワン・シュリ・ラジニーシ　インドの聖者（一九三一～九〇年）。

はあなたに、「自信《コンフィデンス》」を与えただけだ。「師」はあなたから多くのものを取り去った――あなたの「恐怖」さえも……「師」は知恵がおのずから成長し出す空気《アトモスフィア》を創造するのだ。〔太字による強調は、ダニエル・グリーンバーグ〕

「師」はただ、自分自身に対する信頼を創ってくれるだけだ。「恐れることなかれ」――孤独のうちに歩むわけではないのだから、と。しかし、深く歩めば歩むほど、孤独もまた深まる。そして不安になる。ひとつ、ではなく数千もの恐怖。私は正しい道を歩んでいるのだろうか？　案内も道標もない、地図のない旅。間違った道に入り込んでいるのではないか？　この道の行き先を誰が知ろう？　行き止まりに行き着くだけではないか？　そこに恐怖が生れる。間違った道と分かった時、引き返すことはできるだろうか？　引き返す時、自分が刻んだ足跡を見つけることはできるだろうか？

われらが内なる世界は、大空のようなものだ。鳥たちが飛ぶ大空。鳥たちは足跡を残さない。あなたが自分の世界に入る時も同じだ。足跡を残すことはできない。引き返そうと思っても、帰り道を探し出せない。必要なのは、とてつもない勇気だ。そして、自分に対する大いなる信頼である……

以上の抜粋は、サドベリーが子どもたちに用意している環境を、非凡な語法で描写するものだ。サドベリーの子どもたちもまた日々、挑戦し、恐怖を乗り越えているのである。

産業期の学校教育と、私たちが今、足を踏み入れたばかりの新しい時代の学校教育の違いについて、目に浮かぶように、情熱を込めて記したくだりもあるので、以下に紹介しよう。新しい時代においては、個々人のユニークさこそ、より大きな社会的な場面で表現されるべき、これまでにない機会を持つものであるという部分である。

孤独であること、それは最も神秘的な経験である。しかし人は孤独であることを恐れる。羊であることに慣れ切ってしまっているのだ。私は、すべての人が羊飼いになることを望む。それこそ、ほんとうの変身であるのだ。そう、あなたは羊飼いであるはずなのに、社会はあなたに、単なる羊に過ぎないと思い込ませている。だから、羊らしく振る舞えと。

そう、親に、僧に、教師に、聖典に言い立てられ……あなたは圧力に取り囲まれる。あなたは地上に今、やって来たばかり。自分が何ものか、分かってはいない。そのあなたに、誰もが、お前は羊だと言い募る。そしてごく自然に、あなたは一生涯を羊として生きて行く。浪費である。数百万の人の人生を無駄にしてしまうことだ。その喜びが、その気高さが、その一人の人間としての生が浪費される。これはまことに殺人である。これよりもひどい犯罪はない。

私はあなたに言う。あなたは羊飼いとして生れて来た、と。このことを忘れず、羊飼いのように振る舞いなさい。古い習慣が、昔からの締め付けが、この先、何度も、あなたに干渉して来るだろう。たしかに、羊であることにも、いくらかの利点がある。あなたを取り囲む数百万の羊たちとともにいる気安さ——そう、あなたは孤独ではない……——互いに体を寄せ合うことができるから。羊たちが歩く様子を見たことがあるだろうか？　そう、恐怖を持たずに歩いている。ほんとうの仲間だと思いながら。そこには、いくらかの安全はある。安全が保たれている。しかし、そこには生きるということがない。これは、いい取引とは言えない。安全、安心と引き換えに、生きることを売り渡しているのだから。安全や安心は、誰のために必要なものか?……あなたの本当の存在とは獅子の存在である。羊飼いの存在である。

孤独を求めるのだ。

以上はサドベリーが開校以来拠って立つ、基本理念の多くを、より感情的な、より詩的な別の言葉で表現したものである。

一人とみんなをつなぐもの

サドベリーに対する異論として、最も頻繁に提起される反対意見のひとつは、「自分で学ぶ」ことに焦点化し過ぎることで、コミュニティー感覚のない、ナルシズムに耽る大人を育てているだけではないか、という批判である。現代の米国を生きる子どもたちを育てる教育環境としては不適切なものだ、との指摘だ。サドベリーの哲学が、個人を栄光化するあまり、社会全般を犠牲にし、社会に損害を与えるものと見られているのである。

こうした批判は、サドベリーを訪れた人なら誰の目にも明らかな、コミュニティー感覚の実在を無視したものである。サドベリーが、社会の一員として責任を持てる準備が整った子どもにだけ、卒業証書を出している事実*を知らずに批判している。

しかしこうした異論は社会全体に蔓延《はびこ》っているものである。サドベリーの姿を目の当たりにすれば、

＊ サドベリーのユニークな「卒業システム」については、ダニエル・グリーンバーグ著『世界一素敵な学校』（緑風出版）の「あとがき―プディングは卒業生の味」（同書二九二頁～）参照。

そうした異論が実は私たちの文化における根深い葛藤を映し出すものだと誰しも思うに違いない。

私たちは、個人に対する集団の絶対的な支配を非難する時代に生きている。昔はそうした支配の中で、個人の価値など無に等しかったのである。

私たちはその一方で、個人の欲望を他の何よりも上位に置く時代精神に対し根強い不信感を持っている。それは特定個人が同胞に対して行う、残忍さや冷淡さの恐怖に行き着くものであるからだ。

こうした価値観の相克は、妥協の余地のないもののように見える。和解さえすれば、人類存続の希望が生れるのに、そう分かっていながら、できないでいるようにも見える。

しかし私に言わせれば、そうした葛藤それ自体が幻想に過ぎない。「個人」と「社会」の関係を十分理解していないから、それを葛藤と見てしまうのである。個人と社会の関係を適切に分析・説明する基本は、古代においてすでに、西洋文化の経糸《たていと》・横糸となった二つの文化において出来上がっていたものだ。

そのひとつ、古代イスラエルの民は、「神のイメージの中で創られた人間コンセプト」を持つ世界観で生きていた。それは考えうる限り「個人」というものを称揚する気高いものだったが、イスラエル文化の、生活文化における、他の民族に負けない絶対的な優位性というコンセプトも併せ持っていたのである。

一方、古代ギリシャの人々は、「コミュニティー（社会）」というコンセプトを、かつてないほど深く、哲学的に探った人々である。古代のギリシャの人々は同時にまた、「汝自身を知れ」のモットーを、人間精神が到達できる最も気高きものとして叫んだ人々だった。

今なお私たちがその知恵の貯蔵庫の恩恵に預かっている、この二つの正反対の古代文化が、その明らかな違いにもかかわらず、どう動いていたかを探ることは、とても意味あることだ。

この問題を考える上で最高の出発点は、「自分《セルフ》」というものを理解することにある。あらゆる人間は別々の個人として生れて来る。個々人はそれぞれ外部世界に関与し、外部世界からの情報を処理する体内システムを持っている。子どもが独立した個人として行動を起こすには、その子を取り巻く環境についての、あるまとまった像を創り出さねばならない。自分自身の体内からの要求と、環境が求める外的な要求の両者に対し、効果的に応答しなければならない。この現実を意味あるかたちで表象するプロセスは、「モデルづくり」と呼ばれるプロセスであり、それはあらゆる活動、相互作用、思考プロセスから構成されるものだ。それはあらゆる個人が自分の中に、自分自身の「現実」バージョンである世界像を持つために潜り抜けなければならない、信じられないほど複雑な作業を必要とするものなのだ。

この「モデルづくり」のプロセスの詳細は、身の周りの人の日常生活を、じっくり注意深く見るだけで、どこででも観察できることであるにも拘わらず、今日、ほとんど理解されていない。それは人間が生涯を通して、常に目に見えるかたちで進化させる終わりのないプロセスだが、子どもを観察する時ほどくっきり見えることはない。幼い子の場合は、なおさらハッキリ見える。

さて、この「モデルづくり」のプロセスは誰しも避けようのないものであり、常に動いているものである。社会的条件、階層、宗教、地位、感情、知性あるいは才能がどうあれ、人は誰しも生きて行くうえで、外部世界と接触し続けて行くために、絶えず「現実モデル」を構築、再構築して行かなければならないのである。

「モデルづくり」のメカニズムがどんなものか詳しくは分かっていないが、その特徴を概括的に示すことは可能である。中でも最も重要な特徴は、私が「類似の奇跡《シミラリティー》」と呼んでいるものである。

人間は一人ひとりが別個の独立した存在である。それぞれが自分の脳、自分の身体、自分の感覚、自分の遺伝的特性、受け継いだ特徴、性質を持っている。個々人はそれぞれが自分自身の「モデル」を築き上げるが、それは数十億、数兆ものオーダーに達するインプットなり、構成要素なり、相互作用なり、計算などに基づき生み出されるものだ。しかしながら未だ解明されざるこの驚くべきメカニズムによって大人の圧倒的多数が創り出す「現実モデル」は、夥しい数の細部においても全体としても、結果として「類似」したものになっているのである。それらの類似した「現実モデル」は、互いに異なる者同士のコミュニケーションを可能とするものになり、個人としても組織された集団のメンバーとしても、効果的に協働し合うものになっているのである。

この「類似の奇跡」はあらゆる場所で起きているものだから、人間は集団形成に向けて、ごく自然な傾向を持つものと言われ続けて来たのだ。人間が社会的な動物であると言われ続けて来たのは、このためである。しかし、この「類似の奇跡」は誰にも一挙に起きるものではない。それは特に幼児たちには無縁な現象で、年少の子どもたちの場合もあまり見られないものだ。だから子どもたちの人間的な成熟の指標のひとつは、その子の個人的な現実モデルが他の子どもたち、及びその子の周囲の大人たちの現実モデルに対する類似性をどれだけ獲得したか、その程度にあるわけだ。

さて、今や私たちは問題の核心に近づきつつある。人間の条件の本質とは、個々人が別個にあるということである。個々人の個人性である。そのユニークさ、固有の価値である。それは何より、宗教の言う、神のイメージの中で創られた個人である。同時にまた個々人は、それぞれ周辺世界に対する理解の発達を通して、世界に対する、さらには世界に生きる他者への絆を生み出しているわけだ。この二つのプロセスは協働して、互いを高め合うものだ。個人は自分の「モデルづくり」のプロセスを進めれば進めるだけ、自分を取り巻く文化全体との関係において感覚を発達させる。「社会人《コミュニティー・マン》」、あるいは社会的動物とは、モデル構築者である「個人《インディビジュアル・マン》」の潜在能力を十全に実現したダイレクトな産物のことである。

それでは、どんなふうにして、こうした結果が生れているのだろう？ 答えの一部はすでに知られている。人は環境の中の純然たる物理的部分に対しては、我慢強い試行錯誤のプロセスを通じて、相互作用の術を学んでいるのだ。それは、しだいに複雑さを増す、連続的なプロセスである。子どもたちが熱いもの・冷たいもの、固いもの・柔らかいもの、明るいもの・暗いものに反応するのは、こうしたプロセスの中でのことである。それは大人でも同じことで、新たに遭遇した、新しい未知の物理的な環境に対し、新たな対処法を生み出しているわけだ。

しかし、こうした物理的な環境は、個人を取り囲む世界のほんの一部でしかない。「他者」もまた世界における重要な構成物であるのだ。それは存在の孤島として、そこにあるのではなく、環境における活発なプレーヤーとして立ち現れるものなのだ。

個々の人間は環境ばかりか、環境内の人々に対して影響を与えもするのである。したがって子ども期の初めからすでに、自分を取り巻く他者との相互作用の仕方、他者に対する影響の及ぼし方を考え出すことは、個々人が生存する上で、不可欠のものであるわけだ。

これをやり遂げるには個々人として、心理学的にも社会学的にも直感の天才にならねばならない。周辺環境の物理的宇宙に対するメカニカルな行動モデルを生み出すだけでなく、人間行動のモデルも構築しなければならない。この作業を遂行する中で、不可避的に他者の世界モデルを理解せざるを得なくなる。他者の行動を予期し、対処しなければならなくなるのだ。他者を理解するモデルづくりの能力を、自分自身の世界モデルづくりの中に、もうひとつの資源として生かさなければならないのである。

こうして自分自身の効果的な現実モデルづくりを学ぶ中で、個人は最大限、可能な限り、自分が出会ったあらゆる人のモデルづくりの才能を利用しようとする。つまり自分以外の他者は全員、私たちの言う「役割モデル《ロール・モデル》」になるわけだ。自分の存在の中に取り込むかたちで他者から学び、利用するのである。「類似の奇跡」は外部からの介入なしに、ほとんどどんな場所でも、どんな時でも、日常的な活動の中で一致して行動できる、共通した世界モデルの特徴を持った数多くの他者がそこにいることを保証するものであるのだ。広範なかたちであれ限定的なものであれ、社会生活の織物を生み出すのは、この交響《コンサーテイド》する活動である。

さて用意はできたようである。ここでいよいよサドベリーが拠って立つ中心命題に取り組むことにしよう。しかしその前にひとつだけ、見ておかねばならないことがある。それは西洋思想における、ある明白なトレンドを見ることである。

千年とまでは言わないまでも、数世紀にわたる時間の流れの中ではっきりしたことは、「物理的な宇宙」を理解する最大の進歩は、それを探求する人々が最大限の自由を獲得した時に起きたことである。

外部の制約なしに探求し、想像力を広げ、新しい理論を生み出す最大限の自由があって初めて起きた進歩である。思想の自由、これこそ良き科学、良き哲学の質を証明するものなのだ。教条や原理は科学の進歩の敵であると広く認められているのはこのためである。

なぜ、そうか？　理由はこうである。さまざまな現実モデルが生まれれば生まれるほど、人々が物理的世界と向き合う、より効果的な理論を手にする可能性は高まるのだ。この問題の本質は、ある個人が自分の考えをもとに、モデルづくりをする自由が完璧に保障されることだけでなく、あらゆる人々の仕事の成果を互いに利用し合える自由が最大限保障されていることである。したがって科学者個人の仕事と同じだけ、科学者間のコミュニケーションが重要であるわけだ。こうした確信の根底にあるものは、選択する自由が保障され試行錯誤から学ぶことができれば、人々は最終的により良いものをつかむことができる、という考えである。

これと同じ考え方は、「人間同士の相互作用《ヒューマン・インタラクション》」にも適用できるものであり、それこそサドベリー的なアプローチの土台にあるものだ。子どもたちに自分自身の現実モデルを生み出す自由があればあるほど、子どもたちを規制する外部からの干渉がなければないほど、子どもたち一人ひとりが、さまざまな「役割モデル」を自分の行動のモデルとして利用し、同じ自由を持った仲間たちとともに、より良いモデルを見つけようと協働する力を最大限発揮できる現実モデルを手にする可能性は高まる——これが私たちの確信である。換言すれば、子どもたち一人ひとりに、自分というものの統合感覚を発達させる行動の自由を最大限与えれば、それは同時にサドベリーという子どもたちの社会はもちろん、最終的には世界のすべての人々に、協働と共有の感覚を育てて行く豊かな土壌になるだろう——これが私たちの信ずるところである。

こうしたサドベリーのアプローチは、「社会」を犠牲にしてまで「個人」に栄光をもたらすものではない。それとは逆に個々の人間を、社会を築く素材と考え、個人が自分自身の社会的相互作用モデルをつくって行くことに焦点を置くものだ。個々人は自分自身とその世界モデルを理解することを通じ、他者とその世界モデル、さらには生き延びるため他者とうまく交流する必要性を理解するのである。自分自身の世界モデル理解が深ければ深いほど、仲間と協力し合うメカニズムに対する洞察もまた深いものになるのだ。

自己実現を妨げる外部からの干渉のないところで生れる「サドベリー教育」の最終成果とは、周囲の物理的世界、他者及びそのモデルとの出会いをもとに、現実モデルを構築、再構築するのに長けた「一人の人間」である。個人とは、そのユニークさと貴重さ、自由と十全さにおいて、まさに「神の姿」でもって生れたものなのだ。そうした個人の現実が仲間の人間の現実に統合されることで、その個人は「社会的な動物」となる。

そのような人間とは、現代的なヒーローの特徴でもある関与と超越を、独特なかたちでミックスさせた存在である。一方においては不動の教条にとらわれない自由さを持っている。今、手にしている現実モデルを究極のものとは決して思い込まない自由さを持っている。それでいてなお不完全なモデルでもって日々、世界に対して行けるだけの、内心の平和と自信を持っている。経験の深化とともに自分の力、技を変えて行けることを知っているのだ。

他方、そうした個人は、自分自身の内的な力や平和が世界、及び周囲の人との交流を楽しめる自由さに由来し、その自由に依拠したものであることを知っている。自由こそ、人生のあらゆる段階で、自分を強く、まるごと保ってくれるものであり、人が統合した世界モデルを持つ全的な人間として生き続けて行く上で不可欠なものだと知っているのだ。

自分の自由を制限するものを許さないが、他者の自由を、他者が他者であることを制限するものも許しはしない。そうした個人は、ある特定の世界観に対し究極の価値を置かない者かも知れないが、人間的な自由、寛容を守り抜くためには自らコミットする者である。特定の究極イデオロギーから自由なそのような人は、自由な個人が活動する社会を維持すべく自ら関与する者であるのだ。

サドベリーの土台にあるのは、自分自身に対するセンスを高度に発達させた自由な個人こそ、協力し合い、相互の福祉のため互いに責任を取り合う、社会の最高の擁護者である、との考え方である。

その意味で私たちのサドベリーとは、あの古典的な考えを現代において具現したものである。その考えとは――自分自身をほんとうによく知る者こそ、啓蒙的な文化を最も創造し得る者である、ということである。(原注8)

原注8　本エッセイに書いた私の考えは、何年もの間、私の心の底で湧き続けていたものである。しかし、その考えがまとまったかたちをとって浮かんで来たのは、最近になってある素晴らしい本を読む機会を得たからである。その著作とは、ユージン・ワイナー、アニタ・ワイナー共著、『殉教者の確信(*The Martyr's Conviction*)』(スカラーズ・プレス、アトランタ)、一九九〇年、ブラウン大学ユダヤ研究シリーズ、第二〇三巻である。私の「世界モデル」の中で失われていたものを与えてくれた同書に、謝意を捧げたい。

卓越さの追求とデモクラティック・スクール

どんなデモクラティックな組織であれ、その鍵を握るものは、「個人」と「社会」をどう関係付けるか、という問題である。自治のシステムという機能面で見たデモクラシーは、グループの成員全員に影響を及ぼす「決定のためのメカニズム」にのみ焦点を置いたものである。それは表現の自由のほかに、討論手続き、結論を出すための特別な方法を取り扱うものだ。その基本原則は、単純過半数、三分の二以上の得票といった数的な優位が、最終的に集団全体のすべてを決定する点にある。これによって出された結論には誰しも従わざるを得ない。そして日々、それらの決定を守って行く。

しかしこうした多数派の支配は、社会・政治システムの特色を生かす上で、十分な広がりを持つものではない。社会・政治システムの特色は、独自のニーズを持った諸個人と、デモクラティックな目標を持ったコミュニティー全体との関係の中から生れるものなのだ。だから、この関係を定める方法は、社会全体の性格を決定するものになる。

もちろん無政府、圧制、王政といった他の社会機構も同じ問題に直面せざるを得ないが、私がいまここで取り上げるのは、「デモクラシー」である。それはデモクラシーこそ、この米国という国が選んだシステムであるからだ。私たちが今日、直面している、子どもたちがこのデモクラシー社会の一員として役割を果す準備を整えることができるよう「学校」をどう再組織化して行くかという問題でもある。

古代ギリシャ以来、今日に至るまで、「デモクラシー」をめぐる最大の懸念は、その「低準化」の傾向である。そこでの批判は、「多数派による支配」というデモクラシーの基本ドクトリンに対して直接向けられて来た。デモクラシーは一般大衆の好みに従うものだから、本来、共通の利益にならない好ましくないものがまかり通ってしまう――とは、これまでほとんどの批評家が繰り返し警告して来たことである。革新、創造性、大胆さ、そしてあらゆる種類の差異が、デモクラシーによって支配者の地位へと祭り上げた大衆の凡庸さの流れにのみ込まれ根刮ぎにされてしまうとの主張である。「卓越さ《エクセランス》」は嫌われ続け、しまいには押しつぶされてしまうというのだ。

こうした懸念は、アテネ、ローマといった古代の民主政体、さらにはこうした古典的なモデルを採用したその後の社会が辿った運命を目の当たりにして出て来たものだ。しかし、この問題の本質に関するより深い理解は、現代になってようやく出て来たものである。まったく場違いな貴族政・王政を研究した社会哲学者らによって、この深い理解は生れたのだ。

これらの社会哲学者たちがエネルギーを注いだのは、貴族政社会における問題の根の分析だった。彼らは特に時間の経過とともに積み上がり、遂には爆発的な社会的混乱を招く問題の分析に力を注いだのである。

そこで次第に明らかになったことは、社会的な力としての個人の役割だった。鋭敏な観察者たちは見抜いたのだ。人間は誰でも生れつき自分自身の世界観を完璧に生み出す能力を持ち、それぞれ個人として意欲、目標、必要性、力をまとまった形で備えており、創造的な天才になりうる潜在力を秘めている、と。

人間は誰しも外部世界と調和するかたちで自分自身の世界観を変えて行く内的なメカニズムとともに、自分の世界観に合致したかたちで生きて行こうとする強固な性向を持っているのだ。こうした個々人の多様な世界観を受容できる柔軟さがあればあるほど、社会的な安定は生れ得る。しかしある社会の政体が個人の多様性に対して過度な制限を加え出すと、社会の内部に緊張が蓄積し、社会分裂が起きる恐れは強まる。自己実現を妨害されていると認識した個人は時限爆弾と化すのだ。遂には抑圧的な社会を崩壊させる、個々人の爆発の連鎖反応を引き起こしかねない事態が生れる。

フランス大革命前の状況とは、こういうものだった。それはまた世界各地を揺るがせた、その後の暴力的な社会混乱のすべてに見られたことでもある。これらのすべては貴族政が極端なかたちをとった社会において起きたことだ。しかしその個人と社会の対立状況は、デモクラシーにおいてもあり得ることである。

こうしたデモクラシー下の個人と社会の対立こそ英国の憲法的伝統のユニークさを物語るものだが、最も端的な形で現れたものと言えば、この米国において過去三世紀半にわたって培われて来たものである。

この国において進化を遂げて来た「数の支配」と「個人の権利」の間のバランスを、解説するのは簡単だが、それをほんとうに理解するのも、それを現実的にスムーズに運用するのも実はとても難しいことだ。

まず簡単な解説の方から始めることにしよう。この米国を構成する基本的な社会原則について解説すると、それは次のようなものである。

(1) 社会的な決定は、政府のあらゆるレベルでデモクラティックに行われなければならない。

(2) 社会の各個人は固有の、奪われることのない権利を保有している。その権利はどんな環境下にあっても、政府によって侵害されることはない。〔これは、原則(1)を、部分的に制限するものだ。ここで原則(1)との部分的な対立が設定されたことになる〕

(3) 原則(1)及び(2)のあらゆる側面について、それらの存在の意義さえも平和裏に見直しするメカニズムがなければならない。〔この原則は、原則(1)及び(2)と対立し得るものである。社会に広がる感情的・知的な緊張を組み込む仕組みだ〕

こうした米国のデモクラシーのシステムを注意深く分析すれば、それが現実問題としてどれほど微妙で複雑なものか分かる。たとえばシンプルかつ基本的なものと思われている、あの力強い「独立宣言」を見てみよう。

これは絶えず引用され、「自明」の真理とみなされているものである。すなわち、人々は皆、「生命、自由、幸福の追求」を含む「奪われることのない」権利を持って生れて来た、というくだりである。しかし生命はどれほど奪われてはならないものか？　その権利は殺人者にも適用すべきものなのか？　まだ生れていない子どもにも与えられるものなのか？　軍隊に徴兵された者にも及ぶものなのか？……私たちの社会は数世紀にわたり、こうした問題をめぐって分裂して来たのだ。

人間というものが「考える」ことを続ける限り、それは間違いなく私たちの社会に深い亀裂を刻むものである。私たちの憲法や政府は、すべての問題に答え切ったわけではなかったし、私たち自身、答えを手にする最善の方法や手続きを手にできたわけでもない。大事なことは、私たちが数百年にわたる手探りの探索の末、時には暴力的に対立し合いながら、これらの諸問題及びその他数百もの問題について、個人の違いに敬意を払いつつ、個人的な自由を社会的に侵害するものを疑う枠組の中で、ともに対処する合意に達したことである。

ここに米国的対処法のユニークな真髄がある。私たち米国人は「個人」の空間というものを懸命に守ろうとする一方、「社会」における個人の多様性をすすんで受け入れようとする。個人の多様性を尊敬し、賛美さえもする。天才を、ヒロイズムを、風変わりなところを、あらゆる種類の「卓越さ」を奨励している。誰に対しても、違いに対し同じ敬意を払うよう求める。みんな一緒に、そういう生き方を守ろうとしている。個人の多様性に関する権利を最大限守ろうとする永遠の闘いにおいて、全員の完全な参加を求めている。そうした米国人であればこそ、こうした問題の難しさを理解できるのだ。

集団としての協力と個人的な自己表現――その特殊なブレンドを、私たち米国人は、数え切れない儀式やセレモニー、その他の活動を通して制度化して来た。よく言われるように米国人の国民的スポーツであるベースボールは、その原型をパーフェクトに例示するものだ。私たち米国人はまた、どんな変わった考えに対しても聞く耳を幅広く持った情報交換のメカニズムを発展させて来たし、一方ではまた、たとえば大企業のような重厚な安定と、それに特有な凡庸さを維持する生産システムづくりを進め、統制のきかない経済的な激変への防波堤として来たのである。もちろん最善の努力が常に最良の結果をもたらすとは限らない。南北戦争もしたし大恐慌をも潜り抜けたし黒人や先住民たちを人間の枠から除外することまでして来た。しかし私たちは数百年の歩みを通して、私たちが自分たちの中にあると気づいたアンバランスについては、それを正す努力を続けて来たのである。

この国の個人の「卓越さ」に大声で声援を送る姿勢は、子どもたちを教育するやり方にも深く響き合うものとしてあり続けて来た。生れがどうあれ、私たちは誰しも個人的な達成の高みに到達できる能力と固有の欲求を持っているところから出発したのである。力を発揮したいという個人的な欲求には、既存のさまざまな卓越モデルに照らして自分自身を測ろうとする衝動が含まれているのだ。

これを理解するには、子どもを観察すればいい。それも幼ければ幼いほどいい。その子の成長しようとする姿を見ればいいのだ。どの子も決まって、自分の限度いっぱいの課題を選んで挑戦する。熟達するまで、何度も何度も繰り返すのだ。大抵、簡単なものより、より難しいものを好む。より高い山に、より高い木に登ろうとするのだ。卓越モデルが周囲にあればあるほど、子どもたちは力強く成長する。より懸命に努力する。外側の人間が励ましたり、訓練したり、熱望しなくとも、そうする。子どもたちがその目で見る、卓越モデルがそこにありさえすればよいのだ。米国人の生き方、私たちの特殊なデモクラシーは、卓越さに自分を曝すことによってもたらされる、この特別な教育法に、まるごとコミットしているのである。

以上の考察は、この国における「デモクラティック・スクール」の運営に特別な重要性を与える。それは「開かれた学園《オープン・キャンパス》」というコンセプトに根拠を与えるものなのだ。

子どもたちはそこで、学校社会全体におけるあらゆる学びの側面に、自由に分け入ることができる。それはインターン及び見習いプログラムが果たして来たあの重要な役割に根拠を与えるものでもある。子どもたちはそこで、外部社会の「師《マスター》」の仕事に厳しく曝されることになるのだ。

それはさらに、学校社会の運営の手続き的な側面の重要性にも根拠を与えるものである。スクール・ミーティングや、そこで設置されたさまざまな組織でデモクラティックな運営を経験することで、より高度なものの修得へ向け進歩するのに必要なものを手にして行く手続きを学ぶことができるのだ。

しかし何よりも大事なことは、それがデモクラティック・スクールで日々過ごす大人のスタッフが演じる役割の重要性に根拠を与えていることである。スタッフらは、子どもたちが成長する中で「卓越さのモデル」としての役割を果たさなければならないのだ。学校のスタッフは子どもたちの周りで何年もの間、子どもたちの家族以上に長い時間を過ごすことになる。子どもたちが大人の技を磨こうとするのは、スタッフを見てのことである。スタッフのやり方を見て、自分の技の程度を推し量るのだ。

子どもたちは細かく、しっかり観察しているのである。スタッフ全員の一人ひとりの知的能力、倫理基準、美的な好み、他人との付き合い方、慈しみ、寛容さ、努力、献身のすべてを細部にわたって観察しているのだ。子どもたちは他の誰よりも、スタッフ一人ひとりの強さ、弱さを知っていて、それを自分自身の強さ、弱さと関連づけて見ているのである。

スタッフが身をもって示す役割モデルこそ、学校生活における最も重要なものである。だからこそスタッフ全員は一人ひとり、学校というコミュニティーの目の前で自分の中の最善のものを、自分のスキルのすべてを示さなければならないのだ。スタッフが卓越した自分を曝せば曝すほど、子どもたちが自分のスキルを磨くモデルとしてはより良いものになる。このため学校が毎年、卓越さを示し得る大人をそろえることは重要なことだが、そのスタッフが日々、自分の到達し得た最高レベルの活動を、身をもって実践することは同様に重要なことである。このことを示す実例は余るほどあるが、この学校の運営を見れば、何よりハッキリ理解できるであろう。サドベリーではスタッフたちも子どもたちとともに全校集会にも出れば、司法委員会にも学校コーポレーション（特定の関心を持ったグループ《スペシャル・インタレスト》）にも参加している。*子どもたちはそうした場で、スタッフたちがどう自分を表現し、どう振る舞うか集中力を漲《みなぎ》らせて観察しているのだ。

そんな観察を通じて子どもたちは、次第に学んで行くのである。どうやって自分の考えをまとめ上げるか、それをどう口頭で、あるいは文章で表現したらいいか、議論する時はどうしたらいいか、妥協する時はどうしたらいいか、反対意見にどう耳を傾けるべきか、議論に負けた時、敗北をどう受け入れたらいいか、あるいは勝った時、どんな態度をとるべきか、解決の糸口が見つからない問題をどう考えて行くべきか、他者とどんなふうに共感すべきか、どうしたら正しくあることができるか、相手の言い分をどこまで聞いて笑顔を投げかけるべきか、相手に自分の敬意をどう伝えるか——。こうした優雅で、有能で、効果的な大人たちの行動を構成する繊細な部分を、決して自分というものをなくさず、自分の創造性を損なわずに学んでいるのである。こうしたさまざまな分野でスタッフがほんとうに子どもたちの役に立つ唯一の道、それは彼らが自ら提供すべき最高のものを子どもたちの前で身をもって示すことである。

デモクラティック・スクールにおける「卓越さの追求」とはつまり、この国の社会政治システムにとりわけ適合したものである。デモクラティック・スクールは有能な市民を育てるという意味において、大人のスタッフがモデルを示すことで——さらにはまた学校環境の中にある卓越さへのあらゆる道を潜り抜けることで、子どもたち一人ひとりの卓越さを励ますものでなければならない。これを満たさない「学校」は、米国で子どもたちを育てる環境としては不適である。

＊　サドベリーの学校組織については、ダニエル・グリーンバーグ著、『世界一素敵な学校』（緑風出版）の後半・第二部、「学校生活」を参照。

II

子どもたちと大人たち——人間行動をめぐるエッセイ

何年もの間、頭を悩ませて来た問題がある。それは、私たちが子どもたちについて「直感的に感じていること」と、私たちが「彼ら」（原注9）——子どもたちのことを「知的に考えていること」の間に、とてつもない開きがあることである。

私たちの「経験」がそのまま表現されている言い伝えや物語、詩や伝記、さらには空想物語の中で、子どもたちは多くの点でほとんど神聖な存在である。純粋な精神、正直さ、開けっぴろげなところ、気持ちの温かさ、友情、献身、共感、好奇心、驚き、畏怖、喜び、粘り強さ——さらには、そうかんたんに降参しないところ、判断力、内面の落ち着き、自分というものを知っている……これらの点も子どもたちの特性だと、私たちは経験の中で感じ取って来たのだ。

私たちはまた、子どもたちが怒りの表出、暴力、悲嘆、絶望、悪意といったより好ましくない性質のすべてを、時に神聖さと結びつけながら潜在的に持っている、とも思っている。つまり私たちは腹の底では子どもたちを、基本的に「小さな大人《スモール・ピープル》」だと感じているのだ。

これはヨチヨチ歩きだとか、変な発音だとか、おかしな文章だとか、子どもたちのやや覚束《おぼつか》ない振る舞いに対する私たち大人の反応を見ると、よく分かる。そんな時、私たち大人は愉快に大笑いする。その笑いは喜びにあふれ、悪意のかけらもない笑いである（そうした私たちの笑いに、当の子どもたちから笑いが返って来ることがよくある。自分がした、ヘンテコリンなことに潜むユーモアを理解しているのである）。私たちが自由に笑い転げることができるのは、無邪気に道化のように躓《つまず》いたりする振る舞いの核心に、子どもを一人の全的な人間と考える私たちの認識があるからだ。怪我や生れつきの障害で同じようによろよろ歩きしている人に対する私たちの反応との違いを考えてみるがいい。そういう人を私たちは、笑いはしないのだ。ほとんどの人が持つ天賦の全体性に恵まれない人だと分かっているからである。

これに対して現代の西洋文化は、子どもたちを「形成中の人間《ピープル・イン・フォーメーション》」と考えて理論化している。最終的に完全な大人になりきるまで、あらゆる面で時間のかかる、漸進的な発達プロセスの中にある存在、とみなしているのだ。子どもの発達に関する現代の理論は、「全的な人間《ホール・パーソン》」とは違った構成を持つものとして子どもを記述し、その起源を、子ども同士の関係を、環境との関係を理解しようとする。初期の混沌から機能的な成熟に至る段階的な発達の枠組を示そうとするのである。こうした発達理論によれ

原注9　本書で繰り広げる議論は複雑なものなので、こうした「代名詞」の使用についてもなるべく明確に、とは思うのだが、そうも行かない。代名詞の使用を気にし過ぎると、読者は議論の流れを見失う危険に陥りがちだ。「彼・彼女」「彼・彼女の」「彼・彼女を」「彼・彼女自身」といった書き方が広く行われるようになり、代名詞を使用する代わりに複数形や名詞形を使う方法もよく見られるが、私としては時に応じて男性形で両性を現す昔ながらの方法を採ることもある。この点、ご容赦願いたい。

ば、子どもたちはこうした移行プロセスにある限り、「真の人間《リアル・ピープル》」以下の存在とみなされてしまうのだ。そしてそれは、科学以前の直感的な推論ではなく、慎重な研究、科学的分析に基づく結論であると信じられているのである。

実際のところ、この二〇世紀の終わりにおいて、「子ども期《チャイルドフッド》」は西洋文化における、知的に正当化し得る植民地主義《コロニアリズム》、そして・あるいは人種主義《レイシズム》の最後の砦である。今やこれだけが、かつて最も精緻な科学的な理論で支えられていたその他の砦がすべて、現実の生活体験に曝されながら渋々、次々に陥落して行く中で、唯一孤塁を守っているのだ。人種や文化、宗教、性差の上に人間性の土台を、さまざまな度合でもって築こうという企てがとうの昔に信用をなくしてしまったのに、子どもたちを貶《おとし》めることだけは最も高等な知的サークルの中でさえ、ほとんど批判に曝されることなく存続しているのだ。

今、このエッセイを書いている私の目的は二つある。第一は、これは私にとっても最も大事なことだが、「子ども期の現実」を私個人として理解し、他者に伝達し得る新たな語彙と枠組をつくり始めることだ。第二は、現代における最も優れた知性が、歴史的に大多数の人々が持ち続けて来たモデルから全く離れた、子ども期に関する世界モデルをどうして生み出してしまったか、という問題を理解することである。

私が第一の目的をクリアすることができれば、子どもたちのことをよりスムーズに、より一貫したかたちで語りやすくなるだろう。また私が第二のゴールに辿り着き、答えを出すことができれば、それによって現行の考え方に無意識に慣れきった人々が、より容易に自分を取り戻すことができるだろう。これまで意識することなく、その中に囚われていた、検証にさらされずに潜んでいた枠組を、より簡単に見抜くことができるはずだ。

私の甥は居間のドアのところで、生後七ヵ月の息子のオフェルを抱いて立っていた。午後遅く、光は翳り始めている。オフェルは父親の腕の中で黙って身を起こし、部屋の中を真剣に見回している。疲れている様子だが、自分の周りで起きているすべてを吸収しようと関心を研ぎ澄ましている。私の視線の中でオフェルは体を立てリラックスしている。落ち着いた身のこなしだ。「君は今日一日、何をしていたの？」と、私は心の中で呟く。「どんなハードワークをして疲れたの？どんなふうに自分自身に専念していたの？　周りの世界を、どう思ったの？　ファンタジーの旅路はどうだった？　何を学んだの？」と。常に何かに忙しく、決して飽きることがない。自分のペースで活動しては休む。何かを摑み、吸収する。大きな瞳で見る。いつも、いつも見ている。目にいっぱい、感情を浮かべて。

この赤ちゃんは今日、やるべきことをやったか？……私がこうした設問をしなくなったのは、私には決して答えを知ることがなければ、知ることもできない、という事実を、私が受け入れたあとのことだ。甥の息子のオフェルであれ、甥の娘であれ、私の孫であれ、どんな子どもであっても、私にはできないことなのだ。オフェルの世界はその瞬間もその後も、永遠に私にはアクセスできない。そう、遂に認識することができて、ある決定的な理解が私に訪れたのだ。私にはその子の行動を判断することは絶対に不可能である、という事実を、私はまるごと受け入れなければならないのだと。「自然」が十二分に用意してくれた、自分のユニークな運命に向かって、その子が個人として歩みを進めて行くことを、私は何の留保もなく信頼しなければならないのだ、と。

それにしても幼い子どもはまる一日、何をしているのだろう? この疑問が提起されるや否や、答えを難しくするハードルがまたも姿を現す。私たちはもちろん、幼児が次々に何をしたか、お望みの度合に応じてその振る舞いのすべてを記述することはできる(もちろん、それは完全に、ということではない。完璧さに向けてどんなに意欲を燃やそうと、私たちは結局、数少ない観察できた限りのことを記録し、観察できた、としているだけだ。何を観察し、記録すべきかを絞り込み、意味のないことを無視する濾過のプロセスは、私たちが何を見るかを決める決定因子に初めからなってしまっているのである)。

幼児が何をしたかリストアップしても、それは幼児の「行動《ドゥーイング》」について何も言わないに等しい。ここで言う「行動」とは、外に向かって表現された身体行動に伴うあらゆる精神活動を含むものである。行動が、当事者であるその子にとって意味があるのは、ある状況《コンテクスト》におかれたその子が決めることである。もっと焦点化した言い方をすれば、当事者の子どもにとって意味ある行動とは、精神的な状況の中から生れたものである(その精神的な状況には、意識的な精神プロセスだけでなく、無意識的なプロセスも含まれる)。どんな小さなことであれ、人間の為すことは当事者の精神的な枠組と無関係にはあり得ない。

しかしながら幼児たちの精神的な内奥は今現在、まったくもって知られていない。それはたしかに残念なことだが、この状態は恐らく今後しばらくは続いて行きそうだ。つまり私たちは、幼児が行動を起こす際、その精神の中で何が起きているか何も知らないわけだ。

私たち大人が持っている手持ちの情報から、あるいは複雑な概念をコミュニケートすることを学んだ年長の子どもたちから得られた情報から、それを推論できる、などと思い込むことは自分を欺くことである。動物行動学を学ぶ者は、動物たちの精神プロセスを（それがどんなに人間の精神活動と似たものであれ）、動物たちが置かれた状況に応じ、擬人化して解釈する危険性に、以前から気づいている。動物たちの研究でもまた、彼らの思考プロセスに関する知見を得ることは不可能なことであることに私たちはすでに気づいているのだ。

それはそもそも動物たちとのコミュニケーションの経路を、私たち人間は創り出していないからだ。（原注10）幼児たちを見る場合、ハードルはさらにぐんと高くなる。だから研究者は、幼児たちを他者とコミュニケーション可能な、認知可能な人間にしたがるのである。

だから私たちは、幼児の行動の意味を理解しようとして挫折しているわけだ。幼児の行動を見ることで、人間の精神の誕生以来の発達を理解しようとするなど、なおさら困難なことである。

である以上、幼い子が一日中していることについて、私たちは何を語ることができるのか？　私たちは今述べたように、ほとんど何も語ることができないし、その一方で、以下述べるように実に多くを語ることができる。そのために今や私たちは、生後数ヵ月の発育期に幼児たちの中で起きているに違い

原注10　この点に関して、生物学者のルイス・トーマス（米国の医者、語源学者、詩人、エッセイスト（一九一三〜九三年）。「ニューイングランド・ジャーナル・オブ・メディシン」誌にエッセイを連載。「全米図書賞」を受賞）は、簡潔にこう語っている。

「私の飼い猫のジェフリーの心の中で何が起きているか、それがほんものの精神であり、ほんものの思考である以外、私には皆目分からない」*The Fragile Species*（Scribner's: ニューヨーク、一九九二年）、一一〇頁。

ないことを、より広い進化論的・生物学的な視野の中で捉え返さなければならない。

生物の種が生存を続けるには、次の基本的な二つの条件が満たされなければならない。

(1) その生物種の大人(成体)たちは、種が存続するための基本的なニーズに応えることができなければならない。あるいは少なくともその種の十分な数の大人が、その種全体の生存を保障するだけの能力を持っていなければならない。

(2) その生物種の子は誕生後、一人前の大人に成長する生来の傾向を持っていなければならない。

――の二つの条件である。

もし第一の条件が満たされなければ、その生物種の大人は次第に減少し、最終的には種として絶滅してしまうことになる。またもし第二の条件が満たされなければ、その生物種は次の世代へ向けての存続を祈ることさえもできない。以上は、言うまでもないことである。

このうち第一の条件に潜む重大な意味をさらに深く見て行くと、結果として第二の条件の本質について深い理解に達することができる。それはつまり、ある生物種の大人たちが種として存続して行くニーズに応えることができているのは一体、何か、という疑問に答えることだ。

言うまでもなく、生物が種として存続するには種の個体が周囲の世界と相互作用しなければならない。これは人間も同じことで、自分の中だけで自足《セルフ・サフィシャント》できる者はいない。食糧も水も住まいも仲間も、すべては自分の外から来るものだ。人間を含む動物を植物と分ける決定的な違いは、動物は移動能力と脳からの行動指令によって環境との相互作用を開始し、追求する能力を持つ、ということである。人間はこの動物的特性をさらに一歩進めた優位性を持つ。環境との相互作用能力、および相互作用モードにおいて、より高度な意識を持つことができているのだ。そうした人間の意識には、自分たちの活動を意図的に統括できる自覚が含まれている。

以上のすべてをよりストレートなかたちで言えば、人間とは自分たちの生存を、周りの世界に対処する能力に依拠し、高い成功可能性を持つまでに進化した、精神と身体に恵まれた存在だということである。

こう言うと、なんと分かりきったことをと思われるかも知れないが、それはあくまで人間が環境とどう相互作用しているのか詳しく見る前の話だ。

ここで何よりも必要なものは、個々人の外部と内部をつなぐ、一群の相互作用の界面《インターフェース》である。それは一般に感覚器官と呼ばれているものである。その機能は、外部からの「信号の弾幕」を伝達することだ。感覚器官の引き鉄は、外部から受ける生理学的・科学的な集中砲火によって引かれるものである。

この点に関していくら強調しても足りない重要なポイントは、この界面において無数の相互作用が生起していることであり、感覚器官から神経システムへ伝達される膨大な数の神経信号が、受け入れる生体にとって、かたちや意味を持たない混沌としたメッセージの混淆《こんこう》であることだ。そしてこうした相互作用はそれ自体、当事者の個人にとって、生れつき分かりきった意味を持つものではない。

今、私が述べていることを簡単に理解するには、以下のような状況を思い浮かべるとよい。今、あなたは見たこともない部族の人々に囲まれている。人々は皆、話好きで、あなたに際限なく話しかけて来る。あらゆる方向から、しゃべり声が流れ込み、その中であなたは溺れてしまいそうだ。しかも彼らが何を言っているのか何も分からない。彼らが発する音声はあなたの耳に取り付き、そこから音声の神経信号が脳に送り込まれる。しかし、このゴタマゼの神経信号は一体、どんな意味を持つのか、あなたには全く分からない……。

問題のポイントをもっとハッキリさせたければ、潜水艇の中でイルカたちの鳴き声に包まれている状況を思い浮かべるとよい。このケースでは、見も知らぬ部族の人間たちの言葉と違って、鳴き声の意味を知らないばかりか、そもそもそこに意味があるのかさえ確かなことではない。というのも、私たちはイルカの出す音がコミュニケーション情報を伝達するものなのかさえ、ほんとうのところまだ分かっていないからだ。

この単純な例は聴覚だけでなく、あらゆる感覚に拡大できる。[原注11]「脳」の内部に意味を解釈する仕掛けがないのに、私たちのあらゆる感覚に、わけのわからぬゴタゴタが取り付いて来る。そんな「世界」が私たちを襲うのだ。とてつもない量の情報が原初の混沌となって私たちを襲う。私たちとしては、生き残りを図るために何か対策を取らねばならない。私たちのニーズに応えるやり方で、私たちに襲いかかる「世界」に対処しなければならないのだ。さて、私たちは何をなすべきか?

もし私たちがこの問いに詳しく答えることができるなら、知性と意識の秘密を摑んだということになろう。しかし今の時点で、秘密はミステリーのままである。しかし依然謎であるにせよ、私たちはこの問題をある広い文脈の中で語ることはできる。それはある意味で、私たちとは何者なのか、私たちはどう機能しているかについての理解を助けるものである。[原注12]

洪水のように襲いかかって来るインプットに対する、私たちの基本的な対処法は以下のようなものだ。

・「現実に対処するモード」を生み出す。この「現実対処モード」とはインプットした情報を活用するため、自分自身が仕分けし、組織し、分類し、シンボル化し、関係付けるものである。

・「現実モデル」を生み出す。この「現実モデル」とは、インプットした情報に取りあえず秩序を与えるため、常時、創造・再創造を繰り返さなければならない枠組《フレームワーク》のことである。

この「現実に対処するモード」及び「現実モデル」を生み出す活動は解きがたく、綯《な》い交ぜになっている。「モード」は「モデル」に影響を及ぼす。「モード」は「モデル」を生み出す道具なのだ。「モデル」は「モード」を、不可欠なものとして自分の中に取り込む……。

原注11　物事を単純化するため、一人の人間が持つあらゆる情報処理ユニットを、私はひとまとめに「脳」と呼ぶことにする。もちろん当然のことながら、人間は身体中、神経システムのさまざまな部分に、とてつもなく多様なプロセッサー（処理装置）を置いていることは承知の上でのことだ。またそのプロセッサーが神経システム及びそのリンクの外部に存在することも、分かった上での単純化である。

原注12　ここには残念ながら、無限回帰と循環が存在する。これは、私たちがどう理解するかを理解しようとする哲学者には、よく知られたことである。人間一般の世界への対処法として私がどんな命題を出そうと、それ自体が私の世界に対する対処法の一部であり、それまた私が世界その他を扱う命題設定を含むものである……これは線的思考の典型的な誤りである。線的思考とは、連続的に結びつき合う単純な言明でもってすべてを理解しようとするもので、常に回帰的循環の中で究極的な問題へと行き着かざるを得ないものだ。私はこうした困難さにもかかわらず、私たち全員が持つ良識を頼りに論を進めるつもりだ。私が依拠する良識とは、議論がどんな方向に行こうと、私たちは現実問題として「自分たちの言っていることを知っている」というものである。

しかし実際問題としてこの二つの活動を区分けして語ることは、今の私の議論を見れば分かるように、不可能なことである。両者は互いに繋がっているばかりか、互いに相手を「含んでいる」からだ。つまりたとえば、世界の表象は世界を表象するプロセスを含んでいる。あるいは、ある個人の「世界」をめぐる感情を、モデルづくりのプロセスや、その人に「世界」が取り付く媒介《インストルメンタリティー》から切り離すことはできないのだ。

この綯い交ぜになった二つの活動を——すなわち「現実に対処するモード」及び「現実モデル」の創造を表す既存の「語」を、私は知らない。この二つの活動は、私のこのエッセイのすべてに及ぶものだから、私としては語り続けるしかないのだが、そうなると、どうしても、新しい「言葉」をこしらえるしかない。その新しい言葉こそ、私の言う「モードル（Modor）*」であるのだ。

私にとって「モードル」とは、一人の人間が生きることの中から意味を取り出すメカニズムの全体性を示す言葉である。「モードル」は、環境との相互作用を可能とするすべての媒介（たとえば、諸感覚が伝達するもの）を、個人の「システム」へのインプットを処理するあらゆる方法を、個人が周囲の世界を意識的にも無意識的にも、認知的にも感情的にも表すあらゆる表象を含むものである。

今や私たちはこの「モードル」づくりに注意を向ける用意ができたわけだ。

さてこの「モードル」には、私たちが扱うことができ、それぞれがその本質をかたちづくる、いくつか重要な特徴がある。それらの特徴はそれぞれ独立したものでありながら「モードル」の中に共存し、同じ重要性を持っている。それらの特徴とは以下のようなものだ。

(1)「モードル」を創造するプロセスは、絶えざる新情報の吸収を含む。
(2)「モードル」の創造プロセスは、外部に向かって拡大する、ダイナミックな探求である。
(3) 私たちの「モードル」をめぐる取り組みは、思考の意識的・無意識的なレベルで生起する。
(4)「モードル」はすべてを包含するものであり、明示的な記述で限定できるものではない。
(5)「モードル」は常に、自ら変化と修正を続ける。
(6)「モードル」の維持は、主要な精神活動であり、生存への欲求に埋め込まれたものだ。
(7) あらゆる学習、思考、問題解決は「モードル」によるものであり、「モードル」に関連したものだ。
(8) 他者との間の、あらゆる社会的な相互作用は、当事者の「モードル」同士がうまく繋がり合う、その度合に依拠する。

ここで、これら「モードル」の諸特徴をそれぞれ詳しく見ることにしよう。

(1)「モードル」を創造するプロセスは、絶えざる新情報の吸収を含む

人間というものは常に、自分の諸感覚を通じ膨大な量のインプットを受け取っている。こうしたイ

＊ mode（モード）と model（モデル）を合成した意訳。

ンプットは、それを解釈する目的のために創られた「モードル」の枠組へと何らかの方法で即時、統合されねばならない。（原注13）

インプットの流量は想像できないくらい膨大なものだから、私たちの脳が「モードル」を駆使して、信じられないほどの速さでそれを処理していることが分かる。さらには「モードル」というものが、どれだけ複雑で総合的なものかについても見当をつけることができるだろう。扱い慣れたもの（たとえば、過去における同じようなインプット）であれ、全く初めてのものであれ、どんなインプットであろうと、常に取り込み常に処理しているのである。「モードル」は、どんなインプットであれ、無視することは許されない。それはコンピューターのようにコードに適合していないインプットを弾くようなことはしない。人間が生存して行くには常時、自分に取り付いて来る環境のあらゆる要素に対処しなければならないのである。

こうした事実から、理解がひとつ得られる。人間は環境の特定部分に対して自らを「曝している」わけではないのだ。環境のあらゆる部分が人間に取り付き、等しく「モードル」に入って来るのだ。そしてそのすべてが機能としては単一な「モードル」の中に統合されるのである。したがって人間は誰しも、自分の環境からのインプットを「逃す」ことはない。しかし、ある特定のインプットに対する扱いは、その人個人に特有の「モードル」によって決定される。したがって環境からのインプットが同じものであっても、それに対して二人の人間が全く同じ反応を示したり、全く同じ使い方をすることはないのだ。プロの教育者たちはしばしば、子どもたちが何事かに「曝される」ことに懸念を抱くが、結局それは「曝された」当事者がそのインプットをどう使っているか、についての懸念でしかない。

(2) 「モードル」の創造プロセスは、外部に向かって拡大する、ダイナミックな探求である

この世に生れたその時から、「モードル」は受身の吸収や情報の解釈以上の活動を開始し発達して行く。動物一般がその他の生物から区別されるのは、環境に対する積極的な関与を自ら開始し、推し進めることができるその容易さである。(原注14) 人間が自分自身の「モードル」を生み出す標準的な方法のひとつは、自分の「モードル」の中にすでに出来上がったプロセスの助けを借りて環境に積極的に関与する新しいモードを生み出すことだ。

実験は近代科学を特徴づけるもの、とはよく耳にすることである。受け身の観察や主観的な推論に

原注13　インプットを一時的に貯蔵し、あとで処理するための緩衝器が存在するかどうかの疑問は、答えようのないものだ。たしかに、ある情報のまとまりが後で再処理されることはよくあることで、準備が整うまで「保留」されているようにも見える。しかし再処理にかけられる素材とは、すでに解釈されたもので、あとで再検討できるよう「モードル」が取り込んだものである。貯蔵するだけの器官があるとしても、それはまだ解釈されていないナマのインプットを留めおくもので、最初にシステムに入ったときと完全に同じインプットのまま、それにアクセスできるものでなければならない。

原注14　環境に積極的に関与するこのダイナミックなシステムが、微妙さと複雑さに満ちたものであることは疑い得ないことだ。無生物もまた生物同様、皆、環境に対して積極的な関与をしている。そしてその関与のメカニズムは、その大半が未だに解明されていない。まさに万物はそれ以外の万物と積極的に関わっているのである。

分離したシステムを定義し記述することをとても難しく、つかみがたいものにしているのは、こうした事実があるためだ。そして、「分離した」という言葉の意味を、研究対象のシステムに固有の性質にしてしまっている。

この、あらゆる存在が一つのものである基本的な考えは、私たちの知る、ほとんどあらゆる文化の中で認められ、指摘されていることである。

のみ基づく前近代の科学から訣別したのは、この実験があってのことだと言われる。人間は誰しも、まさにこの積極的な実験に昼も夜も、生涯を通じて従事しているのである。とてつもない素早さと想像もできない頻度でもって仮説をつくり（「モードル」の解釈メカニズムを通じて）、行動を企て、結果を検討しているのだ。そこでは、「対照実験」も「二重盲検法」も常時、行われている。厳しくモニターされた諸条件の下、パラメーターを変化させ、どんな結果が出てもその重要性を注意深く検討している。こうした振る舞いこそ、生れたばかりの新生児を観察して見てとれるものなのだ。(原注15)

マキシーは生後八ヵ月。周りの大人たちと同じように歩けるよう、歩き方を学ぼうと決心した様子だった。早くから歩くことばかり考えていた子だった。生れて数週間後に、早くも両親の膝の上で立ち上がろうとした子だった。立って歩きたいあまり、床を這い這いして動き回ろうとしなかった彼女だった。いつも周りの人に抱っこされてばかりいた。その彼女が立って歩こうとしている。

ある日のこと。私は居間に座って、彼女が隣の部屋のキッチン・テーブルの脚につかまり、懸命に立とうとする姿を見ていた。生れた年に早速、挑戦する一連の物理学の実験が、彼女によって発案され、実行に移され、その結果が挑戦の度に彼女の中で記録されて行く。

最初の実験は「計測」だった——。マキシーはテーブルの脚のそばで上半身を立て、これから動かす「自分の身体」というシステムの「基点」を定めようとしている。そうしたあと、ゆっくりと——身体のバランスに注意しながら——腕をいっぱいに伸ばして、いろんな方向を探っている。テーブルの椅子へ腕を伸ばす。そのそばのテーブルの脚にも。それから床の整理棚、台所の流し、冷蔵庫と移って行く。毎回、腕の動きはゆっくりとしていて、注意深い。指先と触れようとするものの間の距離を確かめようとしている。マキシーにとって、手が届くものかどうか、その度合を確かめることが大事なことなのだ。

そして、いよいよ「重力の法則」を発見！　立ち上がって片方の手を思いっきり伸ばし、テーブルの脚をつかんでいた手を離した。といってもわずか数センチ、手を離しただけ。ものすごい

原注15　人間は自分が見ようとするものを見る——これは驚くほどのことではない。「モードル」を持つとは、そもそもそういうことなのだから。

子どもたち、とりわけ幼児の行動はランダムなものであり、目的を持たないものだと信じる観察者は、現実のなかに自分が信じることを立証するものを見る。逆に、私のような、子どもたちの行動が目的にあふれたものだと考える人間には、そのように映る。これはあらゆる分野で言えることだ。

進化論が生れる以前の生物学者や、今日の神による創造論者は、生物種の多様性の中に、偶然あるいは創造主の気まぐれによるランダムな現象を見る。それに対して進化論者は、多様性の中に意味を見ようとし、実際、意味を見出しているのだ。

こうした意味や重要性が観察者の「モードル」に依拠するものだという明確な事例を、私はかなり昔に知った。それは脳に重大な損傷をこうむった若い男性の事例である。その男性は、リハビリセンターで苦しい機能回復訓練を長い間続けて来た。回復過程の中で彼は、言葉を発しようとする際、手や腕で、わけのわからない動作をするようになった。看護人はそれをやめさせようとしたが成功せず、脳の損傷による神経的な異常によるものではないかとの疑いを持った。そこで、さまざまな神経テストが繰り返された……。

そして最終的に分かったのは、男性が最近、耳の不自由な患者と同じ病室で暮らすようになり、その患者とコミュニケートするために手話を身につけたという事実だった。男性は看護人とのコミュニケーションの場面でも、補助手段として手話を続けていただけのことだった。

集中力。顔はゆがんでいる。体が揺れる。素早くテーブルの脚をつかむ彼女。何度も何度も手を離しては体を水平に保とうと集中し、バランスを崩すと脚につかまる。体の揺れは毎回、方向、傾きとも違っていて、手を離している時間も短かったり長かったり。

そして、遂に「重力の法則・その二」を体得！　彼女の一連の実験の最終段階だ。これまでの実験結果を基にした、彼女の内なる「モードル」処理装置の指示に従い、マキシーはそばの整理棚を見た。テーブルの脚から手を離し、両腕をその方向に向け、整理棚に向かって足を踏み出す。歩くというより、よろめく、といった感じ。素早く三歩進んで、しっかり取り付いた。私の方へニッコリ、勝利の笑顔を見せるマキシー。実験は彼女の理論通りに成功したのだ！

その朝、彼女はさらに一連の実験を「統計処理」の手法で続け、私はそれを見守り続けた。彼女の立ち歩きは、まだ足元が覚束ない中で、家の中の支えになるものが、どれだけしっかりしたものかに関係しているのだ。そうして何時間かが過ぎて行った。そして私は、そのとき初めて理解した気がした。あのガリレオが繰り返したことを、そのとき初めて分かった気がしたのだ。

＊

私たちは何かを見つめ、何かを触ろうとして手を伸ばし、臭いを嗅ごうと鼻で息を吸い、聞き耳を立て、身体を動かそうと筋肉を震わせる度に、自分自身の「モードル」を発達させる、自分が始めた活動に従事しているのだ。同じように私たちは何かを考え、何かを分析し、何かの夢想に耽る度、自分の「モードル」の再検査、洗練に努めているわけである。人間の生体は受動的であろうとするものではない。それは自然に逆らうものである。

(3) 私たちの「モードル」をめぐる取り組みは、思考の意識的・無意識的なレベルで生起する

「モードル」とは、情報がどんなかたちでやって来ようと、与えられたものはすべて組織化する総合的なシステムである。この解釈プロセスは昼も夜も絶えることなく続くもので、その人間が覚醒しているかどうかとは無関係なものだ。実際のところ、「私たちの意識がどう働いているか」は、「何事かに気づいているとはどういうことか」や、「モードル」づくりに対する理解ある介入とは何か、といった問題とともに、現代におけるミステリーのひとつである。

創造性に富んだ人々が決まって振り返って言うことは、新しいアイデアが意識の中に躍り出た奇跡のような瞬間のことである。新しいモノの見方は思いがけないかたちで出て来る、とか、まったく予期しなかったところから来た、とか、考えてもいないところから新しい見方が出て来た——とは、一般の人も経験していることである。そうした経験に貼り付けられるのが、例の「インスピレーション」のレッテルである。それは外部から魔術的なものが人間の内部に入り込むものとしても語られているが、実際のところそれは、新しい情報のプレッシャーを受け、絶えざる検討と改訂を続けるその人間の「モードル」が、その人の「現実」をめぐる見方を、その瞬間、またも「改訂」して見せただけことである。そうした改訂はシステムの内部で受容され、時々意識の前面に飛び出て来るのである。

意識がどれだけとらえどころのないものかは、実にさまざまなかたちで見られることだ。たとえば

＊ ガリレオがピサの斜塔で実験して見せた「落下の法則」を指す。

私たちは何かを思い出そうとして、どれだけイライラするか誰しも覚えがあるはずだ。つまり精神活動の活発な部分に住まう「何か」を「モードル」の中から回収する作業が難航する時、フラストレーションを覚えるのだ。

もちろん私たちは回収に失敗することもあるが、成功することもある。つまり私たちは、情報を自覚レベルに呼び出すメカニズムを完全にはコントロールできていないのだ。知っているはずの知識と格闘しなければならない時、どれほど苛立ちを覚えるかは私たちの誰もが知っている。それは私たちを困らせ、私たちを自分たちの「モードル」の解析能力に対する挑戦へと向かわせる。そんな時、私たちは思いついた解決法を動員し、問題を解決することもできるだろう。直面する問題を、自分の「モードル」のその他の部分に適用することで解決するわけだ。しかし、もっと頻繁に起きるのは、解決に失敗し挫折することだ。そうなると私たちは、問題の謎に適合したかたちで「モードル」を再デザインすべく、私たちの無意識の中にある膨大な解釈システムを発動しなければならない。

こうした大づかみの議論から、二つの重要なポイントが浮上して来る。第一は、人間が生きている限り、生体として情報を受け取って統合できる限り、「モードル」を構築するその人間の解釈装置《インタープリター》は、情報処理の活動を忙しく続け、その人間が環境の中で生き続けるのを可能としているに違いない、ということである。人間の解釈装置は、その死に至るまで、一瞬たりとも眠ることはない。生きている存在にとって、「精神的に何もしない」ことは、文字通り不可能なことなのだ(原注16)。

ここでひとつ付言しておくと、人間は「思考することを教えられなければならない」という考えには、何の意味もないのである。「思考する」とは、その人間が自分の「モードル」を動かすことに他ならない。それは私たちに「自然」がデザインした何ものかであるのだ。もしもあなたが誰かに、「考え方を知らないな」と言ったとしよう。その場合、あなたは、ナンセンスなことを言っているか（たとえば、「意味不明なことをしなさい」と言っているか）、「考える」という言葉を、「君は、私が重要だと思っているやり方で頭を使いなさい」の代わりに使っているか、のどちらかである。

「考える」を正しく言うなら、それは「自分のモードルを働かす」の意味以外の何ものでもない。そしてそれは人間誰しも常に行っていることである。

(4) 「モードル」はすべてを包含するものであり、明示的な記述で限定できるものではない

「モードル」とはきわめて現実的な意味で、自分自身にとって唯一、かけがえのない「宇宙《ユニヴァース》」である――これを認識することは、物事を理解する上で中心的な重要性を持つことである。その人のあらゆる行動（意識的な思考を含む）、その人の相互作用が生起するのは、その総合的な枠組の中でのことだ。「モードル」は、生体が吸収した情報を「意味づけ」し、生体内で起きる無数の相互作用を統括し、生体が環境に対して働きかける（探索を含む）全活動を発動するものなのだ。人間が生きる上で依拠するものとして「モードル」を超えたものは――「モードル」に付け加わるものは何もない。(原注17)

原注16　これが真実であることが人々に完全に認識されるようになったのは、最近になってからのことである。以前は、深い昏睡状態にある人は、周囲の環境と相互作用する能力を完全に停止していると考えられていたものだ。しかし最近は、そうした人でも、周囲を意識している兆候が全くないにもかかわらず、情報を受け取り、それを処理し続けていることが、かなりの程度、認められるようになって来ている。

「モードドル」はすべてを包含するものであるから、それを超えた外側からの分析に曝されるものではない。自分自身の「モードドル」の分析を試みる人は、すぐさまその分析自体が自分の「モードドル」の一部である事実に直面するはずだ。「モードドル」を分析する道具も方法論も、「モードドル」を研究するために区分けするやり方も、分析にさらされているはずの「モードドル」に埋め込まれているものである。私たちが常に一人の人間として為し得ること、為していることは、自分の「モードドル」を、今や他の部分を検討する出発点となった「モードドル」の一部を使って、絶えざる再検討、再改訂に付すことである。そして、その人間が自分の「モードドル」を調べて変えるそのやり方も、その人の「モードドル」によって決定されているのだ。(原注18)

「モードドル」はすべてを包摂する解釈装置、さらには人間の精神活動が生み出すものを監督するディレクターとして、個人の身体、精神活動のあらゆる細部に影響を及ぼすものである。私たちが「モードドル」を持っている意味のすべては、まさにここにあるのだ。「モードドル」はインプットを組織化し、それに意味を与えることで、インプットとアウトプットの間を繋ぐ。組織化と意味づけがなければ、インプットはランダムなものになってしまうのだ(限定され、構造化され、安定した環境になければ、生体の反応はランダムなものになり、最終的には自己破壊を遂げるだろう)。

生の過程では、精神と身体はあらゆる側面――意識的・無意識的な思考、習慣、反射、自律反応、さらにはあらゆる種類の外部に対する積極的な働きかけ――において常時、完全に繋がり合い、究極において「モードドル」のコントロール下にあるのである。時にはたしかに、探索者が自分自身の「モードドル」の枠組の中で、人間のある部分――脳や意識、腕、内臓などに関する理解を深めるため、それらの部分を区分けして考えるのも有益なことだが、そうした区分は全体を一時的に部分化するもので、せいぜい、全体がどう動いているかを推し量るのに部分的に役立つものに過ぎない。「モードル」の全体性とはつまり、人間の行動を、あらゆる部分が他のすべてに影響を及ぼす相互作用と発達の統合された流れである、と見るよう要求するものである。

(5) 「モードル」は常に、自ら変化と修正を続ける

「モードル」は時間や空間に固定されることのない、ダイナミックな存在である。それは既存の「モ

原注17　この点との関連で、明記しておくべきことがある。それは「モードル」を語る際、よくありがちな誤りである。それは「モードル」とは、ある特定の考え方に関する参照枠を提示するため、ある個人によって構築された哲学的な建造物である、という考え方である。私の言う「モードル」とは、これとは完全に異なるものだ。昔風の言い方をすれば、それはある個人の「組織化の原則（オーガナイジング・プリンシプル）」である。
　現実というものを意識的に語る理論はみな——私が今、このエッセイで述べているものも含め——、理論を提示する人の「モードル」の中のひとカケラに過ぎない。それはほんとうに小さなものでしかないのだ。

原注18　あらゆる精神分析、精神療法はこの限界を考慮に入れ、それを力に換えなければならない。精神療法を受けようとする人は、自分の「モードル」を自ら変えて行く持続的なプロセスにおいて手助けを求めているのだ。精神療法家は、クライアントが自分の「モードル」を、「モードル」の外側にある視点から見ることができないことを理解しなければならない。
　精神療法家の重要な任務のひとつは、クライアントの「モードル」の中に分け入り、クライアント自身が求める変化を可能とする、新たな視点を見つけ出すことだ。しかし、これは非常に難しいことである。これは精神療法家に、クライアントの枠組の中にまだ受け入れられていない、療法家自身の固定観念や理論を放棄することを求めるものである。

ードル」の構成に合うように情報を同定し、分類し、仕分して適合する、絶えざる注入をベースに変化するものである。この点に「モードル」の、コンピューターの世界における単純なデータ貯蔵システムとの明らかな違いがある。コンピューターの場合は、そのプログラムに吸収できるデータしか受け付けない。「モードル」は自分に合ったデータを受け取り、貯蔵するだけではなく、その人に襲いかかるインプットの群れを取り込み、それに「中へ飛び込み」可能な意味と形を与えることで、「モードル」の貯蔵庫に収容さえしているのである。こうして「モードル」はコンテンツを絶えず変化させる一方、意味づけのメカニズムの性質をも変化させているのである。

しかし、「モードル」は情報の貯蔵、区分けをするだけではない。「モードル」の最も重要な機能は情報を解釈し、生体として行動を発動することである。その解釈メカニズムは、すでに見たように、試行錯誤や仮のモデルの創造、探索結果の環境へのフィードバック、(現行の「モードル」の枠組において)新しい情報を古い情報と照らし合わせる絶えざる参照《クロス・レファレンス》によって決定されるものなのだ。「モードル」に含まれるこの驚くほど精緻な「プログラム」は、生体が常に曝される新たな事態に対応できるように柔軟で、かんたんに動けるものでなければならない。

そんな全体像をよりシンプルに語れば、こうなる。今、「モードル」を持った一人の大人がいる。その人の「モードル」は絶えず「世界」に接続し、絶えず体内の機能を統括している。それはその人が、これまで生きて来た中で、情報を処理し続けて来た結果としてあるものなのだ。現行の形に向け、発達と変化を積み重ねて手にしたものなのだ。その「モードル」は複雑で、しかも全体的なものである。まるで彫塑のかたまりのようなもの。絶えず触れられることで出来上がって行く。絶えず見直され、手直しされる。すべては一個の生体として生き延びて行くために……。

こうした生体の環境との相互作用及びこれらの相互作用に意味を与えそれに対応すべく生体が生み出す解釈は、ひとつの宇宙としてのその生体の全体的な均衡への動きと漸進的進化に呼応するかたちで、絶えずスムーズに流れ続けるものなのだ。つまり、「モードドル」は静的なものではないが、常時、極度の攪乱や鋭い変位に曝され続けているものではない。

しかし、トラウマをもたらすような出来事が起きることも稀にはある。それは生体の外側（たとえば自然災害）から来ることもあれば、生体内部（たとえば、身体内の化学的変化）で起きることもある。生体の存続を脅かす攪乱が起きたわけである。生体がこれを乗り越え、生き延びるには、「モードドル」が突然変異することが要求されるのだ。(原注19)

こうした異変の結果、生体が崩壊に行き着くことも、しばしば起きる。これを克服するには、「モードドル」を素早く、効果的に変化させねばならないが、ここで言う「効果的」に問題の鍵がある。それは

原注19　生体が予期せずにいた——あるいは予期し得ないトラウマを引き起こす変化と、既存の「モードドル」内で予期し得るトラウマを引き起こす出来事を区別することは大変、重要である。

前者のカテゴリーは、私たちが生きて行く間に遭遇する、あらゆる「思いがけない」災難を含むものだ。後者のカテゴリーは、それとは全く違うものである。それはたとえば、誰かを救おうと、燃えさかる家の中に入り込んだ人の身体が経験するトラウマである。こうしたケースでは、生体としてはトラウマを被ることになるが、「モードドル」はなお豊富なリソース（資源）を保持していて、出来事に対処する術を生み出すことができる。これに対して、前者の「思いがけない」トラウマは、「モードドル」が持つリソースを少し変えるだけで対応できるものではない。

「モードル」が大きく変化するだけでは足りない、ということだ。その大変化は、生き延びようと苦闘する生体にとって「役に立つ」ものでなければならない。創造的な人とは、かなりの成功確率で、ラジカルな新しい「モードル」を生み出すことのできる人である。創造性とは、こうした能力を指すものなのだ。こうした創造性を高める条件については後ほど見ることにしたい。

いま私が述べている「モードル」の激変は、いわゆる「自然現象」によるものだけではない。それ以上によくあるのが、個人的な内面的な葛藤による「モードル」の大変化である。それは幾つかの解釈モードが、「モードル」の取り組む問題の前で競合し、それが対立し合って深刻な葛藤を呼び、生体が問題を解決するのを妨げる時、突然、「モードル」内の前面に出現する。その問題が生体の生存にとってより切迫したものであればあるほど、葛藤はよりトラウマを生み出すものになり、その異なる部分を調和するため「モードル」が生み出す変化もより根底的なものになるのだ。こうした内面の葛藤はしばしば、偉大な知的洞察、宗教的な深い啓示、あるいは深遠なる芸術的な動きを呼び覚ますものである。

いずれにせよ、どんな人の「モードル」も生涯を通じて変化し続けるが、そうした変化はスローなものであり、その人の生活の全体的な流れを損なうものにはならない。ほとんどの人の場合、生涯を通じ根底的な変化は起きないのが普通だ。しかしトラウマをもたらす外的あるいは内的な遭遇を生き延びるために、「モードル」を素早く大変化させなければならない人が多いのも事実である。大変化の要請に応えられないと、その人は朽ち果てねばならない。逆にうまく応えることができれば、創造性がやがて開花する未来を生きることができる。これは「狂気」から「天才」まで広い範囲をカバーする問題である。(原注20)

(6)「モードル」の維持は、主要な精神活動であり、生存への欲求に埋め込まれたものだ

夕方、五時のことだった。私は八歳と六歳になる、わが子二人を乗せて、サドベリー・バレー校から、車で帰宅するところだった。学校の駐車場から車を走らせ出した時、私は二人が手のつけていないお昼の弁当を広げ、食べ始めたのに気づいた。

「おなか、すいた?」と、私は一時間後の夕食のことを頭から振り払いながら訊ねた。

「おなか、すいた」と、二人は答え、ランチにかかりっきりだ。

「どうして食べなかったの?」と、私は聞いた。努めて何げない調子で。

「だって、いそがしかったんだもん」

「一日中、何してたの?」

「遊んでたの」と、一人が答えた。「何でおバカな質問をするの?」という響きのこもった声で。

原注20　生体が生き延びるため「モードル」を変えるゆとりを許さないトラウマもある。それは容赦のない恐怖(その起源が何であれ)である。そうした圧倒的な恐怖は生体を麻痺させ、逃げも取り繕いも許しはしない。

こうした場合、生体が生き延びる唯一の希望は——それはせいぜい、かすかな希望に過ぎないが——、最大限、「抵抗」し、恐怖の源がいずれ過ぎ去ると希望をつなぎながら、じっと首をすくめてやりすごすことである。(これは動物たちの服従行動に似ている) 精神的・身体活動は最低限にとどめ、「モードル」の修復も後回しにとどめる。

この点で子どもたちにありがちなのは、しばしば子ども期全体を通じて、恐怖が苦悩となって続くことだ。それは大人が課す恐怖であり、かんたんに弱まるものではない。塞ぎこみ、内向的になり、従順になり、手ごたえのない、あのおなじみの子どもの姿は絶えざる恐怖の下、発展を遂げた「モードル」の典型とも言うべき姿である。

食べることも忘れるほど、遊びに夢中になる子どもたち。夜遅くになると、きっと「寝るのも忘れるほど、遊びに夢中になる」に違いない。

「モードル」づくりとは、この「夢中《ビジー》」という言葉の意味を定義するものだ。それはあらゆる生体にとって重要な生存のための活動である。自分が手にした「モードル」に満足を覚えるまで、人は皆、疲れを知らずに活動し続けるものだ。ほかの活動は全部そっちのけ。生きる上で大事なことさえも投げ打って、夢中で続ける。自分の生に合った「モードル」を持つこと、それはその人にとって常に最重要の目標であるのだ。

人々が生きるさまざまな生き方を理解する上で、これ以上、基本になる出発点はほかにはない。理想主義者がハンガーストライキをするのは——時には死に至るまでも——、その人の「モードル」が遭遇した環境に反応しているからだ。その人の「モードル」は、こう告げているのだ。死に至る恐れも強いけれど、その行動を取り続けなければ、自分にとって意味ある生存はない——。

殉教者は皆、その道を辿らなければ自分自身と調和できない「モードル」によって突き動かされるものだ。人間の「モードル」がどうしてそのようなかたちをとるようになるのか、私には分からない。ただしそれは、その人が自分の生涯を通して築き上げて来た「モードル」に組み込まれた無数のプロセス及びそれらのプロセスの中でその人が自分の「モードル」づくりに導入した特別な、その人自身の創造に基づくものであるのだ。

これはほかの誰にも、そのあらゆる人生の段階において当てはまることである。その行動の出発点にあるもの、それが「モードル」である。それがその人の生存にとって必要な行動を決定する。「モードル」の働きとは、まさにこれである。つまりその人の生存にとって必要な行動を常に引き起こすものである。「モードル」はどんな時でも、他の「選択」を許さない。その人は、それは自分が今、しなければならないことであるとの確信に衝き動かされ、まさにそれに駆り立てられているのである。(原注21) ある人が固い決意でもって、それが何であれ、物事に夢中になっている理由は、そこにあるのだ。もちろん次の瞬間、「モードル」が別の行動をとるよう指示することもあり得る。その指示に従い、状況に応じて段階的に方向を変えたり、素早く方向転換しているわけである。しかしその人間がある活動に従事しているその間は、まさにその活動に従事しているのであって、その時はたしかにそうしているのである。それは「モードル」がその人に対し、それが生存の道を歩き続けるために必要なものだと告げているからである。

原注21　ここで改めて注意を喚起したいことがある。それは私たちの議論に見られがちなことだが、私たち一人ひとりにおける究極の解釈装置としての「モードル」と、「モードル」の一部が私たちの意識に現れることの間には大きな違いがあり、その両者を私たちは区別しなければならない、ということである。

たしかに私たちは常に、意識において次に追求すべき、いくつかの「選択」肢を持っており、そのどれもが実行可能なものと思いがちである。この事実は、私がこのエッセイ本文で述べたことと矛盾するようだが、実はそうではない。「モードル」はたしかに、次に採るべきステップとして、意味ある行動群として、しばしば二つ以上のものを供給する。二つ、三つ、あるいは十もの選択肢を供給するのだ。

重要なポイントは、このあとである。一人の人間が為しうる行動はほとんど無限にある。しかし「モードル」が人間の意識に供給するのは、複数の選択肢であり、それはまた目を見張るような驚くべき濾過過程をもたらすものなのだ。そしてそのフィルターが最終的に「モードル」の承認する極度に絞られた行動群に対し、必要性の矢を放つことになるのである。人間が他のものではなく、あるものを選ばなければならないと思うのは、このためである。

らである。こうした言い方に対し、何と大げさな、と思う人もいるだろう。それは私自身、承知していることだ。しかし私がなぜ今こういう言い方をしているか、いずれその必要性に気づいてくださることと私は思う。

実際のところ「モードル」なくして人間は（それは、あらゆる生物についても言えることだが）、方向というものを持たない。「モードル」なくして行動に何の意味もない。「モードル」なき人間は文字通り、生きて行くことができないのだ。つまり「モードル」の働きとは、人間が機能する存在として生存することを可能ならしめるものなのだ。「モードル」は人間が生存するため、方向を与えなければならないのである。（原注22）

生存とは、「モードル」によってあらゆる解釈が試される試金石である。つまり人間は何をしていようと、その行動はその時点において、「モードル」が無限の行動パターンの中から、生体の生存にとって最も高い優先順位を持つ、と決めたものであるのだ。こうした「モードル」による優先順位の決定は、絶えず行われているもので、「モードル」が状況変化を評価する中で、その人間の行動の絶えざる見直しに行き着くものである。

人間はどんな時でも、「モードル」の指示に従い、そうしなければならないと思う行動に従事している――このことを認識することはとても大事なことだ。人間の行動というものは、少なくともそれ自体においてランダムなものではないし、「意味のない」ものでもない。こうした考え方は、重要な社会的・政治的な帰結をもたらすものだ。

すなわちそこに、あらゆる個人一人ひとりの（「モードル」としての）「姿《リアリティー》」に対する無条件の尊敬と、あらゆる個人の「モードル」に関する平等と等価に基づくリベラルなデモクラシーの出発点がある（もちろん、これは必ずしも、リベラル・デモクラシーが、あらゆる人の「モードル」が決定する、あらゆる行動の完全な自由に行き着くことを意味しない。出発点の尊敬は、何ものにも束縛されない自由を意味するものではない）。

(7)あらゆる学習、思考、問題解決は「モードル」によるものであり、「モードル」に関連したものだ
私たちの脳は常に「モードル」づくりに忙しいけれど、私たちはそうした活動のごく一部を、今起き

原注22　「人類とは生命と宇宙の両方を理論化し、意味づけずにはおかない存在である……つまり人間は世界を、その人自身を理解しようとせずにはおれない存在である。そうすることで、新しい、よりよい適応を遂げることができるのだ。これが実現するプロセスは、意識的なものであり、無意識的なものでもある。私たちは世界の中に、あるいは自分自身の中に、首尾一貫したものを見出そうと努める。これは避けがたいことである……」アンソニー・ストー（Anthony Storr〔英国の精神分析家（一九二〇～二〇〇一年）〕）、*Music and the Mind* (Free Press、一九九二年）一〇五頁。ストーは同書の一七六～一七七頁で、さらにこう述べている。
「この精査、仕分け、パターン作りの作業が意識的・無意識的に続いているが故に、私たちはそれを自明のものとみなし、それが実際、起きていることにも、ほとんど気づかないのである。私たちは予想外の連関（リンケージ）、思ってもみない新しいパターンに気づいた時、深い充足を覚える。ある新しい図式（スキーム）が発見された時など、それはしばしば、発見した者にとっても、それを理解し認める者にとっても、重要きわまりないものとなるのだ。子どもも大人も、問題を解決し、つながりを見出し、構造を理解し、新しいテクニックを修得した時、深い充足感を感じる。混沌に取り囲まれていることから覚える私たちの不安を縮減し、私たちがようやく支配、統括できていることを高めるものは何でも、私たちに喜びをもたらすものなのだ。**最も抽象的なパターンでさえ、私たちの感情に関与しているのである**」（太字による強調は原著者、ストーによる）

ていることとして意識しているに過ぎない。人間の行動を語る際、しばしば陥りやすい最大の過ちのひとつは、この部分と全体の混同である。（原注23）

ここでたとえば、「学習」というものを考えてみよう。「学習」とは、私たちが新たな情報を吸収し、それに対して私たちが適用する解釈を作動することで、自分の「モードドル」を変化させる以外の何ものでもない。すでに見たように、このプロセスは常時、生起しているもので、当事者によって「現実」のあらゆる側面に対して例外なく適用されているものだ。生きとし生けるものは皆、「学習者」であるという事実——これだけで「生」というものを、ほとんど定義してしまうものである。これ一つとっても、「生身の誰かに学び方を教える」という言説がいかに的外れなものか、分かるだろう（機械に学び方を教える——これは人工知能の分野が挑戦していることで、教育学とはまったく別の世界の話だ）。学習とは、私たちの誰もがちゃんとやり通す、そのやり方を知って、この世に生れて来たものである。（原注24）

「学習」同様、「思考」もまた、「モードドル」づくりを続ける活動的なプロセスを意識化する言葉である（ただし「思考」はしばしば、意識下のプロセスに適用される言葉でもある。そうした意識下のプロセスこそ、より適切に「学習」と呼ばれるべきものである）。

あのデカルトの格言、「我思う（考える）、ゆえに我在り」も、より適切な訳し方をすれば、「我は知る、我が精神活動を意識できるがゆえに、我在り」となるのだ。

これは、「自分が存在していることを、どうやって知っているのですか？」との無言の問いかけに対する答えでもある。この答えの意味とは、「存在していることを意識している」とは、精神活動（すなわち、「モードドル」づくりの活動）を意識していることに等しい、ということだ。それを「思考」であると言い換えているだけのことである。

また「問題解決」とは、いま存在する「モードル」における、異なった解釈の衝突を和解させようとする、いま存在するニーズを指す言葉である。その「衝突」こそが、解決すべき「問題」であるのだ。そしてそれは「モードル」に何らかの改訂を加える必要性を知らせるものなのだ。そしてその改訂は、ある特定のインプットに取り付いた意味を変えるか、あるいは手元にある情報を解釈するメカニズムを変えるかして行われるものである。

そうした「改訂」こそ、「問題」の「解決」である。生きている以上、「問題」は避けられないし、それこそが常態である。環境との相互作用という無限の資源から流れ込んで来る新しいインプットは、「モードル」によって意味を与えられるのだ。その新しい意味は、過去の限られた数のインプットと、それに当てられた意味を土台に構築された既存の「モードル」にピッタリとは当てはまらないものなのだ。

それゆえ「問題解決」とは生きる上で、ほとんど「学習する」に等しい。それはまた、生きとし生けるものすべてにとって、完全に天賦の活動である。したがって問題解決者にどうしたらなれるか、どう

原注23 「モードル」は何故、全体の極一部しか、意識的な精査の対象として拾い上げないのか、その拾い上げの仕組はどのようなものか、そもそも「意識」とは何なのか——これらの問題に対する、意味ある答えを私は知らない。過去一世紀において、脳を研究するさまざまな研究者たちによる最大の発見の一つは、意識レベルにおける脳の生産的な活動がどれだけわずかなものか、意識と無意識の関係がどれだけ不明なものか、明らかにしたことである。
原注24 ただし、誰かに何か特別のものを教えることは、また別の話である。「学ぶこと、教えること、教師であることについて」(サドベリー・バレー校ニュースレター、一九九九年一月。本書Ⅳに収録)を参照。

やって教え込もう、などと思い煩う必要はない。それは細胞に分裂の仕方を教え込むような不必要なことなのだ。(原注25)

人間の行動というものを理解しようとするなら、学習、思考、問題解決が、あらゆる精神活動で溢れ返っているものであることを明確に理解することから始めなければならない。ある子どもを見て、「今日一日、何も学んでいない」とか「考えることができない子だ」とか「問題解決者としては、どうも……」などと言うのは、その子が「死んだ」と宣言するか（私たちの社会で、医師に死を宣告するライセンスが与えられているように）、あるいは、その子が生きている、ということへの自分の無理解を曝け出すか、のどちらかである。

(8)他者との間の、あらゆる社会的な相互作用は、当事者の「モードドル」同士がうまく繋がり合う、その度合に依拠する

人間一人ひとりの「モードドル」は、その個人固有の膨大な経験の産物である。それはその人が、自分の経験を意味づけ、それに脈絡を付けるために自分自身の「モードドル」の中に創造した、特別な解釈メカニズムに従って生み出されたものだ。個々人固有の「モードドル」のユニークさは、あまりにも圧倒的で、ほとんど理解し難いものである。

かくして私たちはほとんど逆説的な、皮肉なともいうべき状況に置かれることになる。つまり一方において、全体は相互に関連し合い、どの部分も他の全ての部分の影響から免れることはできないにも拘わらず、他方、人間は個人として、周囲の環境に対処することができるよう独自で別個の「モー

ドル」を自分のために定義している、という状況である。「モードル」とは個々人の分離として「在る」ものなのだ。そして個々の「モードル」の特別な区分こそ、個々人に個人としての特別な感覚を与えるものである。

個々人の、宇宙や社会の一部でありながら、同時に孤立しても在ると感じるパラドックスは、古代から作家や哲学者によって語られて来たことだ。この相反する二つの感情は、その個人の現実の姿と完全に一致したものである。

孤立感は、個々人の「モードル」の完全な固有性に由来するものだ。それに対して宇宙的な帰属感は、すべての現実の完全な連関に由来する。自分のエゴをなくし、宇宙と完璧に一体化するところまで修行した結果、達した人々とはつまり、自分の「モードル」に関する個人的な意識から自由になるまで訓練を重ねた人たちである。そのプロセスは、生存を可能とする生体のあらゆる身体的・精神的機能の全般

原注25 「学習」の場合と同様、ある「特別なタイプの問題」を、ある「特別なテクニック」を使って、どうやったら「解決」できるか、その教え方を考えることは、もちろん可能なことである。そこから、「創造力テスト」なるものが生まれて来るわけだが、あくまで限定付きであることを忘れているから始末が悪い。

その推奨者たちは、ある「特別なタイプの活動」を「創造的な問題解決力」と称してテストを行う。それは被験者が、その「特別なタイプの活動」に従事する際、ある「特別なテクニック」を使う能力があるかどうか見ようとするものだ。

かくしてテストされる被験者は、あくまで「創造力テスト」が想定する機械論的なモデルに依拠しながら、ある一定の問題に対して、考え得る限り、なるべく多くの違った答えを出すよう求められるわけだ。

だからたとえば被験者が、自分が始めた新しい宗教の聖なる呪物でもって問題を解決します、などと言い出そうものなら、その被験者はテストに落第することになる。

的なスローダウンを伴うものであるが、それは驚くべきことではない。（原注26）

個々人の「モードドル」がそれぞれ独自なものである、という事実を考えると、それが個々人による社会的な繋がりを構成している事実に驚かざるを得ない。ここで早速、疑問が二つ、私の心に浮かぶ。「人間はどうしてお互い同士、結びつき合おうとするのか？」と「どんなふうに、結びついているか？」の、二つの疑問だ。そこでその問題を一つひとつ、取り上げてみたい。

「モードドル」が個人間の相互作用を行うものを含んでいる理由は、「モードドル」のあらゆる側面の土台にあるものを考えれば、今や明らかである。個人間の相互作用もまた、その人間が生き延びて行く努力に貢献するものなのだ。

これが現実においてどんな形で生起しているかを想像することは、そう難しいことではない。古い決まり文句に、「頭二つの方が一つより、まし」というのがあるが、たぶんこれが最も分かりやすい例である。ある個人が難しい問題に直面した時、他の人の助けをかりれば、解決策を手にする可能性は高まりやすい、ということである。そうした他人の協力は、肉体労働の援助という形をとることもある。重いものを動かすといった力仕事の手伝いなどがそれである。あるいは、「頭を寄せ合い」、それぞれの経験を持ち合うこともある。これは多くの生物種で見られることだが、異なる生物種間でもあり得る。人間が動物を手なずける背景には、こうした動機が隠されているのだ。（原注27）

生き残りを賭けた個人間の相互作用は、これとは違った状況でも起きる。ある個人が他者の攻撃的な干渉の標的にされた時がそうである。もしも私の世界に、外部の人々が侵入を企て、その存在を誇示して、私自身の「モードドル」に深刻な（しばしば、私の意識に上る形で）結果を及ぼすようなことが起きたら、私としては彼らと相互作用《インターアクト》するほか選択肢はない。こちらから行動に出るか、それとも受け身でいるか、相手に協力するか、対決するか、前へ出るか退くか——はともかく、私としては何らかの形で彼らと相互作用せざるを得ないのだ。

実際のところ私が生き延びて行く上で、その焦点になりうる環境的なファクターは皆、私の側に反応及び相互作用を強いるものである。そうした外部環境からの干渉が他の人間によってなされた時、私たちは心理的なツールを使って対応することが多い。私たちは相手の行動を理解し、その行動を恐らくは変えうる術を知っていると、考えているからだ。

こうした個体が相互作用し合う「社会化《ソーシャリゼーション》」の動機は、あらゆる生物に共通して見られることだ。人間の場合、それが特に複雑なかたちを取り、目に見えてうまく機能しているだけのことである。付け加えて言えば、これらの相互作用の動機の強さは基本的に、社会的な相互作用を始めるものとして実は最低レベルのものでしかない。人は誰しも自分の「モードル」の中で自足しがちだから、よほど自分の「モードル」にとって有利な場合でなければ他人の協力を求めないものである。人生はふつう、そうした場面にさほど直面することなく過ぎ行くものなのだ。

原注26　こうした状態はしばしば、「より高度化した覚醒」とか「より高度化した意識」と呼ばれる。ここで言う「より高度なレベル」とは、特定の実体（これを「低いレベル」にあるものとする）と、宇宙（「最高レベル」にあるものとする）との「間」に位置するものだ。しかし自己否定及びすべての存在との一体化といった神秘的な感情を獲得するプロセスとは、ある個人の覚醒あるいは意識を可能な限り「消し去る」プロセスのことである。

原注27　人間は動物たちの知恵を活用してもいる。この点で先住民族の文化は、自分たちの環境に生きる動物たち及び植物の知恵に学び、しばしば驚くほど自然の秘密を解き明かしている。

それに人間は誰しも、他の人間のなすがままに、自分から進んでされるものではない。他者からの望んでもいない干渉によって引き起こされる相互作用は最大限、忌避される。「協力《コーポレーション》」及び「強いられた相互作用《フォースド・インターアクション》」はたしかに「社会化」の動機になり得るものだが、他者と結びつこうと長時間、昼も夜も一生懸命に働き続ける人間の持つ普遍的な「モードドル」の特徴としては特に際立った重要性を持つものではない。

人間の社会的相互作用を導き出すより根本的なファクターは、人間が「モードドル」づくりの意識的・無意識的なレベルで表出される「自覚《セルフ・アウェアネス》」というユニークな現象から来るものである。人間は生れた時から、周囲の環境におけるさまざまな実体を特定し、区別することを学ぶばかりか、それらの実体の一部が「互いに似ている」ことに気づく。それは相手が人間である場合も、さらに言えば自分と似た同じような「モードドル」の作り手との間でも気づくことである。この「区別」と「同化」という二つの社会的な相互作用は、出生の瞬間から働き出すものだが、それは動物の世界でもかなり普遍的に見られることだ。

この、より根本的なファクターは幼児期を通して、漸進的に働き続ける。そこに私たちは「人間らしさ」を見るのだ。幼児たちは驚くべき進歩で、自分の「モードドル」づくりに役立つ道具を見つけ出し成長を遂げている。幼児にとって「触覚」は一番、使いやすいもので、「触り」まくることは幼児の「モードドル」の中にしっかり組み入れられていることである。幼児はもちろん自分のほかのいろいろな感覚を使おうとするが、それはそうすることで「モードドル」の作り手としての能力を高めているのである。そしてその個々の感覚それ自体が、「モードドル」を進化させる大きな可能性を秘めたものなのだ。

しかしそれとは比べ物にならないくらい途方もない広がりを持つ、潜在的な跳躍力を秘めたものがある。それは「自分に似た他者が、どうも同じようなことをしているようだ」という感覚である。それがどういうものか、その謎を解く鍵を握ることができれば、他者によってすでに確保されたすべてのリソース（資源）に自分もアクセスできるようになる……といった感覚。

このとてつもなく深い洞察は、それを初めて保持した瞬間、その子を震撼させるに違いないものだが、それは「モードドル」づくりの能力を途方もなく前進させるものである。生きるということは誰にとっても自分の生存の可能性を最大限、高め、最大限、機能する「モードドル」をつくり、つくりかえることだから、「モードドル」づくりのスキルを高めるべく、「モードドル」が生み出したツールは、ほかの誰からも求められるもので、他の人間によって利用されるものなのだ。自分のそばにいる他の人々が機能的な「モードドル」を生み出す力を存分に発揮していることに気づくことは、他者の知恵、経験の蓄積に分け入り、それを自分のために利用する可能性を手にすることに他ならない。

自分自身の「モードドル」を高めるため、他者の「モードドル」に分け入り汲み取る衝動は、私たちが本来的に「モードドル」の作り手（あるいは「思考者」）であるという「自覚」からのみ生れ出るものだ。そうした「自覚」なしに、他のあらゆる生体もまた「モードドル」の作り手であるという理解は生れて来ない。

このことに私たちが気づけば、目の前に道が開ける。他者が生み出した「モードドル」に分け入り、途方もない労働の成果を吸い上げることができれば、自分の「モードドル」づくりのスキルを量子論的に飛躍させることができるのだ。こうした理解の結果として、私たち人類は、他の人々との社会的な相互作用に従事しようとするばかりか、自分たちの環境に存在する、「モードル」づくりの能力のある、ありとあらゆる生体を探し求め、コンタクトを取ろうとしているのである。

これは人間が最古の文化以来、続けて来たことだ。当時の人々はしばしば、動物の「モードル」に、精霊の「モードル」に、さらには神の「モードル」に触れようと、莫大なエネルギーを注ぎ込んでいたのである。

こうした「非人間的な実体」の「モードル」に分け入る努力は、しかしながら今なおあらゆる世代の人間に共通する、大きな関心の的であり続けている。ただしそれにどれだけ成功しているかは人それぞれであり、これまでの人類史の中ではその利益が広く分かち合われることはなかった。

これとは逆に他の「人間」の「モードル」に分け入る取り組みは、これまで常に高い成功率を収めて来たのである。同じ他者の「モードル」を解読するにしても、自分に多少とも似た人の「モードル」を解く方が楽だから、そういう結果になるのは理の当然である。そしてまさにこれこそ、他のどんなファクターにもまして人間がすすんで相互作用し続けようとする動機である。私たちは他の人間の「モードル」に分け入ることが出来た時、その「知恵の木」に実った果実を、自分で「知恵の木」を植えることなく、自分で育てることなく、手にすることができるわけだ。(原注28)

人間の歴史とは、あらゆる人の究極の仕事である「モードル」づくりの能力を、互いの仕事から何かしら得るものを受け取りながら、漸進的に発展させた歴史であると言い得る。社会的な小集団の形成から出発し、言語を発達させ、探検によって生息範囲を拡大し、輸送を発展させ、書き文字を発明し、文化全体の集団的な達成を貯蔵する伝承の歴史（口承に始まり、文書による記録へ発展した）をつくり上げ、この五百年の間、とくに西洋文化において、情報管理のテクノロジーを目覚しく発展させて来た。これらはすべて、個々人が心の底から突き上げる衝動に駆られ、手持ちの手段を使って、自分の「モードル」の有用性を高め、ことあるごとに新たな工夫をしてきた実例である。

人間の知識に対する希求を超える希求はない。私たちの知識への希求には、限界はないのである。深い喜びに満ちた人間の営為の証明を見るには、別に難解で洗練されたものを探し出す必要はない。自分たちの周りにいるさまざまな年齢の人々を見るだけでいい。人は皆、来る日も来る日も、自分の人生のあらゆる瞬間、自分の周りで何が起きているかを観察している。とりわけ自分の周りの「人々」が何をしているかを見ている。私たちは、こうした観察に多くの時間を使っているのだ。「人間観察《ピープル・ウォッチング》」――これは、ほとんどの人が大好きなことだが――それは私たちが生れた時に始まり、

原注28 「創世記」の最初に出て来る天地創造の伝説は、この問題の素敵な元型というべきものである。聖書によれば、人は最初、一人だけ創造された。この宇宙に、たった一人の人として生きるアダムの強烈なイメージほど個々人の孤立を伝えるものはない。

同じくらい強烈なイメージは、アダムが動物王国の全てを社会化するその姿だ。動物たちに語りかけ、動物たちから学ぶ――それは創世神話のほとんどを通じて見られるイメージである。

しかし動物たちの中に、真の「つれ合い」はいない。アダムは動物たちの中に、自分と本当にコミュニケートできる被造物を見出すことはできない。この満たされない機能を補うものとして、エヴァが創造されるが、二人にとって、それでも十分ではない。だから二人は「知恵の木」に飢えるのだ……。

よりよい「モードル」を求めて飽くことを知らない人間の欲求を表す、これはもうなんとも素晴らしいシンボルではないか。禁断の木の実を食べたことで子が生れ、文化を生み出す同じ被造物の膨大な基盤が広がった。すべての伝説につきもののことだが、この「創世記」の物語もまた人間の深い「自覚」をシンボリックに表現するものであるのだ。

私たちを摑んで放さないものである。見ず知らずの新しい場面に遭遇した時だろうと、新しい文化の挑戦を受けた時だろうと、あるいは、いつものように外出した時であろうと、私たち人間は他の人がしている新しいことに際限なく魅せられてしまうようなのだ。私たちは目を見張り、見渡し、注目し、常に自分が見たことを考えている。自分が見た像を、あとで見直すため、意識下の貯蔵庫に絶えず送り込んでいる。

「あの人たち、何をしているんだろう?」――これは、私たちが最も頻繁に発する問いのような気がする。この問いに答えることができれば、そこから私たちは多くを引き出し、自分で使うようになれるのだ。だから私たちは、あれは何なのと早速おしゃべりし始めたりするのである……。

朝、私はサドベリーの二階の窓辺に立って、登校して来る子どもたちを眺めていた。駐車場から続く、曲がりくねった小道を、こちらに向かって歩いて来る。常緑の林の陰から、姿を見せた子どもたち――七歳の女の子が二人、おしゃべりに夢中になっている。歩き方はゆっくりだが、活発な身振り手振り。大事なことを知らせ合うため、首を後ろへ、前へ振っている。

それを見た瞬間、私は心を揺さぶられる思いがした。啓示を受けた気がした。二人の少女は、さながら熱心に議論し合う大人同士のように見えたのだ。そういう仕草だった。もしも私が彼女たちの年齢を知らず、その小さな体つきを気にしなければ、二人がまだ小さな子どもだと思うことはできなかったろう。二人の動作は、まさに大人のそれだった!

「あれだけ熱心に何を話し合っているのだろう?」と、近付いてくる二人の姿を見ながら私は思った。二人の会話が二人にとって意味にあふれたものであることは確かだった。それは二人にとって、「バカな」ことでも「子どもっぽい」ことでもなかったはずだ。(原注29)

それを見て、私は啓示を受けたのだ。この二人の七歳の少女と、私たち大人との間に、意味ある違いは何もないことに気づいたのだ。二人は、ある特定の問題をめぐって互いの見方を熱心に検討し合っていたのである。二人にとって大事な問題について、相手が何を考えているのか知ろうとする――これがその時、二人にはとても重要なことだった。相手を理解しようとする真剣な努力、相手が言っている意味を摑みきろうとする真剣な努力。それは取りも直さず、相手の「モードドル」がどんな働きをしているかを摑み切る努力であるのだ。そのすべては、大人の会話の動機になるものと全く同じである。

私は二人の姿を目で追いながら、私の目を開けてくれたことに感謝した。それは、私を鼓舞する瞬間だった。私は他者の「モードドル」に分け入ろうとする人間的な欲求を、まさに目の当たりにしたのだ。私は幸運にもその時すでに、自分の見たものを理解する準備ができていたのである。

私たちは一生の間、「しゃべり《トーク》、しゃべり、しゃべり」通している。私たちは会話というものを分析

原注29　成人した卒業生の一人（女性）はサドベリーでの幼年期を思い出して、こう語っている。

「私はいつも、私は大人だと思っていた気がする。いや、大人というより、私は一人の全体的な人間だと、どんな年齢でも思っていたのだ。小さな子でもなければ大きな子でもなく、私は私だって。『六歳の子じゃないわよ。私は私』って……十五歳の子や大人たちに負ける気がしなかった。そういうのを普通のことだと思っていた」

的・対象的に考える時、ともすればその大半を「ムダ話」とか「単なる相槌」とか「バカ話」と言って貶《けな》し、切り捨ててしまいがちだ。しかし、それでも私たちが「しゃべり」続けているのは、それが実は私たちが守り抜くべき、ほんとうに、ほんとうに大事なことであるからだ。会話は互いの精神の働きに分け入る、主要な通路の役割を果たしているのである。

私たちの日常会話は、自在に遊び、広がり、包み込むものである。日常会話には「鋭い焦点」なり「深遠な思想」は欠けている。しかしその欠如そのものが日常会話を私たちにとって本質不可欠なものとしている。

私たちはそうした日常会話を、互いの「モードル」に潜む、おぼろげな裂け目や、隅の方の暗がりに光を当てる道具として使っているのだ。探し当てたものを心に留め、裂け目を塞ぎ、いつか使う日のためにとって置いているのだ。そうした「むだ口、むだ口、むだ口《ブラザー》」（私の友人の表現）の毎日がなければ、私たちは互いに理解し合うチャンスさえ摑むことはできない。

さて人間は「何故《ホワイ》」、互いに相互作用し合うものかに触れたところで、こんどは「いかに《ハウ》」相手とコミュニケートしているかの問題を見ることにしよう。しかしこれを考え出すと、これ以上に難しい問題はないことにすぐ気づかされる。

私はこの問題の複雑さを強調し過ぎることはないと思っている。人は誰しも、生れた時から（あるいは子宮にいる時からも）、世界の中で機能して行く「モードル」づくりに役立つ、あらゆる道具を使い始める。このことを踏まえた上で、以下の点について考えてほしい。

第一。一人ひとりの人間が対処しなければならないインプットは、まさに数え切れないほどある。しかもその圧倒的多数は、その人に独自のもので、他の誰もが受け取っているインプットとはその細部において異なるものである。その人に流れ込み、受け取る大量の情報は、指紋やDNAの遺伝子配列同様、その人のアイデンティティーに関わるもので、その人に特徴的なものである。いやそれはDNAや指紋を構成するよりも数多いものなので、その人が受け取る情報は、その人の特徴をさらに明確化するものであるのだ。

第二。しかしそれ以上に数多いのは――それはおそらく無限にあり得るものだが――個々人の「モードル」内の解釈装置が意味あるものを判断するその方法である。そうした意味づけは、その意味づけされたものに接続するより膨大な数に達する生体内の相互作用同様、その個人に独自のものである。

第三。しかし恐らく何より重要なのは、その人の「モードル」の枠組の中で、その「モードル」自身を次々に再設計し、改訂するために作り出される「内的な力《イナー・ダイナミック》」は、その人個人の「内的な力」として完全に独自のものであることである。そしてその独自の「内的な力」とは、個人の「性格」と言われるもののかなりの部分を構成するものなのだ。

この「内的な力」の中には、その人独自の変化に対する態度が、新しい事態に対応する戦略、戦術とともに含まれている。全く同じ組み合わせの、この原則的な力を持つ人間は二人としていない。絶えざる情報の流入に適応し、反応する方法が全く同じ人は、二人としていない、ということである。

その意味ではあの有名な詩人*の言葉――「人には皆、自分自身で分け入る自分の島がある」も、控えめな言い方でしかない。

実際のところ人間は、生れたばかりの最初の段階において、自分で自分の精神を創造して行く兆候さえも外部に示さないものだ。やがて自分という存在と他者という存在に同時に気づき、**他者の現実が自分の現実と同じである可能性があることを自覚する**精神的な建築が創造される兆候など、その時点ではどこにも見えない。しかし傍から見てそうであっても、そうした精神的な構築が、あらゆる人間にほぼ共通する普遍的なものであり（原注30）、それが生後、かなり早い時期に生起するものであることも私たちは知っているのだ。

母親の子宮を離れて、最初の数ヵ月間の何処かで、ほとんどの子は皆、自分の「モードドル」に対し、「他の人間も自分と同じように、この世界に対処している人間なのだ」という要素を何らかのかたちで付与し、他の人々の「モードドル」に分け入るメカニズムを生み出さなければ、と素早く結論付けているのである。

この点で是非、理解してほしいのは、生れて間もない子どもたちが、今、私が述べたようなことを「意識的に」計算し、実行しているのではない、ということだ。事実は逆で、それはきわめて自然なプロセスの中で行われることだ。そしてそれは、一人の人間が人生に対処する全般的な取り組みの一部に過ぎない。それはあらゆるレベルの精神の働きに遍《あまね》く存在するものでもある。

しかしここで重要なことは、このプロセスがいったん始まると――つまり、ある人間の「モードドル」が、他の人間もまた自分と同じように「モードドル」を生み出していて、それに分け入ることは不可欠なことである、価値あることでもある、との考えを獲得するや否や――、「モードドル」に指示されたその人間のあらゆる活動の根幹に、他者の「モードドル」における未だ知られざる「暗黒大陸」の開示へと向う道筋が拓かれるのである。

それにしても、それは「いかにして」行われているのか？　この答えは実はハッキリしている。人間は「言語《ランゲージ》」の創造を通して、それをやり遂げているのである。

さてここで「言語」とは何かについて考えることになるが、それは私たちホモ・サピエンスが他の生物種よりも遥かに、高度に有用なかたちへと発展させて来た道具である。しかし「言語」は単なる音声の伝達、あるいはさまざま種類の動物の「定型《ステレオタイプ》」化され、前もってプログラム化された「叫び」と混同されてはならない。声に出された「発話《スピーチ》」は、単なる言語の一側面（それによって「言語」は定義されることはない）に過ぎない。発話なき言語もあり得るし、耳には聞こえない言語というものもあるのだ。「言語」は世界における進化の図式の中で、それ以上に大きなことを成し遂げて来た。それは「言語」が、「モードル」間を架橋していることである。その「言語」は「モードル」と「モードル」を、揺れながらも繋いでいるのだ。言語は「モードル」間に橋を架けるものだから、人間の歴史を通じて中心的な役割を果たして来たのである。だから人々は言語の有用性を高めるため、その創造的なエネルギーを、終わることなき言語の洗練、追加、改善、革新、補助に注ぎ込んで来たのである。人々は、それを

原注30　だから、こうした精神的な構築をしていない子どもたちは、どんな社会においても、精神的にバランスが取れていない子か、超自然的な魂の持ち主とされるのだ。

＊　英国の詩人、ジョン・ダン（一五七二～一六三一年）を指す。引用されているのは、有名な「死よ、驕るなかれ」の一節。

使用することで「モードル」に対する洞察を相互に持ち合うことが可能となったのだ。「言語」のこうした側面を理解するため、その性質《ネーチャー》というものに関心が向けられなければならないのは、このためである。

ある個人の「モードル」の基本要素の一つは、インプットにおけるある形《コンフィギュレーション》、ある形のまとまりに、その解釈装置が「意味づけ《シグニフィカンス》」をして行く、その働き方である。すでに見たように、このプロセスは、「世界」を「混沌」として見る地点から、理解可能な――それ故、その個人として生存可能な――「環境」として見る地点への移行を可能とする、決定的に重要なものだ。

「モードル」の解釈装置は、ある特定の「意味づけ」を「指示する《デジグネート》」ものだ。意味づけされたあるインプットのまとまりを、それに付随した諸特徴とともに「明記《テーキング・ノート》」し、その上で「モードル」内部に、その「指示」を「記録」するのである。「モードル」の記憶の貯蓄銀行の中に、「記録」は残されるのだ。その時点から「記録」は、同じ意味づけが現前する度に、解析の参照点として機能することになる。「モードル」の解釈装置はそうした「記録」を、「記録」が表す「意味づけされたもの」に構成要素を追加したり差し引いたりして、いつでも変えることができる。こうしたある特定のインプットのまとまりに対する「意味づけ」こそ、実は「モードル」の最重要機能の一つであることは、いくら強調してもし過ぎることはない。それは人間一人ひとりに完全に固有の活動である。ある特定のインプットのまとまりに対して、二人以上の人間が完全に同じ意味づけを行う可能性は、実際問題としてゼロである。(原注31)

個々人の「モードル」に蓄えられた「意味づけ」の「記録」は、まだ小さな子どもでも莫大な数に達する。そしてその蓄積の「すべて」を「意識に乗せる」ことは、不可能なことであるのだ。蓄積の「かなりの部分」を意識化することも無理である。「意味づけ」されたものは、常に「モードル」の解釈装置の言いつけに従い、「モードル」の中に生きる。それら蓄積され、「意味づけ」されたものは、その個人の「現実」を形づくり、その「現実」に対し無言のうちに「意味《ミーニング》」を与えるのだ。

しかし、ある個人が新しい何事かを意識して考えている時、意識化された思考の一部は「意味づけ」されたものを自覚しており、それに意識的な介入でもって対応しようとする。私たちはだから、ある新しい情報のインプットを、すでに同じようなインプットに対して済ませている「意味づけ」にマッチさせることが出来た時、調和の感覚を感じ、喜びを覚えるのだ。物事がいつもの場所にちゃんとある、と感じることができるのである。その時の感覚は、私たちが、自分の「現実」に対してすでに行われた既知の「意味づけ」に対応しない、新しい経験をした時にしばしば覚える、困惑や不安とは全く違うものである。

さて、今や私たちは、ある個人がそれでもって他者の「モードル」に分け入ろうとする、最初の段階を理解し得るポジションに立っている。このプロセスは、「意味づけ」がその人の「モードル」を決定

原注31　ここに記述したプロセスは、それが中枢神経を持っていようとなかろうと、あらゆる生物に多少なりとも共通したものであることは明記されるべきことである。ほかの動物たちの脳内のプロセスは人間のプロセスと区別し難いものであることは、可能性としては最もあり得ることである。動物一般の行動は、意味づけされた記録の蓄積に合わせ、絶えず環境からのインプットを調べる、その分析によって統括されたものであることは明白である。

づける重要ファクターの一つであり、それ故、他者の「モードル」においても同じはずだ、という（意識的・無意識的な）認識でもって始まるものだ。

ここから、以下のことが言えるだろう。それは、他の誰かの「モードル」のどんな部分であれ、その誰かの「意味づけ」の蓄積について、こちら側に何らかの理解がなければ、理解できるはずがないということである。その逆も真なりで、それがなければ、他の人が私の「モードル」について理解できるはずもないのだ。

ここから続いて、以下のような問題が提起される。それは、ある個人が別の個人に対し、「いかにして」こうした固有の「意味づけ」のかたまりを伝達できるか、という問題である。

この問題に答える最初のステップは、「いかにして」、ある「意味づけ」されたものが「外化《エクスタナライズ》」されているかを知ることにある。すなわちある個人の「モードル」の内部から外部の他者に対して、「いかにして」、「意味づけ」されたものが移転されているかを知ることである。

この問題は、それを提起した瞬間、それがどれだけ複雑なものであり、完全に答えきることがどれだけ難しいものなのか、すぐに分かるが、このきわめて難しい問題の解決は、「意味づけ」されたものを物理的に「代替」するものを生み出すことによって始まる。そしてその代替物とは、その人間の「モードル」の外側の現実の中にあり、他者が五感を使ってアクセスできる物理的世界の内側にあるものであるのだ。

そう、その代替物こそ「シンボル」と呼ばれるものである。そしてその「シンボル」を生み出すことこそ、他者の「モードル」を理解しようとする、その人間の最初の、死活的に重要な第一歩となるもの

である。（原注32）

大まかな言い方をすると、「言語《ランゲージ》」という「語《ワード》」は、ある個人によって、その人間の「モードドル」の「意味づけ」を外化するものとして使用される、「シンボルの集成」を指す言葉だ。ここで留意しなければならないことは、この個人の「意味づけ」の外化は本来、それが他者によってアクセス可能な、物理的な現実に存在するものである限り、いかなるものでもあり得る、という点である。これらの「シンボル」は、「音声」でもあれば「印」でもあり、「癖」でもあれば「仕草」でもあり、「身体の直接的な接触」でもあり得る。それらが「シンボル」であり得る唯一の条件とは、「シンボル」が住まう場所として、それを創造する個人の外側に「環境」がなければならない、という点である。

ある個人が他者の「シンボル」に対する洞察を得ようとする時、その個人は何時でも何処でも、「モードドル」間のコンタクトに影響を及ぼす「言語」の創造に取り組まなければならない。この、他者の「モードドル」に分け入りたいという欲求は根源的であり普遍的なものだから、人間とは誰しも生涯を通じて常に「言語」を扱い続けるものだ、と言うことができるだろう。その際、「言語」を使用する試みは、他の人間との交換に限定されるものではない。他者の内部に存在する「モードドル」だけでなく、あ

原注32　私たちが現在、知るところでは、「モードドル」による「意味づけ」の代替物として「シンボル」を生み出す力は、人間以外の動物世界でも全く無いことではないらしい、ということである。稀にはどうも、あるらしいのだ。ただハッキリしているのは、人類はこの作業を他の動物たちと比べ、楽々と、しかも大掛かりにこなしていることである。種の進化の未来において人類以上に、他者の「モードドル」に、簡単により高い精度でもって分け入る生物種が現れるとは考え難い。

る個人が、そこに存在すると信じる超自然的な実体の中の「モードドル」に分け入ることもあるからだ。それはまた、「言語」の使用が、「言語の狭い定義」の中に限定されるものでもないことを意味するものだ。私たちのコミュニケーションのためには、どんな「シンボル」でも創造し得るものだし、現に創造されているのである。

「言語」を「共有」のために創造し、それによって、「モードドル」間で洞察を分け合うことは、時間のかかる苦しくて大変な作業である。(原注33) そこには、多くのファクターが関わっているが、私たちが特定できるものはごくわずかだ。

ただしもちろん当事者である個人にとっては、自分が特定し、自分の中に記録しておいた「意味づけ」を自在に取り扱うことができることは不可欠なことだ。さらにまた不可欠なことは、その個人が、相互作用、及びコミュニケーションにおける対象として、他者という実体——この先、私は、これを「もう一人の個人」と想定して話を進めることにしたい——を持たねばならないことである。

コミュニケーションの当事者間においては、その相互作用に同時に注意を払い合うことも必要不可欠なことだ。そしてその相互作用の間に生起した、互いの複雑なフィードバックを処理できる態勢を整えるべく、「モードドル」づくりをオープンな形にしておかねばならない。その際、コミュニケーションのために「言語」を創造する者にとって不可欠なことは——これはコミュニケーションの相手にもそうあって欲しいことだが——自分の「モードドル」の解釈装置を柔軟で幅のある「推量《ゲスワーク》」できるモードにしておくことである。つまり、「モードドル」内で、ランダムな仮説実験を意識的にできるモードにしておくことである。

ある個人によってデザインされた「シンボル」は、その個人と相手とで共有する「言語の要素」に変化しなければならないのだ。「シンボル」の創り手はもちろん、相手が自分の「モードル」と同じ「意味づけ」を、その人の「モードル」において認識することを期待して提示する。もし仮に、双方の「モードル」同士がまったく同じものなら、問題は起きることはない。その個人が創り出した「シンボル」は、言語コミュニケーションの一要素に素早く変身する。しかし現実の世界では別である。ある個人の「シンボル」は、他者の「ミステリー」となって現れるのだ。そしてその「シンボル」を媒介として、理解し合おうとする相互作用が起きるのだ。その「シンボル」をめぐる相互作用は、あの「二十の扉《トゥエンティー・クエスチョンズ》」のような、最初はまったく訳の分からない、当てずっぽうゲームの性格を持つものなのだ。

ところで、この最初の段階における（「シンボル」の創造者が取り組む）「シンボル」づくりは、「モード

原注33　あらゆる「意味づけ」の「外化」が、言語に結びついた意識的な活動かと言えば、そうではない。この点は大事なポイントである。

「外化」の中には、その個人の中に予めプログラム化され、組み込まれているものもある。例えば無意識の反射といったものがそれである。

これらの数少ない、予めパッケージ化された行動パターンは、その個人に、予め定められた特定の行動パターン（例えば、「おなかがすいた」とか「のどが渇いた」とか「痛い」とか……）の外化を可能とするようデザインされたものである。

それらは環境とは無関係に、人類の生存にとって必要な普遍的なものとして進化がもたらしたものだ。ある個人の中で、大抵の場合、幼児期の最も早い段階で起きる、この「反射的な外化」から、「コミュンケーションの外化」（個人によって自覚、統括され、シンボル的な価値を付与された外化）への移行がどんなプロセスで行われるかは、今なお神秘のヴェールに包まれた謎である。

ル」の意識レベルで行われるものではない。つまり「自覚《アウェアネス》」は、「意味づけ」を外化する「シンボル」の創造において不可欠なものではないのである。

ここにおいて私たちは、人間がうまく生き延びて行くための、あらゆる岐路において、それ自身を高めて行く、「モードル」というものの本質と再び向き合うことになる。相手の「モードル」に分け入り、取り出すことが、自分自身の「モードル」を改善する上で、とてつもなく有益かつ効果的なことは、すべての「モードル」がいつも認識していることだから、各個人の「モードル」は、「シンボル」づくりのメカニズムを絶えず、更新しているわけである。この作業は他のあらゆる「モードル」づくりの活動と同様、その個人の「モードル」の全体で進められるものなのだ。それは意識下を含むあらゆる意識レベルで行われるもので、必ずしも「自覚」によって常に導かれなければならないものではない。

「言語」というものが、たとえそれがどんなに単純なものであれ、実に複雑なものである理由はここにある。そこには、「シンボル」を創造する当事者さえもが、その「意味づけ」のために生み出した「シンボル」のすべて、あるいはそのほとんどに、気づかないことがある。「シンボル」は人間行動のすべてを包摂し得るものだが、その創造者が気づかない形で、状況に応じて決定されるものである。(原注34)

こうして私たちは、「言語」の要素を創造するプロセスの中に、「シンボル」の創造者自身、完全には自覚していない、その人の「モードル」の内部における「意味づけの外化」が含まれていることを目の当たりにすることになる。と同時に、そうして表出された「シンボル」が、その創造者の「モードル」において、一体どのような意味を持つものなのか――今度は「シンボル」を表出された相手の側が、その意味を探り当てるため、自分の「モードル」を当てはめるという厄介な仕事に直面する姿を見るのである。

こうして見て来ると、今や明らかである。コミュニケーションに成功することは、実は歴史を通して、今もってなおあらゆる人間にとって実はとても難しいことではあるが、それに成功すれば、他者の「モードル」を理解することで、人間は生存上の有利さを手にすることができることになるのだ。

従って個人間《インターパーソナル》のコミュニケーションこそ、実は人類にとって最も重要な活動であるわけだ。人類の進歩とはつまり、情報処理の進歩と手を携えて実現して来たものであることは、驚きでも何でもない。

ここで私は、これまで何度も使ってきた「生み出す《インヴェント》」という言葉を、「シンボル」、ひいては「言語」の発達との関係で考えてみたい。

人間的な発達、そしてあらゆる人間的な営みを理解する上で鍵となるものは、人は誰しも自分自身の独自の「モードル」を、自分自身の「個人化された現実」を保持している、という認識である。その人の身体――その神経システムを含む――は、その人にとっての「現実」を、環境との相互作用、身体内における相互作用、さらには持って生れた情報処理のプロセスでもって創造する。そうした個人の「現実」の一部は、他者とコミュニケーションを行うためにその個人が創造した「シンボル」の集成でもあるのだ。そうした各個人の「シンボル」の集成は、その人の「コミュニケーション言語」を構成するものである（そしてそれは英語や仏語といった、その個人が使用する「語」を集めた「文化言語」の一部を

原注34　これは、既成のどんな「シンボル」にも見られることである。それはたとえば、「話し言葉」でもそうだ。それが創造された状況に応じて、それは調性、強調、高低、表現時間、付随するボディー・ランゲージ、周囲の文脈など、さまざまなものを持って発せられるものである。

構成する)。

そしてそうした「コミュニケーション言語」のすべては、その人自身によって生涯のある時点において「生み出される」ものなのだ。どの個人の言語もその個人独自のプライベート言語であり、まったく同じ言語を持つものは他に一人としていない。ある特定のシンボルに対して同じ意味づけをする人もまた、他には一人としていない。ある特定の「語」でもって「同じこと」を意味する人も、他には一人としていないのだ。望みうるのは、異なる人々がある一つの同じ(あるいは、似た)「シンボル」に対して行う「意味づけ」の間に、一定の類似性が生れる程度のことである。だから、ある個人による社会化の取り組みの中に、相互の「モードドル」が理解し合う可能性を高める、類似性を改善する試みが含まれるのだ。

ここで少し寄り道をして、これまで人間性について観察して来た思想家たちの、ある観察結果について触れてみることにする。

「人間は社会的動物」とは、これまで繰り返し言われて来たことなので真実に違いないと思われているが、今や私たちは、人間がなぜ本来、ユニークな別個の実体であるにもかかわらず、そんな風に思えるのか、その理由を理解する立場に立っている。

そもそも人間は、誰しも高度に個人的、原子的《アトミック》な形《フォーマット》で世界に送り出されたものだ。各個人には、明確な身体的な境界というものがある。その一人ひとりが自分の脳を持っていて、自分自身の生の発達に組み入れられるべき「モードドル」づくりを進める生来の力を付与されている。すでに見たように自分の生存にとって最大限、効果的な、自分という存在が最大限、満足するような「モードル」を持つことは、各個人の欲求である。そしてそうした生存、存在の在り方が、ほとんどの人（必ずしも、全員ではない）を他者の「モードル」に分け入る努力に向かわせ、それにより自分自身の「モードル」をより機能的なものにしているのである。

言い方を変えれば、ほとんどの人間が「社会的動物」であるということは、ほとんどの人が他者の「モードル」について、自分の「モードル」を発達させる上で役立つものと見ているだけのことだ。社会とは、集団をつくろうとする、人間という動物の生来の性向の産物ではなく（原注35）、個々人が「モードル」の作り手としてより効果的に機能したいという欲求の産物である（原注36）。

もうひとつ、人間的な特徴としてよく言われるものに、「生来、好奇心に富んでいる」がある。好奇心とは、環境との相互作用を熱心かつ執拗に行う現れである。それは私たちがすでに見た、「モードル」づくりの、ダイナミックな活動の結果と言えるだろう。人間という動物が環境の探索を企て、探索を決行するのも、生れつきの「動物性《モビリティー》」を駆使しようとするからだ。

さて、この好奇心が人間の行動面で重要な役割を果たしているのは事実だが、それもまたあくまで「モードル」づくりの役割を担う文脈の中で見なければならないものだ。

原注35　動物行動学者や進化論者の、人間の「社会的な行動」に進化の基礎を見る試みは、せいぜい曖昧な結論をもたらすだけだ。動物界全般、あるいは霊長類に限っても、集団を形成しようとする傾向には大きな幅があり、単独行動を主体とする動物種も多く見られる。一般的に、動物の行動をあれこれ取り上げて、人間の固有の傾向に結びつけるのは、推論に過ぎる。

この「好奇心」という言葉は、ランダムな探索といったイメージを運ぶ。好奇心にあふれた人間――それは、あなたの小さなお子さんがその一人でもあるが――は、自分の周りの「すべて」に目を開き、関心を漲《みなぎ》らせるものだと考えられている。

こうした印象が心に焼き付けられているのは、ある種の人間行動があるからだ。たとえば、好奇心に駆られた者は、身の周りに現れた何かに突然、興味を引かれ、熱心に観察し始める、というのがそれである。あるいは、テーブルの上の本を手に取った瞬間、夢中になって読み始めるといった……。つまり好奇心の塊の者は、周りにあるもの「すべてを無差別に」貪《むさぼ》ろうとする、と考えられているのである。

しかし実際問題として「好奇心」とは、派生的《デリヴァティブ》なものである。それはその個人の中で続く「モードル」づくりの活動の中から派生したものである。一人の人間の中では、どんな瞬間であっても、「モードル」づくりが、さまざまなレベルで同時に進行しており、それがその人間の内外両面における、一群の探索活動を発動しているのだ。これらの探索は、その人間の精神の内部において継続している活動と、あらゆる瞬間において意味あるかたちで関連する一方、終えたばかりの探索を「モードル」に送り返す「フィードバック」と、それに対する「解釈」の中で刻一刻と変化して行くものなのである。

こうした活動に従事する者――ということは、「好奇心」のある人間とレッテルを貼られた者を指すわけだが――にとって、その探索は「すべて」に目を見開いたものではなく、純然たる焦点化されたものであり、明確に意味づけられたものである。好奇心によって引き鉄を引かれて生れる、粘り強く執拗な活動とは、つまり、このことなのだ。その「好奇心に満ちた人間」の精神の内部で刻一刻と生起していることを知るよしもない外部の観察者の目に、その人間の行動が何の脈絡もないものであり、ランダムなものだと映るのは止むを得ないことである。

もうひとつ、好奇心をもって探索する当事者と外部観察者の視点の違いから生れるものがある。それは外部観察者が、好奇心を持った探索者の「ランダム」な行動が大変な成果を収めることに驚き、目を見張ることが多いという事実だ。その結果として、ランダムな探索を続けているうちに、「幸運に恵まれ」、偉大な新発見を手にすることができる、といった、あの「伝説」が生れるのだ。人間の洞察がルーレットの盤と同じだといった、広く信じられた神話は、こうして生れたのである。しかし、好奇心に富んだ探索者にしたら、その行動にはランダムなところなど、チャンスが転がり込むといった側面など、何もないのである。すべては、その人間の精神が自分の「モードドル」づくりの過程で行使する探索活動の一部であるのだ。(原注37)

原注36　こうした考えを、一九世紀の功利主義思想と混同してはならない。当時の功利主義思想は、あらゆる社会的・倫理的な行動を、それによって個人が得る特定の功利でもって正当化しようとするものだった。したがって、議論はいつも不可避的に、何事かを為すことによって——場合によっては利他的行為によって——何を得ることができるか、という問題に行き着いてしまう。

私が今、擁護しようとする自分の立場は、個人が期待する特定の功利とは関係のないものだ。「モードドル」の作り手とは、自分自身の「モードドル」の有用性、解釈能力を、遠くまで届く、幅広いものにしようとする者であるのだ。その場合、他者の「モードドル」から得た情報は、自分自身の「モードドル」づくりにとって、先験的に有益なものと見なされる。

しかし、そうは思わない「モードドル」の作り手になることもある——たとえば、深い内省に沈んだ時などに——。そんな時、人は社会的なコンタクトを避け、孤独になろうとするのだ。宇宙的な意識の存在を信じる人たちが、社会的な相互作用を注意深く避けた環境の中で、神秘体験でもって、そうした意識に結びつこうとするのは、そのためである。

ここで少し変わった角度から、「言語」にアプローチしてみたい。私たちが考えて来た基本原則に立ち返り、以下に示すその中心命題を単純明快に語ることから始めて行きたい。

自然は人類が生存して行くために、「モードドル」を創造・維持する身体的・精神的な道具を与えた。その「モードドル」こそ、人類が進化を遂げる、この地球という惑星環境において、人類を効果的に機能せしめるものである。「モードドル」づくりにおける、柔軟性、包括性、解釈の才は、人類を他のすべての生物種と分けるものである。それはまた、人類に対し、他の生物種にはない、非常に大きな――実際問題として、数え切れない――生存に成功する多様なモードを供給するものである。

人々が自分の生存を確証する道を生み出す方法に限りはない。(原注38) これは歴史が示すところのものであり、特に現代において経験していることである。「進化」は人類を創造したことで、デザインを革新する（すなわち、「モードドル」づくりをする）無限の潜在力を秘めた実体を生み出したのだ。「進化」の土台には「デザイン」があると信じる者にとって、あるいは「宇宙」は「デザインする精神」によって生み出されたと信じる者にとって、人類の出現が「神のイメージで創られた動物」の出現に他ならないのも、こうした事情による。

しかし、そうした「デザイナー」は、「人間」を生み出したことで、実はもうひとつ、別の有能な「デザイン」の創造者づくりにも成功したのだ。(原注39) そして、これによる究極的な効果は、未来における進化の中で、宇宙の進化の上にも及ぶことになるものである。

さて、ここから第二の中心命題が現れる。それは、人類の子どもたちに関する命題である。

人の子として、一人前の大人に成長する固有の能力を備え、人類という種の生存を保障するには、誕生した時から「モードル」づくりを始める力を持っていなければならない。人類を区別し意味づける「モードル」づくりの活動は、誕生した時から現存していなければならない。さもなければ、幼な子は大人に成長するために必要なものを手にすることはできない。

この命題が真実であることは、子どもたちを間近に、時間をかけて観察すれば、よく分かることだ。これはまた、子どもの発達を研究する人々によって、広く認められたことでもある。

さて今や私たちは、これらの中心命題が重要な結論を導くさまざまな分野に、より注意深い眼差しを向けるべき時を迎えた。

マキシーは生後十ヵ月。台所の食卓の上におとなしく座っている。何かを手にしたあと、その次には別のものを手にしたりしている。彼女はしょっちゅう辺りを見回す。部屋にいる人を確認

原注37　探索者が、「モードル」の無意識レベルにおける探求が発動した活動に従事することは、しばしば見られることだ。探索者自身、なぜその行動を取り始めたか、自覚することがない。無意識の活動は意識的な活動を、量においても頻度においても遥かに上回るものだから、上記の活動は、例外ではなく、お決まりのことであると言える。探索者自身、どうしてこんな探索に乗り出したか首を捻ることも多い。そうした時、探索者自身、手にした結果がどこに発したものかに気づかず、ランダムに得られたものと思い込んでしまうのである。

原注38　これは、人類が際限ないやり方で自己破壊していることと矛盾するものではない。

原注39　そして人間はますます多くのエネルギーを、それ自体、「デザイナー」である実体を生み出すことに注ぎ込んでいるのだ。

し、見慣れた顔をチェックする。そして、ときどき微笑む。皿をひっくり返したりもする。皿だけなく、「考え」も一緒にひっくり返しているのかも知れない。独りで笑っている。時間は知らない間に流れて行く。急ぎもしないし、苛立ちもしない。今という瞬間に彼女はすべてを吸収している。彼女の動作の一つひとつに、彼女が立てる音の一つひとつに、落ち着きと目的が込められている。そばに座る私に、それだけはハッキリ分かる。私の目に映る彼女の動作の本当の意味をつかみ切ることはできないのだけれど。

でも、私にはだんだんと、私が何を見ているのか分かって来た。マキシーは自分自身の「モードル」の中で完全に寛《くつろ》いでいる一人の人間なのだ。その時、彼女は自分の「モードル」の心地よさの中で、おだやかに機能している。自分の「モードル」の範囲を広げ、効果的になろうとしているのだが、それでも、おだやかに機能している。均衡の破れは、どこにも見えない。不安も感じられなければ、不満も見られない。生れて十ヵ月の、平和なこの子には、自分の居場所に対する不満も、他の場所、あるいは別のレベルへ行きたいという焦りも見られない。

幼な子ではあるが、マキシーは周囲との調和の中にある。自分自身との調和の中にある。自分の世界理解との調和の中にある。「成長するのを待っている」のでは、決してないのである。

子ども期をめぐる最大の誤解のひとつは、子どもたちの存在のあり方に関するものである。つまり子どもは、後に控えたより完全な人生に向け、常時準備し続けるものと見なされているのだ。たしかに子どもたちくらい、成長したがっている者はいないように思える。子どもである今、まだ出来ないことのすべてを、いつか出来るようになりたいと思っているように見える。大人になったら、きっとやって見せる、やってのけるのだと。

これは一見、矛盾した考え方である。人間はどんな年齢の子であれ、完全な「モードル」を持って、自分自身の行動を規制し統括しているのであり、それはその人間の完全な「現実」観であるはずだ、という考えと矛盾するものだ。もし人間がどんな時でも、その時点において自足した世界観を持っているなら、どうしてそれを変えようとするのだろう。その人間がもしも子どもだったら、なぜ成長しようとするのか？

この一見、矛盾した問題を解く鍵は、「モードル」づくりの中にある。そしてそれは私たちがすでに見ているものなのだ。人間は誰しも生涯を通じ、この矛盾を生きている。それは子ども期に限ったことではない。人間の精神は一方において、この世界で生きて行くために、どんな事態にも対応する、ある解釈の枠組のまとまりを持たなければならない。つまり、その時々における「モードル」を持たなければならない。それは、どんな「瞬間」においても、その人間に存在する「モードル」である。

他方、「モードル」には、常に変化し続ける環境の中で、その人間の行動、思考を導く、効果的な枠組として常にあり続けようとする必要性があり、その要求そのものがその人を常に、飽くことのない「モードル」の創造者としているのだ。その必要性の中で、人は自分の「モードル」の価値、有効性を繕い、改訂しているのである。**その時々の「モードル」がもたらす一時的な安定性こそ、次なる瞬間に向けた出発の、確固たる土台となるものであり、そうした次から次への移行は、そうした土台を絶えず改訂して行く「モードル」づくりによって導かれたものであるのだ。**

これは誰にとっても――新生児にも、生後一歳児にも、少年少女にも、人生の盛りにある若者にも、壮年の人にも、老人にも共通するものだ。あらゆる人間の中で、あらゆる瞬間、「モードル」は活動しており、まさにその瞬間、さまざまな変化を遂げているのである。人間は一般に、自分の「モードル」の大半に自足している。少なくともその内容、構造全般のほとんどに自足している。人間の「モードル」づくりが行う改訂作業の大半は、着実に、ゆっくり進められるものなのだ。「モードル」の改訂作業は、全体的なシステムを傷つけない形で、局所的に行われなければならない。もしも「モードル」が大きく振れると、生存の道具としては使えなくなってしまうのだ。

さてここに、幼い子どものことを理解する重要な鍵が潜んでいる。幼い子もまた、生れてこの方、ほとんどの時間、自分自身の世界理解に自足しているのだ。(原注40)そうした子どもはだからほとんどの時間、周囲の大人を真似ようとはしない。私がこの点に気づいたのは、ある強烈な体験をしたせいである。

生後十三ヵ月の孫娘を見ていた時のことだった。彼女は、私たち大人もまた彼女と同様、世界を理解しようと努力する人間であると意識さえしていることに気づいたのだ。その子が三十分以上もポットや蓋、スプーンをいじくり回していた時のことである。ポットもスプーンも、お米のクッキングのために用意されたもので、孫娘はそれが使われる様子をじっと観察していたのだ。母親がお米を掻き混ぜる姿を眺め、それがポットからスプーンで移される様子を眺めていた。そして食後にテーブルの上に置かれた、これらの器具に彼女は関心を向けたのである。

私が何に魅せられたかというと、孫娘がポットを研究し取り扱う姿だった。孫娘は、他の場合と違って、母親の使い方を決して真似しようとしなかったのである。

自分で注意深く、一つひとつ、順番に研究する孫娘。ポットを調べ、蓋を調べ、スプーンを調べて行く。じっと手にして、何度もひっくり返し、テーブルの上にいろんな形に置いて行く。時々、ポットに蓋をし、スプーンをポットの中に入れて動かそうとするが、ほんの時たま、そうするだけ。それは明らかに、彼女の持続的な、高度に焦点化された、落ち着きのある行動の主たる目的ではなかったのだ。

つまり孫娘は、私が思いも寄らないやり方で（彼女の「モードル」は私にとってもミステリーであるから当然のことだが）、その時点における彼女自身の「モードル」づくりに関係し、「モードル」づくりにとって意味ある形で、それらのものを「理解」しようと努めていたわけである。孫娘にとって、それらのものを「理解」することが、どういうことなのか、私には分からない。しかし彼女の行動でハッキリ分かるのは、彼女にとってその「意味」が何であれ、彼女は自分がよく知っている大人の使い方をコピーしたり真似したりしたのではない、ということである。あるいはまた彼女は、これらのものについて周囲の大人がこうあるべきだと考えることに対し、関心の焦点を向けなかったのだ。(原注41)

子どもは誰しも、生れた時から大人の世界を「自覚」している。生れた瞬間、その場にいる母親や他の大人から食べ物と保護をもらわなければならない本能的なものを持って生れて来るのだ。生後、数週間、数ヵ月という具合に時間が経過し、子どもの周囲にいる人々に対する「自覚」が強まる中で、大人

原注40　私が今ここで議論している「子ども」とは——あるいは必要があれば、あらゆる年齢の人間と言い換えても構わないのだが——、生存のための基本ニーズが満たされていて、基本的に周囲の環境と調和状態にある子どものことだ。ここでこうした限定を明記しておくことは、きわめて重要なことである。こうした状況にない子どもたちより先に、私はまず、こうした子どもから議論することにする。

を真似する、せわしない行動は見られなくなるものだ。

しかしこれは少なくとも、その子の発達が遅れているせいでは全くない。生後最初の一年は、人間が一気に成長する時期のひとつであり、起きている間の――いや、眠っている時も含めて――精力的な活動ぶりといったら信じられないほどである。情報を吸収し処理し、そこから意味を取り出そうと努めている。生き続け、健康であり続けるために、自足できる「モードル」を懸命に生み出しているのだ。子どもが何時《いつ》、如何にして、自分の諸感覚を効果的に使う能力を発達させるかについて、これまで多くのことが書かれ、研究が進められて来た。しかし私にはこれも、意味あることが語られているようには思えない。なぜならそれは、本来摑みようのないものであるからだ。

たとえば、「幼児は何時、目が見え出す？」という問題を考えてみよう。私たちは一体、どんな意味でこの問いを提起しているのだろう？　子どもは、機能する両の目を、それぞれあるべきところに持って生れて来る。その両の目に光は当たるのだ。それは瞼《まぶた》が閉じられていた時でも、瞼を透過して目に届いているのである。両の目を開くと、いろんな光が目というシステムを通過する。生れた時から、目を通した視覚に対する光のインプットが、検知可能な生理学的な効果を生み出して行く。その場合、私たちはその子が何時、最初に視覚を使ったというべきか？

私たちがこれまで見たことからも明らかなように、視覚を通じて脳が受け取ったインプットを、一人の人間が仕分けし、組織化し、記録し、処理し、解釈するメカニズムを発達させて行くには、時間が――たくさんの時間がかかるのだ。にもかかわらず私たちは、その人間がある特定の、解釈しうる結果を出したからといって、それでもって「見ることを始めた」と言い切ってよいものなのか？

人間は生涯を通じて、「モードル」づくりのひとつの道具として、ある重要な仕方で、視覚を使う能力を付け加えて行く——これはよく知られたことだ。たとえば、訓練を積んだ「バード・ウォッチャー」は、普通の人間とは全く違ったものを「見ている」のである。「目から鱗が落ちる経験だった」という言い方は、私たちのものを見る能力に終わりがないことを物語る事実である。

視覚について言えることは、他の感覚についても言える。人間は出生時点において、自分の周りの環境を理解するため、生涯にわたって使い続けて行く諸感覚の界面《インターフェース》の一式を、早くも完全に身につけているようなのだ。恐らくは——というより、ほとんど確実に、これら諸感覚の界面の多くは、その子が子宮にいるうちに出来上がっているものである。

生後最初の年ほど、これらの諸感覚を通じて押し寄せる、差異化されてない大量のデータを、一人の

原注41　この一見ささいな出来事の持つ意味は大きい。こうした出来事は、子どもたちによって——大人たちによってもー——常時、繰り返されていることである。ここで重要なポイントは、子どもたちの誰もが、自分を取り囲む環境の一部を吟味しようとする際、何を考えるか自分で決めている、という事実である。

どんなありふれたものにも、誰もがそう見る標準的な見方はない。「教育的な玩具」が子どもたちに及ぼす大きな害の源は、ここにあるのだ。

意図を持った大人が子どもたちに手渡すのではなく、放り出しておくのなら話は別だが、そうでなければ有害なものになるのだ。

そうした「教育的な玩具」は、何事かに思案をめぐらす場合、そこには「正しく」「有益」な道があるという考えを育てる狙いで作られている。

しかし人間という動物は自分の周りの環境にあるもののすべてを、その個人にユニークな、フレッシュなやり方で吟味しようとするものだ。まさにそこに「モードル」の作り手としての人間精神の力の本質があることは、もちろんである。

人間が処理しなければならない時期は他にはない。それはインプットの不協和音として、ものすごい速さで襲い掛かって来るものである。だからこそ、それに対応する「枠組《フレームワーク》」が当初から存在しなければならないのだ。もちろんその後に、襲来するインプットが弱まるものではない。しかし処理メカニズムと解釈装置の対応能力は、その子の「モードドル」づくりが発展する中で、日に日に高まって行く。

新生児にとって、生後一年にこなさなければならない仕事は、途方もないものなのだ。しかしその子には明らかに、**「周囲の大人たちから、明確な指示や指導を受けずに」**その仕事をやり遂げる、持って生まれた道具《ツール》が備わっているのだ。

いま私が（太字で）強調した上記の部分は、私たちが「モードドル」づくりのプロセスの核心に迫ろうとする際、どうしても持たなければならない最も重要な認識である。それは全くもってあからさまな事実であるのだ。それをいったん認めてしまえば、それにいったん関心を向けてしまえば、最早それ以上詳しく見る必要のないものである。

「モードドル」づくりの最大の重荷を背負う人生の一時期（生後最初の一年）に――文字通り、初めの第一歩から形の定まらないものを使い、日々、使い出のある構築物を生み出しながら――子どもはこの巨大な仕事を、外部の援助者の手助けやガイドもなしに、すべて自分でやってのけているのである。そこには教師も専門家も教導者も、誰もいないのである。

「自然」はまさに、幼い子が自分の「モードドル」づくりという巨大な仕事を、誰の助けも借りずにやりとげることができるその能力を目撃しているのだ。そればかりか、その子が誰の助けも借りずに、**その子自身でやり遂げなければならない、**その真実の姿も見て取っているのだ。その子には、それ以外に選択の余地はないのである。そしてその子がこの最も困難な「モードル」づくりの仕事をこなさなければならないこの時期こそ、仮に自分にその手段があれば、そこから何らかの便益を手にすることができるかもしれない、自分に似た他者の存在をまだ意識していない時期でもある。

こうして私たちは、この幼な子を見ることで、「モードル」づくりに関する驚くべき真実を手にすることができたわけだ。それは「モードル」づくりとは、この最も困難な時期を新生児自身にまかせても構わない、何層もの精緻さを持った、生来の「人間的な自然」であることだ。このことに気づけば、もっとあとの段階での「モードル」づくりがどれほど物凄い効果的なものになり得るものなのか、今や想像するまでもないことである。

しかしそれ以上に驚くべきことは、子どもが他者の「モードル」に繋がる道具、メカニズムそれ自体が、**その場面ごとにその子自身のイニシアチブの下、それぞれその子独自のやり方で常に創造されるものであることだ。その子はこの創造に、周囲の者の援助があったとしても、あくまで自分自身で成功するのである。**周囲の者の援助の努力は、それがどんなに良いものであっても、その子の取り組みをより難しくすることがしばしばある。それは、その子の「モードル」を無視した援助であるからだ。

さて、人々の「モードル」の間に橋を架けるもの、それは「言語」であることはすでに指摘した通りのことである。そして各個人の「言語の創造」こそ、その人間が他者の「モードル」に繋がる能力を、その人に与えるものなのだ。どうやら今、そうした「言語」をより深く、より広い意味の中で見る時が来たようである。

ここで私たちが最初に為さねばならぬこと、それは「言語」に関する「偏見」から脱することである。「言語」とは単に、音を結合するダイナミックなルールを伴った、明確に発音されたものの秩序ある集合である、とする偏見から逃れなければならない。

こうした偏見は、言語に関連するさまざまな問題で見られるものだ。たとえば、ある言語の消滅は、その言語の一部を構成する発音ができる最後の一人の死と同じものだとされる。すなわち、「その言語（言葉）を話す」最後の人間の死が、その言語の消滅の時であるという見方だ。

あるいはまた、幼い子が周りの大人たちが使っているものに似た発音をすればするほど、その子は「言語を学習している」と言われる。

しかし、「言語」とは本当は何なのかと理解するのにうってつけの場所、それはここでも「子ども」たちである。


生れたばかり、生後せいぜい二、三週間の頃から、マキシーはいろんな「音」を自分のために発するようになった。満足気に横たわり、短いメロディーのようなものを、そのソフトな声で歌うようなこともしばしばだ。しかしそれ以外の時は、メロディーのようなものは影を潜める。同じ音を繰り返すことも時々ある。逆に周りに響く音楽や歌を真似しているな、と思える時もある。

マキシーにとって「音」は、生れた時から、いつも身のまわりにある大事なものだ。両親はともにミュージシャン。昼も夜も時間にお構いなく、時には耳をつんざくボリュームのロックやジャズ、クラシック音楽が、彼女の環境を満たしていた。こうした騒音が彼女の感覚に影響を及ぼしたことは明らかだった。しかし彼女の精神がそれらの音をどんなふうに扱っているかは、ミステリーとしてヴェールに包まれていた。ただひとつ、ハッキリしていたのは、音楽に包まれていて不安や迷惑顔を一切、見せなかったことだ。

何ヵ月かが過ぎるうち、マキシーは次第に自分の周りにいる大人たちが自分に似ていることに明らかに気づき出したようだった。その彼女の自覚は、主に周りの大人を真似することに現れていた。彼女の物真似は、真似する対象と自分の物真似の間の類似性を先験的に含むもののようだった。私が、彼女の「音の明確化（分節化）」に何か驚くべきものが潜んでいることに気づいたのは、長い間、観察を続け、頭を捻り続けたあとのことだ。

成長するにつれ、マキシーはより長い時間、より頻繁に——全部を合わせた時間の長さを言っているのでなく、ただ単に、以前よりも頻繁に、というだけのことだが——、自分に対して幸せそうに「ペチャペチャ言う《チャタリング》」ようになった。歌うわけではなく、クックと喉を鳴らすわけでもなく、「ペチャペチャ」音を立てている。手や足を動かしながら、周囲で起きていることを見ながら、そんな「音」を立てるようになった。私は彼女が「ペチャペチャ」言っている間、この子は今、何をしているのだろう、自分のしていることをどう思っているのだろう、と考え続けた。そうしている時の彼女は、周りにいる人たちと関係を持とうとしないのだ。彼女に誰かが歌を歌って聞かせ、その歌を彼女が真似して繰り返そうとする時も、大人の声に黙って耳を澄まそうとはしない。つまり彼女は、それが何であれ明らかに彼女にとって楽しいことをしているだけのことだった。その時、働いている彼女の「モードドル」に対し、心地よくフィットすることをしていただけである。

もちろん私は、彼女がほんとうは何をしているかという問いに対する答えを「知らない」。しかし私の直感は、答えの、ある方向を指し示している。マキシーは彼女の環境を満たす人々を見ているうち――子どもなら誰でもそうするように――、気づかないわけにはいかなかったのだ。周りの大人たちは仕事をする時、歌声ではない「音」を、とてつもなく長い間、声に出し続けていることに気づいたのだ。このことにいろんな場面で気づくうち、彼女はもうひとつのことに気づいた。そうした音の性質とか機能といったことに、とりあえず深く分け入る理由はないことに。その「音」の情報には、彼女の「モードドル」づくりにとって、何の重要な意味もなければ、何の関係もないことに気づいたのである。毎日の仕事に取り掛かろうとする周りにいる人たちは、声を出しながら活動し、しかもそうすることが好きみたい（好きでなければ、続けないはず）――ということが分かったのだ。だから、彼女は自分でも同じことをやってみた。そして、それが好きになった。それはつまり彼女にとって、そうしている間は意味がある、という程度において大人の行動を真似る、ひとつのやり方だったのである。静かに、ずっとペチャクチャし続けるのが心地よく感じられる……。そう、マキシーは、その時点での彼女自身の「モードドル」の枠組において、大人たちが何故、ペチャクチャしているか、その理由を彼女なりに「理解」する気も起こさずに済んだのである。だから彼女は自分で満足しながら、自分のペチャクチャを続けたのだ。周りの音に少しでも似せようなどとは、思いもしないで。

「ペチャクチャ」したり、「独り言」をつぶやいている子どもたちは、「話すことを学んでいる」子どもたちでもなければ、「前・発話パターン」を練習している子どもたちでもない。子どもたちは（今、指摘したように）言語に、ではなく、感覚に関連する形で音を使っている人々であるのだ。理由はどうあれ――しかし私は、それが人間という種に根付いたものだと考えているが――、子どもたちは、さまざまな音の組み合わせを創造し、吸収することを喜ばしく思っているのだ。だから頻繁にそうしているのである。（原注42）私たちが大人になってもそれを止めないのも、そのためだ。ハミングしたり、ラーララーと歌ったり、変な声を出して喜んだりすることは、あらゆる年代の人間のレパートリーのうちだ。その度合は置かれた環境によって変わるが、子どもの頃、そうすることをどれだけ抑圧されたか、によっても変わる。（原注43）

さてここまで来れば、子どもがある特定の「音《サウンド》」を、「言語」のパーツとして使用し始めるそのやり方に目を向けることも意味あるものになる。ここでまず思い出していただきたいのは、その人間の「モードル」の中で行なわれた「意味づけ」をシンボライズするため何かを「与える《アサイン》」こと、それが「言語」の本質要素のひとつであることだ。そしてそこで生れた「シンボル」を、他の人間の「モードル」

原注42　何らかの原因で耳が聞こえず、口で音を出せない子どもの場合、仕草を含む他の身体活動が同じ役割を演じることになる。手話の起源はここにある。

原注43　私は、子どもたちが持って生まれた一群の固有音について議論するつもりはない。それは、生存するための基本ニーズのいくつかを伝えようとするもので、一般に「泣き喚き」と呼ばれるものだ。本能的かつ定型化されたもので、人類が出現した時から、十分、理解されたものと思われる（それは進化の尺度において、より「下等」な種の場合でも確かなことである）。

に向けて、(理想的には) その相手にとっても同じ意味のシンボルになってほしいと願いながら、架橋しようとすることである。子どもは周りの人間と相互作用を続ける中で、あるいずれかの時点で、ある特定の大人が、その子に直接関係する一群の行動と関連する形で、一貫した規則を持つ、ある特定の音の配列を使用していることに気づくのだ。

その子がこうしたステップを踏み出すには、少なくとも最初の数回において、以下のいくつかの条件が満たされねばならない。それは第一に、ある特定の音群とともに、その大人によって行われた一群の行動が、その行動がとられた時点における、その子の「モードル」づくりにとって、重要なものでなければならない、ということである。その子がそれら大人の行動に関心の焦点を向け、それを自分の「モードル」に取り込むには、それらの行動がその子にとって現実的な意味がなければならないのである。この点は明々白々なことであって、取るに足らないように思えるかも知れない。しかし実はこれは重要なことであり、にもかかわらず言語学の研究において、ほとんど無視されていることだ。

第二に子どもには、コミュニケーションのひとつの手段として、「明確化(分節化)された音」を使うことが、その子が外部の他者に到達しようとして生み出した、その他の「シンボル」とは違ったものとして与えられたに違いない、ということである。その子は自分の「モードル」づくりを通じて、ある特定の音の集合が、他のシンボル——たとえば、自分の視線に対する相手の反応——にはない、一定の有益な特質を持っていることを発見したに違いないのだ。こうした「発見」は何時《いつ》でも起き得ることだし、さまざまな環境要素の組み合わせによって「発見」へと行き着くものでもある。だから子どもが他の人々に向かって「しゃべる」ために、特定の音群を使い始める年齢に違いが出るのも当然のことなのだ。

子どもがコミュニケートしようとする「意味づけ」のシンボルとして特定の音群を生み出し始める第三の条件は、その子自身が自らコミュニケーションを発動したいと望まなければならないことである。言い換えれば、たとえその子が自分にとっても重要なさまざまな行動に関連して、ある特定の音群を大人が使ったことに気づいたとしても――さらには、その子がある特定の音群の編成がコミュニケーションのシンボルとして使えることに気づいていたとしても、**ある音群を自分の意味づけのシンボルとして自ら定義する大変な作業が、その子と周囲の他者との間の溝に架橋し、自分がそれをしてほしいと決めた行為に他者を呼び込む「モードル」づくりを進める上で、自分自身にとって非常に大事なものでない限り、その作業にいそしむことはないのだ。**

その子が何としてもコミュニケートしたいと思うのは、まさにこの時である。周囲の人間の行動の観察結果に基づき、自分自身の持てる関心のすべてをコミュニケーションのためのシンボルづくりに注ぎ込み、自分自身の持てる「モードル」の中で、使えそうなシンボルを探そうとするのは、この時であるのだ。

子どもたちが最初に発した「語」を、大人たちが完全に理解しがたいのは――多くの大人は自分が理解できなかったことに気づきもしないものだが――、それが子どもたちの創造物であり、「意味づけ」をそのシンボルでもって外化しなければならないその子のニーズのすべてに関わるものだからだ。

たとえば、ある子の最初の「語」が「マミー」だったとしよう。それを聞いた両親は喜ぶはずだ。この子は、自分の母親を示す名詞を言ったよ、と。しかしそれが明らかに父親のことも指すものであれば、状況は少し輝きを失ってしまうが、それでもそれはその子の「間違い」だとして、「かわいい」の一言で見逃されてしまう。覚え立ての言葉を不注意にも使ってしまった、というわけだ。

しかし実際のところ子どもは、自分の「語」を、大人以上に不注意に使ったわけではない。子どもが苦労してこしらえた「語」のニュアンスを摑もうとする忍耐力を、ほとんどの大人が持っていないだけである。大人たちは自分らの「語」に似た「音」が、その子によって**初めから新たに**《デ・ノヴォ》生み出されたものであることに気づきもしないのだ。

孫娘、マキシーの最初の言葉は「ママ」（あるいは、それらしきもの）だったそうだ。彼女がそれを明確化（分節化）し始めてから約一ヵ月後、私たちは彼女がさまざまな場面で、それを使うのを目の当たりにした。すぐに分かったのは、その「ママ」（らしきもの）が母親に限定したものではない、ということだった。とくに母親がその場にいない時など、父親を指すこともあり、それは彼女にとって別段、構わないことだった。母親も父親もその場にいない時は、彼女がよく知った大人を指すものになった。その「語」はほとんど決まって、相手に向かって腕を伸ばしながら発せられるのだった。それも、快活な調子で。孫娘はその言葉を何度も繰り返し、母親、あるいは相手の大人があやしたり、話しかけたり、彼女がしてもらいたいらしいことをしてあげても、中断することはなかった。「ママ」の繰り返しが中断するのは、母親に抱き上げられた時だけ。そんな時はたいてい、自分の欲しいものや行きたい場所に向かおうとするのだった。ここから、少なくともこう言えるような気がする。彼女の「ママ」が意味するものは、とても強い「示唆《サジェスチョン》」だったのだ。つまり、「お母さんがいいけれど、お父さんでも、よく知った大人でもいい。抱っこして、私が行けない場所まで連れていってよ」――ということだった。いや、もしかしたらそれ以上のもの、別のものだったかも知れない。しかし確かなことは、「ママ」という語がただの「ねえ。ママ」ではなかったことだ。

孫娘が二番目に発したのは、「ダディー（パパ）」らしきものだった。分かりそうで実は、「ママ」以上に理解に苦しむ言葉だった。最初に分かったのは、それが母親と父親、あるいは親しい大人たちの前で使われることだった（これよりも大勢のグループの前では、「ママ」が使われていた）。私たちは「ダディー」らしきものがどういう意味なのか考え続け、ある結論に達した。たぶんそれは「ヘイ、私の一番近くにいる、フレンドリーな大人よ、私のこと助けてくれる人だわよね。私はあなたに、あることをしてもらいたいの。それが何なのか、わかってくれればいいんだけど」という意味なのだと。つまり、彼女が手の届かないところにあるものをとってもらったり、階段を登ったり、下りたりする手助けをしてもらうといった、「あること」をお願いしていたのである。彼女の「ダディー」が、そう声に出すことで父親がいっぱい遊んでくれた事実を反映したものなのかどうかは、私たちには決して答えることのできない問題である。

子どもたちのミステリアスな言葉の使用例として、ちょっと考えられないケースが、私たちの一番下の息子に起きた。それは彼が一歳か二歳の時のことである。当時、私の家ではヘブライ語を話していた。私たちが住む近所には墓地があり、そこには大理石や花崗岩の、ありとあらゆる墓石や廟がぎっしり並んでいた。その墓地のそばを車で通り過ぎる度、息子は墓地を指差し、あるヘブライ語を繰り返すのだった。私たちには、それがヘブライ語の「水」に聞こえた。私たちはこれがよく分からなくて、何年も考え続けた。あの殺風景な墓地のどこが、「水のように」見えるのだと。

息子が十代に成長したある日、私たちは彼に、まだ小さかった頃のキュートな話だと言って、この謎のことを聞いて見た。息子は即座に答えて言った。「もちろん、憶えているさ。ぼくはあそこが、噴水がいっぱいある公園だと思っていたんだ。ほら、家の近くにあった花崗岩の泉のような」。わずか一歳くらいの頃、「水」という言葉が、そんなイメージを呼び起こしていたのだ。そしてそれを彼は大きくなってもまだ、ハッキリ憶えていた……。これは私たちの想像を絶することだった。

こうした子どもたちのシンボルの創出に対する大人の側の感覚の欠如は、相当な広がりを持つものである。いや、それは普遍的なものであると言っていい。それが子ども期の悲劇というものを生み出しているのだ。子どもたちが皆、最初に学ぶ、持続的な教訓とは、自分の周りにいる大人たちは、その子が自分で生み出した「シンボル」でもって意味するものに関心を注ごうとしないものだ、ということである。つまり子どもの「モードル」に対して大人は注意を払わない……。

こうした子どもたちの欲求不満を、たぶん最も雄弁に語ったものが、サン＝テクジュベリのあの、『星の王子さま』の冒頭部分である。主人公はそこで、自分にとってはハッキリしたことを誰にも理解してもらえずにいるのだ。ほんとうは大蛇が象を呑み込んでいる絵なのに、みんなは帽子の絵だと誤解する……。

しかし実際のところ、自分自身の「モードル」のニュアンスに対し、なかなか注意を払ってもらえないのは、なにも子ども期に限ったことではない。それはあらゆる人間にとって一生涯を通した、厄介な問題になるものだ。

ところで幼な子が発する「語」というものは、子どもの言語使用の最初の現れでもなければ、最も重要な表出でもない。それよりも私たちが目を向けるべきは、子どもたちによる「言語の創出《インヴェンション》」である。それが、大人たちの使っている言語とどう関連しているか、ということである。

言語を研究する際、私たちが常に考えに留め置くべきは、言語が果たすその基本的な機能のことである。すなわち、互いに完全にユニークな「モードドル」同士を架橋する（コミュニケートする）には、相手の中に、同じ生物種としての類似性を認め、そこに「モードドル」の存在及び他者の「モードドル」に分け入る欲求を見なければならない。加えて私たちは、自分たちが「意図した機能」を働かせるメカニズムを、精神の中に維持しなければならない。その「意図した機能」とは、個人の「モードドル」が生み出した「意味づけ」を、それを表象する「シンボル」でもって外化する機能のことである。しかしながら、この「意味づけ」はすでに見たように、時間とともに変化する流動的なプロセスである。その結果として、その人が選び取った「シンボル」はそれが何であれ、その人の「モードドル」の中で時間の経過とともに、前とは違ったものを表象し得る（「意味を変え得る」）ものになるのだ。

こうした「モードドル」づくりのプロセスに、子どもが何時、どんな風にして気づくかは、ひとつのミステリーである。子どもが他の人間の中に類似性が潜んでいることに、何時、どんな風に気づくかも、あるいはまた、相手もまた自分自身の「モードドル」を持った「モードドル」の作り手であることに何時、どんな風に気づくかもミステリーである。自分の中に「意味づけ」の形を解釈するものが存在し、その形を表象するシンボルを生み出す可能性があることに、何時、どんな風に気づくかもミステリーであるのだ。

これらの問題はすべてミステリーであり、今後もそうであるに違いない。それはまた、子どものコミュニケーション能力に分け入る、まだ糸口に過ぎないのだ。それは外部の人間が、その子とどんなコミュニケーションをしても、直接的に取り扱うことができないものである。これらの問題を「研究」する外部観察者の取り組みは、その外部観察者の「モードル」が、本来アクセス不能な子どもの「モードル」での現象の解釈に侵入することは避けられないから、常に観察者の色がついてしまうのだ。

それはその子の、無自覚から自覚した状態への移行の問題とも取り組むものだが、その無自覚な状態からの移行のプロセスを、その子自身が後になって再現すること自体、無理なことなのだ。その子の記憶として残っていることも、最終的に自覚を得た段階のものであり、その記憶自体が、今はなき元の無自覚な状態との間を隔てる障害物の役割を果たしてしまうからである。(原注44)

私たちが今、限られた理解ながら目の当たりにし得るのは、子どもは生れた最初の年を通じ、「言語」を自分自身の問題として着実に、漸進的に導入し続ける、という事実である。そうしたシンボルのうち、最初に出現するのは、子ども自身のコンセプトを表象する、身体的な動きのいくつかの群れである。(原注45)

幼児は皆、生れた時から、自分自身の「振付師《カレオグラファー》」なのだ。腕、手、顔、上体、脚、足――そのすべてを、あるいは幾つかをデリケートな運動として調整し創造する。周りの人間に理解してもらいたいことを、そうやって表現しているのだ。こうした動作を演じることで、子どもという振付師は、自らをバレエの踊り手として顕にする。自分がコーディネートした動作を、完璧なかたちで表現しようと懸命に

取り組むのだ。幼い子の目的を持った身体動作を長い時間、見れば見るほど、その純粋さ、その繊細さ、

原注44　こうした移行プロセスが子どもたちの間で普遍的に見られるが故に、私たち人類は生来、言語を創造する能力、性向を持っている、との結論を導き出し得るわけだ。これはしかし、他の生物種にはないことなのだろうか？　子どもにおける言語の発達に関し、ある一定の疑問に答えることを、私たちが永遠に阻害されているのと同じ理由で、私たちは恐らく、他の生物種についても解答を禁じられているのだ。それは他の生物種が、私たちの気づかない自覚を持っていない限り、分かりようもないことである。

それよりも私にとって興味の引かれる疑問は——いつか、答えが出るかも知れない問題は、人間を超えた、何らかの新しい生物種が、自分たちの「モードル」間の意味ある情報を交換し合う、より信頼の置ける効果的な手段を手にすることがあるかどうか、という疑問である。あるいは、私たち人間がいずれ、自分たちのため、今よりも信頼でき効果的な手段を生み出し得るか、という問題に私は今関心を持っているのだ。

原注45　子どもたちが自分たちの「シンボル」を、まず「身体的な動作」から始めることは、別に不思議なことではない。「自然」は、それを予め決定しているのだ。おかげで、幼児たちは生れた時から、自分の身体のさまざまなパーツの操作を学ぶ能力を持ち得ている。これは進化における事実のひとつである。

だから例えば、そうした「身体的な動作」を、したくともできない生物種があるとして、その生物種が発光、電磁シグナル、音波だけはコントロールできるとしたら、その生物種はおそらく、光、電磁波、音を、最初のシンボル化のメディアとして使用するはずである。

ところで、ここで思い起こしてほしいのは、生れて来た子どもたちが遭遇する世界は、さまざまな生き物が絶えず動き回っている世界である、ということである。自分の周りで起きていることの多くを、自分の「モードル」の解釈に付すまでに至らない子どもにとって、周りの人間は何時までも踊り狂うだけの動作マシーンのように映るものだろう。自分の周りで動き続ける大人たちは、私たちが精神科施設の入所者に持ちがちな、奇異なものであるかも知れない（そして、そうした精神科施設の入所者は、それぞれの「モードル」の中で、自分たちの動作が意味あるものだと、自分に言い聞かせているのだ……。どうやら私たちは何かを見落していたようである。そうした精神科施設において、「正気」であるとされる観察者としての私たちは、子どもが大人の世界を観察しているのと同じことをしているだけのことではないか？　入所者たちの行動を「意味づけ」する手がかりもなく、それ故、入所者の「意味づけ」に繋がることができないでいる、それだけのことではないか？……）。

その内なる優雅さに深く印象付けられることだろう。子どもが、そうした自分の「ダンス」に合わせて、その子なりの「メロディー」の伴奏を付けることは、いつも見られることではないが、時々はあることだ。動作に合わせたリズムのようにも聞こえる、一連の音を出すのだ。

また、その子が他者と上手に、幅広くコミュニケートでき、コミュニケートしようとする人間に育つかどうかは、他の成長プロセスにおける諸要素と同様、今、育とうとしているその子の努力の対象が――その子の周りの、特に親や兄弟姉妹といった相手が、どれだけその子の努力に注意を払い、その意味を理解しようと努め、その子に応答するかという、まさにその度合にかかっている。この意味の重大さを見誤ってはならない。これこそ、子育てにおける、死活的に重要な要素であるのだ。

幼い子どもたちはとくに生後第一年において、私たちが知らない何らかのやり方で、自分と他者の「モードル」のギャップを埋めようと、他の人々とコミュニケートする意欲を持つのである。この欲求を自覚するに至るプロセスは生来のものだが、その欲求に気づくことはその子にとって、大地が揺らぐに等しいエキサイティングなことであるに違いない。

「私は私の現実《リアリティー》を、周りにいる私に似た人たちの、私と似たような現実にリンクさせることができるんだ！」――その子は、そんな驚くべき偉大な発見を手にしたという思いに衝き動かされて動き出すのだ。あらゆる「モードル」づくりと同時平行で、途方もない精神的なエネルギーと集中力を、自分の内なるコンセプトを外化し得る「シンボル」づくりに、自分自身の「小さなダンス」の創作に、注ぎ出すのである。このプロジェクトを続けるその子の熱狂は、それがどれだけ成功したかを推し測る、その子自身による評価に完全に依拠するものだ。つまり、自分自身が志向した努力がどれだけ実を結んだか、その子自身がどれだけ感じることができたか、による。

しかし、こうした子どもの努力に対する大人の側の対応は、全くの無関心から、辛抱強い関心まで、実にさまざまであり得るのだ。(原注46)

その子がどれだけ他者と関わり得る大人に育つか、どれほど良きコミュニケーターになれるか、自分の考えの豊かさをどれだけの創意をもって相手に伝えることができるかはすべて、生後の一年間において、他者に到達しようとする熱心で集中心あふれるその子の努力に対し、その子にアプローチされた側がどれだけ真剣に対応したかによって決まる。この最初の一年において、子どもが感じた失望感は、その子の「モードル」の中で決して消えるものではない。その子が大人に成長した後になって、そ

原注46　他者に対して自分のコンセプトを伝えようと懸命に努力した「大人たち」が、関心の欠如や否定的な対応で深く傷ついた事例も、歴史にはたくさん残っている。その典型と思われるのは、われら人類に重要なことを教えてくれた、あのアイザック・ニュートンの場合だろう。

ニュートンの初期論文は、当時においてすでに明晰な形で提起されていたものだが、それにもかかわらず、当時の読者の考えに合わないことが多く、全般的に冷淡かつ敵対的な反応しか得られなかった。当時のニュートンの精神状態の機微は推測するほかないが――ニュートンは何度か鬱状態に陥り、引きこもったことで知られている――、そんな体験があったせいで、二十歳代の初め以降、読み手が簡単には理解できない形で論文を書くようになったと考えられている。

ニュートンの書き方は意図的に難解なものだったから、おかげで彼の考えが西洋社会の科学者の間で広く理解されるまでに、異常なほど時間がかかったわけだ。

そんなニュートンの「精神」に対する人々の関心は、相当な時間が過ぎた今になっても実はまだ改善されていない。今日においても、ニュートンの著作の多くは解析されていないばかりか、その大半が出版されてもいないのである。

の失意の根源を探り、それがどれだけ有害な影響を及ぼしているかをいくら探ってみても、その人が子どもの頃、受けたダメージの傷跡は、幾分癒されることはあっても、消えずに残り続けるものだ。

子どもによって最初に創出される「言語」要素を構成するものは、先に述べた「ダンスのかたち」であり、それは時に「メロディー」を伴うものになるが、いずれもその子の「モードドル」による「意味づけ」をシンボル化するものである。それでは一体、これらの「言語」要素は、互いにどんな形で結びついているのだろうか?

子どもによって生み出された「言語シンボル」は、その子の「モードドル」の本質であるから、その子の「モードドル」の、絶えず変化して行く全体的な文脈の中でしか、完全に理解することはできない。すなわち、これらの「言語シンボル」は互いに結びつき合い、「モードドル」の全要素と連関している。その連関は、その子が変化させ、運営し、解釈するために生み出した、静的・動的な結びつきの集積を通して生み出されるものなのだ。

どんな「言語シンボル」であれ、たとえそれが他者にとってどんなにシンプルなものであろうとも、それが表す意味の豊かさをほんとうに理解できるものがいるとすれば、それはシンボルを創造した当事者だけだろう。誰の場合もそうだが、その人間が使う言語は、偶然でも何でもなく、その人間が認知するすべてを反映したものだ。その人(子)と、その人(子)が使う言語を切り離すことはできない。当事者以外の人物は、言語を使用している当事者の「モードドル」を理解することはできないのだから、当事者が自分の言語でコミュニケートしようとすることを、当事者以外の人間が理解することなど不可能なことなのだ。ここに、他者の言語を理解する能力における絶対的な限界がある。子どもが生後、最初の一年間に開始する、生涯を通した取り組みは、コミュニケートしたいと願う他者が、自分の生み出すシンボルを吸収し、自分に関する何らかの重要な意味づけを摑んでくれるチャンスを最大化しようとする企てであるのだ。

「言語シンボル」というものの本質は、その作り手がそれを使用する、ある興味深い方法で決定されるものだ。ここで、思い起こしてもらいたいことがある。それは、「言語シンボル」がその作り手によって**意識的に**生み出されたものであり、その作り手が自覚する、「モードル」内で創られた「意味づけ」を表すものとして、作り手によって**意識的に**使用されるものである、ということである。

しかしながら、私たちがすでに見たように、精神における自覚した領域とは、精神活動全体のほんの一部にしか過ぎないのである。「モードル」内のあらゆる要素が互いに繋がり合っているように、そこで生み出された「意味づけ」もまた——他のあらゆる意識的な思考活動と同様に——、その人が**まったく自覚していない無数のやり方で**、その人の「モードル」のすべてと連関しているのである。

つまり、どんな「言語シンボル」も、**作り手の精神の中で**その人の「モードル」内の他の全ての要素と繋がり合っているわけだが、それは、その作り手が、その連関がどんなもので、どう作用するものなのか、その意識の中で述べることも理解することも、決してできないものとして起きているのだ。**言語シンボルが、私たちの精神の内部から、その言語シンボルを最初に意識の上に乗せた時とは違った、思いもかけない連結した姿で常に呼び返されるのは、このためである。**

「言語」とは自分自身をシンボル化するものである。そのシンボル**化**によって、言語は私たちの「モードル」が生み出した「意味づけ」を表す。中でも、私たちがそれを外化し、他者と共有することの重要性を正当なものと意識的に信じる「意味づけ」は、その生成を通じ、私たち自身の「モードル」内の異なる部分を新たに生産的なかたちで繋ぐ、私たち自身のための強力な道具になる。

私たちが自分の意図するコミュニケーションで、言語の活用を改善し、拡張すればするほど、私たちは、「モードル」づくりの活動で活躍する内的な解釈装置を、よりいっそう強力な道具として自分自身に供給するのである。(原注47)

さてここでもう一度、周りの人々と分かち合いたいと願う「言語シンボル」を創出したばかりの子どもに戻ることにしよう。こんな親密な場面を想定していただきたい。そこには、「モードル」を使い合おうとする大人が最低、一人はいなければならない。そしてその大人は、こうしたことに経験のある人間で、その子が何をしようとしているか認識しようと努め、子どもが表出した「シンボル」の解読に必要な努力を惜しまない人でなければならない。これまで述べたことから今や明らかなように、その大人がその子と付き合えば付き合うほど、その子の「モードル」をより理解することになる。もちろんその際、大人が知り得る、その子の「モードル」に関する知識は、わずかなものに過ぎないことを、私たちは決して忘れてはならない。なぜなら私たちが今、問題にしているのは、子どもと大人が言語コミュニケーションを軌道に乗せる以前の段階であるからだ。ここで言う、子どもの暗示を最も理解しやすい立場にある大人とは、実際問題としては、その子の母親である。これにやや遅れて父親、兄や姉、その他、子どもの日常的世界にいる他の人々が続く。(原注48)

さて、そんな子どもと大人が、もし「モードル」の受け渡しに成功したのであれば、それはその子が、その「シンボル」によって心に描いたものが、大人に伝わるということであり、また、その「モードル」によって両者の「モードル」の架橋に成功したことで、その子の満足を生み出すものになるのだ。

原注47　以上の議論は、カドゥシン〔マックス・カドゥシン　米国のユダヤ教神学者（一八九五～一九八〇年）。「有機哲学」を提唱した〕の言う「有機思考（オーガニック・シンキング）」理解を支持するものだ。ダニエル・グリーンバーグ著、*A New Look at Schools*（サドベリー・バレー校出版会、一九九二年）、一二五頁以下を参照。

カドゥシンは「価値概念（コンセプト）」の本質、さらにはその相互連関を理解する上で、先鞭をつけた人である。「価値概念」及びその働きについてカドゥシンが語ったことの多くは、私が提示した観察例の中に見出し得るものである。

そのカドゥシン自身、気づいていながら、正面から取り組まなかったミステリーがひとつある。それは、「価値概念」が何故、合理的な思考プロセスの介入なしに、人間の反応として即座に出て来るものなのか、に関する謎である。

答えは明らかに、「モードル」に組み込まれた「言語」の為せる業だ。「言語」における全ての要素は、人間には瞬間的と思える短い時間帯に接続が完了するふうに互いにリンクするものである。

カドゥシンはそのオリジナルな洞察力において驚くべきものを創造した人だから、彼が「価値概念」を「言語」全体に広げるのではなく、限定的なかたちで思索したことは仕方ないことだが、「価値概念」という一群のシンボルを、他の言語要素とは異なるものとして区別したことで、後継者たちがその理論を「言語」の総合理論とすることを難しいものにした。

原注48　「本能によるコミュニケーション」というものが、子どもと母親（そして他の大人たち）、さらには大人と大人の間に存在する。これらもまた、一般的な広い意味での「コミュニケーション」である。それもまた人から人へ情報を運ぶものだからだ。たとえば、生れたばかりの新生児の、さまざまな泣き声が、これである。

それはまさに本能的に、「モードル」を共有し合うものだ、と言える。コミュニケーションする本能とは、出生時においてすでに、その子の「モードル」に予め記録されていたものであるからだ。

しかし、私がこのエッセイで焦点を当てたいのは、コミュニケーター同士の意識的なシンボルづくりによるコミュニケーションである。

大人が子どもに密接な関心を払い、その子の「モードル」に対し、大人同士の「モードル」及びより年をとったメンバーの「モードル」と同じだけ関心を寄せる、固く結ばれた家族においては、家族の日常生活に役立つ、有効な「プライベート言語」がいつの間にか、出来上がるものである。そんな家を訪ねた人間は、この家ではどんな言葉が飛び交っているのか関心をそそられ、一家の「プライベート言語」を探り当てようとするものだ。そして特に「この子はそれで何を意味しているのだろう」と考える。親は子どもの「プライベート言語」に反応し、それがもたらす結果を誇らしげに見せたがるからだ。そうした「プライベート言語」がその子の日常生活にとって十分に役立つ域に達するまでには、かなりの時間が必要で数ヵ月間かかることもあり得る。

しかし次の段階になると、その子の中で自分の「モードル」に応えてくれる大人の数が――その子が分け入りたいと思う「モードル」を持った大人たちの数が、自分が望んでいるよりも少ない、との思いが湧いて来るのだ。その子は、自分の近くにいる人々が自分のシンボルに対して十分、反応する能力や意志に欠ける、あるいは自分の理解するシンボルを十分、使うだけの能力、意志に欠ける、と思い始めるのだ。そこでその子はより遠くに存在する、他の人々に対して関心を向けるようになるのだが、その時、必然的にその子は、より遠くにいる人々を精査しなければならない。そしてその子のそうした精査の中に、そうした人々が他者の「モードル」に分け入るため、どんな「言語」を生み出しているか見つけようとする企てが含まれるわけだ。その子が他者の「モードル」を分かち合おうとして、自分の「プライベート言語」を自ら厳しくチェックし精査するようになるのは、こうした場面のことである。こうしてその子は、聞いただけで圧倒される「言語の多元的探求」という、とてつもない仕事にとりかかるのである。

すでに述べたように、生後数ヵ月の間に子どもが持つ最初の言語要素は、「身体的な動作」でもって構成される。前述の「ダンス」がこれである。子どもたちに接する大人たちは、深遠なる哲学的な分析をするわけでもなく、子どもたちがこうした身体動作の言語要素を最初に発達させることに直感的に気づいているのだ。

だから大人たちも、身体動作の言語要素でもって自分たちの「モードドル」とその子の「モードドル」の落差を架橋しようとするのである（こうした、子どもと大人の間をつなぐコミュニケーションの初期によくありがちなのは、大人たちが「身体動作」に「言葉の表現」を結合することである。大人たちは「動作」ばかりか「言葉」もまた使えるものだという理解を、その子から引き出したいのだ。しかし、その子は自分で自分の「語」を生み出すようになるまでは、言語の発達に役立つ外化されたシンボルとして、それが使用されていることを理解しない。子どもは大人の言葉を無視し、動作にばかり目を向けるものである）。

ところで、あらゆるサブカルチャーにおいて「定型化された動作」というものが見られる。それは当事者たちが共有しようとする、さまざまなコンセプトを表象するものである。子どもの周りにいる大人たちが、その子に相対する中で、そうした定型化された動作を発動する。これに対して子どもの側も、自分が生み出した言語要素の意味を大人に理解してもらおうとしながら、その一方で大人の動作の意味を分かろうとするのだ。

このプロセスがどんなに困難なものかは想像に難くない。干草の山の中から針一本、見つけるのも簡単なことのように思えるほど難しいことなのだ。しかし、それでもその子は、情報の山の連なりを篩《ふるい》にかける方法を見つけなければならない。自分の「モードル」の中にすでに存在する「意味づけ」のどれが、大人がその「動作シンボル」群でもって表そうとする「意味づけ」にマッチするものなのか、見出さなければならないのだ。大人が使った「動作シンボル」を特定する、ただそれだけのことが――その「動作シンボル」の使用前・使用中・使用後において、その大人が続けている、その他すべての動作から、その大人がシンボルとして選んだ動作を見分ける、ただそれだけのことが、実はとんでもない事業であることに留意しなければならない。それを特定したあとになって、その子はようやく、その「動作シンボル」がどんな意味を持つものなのか、考え出さねばならないのだ。こうした推理、解釈の作業は、もちろんその子の「モードル」の全領域を通して行われるものだが、それは特にその大人の人となり、及びその大人の過去と現在の動作との関わりの中で行われるものである。

またしても随分、大袈裟な言い方だと、お思いになっているのではなかろうか？　ならば、とてもシンプルな、「手を振ってバイバイ」のことを考えていただきたい。これは私たちの文化の中でよく見られる、子どもとのコミュニケーション・シンボルである。たいていの大人はこのバイバイ身体動作、すなわち「バイバイ・ダンス」をあまりにやり慣れているので、たいしたことのないものだと思っている。それと一緒に声を出そうと出すまいと、ほかの動作を加えようと加えまいと、なんでもないことだと思っている。しかし幼い子にしたら、それが一体何のことやら分かるのに数ヵ月もかかることなのだ。

手を振る動作それ自体には、別れを告げ、いなくなることを示唆する何ものも含まれてはいない。実際、同じような手を振る動作は、あらゆる意味のシンボルとして使われているのだ。たとえば手を顔のところに持って行き、振る動作は、鼻をつく不快な臭いを追い払う動きでもあるが、「バイバイ」ととれないこともない。いずれにせよ手を振るバイバイは、別れが差し迫っていることを表すシンボルにほかならないが、それが分かったとしても、その別れがどれだけ「差し迫った」ものなのかは人（子）によって違うし、同じ人（子）でも出会いの度に変わり得るものだ（それにしても、手を振ってのバイバイが、「あ、ちょっと待った！　ひとつ思い出した」に変わり、その後になってようやく「グッドバイ」するようなことが、どれだけあることか……）。

子どもが大人と動作によるコミュニケーションに集中したいと思った時、その子はまたも大仕事と直面するのだ。大人の動作のどれが「シンボル」であるか、そしてある動作がシンボルであるとして、他のどれが余計な「ノイズ」なのか区分けしなければならないのだ（動作に伴う笑顔、涙、渋い表情のほか、服装なども見分けなければならない）。それだけではない。見分ける作業をして相手のシンボルに焦点を合わせたあと、こんどは自分自身の「モードル」ではそれがどういう意味なのか、付き合わせる作業をしなければならないのだ。自分自身に絶えず、質問し続けなければならないのだ。「この大人のシンボルに含まれる『意味づけ』って何だろう？」と。

しかしここで言う「意味づけ」はあくまで、その子自身の「モードル」でのこと。その子の「モードル」の中で、大人の出すシンボルは解釈されなければならないのだ。それが時間のかかる作業であることは、たいして不思議なことではない。もちろん、その子がそんな取り組みをすればするほど、その取り組みを成功裏に完遂すればするほど、その子はうまくこなせるようになるだろう。練習の繰り返しこそ、完璧をもたらすものだから。そう、それはパズルを解こうとするのと同じ。やり続ければ続けるほど、うまく解ける。
こうして子どもたちは皆、「巨匠《ヴェルシュオーソ》」の域に達するのだ。そしてそれは一生涯、続くものとなる。子どもたちはまた、あらゆる「巨匠」のように失敗を重ねるものだ。とくにまだ小さなうちはそうである（それは生涯を通して続くものでもある。特に、新たなシンボルにあふれた、新たな状況と遭遇した時は、ますますそうなる）。子どもたちは「間違い」ばかりしでかすものだと言われるが、それはこのためである。

子どもたちが「間違う」とは、新しい「シンボル」に出会った時、そこに自分の「モードドル」に合った「意味づけ」を見つけようとして一人合点するからである。それは大人が、その「モードドル」で生み出した「意味づけ」とは、何の関連もないものだからだ。「間違い」をするといっても、それはその子が何か間違ったことをしているわけではない。そこには、善いも悪いもないのだ。このことは、理解を深める上で大事なことである。その子は**その子自身のやり方**を通しただけだ。自分が受け取った「意味づけ」したシンボルは、たとえそれがその子の「間違い」だったとしても、それがその子の「モードドル」づくりに役立つものとして、その子の個人的な「言語システム」の中に組み込まれる。大人たちがそれぞれの「モードドル」の枠組の中で、そのシンボルに付与した「意味」がその子に狙い通りの効果を及ぼす際も、あくまでその子が自分の「言語システム」の中に組み込んだだけのことなのだ。

問題が発生するのは、コミュニケーションの手段として使おうとした「シンボル」をめぐり、お互いの「意味づけ」が違い過ぎて衝突した時である。そうなると、当事者同士、お互いの努力を放棄することにもなる。それぞれの「モードドル」が独自過ぎて、解釈が違っていることに気づくからだ。あるいは両者が共有し合える「妥協的な意味づけ」に向かうことになる。ただしこれは当事者の双方にとって、その「シンボル」がほんとうに重要なものである場合に限る。問題を選り分け、問題の根に目を凝らす、より大きな努力を払っても構わないと思った時のことである。しかし、それは、当事者それぞれが自分の「モードル」に抱えて来た、本質的に異なるオリジナルな意味を失うことでもある。

さて、ここで以下の問題が浮かび上がる。ある「言語要素」として働く一定の「シンボル」が如何にして、ある特定の文化の中で、多くの人々によって共有されるか。さらには、一体、どんな形で共有されるか――という問題である。これらの問題に答えるには、互いの「モードル」に分け入ることが、どんな場所でも、どんな時でも価値あることだと考える人間の輪《サークル》を観察しなければならない。人間が繋がり合うサークルは、さまざまな条件でその性質を異にする。そしてそれは世界中どこでも、歴史を通して途方もなく変化して来たものである。

人類史の初めのことで分かっているのは、当時の人間社会が家族の絆とか部族的な関係（同盟した諸家族の集団）を持つ比較的小さな集団で構成されていたことである。それが元々、核家族という小単位から発展したものなのか、最初から拡大家族や家族集団としてスタートしたものなのかは分からない。しかし今、私たちが取り組む問題から言えば、これは重要な問題ではない。重要なのは、それぞれの人生をともに過ごし、互いの生存のため協調し合うそれら人間の集団が、各自の「モードル」を共有することで得られる利益に対し明らかに大きな関心を持っていた、ということである。

これは私たちが訪れることのできない遠い過去に埋め込まれたことなので、今や知ることはできないが、そうした人間集団は何らかのかたちで、彼ら全員が多少なりとも使用する「シンボル」の「集成《コレクション》」(及びシンボルを操作しシンボルを接続する何らかの方法)を生み出していたのである。しかしそうした人間集団の全員が、そのあらゆるシンボルをすべて知り抜いていた、とは考え難い。それは固定したものではなく、むしろ集団のあらゆるメンバーによって、シンボルの新たな追加や変更が行われていた、ということであろう。「シンボルの集成」がいったん成立すると、この共有された「シンボル群」は、世代から世代へと動的に、自然に引き継がれて行く。その受け渡しのメカニズムこそ、私が先に述べた、子どもたちが周囲の大人が使っているシンボルを同定し自ら使用する(さらには、周囲の大人たちに、自分たちが生み出したシンボルを教える)メカニズムであるのだ。この種の人間的な営みが文字通り、あらゆる人間社会において行われているという事実——この事実こそ、他者の「モードドル」に分け入ることができるというこの能力が、人類にとって自然の在り方であることに真実の重みを与えるものであるのだ。

さて、こうした「シンボル」が社会のメンバーによって共有されている時、それは何を意味しているのか? これはとてもデリケートな問題なので、最大限、慎重に扱う必要がある。この問題を考えるキーポイントは、ここでもまた、「言語」とは個々人がそれぞれ**初めから新たに**生み出すものであることだ。この点は、常に念頭に置くべきことである。

ここで間違っても混同してはならないことがある。それは、ある「シンボル」が共有されていることと、その「シンボルの意味」が共有されていることを混同してはならない、ということである。私がここで言う「シンボルの意味」とは、個人の「モードドル」の中で、「シンボル」が表す含蓄、含意、連関、連結、意味づけのすべてを含むものだ。

「シンボル」が人々のコミュニケーションの手段として役立っている、その在り方を理解するには、子どもたちがどんなふうにシンボルを創出し、吸収しているかを見た先の議論に立ち戻る必要がある。つまり、大人であろうと人は誰しも、明らかに自分にコミュニケートしようと提起された他者のシンボルを、**どんな時でも必ず**自分自身の「モードル」の中で処理する必要がある。(原注49)そしてその「シンボル」が表す「意味づけ」を、自分自身の「モードル」に照らして見直さねばならない。自分の「モードル」で見直した「意味づけ」が、相手がその人の「モードル」で使用する意味の範囲内にあるか判断しなければならない。相手の「モードル」の姿をよりよく見るには、相手の動作、それに伴うその他のシンボルをなるべく多く観察し、評価を下さなければならないのだ。

ある人の「モードル」の中の、相手の「モードル」に似ている部分は実際問題として、ほんの僅かに過ぎず、どんなにコミュニケーションしやすい環境下にあれ、相手の「モードル」に届けることができるものはほんの僅かしかないものだから、コミュニケーションの当事者がその「シンボル」に付与した「意味」のうち、ごく限られたものしか両の当事者に共通するものはない、と言える。しかもその共通

原注49　読者の中には、言語はこれだけ処理が大変な、時間のかかるものだから、コミュニケーションの道具として、使い物にならないのでは、と懸念する人もいるだろう。しかし、心配することはない。たしかに処理のプロセスは複雑だが、人間の精神というものは、常時、信じられない速度で処理する驚くべきマシーンであるのだ。だから、処理の「ギアが軋む」といったことは稀にしか起きない。ギアが軋むのは、たとえば「シンボル」がふつうはあり得ない状況の中で提示された時である。「モードル」の中に、その「シンボル」を瞬間的に対照するパターンが用意されていない場合である。

するものが、全く同一のものにならないことは言うまでもない。

共通性がどれだけ深まるかは、当時者同士が互いに相手をどれだけ知っているか、コミュニケーションの際、両当事者の調子がどれだけ合っているかに決定的に依拠するものだ。両者のオーバーラップする共通部分は、その「シンボル」が当事者それぞれの「モードル」で持つ意味の豊かさの広がりの中では、非常に小さなものでしかない。コミュニケーター同士が、経験と親密さを分け合えば合うほど、共通性のオーバーラップ部分は広がるが、どんなに条件がよくても、最初からそうそう期待できるものではないのである。

当事者同士、互いに長い間、意味の共有に成功して来たのにもかかわらず、突然コミュニケーションに困難を感じて驚くことがある。あるいは逆に、「シンボル」を外化する表現手段が極端に限られているにもかかわらず、互いの「モードル」に意外なほど簡単に分け入ることができて驚くことがある。いずれにせよ、こうした現実が告げるメッセージは明らかである。他者の「モードル」を洞察しようとする人は、自分がいま直面している障害物の存在を知らねばならないのだ。どんなに広く使われている「シンボル」にも、厳しい限定があることを理解しなければならないのである。

つまり、慎重にも慎重を期さねばならないのは、そのシンボルが自分自身の「モードル」で保持する「意味づけ」と、相手の同じシンボルにおける「意味づけ」との間に、過度の共通性があるはずと最初から思ってはならないことだ。問題の本質を知れば知るほど、「シンボル」の使い出を過大視しなくなるものだが、それ以上に相手がそのシンボルをこう理解しているはず、と性急に結論づけるようなことはしなくなるものである。相手の「モードル」に分け入る洞察を持ちたいと決意した時、こうした慎重さは大いに役立つものだ。そしてそれは、目標達成に対する気配りと努力を与えてくれるものであり、早急な結論付けに走ることのないよう抑止してくれるものでもある。(原注50)

ある特定の文化における「共通シンボル」は、それが別の「コミュニケーションの輪」からやって来た相手に対して使われる時、さらに制限され、使えないものになる。ここで思い起こしてほしいのは、私がこれまで、「動作の群」(「メロディー」的な音声を含む)で構成する「シンボル」についてのみ、議論して来たことだ。そうした「動作シンボル」を私たちは簡単に理解し共有し合えるものだと誤って思い込みがちなわけである。

このような「動作シンボル」を私は「ダンス・シンボル」と呼んだわけだが、これこそ異なる「コミュニケーションの輪」からやって来た者同士が遭遇した際、常に目撃されることである。その場合、当事者の双方がそれぞれどれほど自分の「言語シンボル」を使いこなせようと、自分の「コミュニケーションの輪」から相手の「コミュニケーションの輪」をつなぐ最初の回線として最初に頼らざるを得ないのは、この「ダンス・シンボル」である。それは大人と子ども、あるいは子ども同士の場合と同様である。人は幼い頃から、自分でシンボリックな動作を使い、相手の動作を解釈することを繰り返して来たから、他の「コミュニケーションの輪」から来た相手の「ダンス・シンボル」を、その人の他の「シ

原注50　私たちが早急な結論に走りがちなのは、過去数十年間に起きた、人間関係における「コミュニケーション」熱と「相互理解」ブームを観察しても分かる。こうした「コミュニケーション」熱は、直感的なレベルに過ぎなかったとはいえ、私たちの自覚の中から生れたものだが、あまりに単純に定式化されたものだった。そこで交わされた「コミュニケーション」は、ほんとうの相互理解には至らない、実りの少ないものに終わった。

ンボル」以上に、容易に理解できる可能性が高まるわけだ。個々人の「モードル」の内側から生れた「意味づけ」の外化である、こうした「身体動作」群の豊かさ、普遍性、根本的な重要性こそ、これまで生れて来たあらゆる言語において、「動作シンボル」「ダンス・シンボル」の揺らぐことなき中心的な地位を確証して来たものなのである。

私たち人類にとって可能な、ほとんど際限のない「身体動作」のうち、進化の過程で価値あるものとして出現したのは、口腔、声帯を使ったものだった。口腔と声帯によって、「音声《サウンド》」というものを、私たちは今、際限なく生み出すことができている。この音声はもちろん、ほかの身体動作群と同様、「意味づけ」を表わす「シンボル」として使えるものである。

人間は、こうした音声を発する動作を並外れたレベルでコントロールすることができる。音声が、「シンボル」の生産、再生産を比較的容易なものとする、うってつけのものとして登場して来たのは、このせいである。そうした音声シンボルの集成こそ、「話し言葉《スポークン・ランゲージ》」と言われるものなのだ。そしてその各要素は「話された語《スポークン・ワード》」と呼ばれる。

さて正確な言い方をすれば、「話された語」は、ある特定の「シンボル」を生み出す際、話し手によって創造された動作のすべてをもって構成されるものだ。音声の生産はあらゆる場合、ひとつの例外もなく、ある「シンボル」を生み出すすべての動作のほんの一部に過ぎない。それ以外の「シンボル」構成要素にはさまざまな「表情」も含まれるし、両手両足、顔、肩など、あるいは身体全体の動きも含まれる。だからこれらを一括して、音声群に付随した「ボディー・ランゲージ」と呼んでいるわけだ。

同じ「音声群」であっても違った「ボディー・ランゲージ」を伴うと、話し手の「モードル」の中で全く違った「意味づけ」を表すものになる。つまりどんな「意味づけ」も動作のすべてによってシンボライズされるものであり、その「シンボル」は、動作のすべてがひとまとまりになって形づくられるものなのだ。こうした「シンボル」を構成する動作のすべての中から、一つ、あるいは二つの部分を取り出し、それでもって全体だと言うのは、ひどい間違いであり、時に大きな代償を伴う過ちになる。誤解の恐れは、常にここから生れるのだ。それは何よりも、私たちがすでに見た、あの理解への障害物になるものである。

あらゆる時代、あらゆる文化で使われてきた「話し言葉」は、コミュニケーションする人間同士が身体的に対面する際、最大限、効果を発揮するはずのものだ。そうであることによって、あらゆる場面で話し手が使用する、「シンボル」のすべてを注意深く観察することができるわけだ。私たちが初めて問題を話し合う際、「一対一」の顔合わせを好むのは、こうしたことを直感的に認識しているからだ。

この点はどんなに強調しても、し過ぎることのない重要なことだ。それだけ、「話し言葉」というものの複雑さがまだ十分に認識されていないのである。「モードル」と「モードル」の架橋を阻む主たる障害物は、同じ「モードル」を持ち合わせることのできない不可能性にある。それどころか似通った「モードル」を持つことさえ不可能なこと。だから自分自身の「モードル」が生み出した「意味づけ」を相手に伝える時の困難さたるや、途方もないものになるのだ。

当事者同士、互いに望み得ることがあるとすれば、すでに見たように、せいぜい、それぞれ似通った「モードル」の中で互いに便益を感じ、自分の「モードル」づくりの能力を高めるくらいのことである。

よくありがちなことだが——それを証明する歴史的な記録は数え切れないが——、コミュニケートし合った当事者二人が満足すべき程度に相互に理解し合い、学び合い、それぞれの「モードドル」を高め合ったといったんは思い込んでいたのに、あとになって何らかの偶然で、実はそのコミュニケーションに使った「言葉」の「意味づけ」に大きな違いがあったことに気づくこともあるのだ。

「誤解から生れた理解」も、よくいわれることである。これはしかし過ちでもなんでもなく、「モードドル」間の溝を超えてコミュニケートしようとする時、起きがちなことであるのだ。「過ち」が起きない方が本来、驚くべきことである。

コミュニケーションを阻む第二の障害物は、相手の側がこちら側の「意味づけ」を表象する「シンボル」を**認識する**際の困難さである。しかしこの難しさは、先ほどアウトラインを示した問題から起きる副次的な困難である。すでに見たように、ひっきりなしに続く、動作の流れの中から、ある「意味づけ」を表す「シンボル」を選び取り、それに含まれるものを見て取ることは、かんたんに出来ることではないのだ。「モードドル」を架橋する能力とはつまり、こうした二つの障害物を乗り越えて行く程度にかかわることである。(原注51)

コミュニケーションを開始した者が使用した「正確なシンボル」が相手に正しく認識されない程度に応じて、相手の側は、そのコミュニケーション開始者がそれとは違った「意味づけ」で使用した別の「シンボル」の意味に対して戸惑い、区別がつかなくなる可能性が高まる。コミュニケーション開始者の「モードドル」の「シンボル」による「意味づけ」をますます理解できなくなるのだ。

「話された語」を部分的に含む、「シンボル」の完全な識別に失敗することは、コミュニケーション不

全を引き起こす主要な原因のひとつである。だから私たちは、誰かが口にした語なり句に、「そういう

原注51　アイリス・マードック〔英国の哲学者・小説家（一九一九〜九九年）〕の小説、『網の中（*Under the Net*）』（ペンギン・ニューヨーク、一九七七年）に出て来る、以下の「対話」を読んでいただきたい（五五頁以下）。

「言葉では、〔何か〕ほんとのことは表せないね」

「〔だったら〕ほとんど何だって、『ママレード、取ってよ』とか、『屋根の上に猫がいる』といった以外は、嘘みたいってことか」

ヒューゴはしばし考えたあと、「撲はそう思うんだ」と真剣な口調で言った。

「それなら、黙らなくちゃならないということか」と、私。

「そう、黙らなくちゃならないのだよ」と、ヒューゴはまたも真剣な顔で言う。私はヒューゴの視線を見返し、二人して笑いだした。その日一日、こんなことばかりして過ごしてしまったことを思い出しながら。

「そいつは、凄いことだな」とヒューゴは言って、こう付け加えた。「それでも、みんな、話している」。「でも……」とヒューゴは再び、重々しい口調で言った。「コミュニケートするために、みんなが途轍もない譲歩をしている」

「どういうこと？」

「君に僕が話をしている時はいつも――今だってそうだが、僕は自分が考えていることをその通り、話してはいないんだ。でも、僕の話は君を印象付けるものになり、君に返答を強いることになる……慣れっこになっているから、気づかないだけさ。言葉ってやつは、虚言製造マシーンなのさ」

「ほんとうのこと、言おうとしたら、どうなるんだ？」とヒューゴに聞いた。「ほんとうのこと、言えるんじゃないか？」

「僕自身のことを言えばね」と、ヒューゴが答えた。「僕がほんとうのことを言うとね、言った言葉は完全に死んで、口からこぼれ落ちるのさ。相手の顔が完全に空っぽに見えてしまうんだ」

「だから、僕らは決してコミュニケートすることはない？」

「そうだね」とヒューゴは言った。「でも、**動作**は嘘つかない」

〔太字強調は原文〕

意味じゃないでしょ」と不満をぶつけたり、「そういったじゃないか」と相手を手厳しく責める声を、頻繁に耳にすることになるのだ。こうした誤解は、ある特定の「シンボル」に対し当事者双方が同じ「意味づけ」を付与できないことに起因するものだが、何より多いのは、コミュニケーションの相手が、ボディー・ランゲージ（そしてイントネーション）を含む、「シンボル」が表象するすべての意味をつかみ損ねる一方、コミュニケーションの開始者が、相手に真剣に伝えたいと思っているのにもかかわらず、その相手が関心を向けて来ないことに不平を鳴らす場合である。

「話された語」は比較的かんたんにシンボルの配列を生み出すものだが、音声のみに集中し、それ以外の複雑なシンボルを無視するよう、人を誘いがちなものでもある。だから、ボディー・ランゲージのみでコミュニケートしようとする相手に対し、その頭から足元までの動きに神経を集中させるのと、ボディー・ランゲージに付け足して「話された語」でコミュニケートしようとする相手に注意を向けるのとでは、注意力の差は比較にならない。

コミュニケーションでありがちなのは、「話された語」に、より大きな焦点を置く短絡志向である。この結果として、コミュニケーションの精度が損なわれることにもなるが、「シンボル」の特定部分にのみ焦点を当てることで、それだけ「シンボル」の処理を素早くこなすことができるので、それはそれで認められているのだ。

ここでは量が質に取って代わっているのである。本来、お互いのボディー・ランゲージの注意深い観察でもってのみ可能となる相互理解の深さが、コミュニケーションの可能性の広がりによって取って代わられているのだ。コミュニケーションの回数の増大、コミュニケーションの内容の拡大によって取って代わられている。「モードル」づくりを続ける個人にとって、相互理解の「深さ」の喪失は、「広がり」の獲得によって償われる。そしてそれは多くの場合、価値ある取引になるものなのだ。

しかし、これには例外がある。そしてそれは「教育的」な例外である。

たとえばここに、この人とならコミュニケートしたいと強く思う相手がいたとする。言い換えるなら、その相手の「モードル」をよりよく理解すれば自分の手助けとなるので、それを自分の「モードル」づくりに生かすため努力を惜しまずコミュニケートしたいと思える相手がいたとする。そうした場合、自分の関心の全てを相手の「シンボル」のあらゆる側面に注ぎ込み、あらゆる細部を探索しようとするはずである。そして微妙に異なるさまざまな「シンボル」を、相手の「モードル」におけるさまざまな「意味づけ」に繋いで行く。こうした状況こそ、深い洞察の獲得を期待し得る「師《マスター》」、発見の時であるのだ。

さて、「話し言葉」は別の誘惑を導くものでもある。それは「音声」の持つ、物理的な特性による。「音声」は結構な距離を飛ぶものであり、それは光とはまったく違った形で伝播するものである（たとえば、壁を越え、角を曲がることもできる）。それ故に、「音声シンボル」を、コミュニケーションしようとする当事者同士、交信の最中、自分の姿を相手から観察されない状況で使おうとする誘惑が起きるのだ。(原注52) そうした場合、そこに含まれるさまざまな「シンボル」の意味が、数多く失われてしまう。音声の伝達能力が弱く、音声それ自体が聞き手にとってよく分からないものであったりする時はなおさらである。

原注52　電話を使った現代の会話は、こうした制約下にある。

さて「発話《スピーチ》」とは、ある人間が自分の「モードル」内における「意味づけ《シグニフィカンス》」を表すため、厳密さと精緻さを犠牲に選び取った、聴取可能な「シンボル」諸要素をより速く、より広範に、アクセス可能な形で伝達して行く扉を開くものだ。これは音声による人間のコミュニケーションの基本となるものであり、大規模な社会を形成する土台となるものだが、人間の文化の在り方に対して波及効果を及ぼすものとしてあり続けて来た。文化の力も文化の限界も、文化と諸個人の関係も、すべてはこの「発話」のもたらす結果でもって左右されて来たのである。

無文字《プレ・リタレイト》の時代において文化とは、言語シンボルのうち、耳に聞こえる音声要素を分かち合い使用する、人々の「コミュニケーションの輪」によって決定されたものだった。それは常に、家族や部族といった集団を包み込むものだった。そうした諸集団は、あらゆる身体的動作（もちろん、声を出す身体動作も含まれる）から成る、共有されたシンボル一式を持つものだった。そしてメンバー同士が互いに相手の「モードル」に分け入っている集団だった。

音声という限られたシンボルを使ってでも、広くコミュニケートし合おうという衝動は、すでに見たように、その文化内における各個人の、なるべく多くの人の「モードル」に分け入り、便益を得たいという欲求から生れたものだ。生き残るための便益——それはアクセスできる相手がいて、たとえ限られた形でも、その相手の「モードル」に分け入ることができれば得ることができるものだ。ある人がどんなふうに自分の「モードル」をつくっているのか、それを知るヒントを得ただけでも、周りの人々に対する新しい、実りあるアプローチを示唆するものとなる。（原注53）音声による伝達にアクセスし、声という限られた手段でもって「モードル」同士を架橋し、便益を分け合っている人々の輪――その存在こそ、「文化」を担う「人口《ポピュレーション》」を構成するものである。

さて「文化」がいくつか集まって「シンボル」を共有する時、「文化群」が生れる。増加する人口、拡大する地域は、これらのシンボルの共有範囲を示すものだ。そして、そうした文化群の一つひとつを、さらに「大きな文化」が包み、それらを「下位文化」として位置付けて行く。こうした連続の中で、「文化」という言葉の意味そのものも変化して行くわけだ。

同心円の一番内側に位置する、その人にとって最も親密な「コミュニケーションの輪」が意味する「文化」とは、相手の複雑な「シンボル」の細部を最大の注意力でもって見詰め、自分の「モードル」の枠組の中で、相手の「シンボル」の表す「意味づけ」をなんとしても理解しようとするものである。そうした最も身近な「文化」とは、すなわち「家族文化」。そして、ここで言う「家族」とは、「拡大家族」のことである。

こうした「家族文化」は、サバイバルのための紛れもない「小世界《ミニ・ワールド》」であり、伝統や独自の意味、特別な意味づけによって構成されている。相手の「モードル」に分け入る勤勉な努力のおかげで、「拡大家族」のメンバーは互いの「モードル」の相当な部分を共有できているのだ。少なくとも皆、同じよう

原注53　この点については、「料理」のアナロジー（類推）で考えると分かりやすい。たとえば、その食べ物の「味（テースト）」はこんな風だという「ヒント」があるだけで、料理人は素晴らしい調理法を考えるものだ。また私たちは、「料理」のアナロジーでもって、他の問題をいろいろ議論するものである。たとえば、それは「味わい（テースト）」（食べ物ではなく）のあることだ、と言った風に。

な「世界」観だと確信できるだけ、互いの「モードル」を分け合っているのである。この点は、「拡大家族」を研究する誰もが認めるところだ。

「拡大家族」はつまり、そのどれもが「現実」に「対処」する自分たち独自のやり方を持っているのだ。「モードル」の一定部分を共有している。それは「上位文化」の中に置かれたとき、その「拡大家族」の固有の特徴となって現れるものだ。「拡大家族」のメンバーがすぐに仲間を支援、援助できるのは、各個人の「モードル」とすばやく繋がることができる彼らの妙技の直接的な帰結である。

こうした「拡大家族」の上に位置するのは、「拡大家族」の各メンバーが所属する「社会ネットワークの文化」である。そこにおいて「拡大家族」の各個人は、それぞれの努力で、新たな「意味づけ」の共有を構築しなければならない。この「社会ネットワークの文化」は、「拡大家族」ほど分かり合えるものではないが、それでも互いに知識、経験、洞察を分かち合う道具として使えるほどには、「シンボル」と「意味」を共有している。つまりここでもまた、他者の「モードル」に分け入るという大前提が生きているのだ。「拡大家族」の各個人が、職場、宗教、趣味など、複数の「社会ネットワークの文化」に同時に所属することもある。それらの「社会ネットワークの文化」は独自の、一群の「意味づけ」(と、それに対応する「シンボル」)を持っている。それはその「文化」内の個々のメンバーが続けて来た、理解のための真剣な努力によって生れたものなのだ。(原注54)

私は、これらさまざまな「文化」を支える主要なメカニズムは、他者の「モードル」へ分け入るプロセスだと考えている。それは「モードル」に分け入ることで得られる洞察の深まりによって利益を受けたいと思う、共通の欲求で駆動されたプロセスである。ある「文化」を決定する重要な要素は、共有された「シンボル」と「意味づけ」である。ここで言う「共有された」とは、あくまで私が言う意味でのことである。ほかにも「文化」を語るとき、地理的な近接とか関心の共通性など、さまざまな共通する特徴が挙げられるが、いずれも派生的なもので、結果として生れたものに過ぎない。ある「文化」の中に「入る」も「出る」も、共有する言語要素を獲得したか（失ったか）どうか、それのみにかかわることだ。元々、別の「社会ネットワークの文化」の一員として出発した人が、ある「拡大家族」と出

原注54　文化的な親密さのレベルに応じた、言語の意味の位相の違いを、稀に見る視点で記述したものとして、エヴァ・ホフマンの『翻訳で失われたもの——新しい言葉を生きる（*Lost in Translation: A life in a New Language*）』（ペンギン、ニューヨーク、一九九〇年）が挙げられる。この本の中心テーマは、十三歳でポーランドからカナダに移住、その後、アメリカに移った彼女が、いかにして英語を獲得したか、である。以下は彼女の、大学に進んだ最初の年の記述である。

「読んでも、その多くが失われてしまう。不正確に理解された語の波が打ち寄せ、洗い流してしまうのだ。それでも悔しがりの私は、授業で、ちゃんとやっている。ハンディキャップがあるにもかかわらず、だけではなく、ハンディキャップがある故に、むしろうまくやれているのだ。言葉を知らないハンディキャップがあるが故に、他の障害と同じように、それを補償するものが私に生れたのだ。語というものをあまり持っていないものだから、私の精神は注意深い、抽象化の道具になった。だから私の頭の中は、余計な独り言を毎日、続けなくていい。話の骨格があらわになるまで、細かい発音の皮を剥いて行く必要もない。感覚で織り込んで行くこともないから、私の知覚の幾何学は、立ち上がった建物が覆い隠す前の梁組みのように、剥きだしの裸で迫るものなのだ。私自身を研究の対象——問題として、あるいは本の形で——とする場合、細かな外観にこだわるより、いきなり設計図に迫る方がずっと簡単なことである……。私は、はやりの学問的な語彙など、即座に疑惑で浸してしまう。私にとっての言葉は高度なものではなく、初歩の言葉である。私は英語の世界で今、子ども時代を過ごしているのだ。そしてその言葉を習っている。それは、語彙の層を何層も積み上げて突き進む道ではない」（同書一八〇〜一八一頁）。

会い、時間とエネルギーを注いで、互いの「モードドル」の中身をコミュニケートし合う能力を高めた結果、その「家族の一員」も同然になるのも、そう稀なことではない。

コミュニケーションの輪のさらに大きな同心円に、最早詳しく立ち入るまでもなかろう。ここでは、コミュニケーションの輪の中心にある最も親密な輪から離れれば離れるほど、共有された「シンボル」の理解度は明らかに薄れ、「意味づけ」の精緻さが目立って弱まることを指摘するだけで十分である。具体例を挙げるならば、私たちのような米国の東部、ニューイングランドに住む者が、旅先の米国内各地で土地の人々が話す「英語」を聞いた時、誰しも「これが同じ英語か」「同じ言葉なのに意味が違う」と思うのは当たり前のことだ。この種の困難さは、国外の英語圏——英国、南アフリカ、オーストラリアなどに行くと、さらに募る。地球上のさまざまな地域に住む人々が、「同じ言葉を話しているんだ」と感激して思うこともよくあるが、何を話し合っているのか、どんな意味で言っているのか誤解し合いながら、全く違った方向で話が弾むこともあり得ることである。(原注55)

私たちが常に念頭に置かなければならない言語に関するもうひとつの側面は、それが絶えず内的に変化しているものだ、ということである。すでに見たように人は自分の「モードドル」内に生起した「意味づけ」を——他者とコミュニケートしようと思い立って——外化しようとする時、その時点で「シンボル」を生み出さなければならない。そこで生み出された「意味づけ」は、時間とともに変化するものである。その変化はまた、「モードドル」の、それ以外のすべてとの関係の中でも起きる。そうした「モードドル」内の関係のすべてを含め、その人にとっての「意味づけ」が決定されるのである。この結果、その人が使用する「シンボル」の意味も、時間の経過とともに変化して行く。「シンボル」の使い手の中で、その意味が固定しないことで、コミュニケーションはさらに一層、複雑なものになるのだ。「シンボル」の使い手の中で、その人生を通して変化する「意味」は、ある文化的な帰結をもたらす。ある個人が意味の改訂を行えば、それがその人の「コミュニケーションの輪」に影響を及ぼすことにもなるからだ。それはその人が、他のメンバーによって、どれだけ評価されているか、によって決まることである。時間の流れの中で、こうして改訂された「意味」のいくつかは、「コミュニケーションの輪」の中で理解された限りにおいて、その「シンボル」の標準的な意味になって行く。言語の要素が使い手の中で絶えず変化して行くのは、こうした事情による。

その変化の仕方は、文化のさまざまな段階において、さまざまである。ある「年」の、あるいはある「十年」の、またはある「世紀」におけるある「シンボル」が、同じ「文化」に所属するメンバー

原注55　「ユーモア」は、さまざまな文化集団における言語の特殊性を、愉快なかたちで示すものだ。「ユーモア話」のおもしろさは、聞き手の「モードル」に一致しない形で、言葉の「意味づけ」が提起されることによる。

しかし、この「不一致」はとても微妙なもので、すべては受け取り手の「感覚的枠組（センス・オブ・オーダー）」（それぞれの「モードル」によって高度に特徴づけられた）によって決まるものだから、受け取り方で「ユーモア」のレベルに違いが出て来る。そしてそのレベルの違いは、私が述べて来た「言語のレベル」の違いに完全に対応したものなのだ。

こうして話し手がとんでもなくおもしろいと思う話なり状況なりが、聞かされる人全員にとって、ちっともおもしろくないことが起きるのだ。家族のみんなが笑い転げているのに、それを見守る他の人たちはただ黙っているだけ、といった状況が生れるのもこのためである。

家族の冗談の次に、出身地がどこかすぐにわかる地域的な冗談が来る。国別の冗談もあれば、国際的な冗談もある。こうなると冗談もまた、よほど大まかなものにならざるを得ない。

（あるいは後継者）にとって、ほかの「年」の、あるいはほかの「十年」の、またはほかの「世紀」の同じ「シンボル」とはまるで違った意味になることもある。これは世代を超えた「モードル」理解が本来、不可能であるからだ。異なる世代が、それぞれの世代のコミュニケーションで、同じ「シンボル」を使っているように見えたとしても、実はそうではない。問題は「シンボル」で表す「意味づけ」の方である。それは砂時計のように時間とともに変化するものである。

これは人間が他者の「モードル」に分け入り、汲み出そうとして使う、あらゆる「シンボル」について言えることである。それは近代人が、高度に安定し、もはや「客体」化したものとして尊敬の限りを尽くす「科学的なシンボル」についても言えることで、すべては私がいましがた述べた、変化と変異にさらされているのである。

ちなみに、どんな時代の科学者でもいいから、その科学者が社会に導入した、「科学的なシンボル」について調べてみたらいい。「シンボル」が表す「意味づけ」が、当の科学者がそれと格闘している間にも、急激に変化したことに気づくはずだ。そしてまたその科学者が、自分の「モードル」の中でその「シンボル」が表すものを、自分の「コミュニケーションの輪」の中にいる他の科学者に伝えることがいかに至難なことであったか、ということにも気づくはずだ。その科学者の考えがオリジナルであればあるほど、その難しさは極まる。科学者が生み出した「意味づけ」が、同時代の人々の間で広がったとしても、その後の世代交代の中で根本的な変化を被ることになるのだ。こんな言い方をするとまた大袈裟過ぎると思われるかも知れないが、科学的な「語」なり「シンボル」を、その生誕の時から辿れば、正しさを分かっていただけるだろう。

以上、見て来たことから、人類が何故、数万もの全く違ったユニークな言語を生み出して来たか、その謎を解くことができる。その土台には、人類のあらゆるメンバーが自分自身の固有の言語を生み出して来たという事実があるからだ。言語の数について本当のことを言えば、いつも必ず歴史のあらゆる時点で、その時、生きている人間の数だけ異なる言葉が在り続けて来たのである。

子どもが生後、次々に参加するコミュニケーションのプロセスを通して生れた言語シンボルの集成が、文化の構成メンバーによって、私の言う限定的な意味において「共有されている」と認識された時、それに対して名付けられたもの——それが一般に「言語」と言われているものである。それは私が「文化言語《カルチュラル・ランゲージ》」と呼んでいるものである。こうした「文化言語」がおびただしい数に上るのは、その生い立ちからして当然のことなのだ。(原注56)

「文化言語」はどれも、それが仕《つか》える「文化」の反映である。つまりそれは、その「文化」を構成する各メンバーの「モードル」の類似する部分を映し出すものである。それゆえ「文化言語」には、対応する「文化」の違いと同じだけ違いがあるのだ。

原注56　ここで指摘しなければならないのは、言語をどう分類し区別するかをめぐって、言語学者の間で意見の不一致がかなりの程度、あり続けて来たことだ。
しかし言語は文化レベルと密接な関係を持つが故に、スッキリと分別し切る方法はあり得ない。実際問題として、どんな人間集団も、固有の「言語」を持っているのである。
これはここ数十年来の、米国内のさまざまな少数集団が使用している言語の（私の感覚でいえば）豊かな多様性に注目する視点でもある。こうした見方に立てば、現存する言語の数を確定する作業は、さほど実りあるものにはならない。

結局のところ、「文化」を構成するメンバーは皆、その「文化」内の各個人の「モードル」の一部を分かち合おうとして、自分の時間と努力の多くを注ぎ込まねばならない。だから「文化A」がある時点で行き着いたものが、別の全く違った「文化B」がその時、行き着いたものと同じになることは、両者の出発点が、構成メンバーの異なる全く違うものであるが故に理論上、考えられないわけだ。

この違いは、両者の「シンボル」が違っている（実際問題としては、たしかに違っているのだが）ということではない。正確に言えば、それらの「シンボル」を支える、「意味づけ《シグニフィカンス》」が違っているのだ。それは、「意味づけ」を発達させ、さまざまな「モードル」に共通する部分を見出して来た、それぞれの文化集団の構成の違いによるものである。

さて、別々の言語を使用する、二つの異なる文化のメンバーがコミュニケートし得る方法は——互いの個人的な「モードル」に架橋する方法は、二つしかない。ひとつは、お互いの言語を学び合う方法だ。つまり相手の「シンボル」や「意味づけ」の解読に、それぞれが自分の「文化」内で注ぎ込んだのと同じだけの注意と努力を払わなければならない、ということである。[原注57] もうひとつのやり方は、新しい「共通言語」の創造である。そしてそれはおそらく各言語の諸要素を含むものになるだろう。[原注58]

「翻訳《トランスレーション》」は、それが何であれ、ある「文化言語」を別の「文化言語」にそのまま「翻訳」するこ

原注57 「没入（イマージョン）による言語学習」とは、このことを指す。言語をほんとうに「学ぶ」には、この方法しかない。ある「文化」が、その「言語」を使っているように、使えるようにならねばならない。

原注58 以下はエヴァ・ホフマン（「原注54」参照）が、相手の個人的な「モードル」を、言語を介して摑もうとする際の難しさについて書いたものである。

「アメリカ人の友だちと私は今、かなり稀な実験への従事を迫られている。私たちは主観性の途方もない違いから生れて来る手触り、仕草、香りといったものの中に踏み込みたいと思っている。そして、そのためには、友だち同士の無関心、あるいは距離を置いた尊敬といったものを超えた共感、想像力を一揃い、用意しなければならない、と思っている……そんな、お互いの理解の一致を求める日々の中で、私は、とても不利な立場に立たされている。私のアメリカ人の友はたくさんいて、自分たちの目には見えない、いろんな前提というものを持っている。目に見えない理由は、お互い、それを共有し合っているからだ。こうした前提こそ、人間同士が交渉し合う際、最も基本にあるもの。皮膚の下に埋め込まれた信頼である……だから私としては、芯から変わらなければならない。私自身を変換して行かなければ……そうした変換のプロセスは、理解と共感を示す動作によって進んで行く。それは漸進的な、ゆっくりとしたプロセスだ。文章ごと、句ごとに進んで行く」（エヴァ・ホフマン、『翻訳で失われたもの――新しい言葉を生きる（*Lost in Translation: A life in a New Language*）』、二一〇～二一一頁）

また以下に紹介するのは、アメリカ人の親友の一人と、どうやって理解し合うことができたかについて彼女が書いた部分である。

「私は彼女の考え方、話のアクセントの付け方を、ある程度、真似しようと努めて来た。彼女が使った話し言葉の句を自分が使っていることに、私は時々、気づいた。言いたいことを、ほんとうに相手に伝えることは難しいことだ。自分が自分だということは、ひとつの複雑なメカニズムであって、そんな自分を正直に語るには、誠実さばかりか、すぐどこかへ飛び去ってしまう洞察をつかまえ、それに正確な言葉を与える能力が必要であるのだ。それにはまた、飛び去ってしまいがちなニュアンスというものをとらえることができる聞き手がいなければならない。耳を傾けない人の前で、話された言葉は萎んでしまう。でも、ミリアムと私はお互い、相手の言うことに耳を澄ます聞き手同士だった。私たちは二人で、精巧な図柄を織り上げたのだ。そしてその図柄を、お互い、相手の探索に使って来た。私たちは互いに、かなりな程度、相手のストーリーの保管者である。そしてそうしたストーリーは、私たちが織り上げたものの中から生れ出るものでもあるのだ。人間は意味を探求するだけではない。人間自身が意味の単位である。しかし私たちはより大きな『意味づけ』の織物の中でしか、何事かを意味することはできない。ミリアムは私がそれを通じて意味を獲得できる人間の一人だった。お互い、凄く離れたところから出発し、苦しみながら前進と後退を繰り返す中で、共通の言語をつくり上げて来た。私たちはお互い、ほんとうのところを伝え合いたいとの思いに衝き動かされ、自分の経験の流れを描き続けて来た。そうして私たちは、共有し合う現実の新しい地図、新しい織物を創り続けているのである」（同書、二七八～二七九頁）。

とは不可能なことだ。私たちにできること、それはある「文化言語」における、ある「言明《ステートメント》」を、別の「文化言語」における「言明」への出発点とすること、それだけである。別々の「文化」において、それら二つの「言明」が、まるで同じ「意味」を持つことはあり得ない。「意味」という言葉の意味を曲げない限り、それはあり得ないことである。(原注59) 最も狭い、親密な家族の「コミュニケーションの輪」の中に、いくつかの異なる文化言語が存在せず、そこに「翻訳者」がいないのは不思議なことではない。

余談はここまでとするが、この際、あらためて強調しておきたいのは、「言語」は一般的に――なかでも「話し言葉」は特に、個々人一人ひとりが、それこそゼロから創り上げる創造物である、ということである。人は誰しも、幼な子の時から一生涯を通して、自分と同じ「モードドル」の創り手である他者の「モードドル」に分け入ることで、自分の人生を成功裏に全うしようとする欲求に衝き動かされているのだ。だから、他者へ伝えたい自分の「モードドル」の中で生れた「意味づけ」を表す「シンボル」を創造し、その一方で、他者の「モードドル」から生れた「シンボル」を支える意味を求めて、他者の創造した「シンボル」を探求するわけである。役に立つ言語を創造するプロセス、そしてそれを自分にとってより役に立つものとするとともに、他者の言語ともより両立したものにする改訂のプロセスは、困難かつ複雑極まりないものである。そしてそのプロセスは、外部からの援助（それは本来的な意味で、供給不可能なものである）の下ではなく、その人自身の必要に応じて行われるものなのだ。

この継続的な任務を達成する動機はすべて、その人個人の中から生れ出ずるものである。この任務を成功裏に達成する方法論も同様に、その人個人の中で、自分の「モードドル」が利用できるあらゆる「モードドル」づくりの道具を駆使しながら、自分自身で発達させるものでなければならない。このことをあらゆる人間がこの世に生れた第一年から行っている事実、さらにはそれをうまくやりおおせている事実は、それだけでその十分な証明であるのだ。つまり人間は、生れつき驚くべき素晴らしい精神装置を持ち、その能力を最初から最大限出し切る力を備えているのである。これは人類が成功裏に進化を遂げて来たことをめぐる、あらゆる理論で認められて来たことだ。個人が言語を生み出すこと、そしてその個人がさまざまなコミュニケーションの同心円を超えてその枠を執拗に拡大しようとしている事実は、まさに畏怖すべき現象である。


原注59　ここでもう一度、アイリス・マードックの『網の中で』（五八頁）を読んでいただこう。

「前に、翻訳のことを話し合ったことを思い出した。ヒューゴは翻訳のことを何も知らなかったが、私が翻訳者だと分かって、それがどういうものか知りたがった。私はヒューゴに質問攻めされたことを憶えている。たとえば、こんな質問……フランス語ではこういう意味だと言う時、それはどういう意味で言っているの？　フランス語でそのことを考えているって、どうして分かるの？　心に何か浮かんだ時、それがフランス語の像だって、どうして分かるの？　そのフランス語の言葉を、自分自身に語りかけているのと違うの？　翻訳が完全に正しいと思う時って、どんな気がするものなの？　そのフランス語の言葉に出会った時、他の人間ならどう思う、と想像しないの？　それって想像じゃなくて、感情？　だとしたら、どんな感情が湧くんだろう？　もっと詳しく説明してくれない？――そんな質問を次から次へと繰り出すのだった。それはそれは素晴らしい、粘り強さで。こういう質問攻めに遭って消耗し切ることが時々あった。しかし、こうした質問攻めの中で、ヒューゴの最も単純な言い回し――『……という意味？（You mean?）』が、自分でもどう考えていいか分からない、つかみどころのない、どうとらえていいか分からない言い方に、私の中で変わって行った。翻訳ということを私は、世にも最もかんたんな仕事と思っていたのだが、人間はいったい、どんなふうに、それをこなしているのか、訳が分からなくなるほど、複雑で異常なものに変わってしまったのだ」

　ここでアイリス・マードックが言及しているのは、文書テキストの翻訳のことだが、これは同じように、話し言葉の翻訳（通訳）にもあてはまることだ。

さて私たちはすでに、子どもというものが生れた時から立派な「モードル」のつくり手であることを見て来た。さらに私たちは、子どもが他者とコミュニケーションをするために「言語」を創り出すことも見て来た。この二つの能力において、子どもは大人と変わらないのである。違いがあるとすれば、それは経験の長さの違いに過ぎない。そして、その経験の違いは、あらゆる年齢の大人にも共通することであるのだ。だとするならば、一体どんなところで子どもは大人と違っているのか？　子どもは大人と違って、どんなふうに扱われなければならないのか？　そもそも「成長する」とは、どういうことなのか？

一個の人間とは、サバイバルの取り組みの中で自分を養うことのできる、完全に分離独立した自分というものを持った主体のことである。そしてあらゆる個人は、生活の中で次々に起きる事態への対処法を、自分でコントロールしようとするものである。その個人に、次から次へと起きる無数の事態への決断をさせているのが、その個人の「モードル」である。

そこで「大人」とは何なのか、ということになるが、大人とは、他者の助けがなくてもいいと思った時、自分で環境と相互作用できるだけの、自分の身体に対するコントロールと、「モードル」づくりにおける精緻さを身につけた者である。これとは対照的に、「新生児」は、彼の「モードル」が生存のために必要だと告げる、さまざまな外部からの介入による援助に頼る存在である。たとえば新生児には生存に必要な食べ物の供給者がいなければならないわけだ。

しかし子どもたちには、自分たちが生れ落ちた、周囲に依存しなければならない、そのいかんともしがたい状況から抜け出ようとする、進化が授けた生来の欲求が備わっている。それはあらゆる種に共通し、その存続に必要な独立しうる状態へなるべく早く辿り着きたいという衝動である。人間にとってこれ以上、根本的な欲求は他にはない。それは、新生児たちが持って生れて来る、「人間の条件」そのものであるからだ。(古代の神話*にあるように、もし新しい人間が先祖の「額《ひたい》」の中から、それも完全なかたちで生れて来ることができるなら、「誕生」時点ですべては備わっているから、そうした「欲求」が出て来ることはない)

こうした「欲求」こそ、生存のための衝動が機能的に作用していくための前提となるものである。それは人間という種が持続するための、最も核心にある欲求である。

マキシーは生後十三ヵ月。階段を、どうしたら自分の力で登ったり下りたりできるか考え出そうと決心したようだ。ヨチヨチ歩きは、数ヵ月に及ぶ努力の結果、なんとかできるようになっている。よろめいて転んでも、自分の力で立ち上がれる。平らなところなら自分で歩ける! もう見るからに誇らしげだ。階段のないところなら、その気になりさえすれば、どこへでも、その近くまで歩いて行くことができる。両親が近づいて来るのを見て取ると、嬉しそうに逃げ出し、隠れようとさえする。独立心が喜びとなっているのだ。

---

* ギリシャ神話を指す。ゼウスは知恵の女神・メティスを妻とするが、メティスがアテナを産もうとした時、ゼウスはメティスを呑み込んで自分の腹の中に収めてしまい、アテナを自分の額から生み出した。ゼウスはこうして最高の知恵を獲得し、ギリシャ的な神話秩序を創り出した。

マキシーは階段に取り付く前に、いろんな準備をしていた。歩き出そうとしたときからすでに、部屋と部屋との境にある段差を、手で触ったりしていた。最初のうち彼女は、その段差を注意深く観察しながら、近づいていたものだ。段差に向かいながら、体を支えてほしいと助けの手を借りる。と突然、その助けの手を振り払う。もう障害を乗り越えることができたから邪魔しないでと明確なメッセージを出す。

ゆっくりと、辛抱強く、何度も何度も繰り返しながら、段差を登り、段差を下りるのに必要な、複雑な体の動かし方を自分で学んでいる。なかなかうまく行かない。体のバランスをとろうとして、どっちかの側によろけてしまう。二、三歩、よろめいたあと、手を使ってバランスを回復させる。そのたびにマキシーは微笑む。自分がやり遂げたことが嬉しいのだ。同じことを何度繰り返しても飽きることがない。もうこれ以上、進歩することは無理というところまで続ける。

階段は段差以上に見るからに難しそうだ。一つ登ったその先に、よろけながらバランスをとるだけの空間がない。だから階段を一つ登るごとにその瞬間、両足を使ってバランスをとるしかない。家の中でも、お店に出掛けた時も、チャンスがあればどこでも、毎日、練習を繰り返している。やり方はいつも同じだ。階段に対して、自力で立ち向かおうとする。階段を見下ろし、階段を見上げ、チャレンジの限界に行き着くまで救いの手を拒み続ける。そして立ち止まり、自分の置かれた動作環境を確かめる。マキシーは動作を中断し、立って階段を見詰めている。何を考えているのだろう？　今、階段に自力で立ち向かうべきか、判断しているのだろうか？　どれだけの挑戦になるか、推し測っているのだろうか？　いますぐ挑戦したらいいか、それとも今日のところは引き返し、階段への挑戦は今度にしようと考えているのか？

助けをかりて挑戦しようと決めたこともあった。そんな時、そばに人がいないと、手を伸ばして何度も振る。階段に行くので、この手を取って支えて頂戴、という明確なメッセージだ。周りに誰もいない時は、声を出して呼ぶ。見えないところにいる人から手助けを得ようとするのだ。手助けを得て、用心深く、階段を登る。そして回れ右して、下りてくる。その瞬間、手助けの手をキッパリ振り払う。

挑戦を繰り返すたび、必要な時に限り助けを求め、助けが要らない時には断る。これほど明確なメッセージはない。マキシーは階段に取り付く時も、平らなところを歩く時と同様、自力でやり遂げたい一心でいるのだ。覚えなければならない動作を絶え間なく繰り返すことで、自力でやり遂げたいその一心を見間違うことがないほどハッキリと示しているのである。自分の求めた手助けを、なるべく早く断れるようになりたいと思っているのだ。

大人の助けを借りる際、幼い子どもたちは生れた時から、誤解の余地のない求め方をする。そして誰かに頼らなくて済むよう自分の行動を律し、自分で成し遂げる力を獲得しようと熱望する。**大人になる「成長のプロセス」とは、自分の「モードル」が指示している行動を自力でしようとしても、能力的にうまく行かないとしばしば感じる状態から、一人の個人として、頻繁に外部の手助けを借りず、独り立ちした人間として大体のところ活動できていると思える状態への移行を含むものであるのだ**（原注60）——。

厳密さを求める余り、くどくどした書き方をしてしまった。簡潔な言い方をしよう。

ここで非常に大事な点は、実際の自立と、自立的行動への潜在的な可能性を隔てる、その違いをつかむことである。完全に自立しきった人間など実はいないのだ。他者との間で何らかの形でつくり上げた繋がりの他にも、その人が身を置くより大きな環境のさまざまな側面との間で、絆は不可避的に生れて来るものである。すでに見たように、この宇宙にあるすべてのものは、とてもリアルな、深い意味を帯びたものとして（これは世界をバラバラに部分に分解して見る——世界を科学的な分析の目で見た方がよいとする——ことに抵抗する非西洋文化では広く承認されたことだが）、互いに結びつき合っているのだ。どんなに遠くの無生物であっても、他のものから離れて存在するものは、この世にはないのである。

ここから次の問題が提起されよう。それは自立的な行動をする、潜在的な可能性を持つ人とはどんな人間か、という問題である。

人間の発達の中で起きているのは、個々人がより完全に環境を理解し、運命をコントロールし、他者の助けに常時、頼るのでなく、自分にとって最善だと思うものに従い行動する能力を持つ、生来の傾向を洗練したものとする生涯を通した営為である。この持って生れた願いは決して、閉じられた状態に行き着きはしない。生きるとはすべて、終わることのない生の表出であるのだ。より高いレベルへ、「モードル」を絶えず改訂して行くものなのだ。

こうした状態に向かって、他者に依存する状況から一気に、断絶的に移行することはあり得ない。自立に向かう可能性にしても他者への依存にしても、明確に区分けできるものではない。人生とは、潜在的な自立の可能性を高める方向へ向かう無限の連続の中での継続的な運動であるとしか言えないものなのだ。さらに言えば、とりわけ重要なことは、この連続の中にある個人が取るポジションは、**外部の**

観察者の決定できるものではないことを認識することである。ある人間がどれだけ自立しているかは、その人間が自分の「モードドル」で培った感覚による感じ方であって、あくまでその人にしか感じることができないものなのだ。

今、私たちが目にしているのは、マキシーという一人の女の赤ちゃんである。生の連続の中で、生れた時から「自然」によって強烈に動機付けられた幼児である。出来る限り早く進歩したいと、自分の決心を千ものやり方で表現する子どもである。

子どもは皆、そうした流れのどこかで、さまざまなファクターにより個人差はあるものの、あることを自分自身で一定の時間、やり続けることができると思い始める。少なくとも、生れてこの方続いて来た大人の援助なしに、自分でやり抜くことができると思い始める。そうした思いが強まれば強まるほど、その子は自分を、ひとりの「完全な人間」と感じることができるようになるのだ。そうなればなるほど、赤ちゃんだった頃、助けを求めたものから自立することができるようになるのだ。時々、三、四歳の子がしでかす、あの「家出」など、その最も劇的な——大人にとっても凄いなと思える——表現行動である。自立できたと感じている自分の感覚を、勇敢にも親に告げているのである。もう無力な子どもじゃないんだから、一人前の人間として、ちゃんと扱ってくれよ、と訴えかけているのである。

原注60　幼児から成人への移行には、もちろん身体的な変化も含まれる。成長、発達、性的成熟などがそれである。そうした身体的な変化は、各自が「モードドル」の指示を遂行する能力とも繋がり合っているが、人間としての独立へ向かう、明確な区切りを示すものではない。また身体的な変化はある時点で止まるものでもない。それは誕生の瞬間から死を迎えるまで、絶えず進行するものである。

子どもたちは早い段階から、自分たちのことを「子ども」ではなく「人間」だと総じて感じている。大人たち同様、ものを理解できると思っている。自分自身が他の「モードル」の作り手たちと似ていることに完全に気づいている。使い出のある「モードル」を生み出している隣の人間と同じくらい自分はできるのだ、と意識している。それは子どもたちが年齢や経験の差や洗練の度合に気づいていない、ということではない。そうではなくて彼らは、自分は大人が獲得した知識を手にする途上にある、と感じているのである。あらゆる年齢の人間と同じやり方で、その道を歩いて行く力があると自分自身、感じ取っているのである。

これが子どもたちの真実であることに、子どもたちから教えてもらって気づいたその時、理解への大きな前進が生まれるのだ。そんな子どもたちとの付き合い方は、大人に対するのと全く同じであることに気づかされるのである。

子育てで大人の側が陥る最大の過ちは、子どもたちの自立へ向かう衝動の本質を誤解するところから生れるものだ。たとえば、たまたま他所からやって来た人が遭遇した、こんな場面を考えてほしい。いまそこには幼い子がいて、自分の「モードル」づくりに余念がない。自分だけではうまくいかないことがあれば、大人に助けを求めることが当然だと思っている子がそこにいるのだ。こうした大人に助けを求める子どものリクエストは一定の頻度で出されるものだが、その子自身の「モードル」にとって本質不可分であるものの、周囲の大人の行動とは関係しない。

さて周りの大人はその子が出す要求に対してどう反応するか？　子どものリクエストは大人自身の「モードル」づくりの活動の邪魔になることなので、ついつい困ったことだなと思ってしまうものだ。

だから一瞬、なんてこの子は理由もなく要求するんだろう、と考えたりもする。そしてここから、あの大人の常識的な視点が生れて来るのだ。子どもというものは、常に自分に周囲の関心を向けようと、大人を操作するものなのだというあの見方が、ここから全開するのである。

こうなると子どもは今や、大人の時間とエネルギーを吸い尽くすモンスターである。両親及び世話をしてくれる人の関心を支配しようとするモンスターである。

大人はそうしてさらに、子どもの要求に応えると、ますます図に乗って要求するようになり、結果として自分の力でやり切る苦痛と困難を回避する大人に頼り切る子どもに育ててしまう、とさえ思ってしまうのだ。

こうした世間に広がる固定観念こそ、大人の側の子どもに対する自分の「モードル」の投影である。大人は誰かの関心を引いたり、相手に頼りたいという気持ちを表す時にしか、他の大人に求めたりしないものだ。だから、子どもの「モードル」に中に分け入ろうとしない大人は、子どもが何故、要求しているのか動機を探ろうとせず、性急に結論付けようとするのである。

こうした間違った考え方は、誤った子育てモードを生み出す。それは子どもたちの要求のすべてを故意に無視するものだ。よほどのことでない限り、子どもの要求は最早正当なものとみなされない。こうした子育てのアプローチは、子どもたちが自分に必要なことを表明し、望ましい援助を得ようとする、彼らのコミュニケーションの努力を意図的に退けるものである。子どもたちのニーズの表明を、子どもは決まった時間に決まった人生段階に要求を出すべきだといった、大人の考えに合わせようとするものである。

こうした考えを貫くには、子どものあらゆるリクエスト攻撃に耐え抜かねばならない。泣き・喚き・暴れまわり・むずかり・怒り——いくら要求しても、思い通りにならないことを、子どもが気づくまで、無視し続ける……。

こうして大人たちは、さらにこう考えるようになるのだ。私は子どもを無視し続けることでその子の自己中心的な、大人に頼ろうとするところを矯正しているのだ、と思い始めるのである。自分は今、その子の自立を促進しているのだ、と。

しかし子どもたちの生れ持った性向とは、これまたすでに触れたように、周囲の大人からの自立を一刻も早く手に入れようとするものである。必要な援助を求めるのは、その自立のプロセスを加速したいがためである。だから、彼らは不要な手助けを拒否するのだ。

子どもの内的なメカニズムは、依存から離れようとするものである。依存に向かうものではない。そして子どものアピールの一つひとつが、その子を自立へ向かわせる推進力であるのだ。

大人にとって重要なことは、どれだけ子ども自身の「モードドル」の価値を認めるかにかかっている。自立のための援助をその子が今、必要としているか（あるいは必要としていない）、そのことにどれだけ同意できるかどうかにかかっている。その程度に応じて大人は、自立を求め依存から離れようとする子どもたちの生来の欲求を認めることができるのだ。そうした大人の側の対応力こそ、子どもの中に大人に対する根本的な信頼を育てるものである。大人はその子に、その子が必要とするだけ、意思表示をする足がかりを提供できるようになる。子どもにその子の「モードドル」における満足を与えながら、その子の発達を支援することができるのだ。

しかし、大人が自分の見方を子どもに押し付けようとすると——子どもは単に援助を求めているだけなのに、大人が執拗に自分の見方を押し付けようとすると、子どもはすぐ外部からの援助に頼らず、自分自身の才能や能力で間に合わせなければならないことを学んでしまうのだ。子どもはこのことを、大きな痛みとともに知る。そして内向的になる。自立する力を自ら獲得して行く子ども自身のペースが、そこで禁止されるからである。

この結果、子どもたちは、自分の身近にいる大人たちに対して不信と怒りを抱くようになる。と同時にそうした大人たちに対する、ある特別な、欺瞞に満ちた**「依存」を生む**ことになるのだ。子どもは大人の行動から学ぶのである。**大人の注目や援助を受ける唯一の道、それは自分のニーズを大人が正統なものだと考えるに違いない道を見つけ出すことだと。**

言い方を換えれば、こうなる。それはつまり、子どもが大人と関係を結ぶ土台の全てが転換することである。大人は、その子が世界に対する洞察を得ようとしてともに闘う「同盟者《アーライ》」から、自分を認めてもらうために喜ばせ、宥《なだ》めなければならない「異邦人《エイリャン》」へと切り替わるのだ。こうして子どもの大人に対する態度は、相手の大人の「モードル」を理解し、大人の関心を得るために「大人のテーマ《アジェンダ》」に自分を合わせるものになる。

これはひとつの「依存」の形である。その子の中で「自分自身のモードル」及びその表出のニーズと、「他者のモードル」によるニーズを区別できなくなる「依存」の形に行き着くものなのだ。それはその子に固有の、自分は自分自身であるという自立的なセンスを破壊するものである。

一般に子どもたちは――大人と同じく――彼らの環境との継続的な相互作用を反映する形で自己の「モードル」を発達させるものだが、問題は**そうした相互作用がどんなものであれ**、その子の「モードル」を形成するものになってしまうことだ。なかでも、その子が環境から異常な重圧に曝され続けている場合は特にそうである。重圧下で生き抜くため、「自分自身のモードル」を変質させることに専念せざるを得ない。そして、その子のモードルの変更の仕方そのものも、その子のモードル――特に、モードル内の解釈メカニズムが生み出すものである。

「モードル」づくりは、私たち人類が特に優れているものだが、何がそこで重要であるかというと、その子（人）に、その子（人）の現実の「像」を供給し、新たな情報の入力があった場合、それを生き抜く戦略づくりのために、その「像」を変更する解釈メカニズムを付与するものであることだ[原注61]。これは、いくら強調しても足りない重要な点である。

災害体験、惨憺たる破局、人間同士の苦痛に満ちた相互作用――これらはもちろん、現実世界において目新しいものでもなければ、今後あり得ないことでもない。残念ながら、それはよくあることだ。人生における予期すべき部分であるとさえ言える。こうした危機を経験しないで生きる人はいない。人類の生物種としての偉大な力は、個々人がそれぞれの「モードル」づくりの能力を発揮し、こうした大災害に立ち向かい、生き延びて行く能力である。たしかに、誰もが破局を生き延びられるわけではない。全員が何らかの状況に屈することもあり得る。しかしどんな時でも、個々人が自分の「モードル」づくりのスキルを発揮することこそ、人類全体として生き延びて行く上で果たすべき大事な役割である。「異常」な重圧に曝されると、人は誰しも自分自身の対応策を発達させるものだ。

ところで私は今、こうした「異常」な事態が私たちにあり得るものだと言ったわけだから、その「異常」の意味をここでハッキリさせなければならない。ここで言う「異常」とは、特定の個人の人生の中で滅多に経験しないことを指す。その個人の既存の「モードドル」が対応できる、普通の経験のレパートリーにはない経験を意味する。たとえば火山学者は、活火山の火口に身を置いて研究するが、火山と身近に接しているのに異常なストレスは感じないものだ。しかし、他の人はそうは思わない。これは熟知が受容を生み、未知が衝撃を生み出す典型的なケースだが、これを知ることは私たちの人生にとって重要なことである。だから父親にいつも叩かれている子どもが発達させた「反応」と「期待」は、父親にいつも愛されていた子どもがある日、突然叩かれた時のそれとは違ったものになるのである。

私たちの「反応」には、「モードドル」の数だけ違いがある。つまりそれは各個人に固有のものである

原注61　思うに、現代のいわゆる「セルフ・ヘルプ」システムと呼ばれているものの多くは、人は皆、それぞれ自分の「モードドル」を独自に発達させ、それ故、現実に対応する戦略を構築する力を持っていると明言しているものだから、人々の役に立ち得るものである。

ところで、こうした考え方を表現するものとしてよく聞かれるのは、「人は皆、自分自身の現実を〝つくる〟」という言い方だが、よく言って独善的な表現である。人が自分自身のためにつくるもの――それは、この世界における「現実」ではない。人は、自分の生のすべてを統括するために自分の「モードドル」をつくり、使うことができるだけだ。

あのアウシュヴィッツでも芝居を演じ、学校をつくり、宗教的な儀式を執り行い、詩を書き、歴史を記録する人がいた。しかしその一方で、意気消沈して自分の殻に閉じこもり、あるいは自殺を選ぶ人もいた。いずれも同じ極限状況に置かれた人々だった。

つまり、そこでは一人ひとりが自分の置かれた状況に個人としての意味を与える自分の「モードドル」を持っていたのである。

わけだが、さらに言えばそれは各「モードル」の中で生れた各個人の「目的」に役立つものでなければならない。

さて、ある特定個人の「反応」が、その相手にとっては異常で、その場にそぐわないことと思われる場合がある。それはもちろんその相手の「モードル」の枠組において、その個人の「反応」が意味をなさないからだ。こうなると相手としては、その特定個人がおかしな振る舞いをしている、とか、あるいは「クレイジー」な奴だとか結論を出しかねない。しかし実際のところ、私たちが人生の中で出会う相手はほとんど、程度の差はあれ、誰しも皆「クレイジー」であるのだ。

こうした個人も実はその人にとっての「異常」な状況に「反応」しているだけのことだが、これを理解するには、理解する側がよほど努力しない限り無理なことだ。それはまさに、そうした「反応」を生み出している状況そのものが、その個人にとって異常であるのだ。(同じ状況が何度も起きれば、その状況に対するその人の反応を理解する機会は増える。そしてその機会を通して、相手の反応に慣れ、それを「理解できるもの」とすることができるようになるのだ) 異常な状況下では、人々の「モードル」の違いが、反応を示す自分というものを顕わにする中で前面に現れて来るのである。

社会集団において、ある特定個人の「反応」が「クレイジー」であると、集団に所属する多くのメンバーがみなすことが時々、起きる。そしてその「クレイジー」な「反応」をする個人を隔離してしまう。その個人を自分たちの中に統合するため、その個人とコミュニケートし、その「モードル」に分け入ろうとしないことがある。

ここで言う「クレイジーさ」あるいはより科学的傾向のある社会において「精神病」と呼ばれるもの

の基準は、社会を構成する集団によって大きく異なるものだ。これは私が強く信じることだが、そうした「正常でない《アブノーマル》」行動の圧倒的な部分は、精神の効果的な「モードドル」づくりを阻む神経組織的な不全によるものでは決してない。私たちは実はまだ何も努力もしていないのだ。今を生き、生きるのに役立つ「モードドル」を生み出す精神と、何らかの神経組織の不全によって、うまく生きられない精神とを区別する基準を探し当てる努力さえ始めていないのである。

私たちは確かに、自分の「モードドル」によって生み出されたその場の対応が自分の思い通りのものになっていないと自ら思うことがある。それで自分の「モードドル」を自分の思いに合ったものに手直しするため、外部の手助けを求めることがある。あるいは自分が使い慣れた行動パターンから自分ひとりでは抜け出せないと思い、外部の援助を求めることもある。そうした時、私たちは友だちにアドバイスを求めたり、尊敬する人物の意見を聞いたり、援助を専門とする人々——セラピスト、心理療法家、教会の牧師らの話に耳を傾けるわけだ。しかし結局のところ最後に自分自身の「モードドル」の有効性を判断するのはあくまでも本人、それ以外の何者でもない。自分の「解釈メカニズム」及び自分の「方法論《モーダス・オペランディ》」を修正するのは、自分以外の何者でもないのである。

外部の援助を求める時だって、私たちは皆、ほとんどの時間、自分自身の努力でもって、それがどんなに大変なことでも、懸命に自分の「モードドル」の改訂に取り組んでいるのだ。

子どもたちも大人と同じように、それがどんなものであれ、新たに遭遇するものに対して自分の「モードドル」を再調整している。それがどんなに普通でないことや難しいことであっても取り組んでいるのだ。子どもたちの生きる「現実」が、彼らの未来を決定するのではない。子どもたち自身の「モードル」こそ、彼らの進歩を未来へと導くものである。

子どもたちを外側から条件付ける教育プログラムや大人の介入が、子どもたちの将来的な行動を決定する上で完全に的外れなものに終わるのは、このためである。大人の思い通りに子どもは変わらないのだ。もしも何らかの理由で子どもの発達にある特定の変化を引き起こそうと思うなら、途方もない努力を重ねてその子の「モードル」に分け入り、その子の信頼を獲得しなければならないのだ。そしてその子が、あなたが思う方向に変わって行きたいと自ら結論付けた時に限ってのことだが、その子のアドバイザーとして信頼される道をあなた自身が見出さねばならないのである。

子どもたちを援助したいと思う人は、この点を理解する必要がある。そしてそのために努力を惜しんではならない。「お兄さん」や「お姉さん」たちが、子どもたちのコース変更にしばしば貢献するのは、このためであるのだ。彼らはもちろん心理学や子どもの発達理論の専門家ではない。問題はある子どものために十分な時間をすすんで注ぎ込むことができるかどうかである。その子に自分を知ってもらい、その信頼を勝ち取ることができるかどうかである。

この点で特記しておかねばならないことは、子どもたちは大人以上に「変《エキセントリック》」である、ということだ。それは子どもたちが幼ければ幼いほどそうである。だからそれを見て、大人たちは大笑いするのだ。どんな社会でも、子どもたちの「奇行」はユーモラスな笑いを誘うものである。

子どもがエキセントリックに見えるのは、人生経験がまだ足りないからだ。子どもにとって新しい状況は最初、異常なものとして現れる。過去の経験に照らし合わせることができないから、状況に対する反応も異常なものにならざるを得ない。それはその子自身が経験を重ねる中で、同じ状況下においてやがて取るようになる反応とは全く別物であるのだ。またそれがその子の反応を見ておかしがる大人たちの反応ともまるで違うものであることは、もちろん言うまでもない。

こうして見て来ると、子どもたちというものは、どんな文化の中であれ、彼ら自身がひとつの「サブカルチャー」であるのだ。大人たちが当たり前と思うことに、思いもかけないほど多様な反応を示す、経験不足によって際立つ「サブカルチャー」であるのだ。

これは、ある文化の構成メンバーが他の文化の中でどんなふうに見えるかにも共通する問題である。ちょっとした「おかしな」ことでも、「わかりきった」「四角四面」な行動が求められる場所で行われると、あらゆる「奇怪な」ものを噴き出すものになってしまうのである。(原注62)

「モードドル」づくりは私たち一人ひとりが常に取り組んでいるものだが、それは想像もできないくらい創造性に富んだ、人生を通したものである。生れてから死ぬまで、人間は誰一人として、このかけがえのない、時間的に継起して行く「モードドル」の創造・再創造から逃れることはできない。そしてその「モードドル」こそ、その人に次々に降りかかる新たな事態を潜り抜けさせるものだ。したがって「創造性」とは素晴らしく大きなスケールを持つものであり、私たち一人ひとりが自分の中に潜在力として保

原注62　ＢＢＣ（英国放送協会）のテレビ番組、『空飛ぶモンティ・パイソン』で一世を風靡した、イギリスのコメディー・グループ、「モンティ・パイソン」は、この格好の例だろう。この喜劇グループは、英国の文化をパロディー化し、英国人を大いに笑わせたものだが、外国の人間に対しては、英国人がさまざまな生活の場面で、いかに「おかしな」態度を取るかを、明確に示すものとなった。

持するばかりか、各自それぞれの、よりよく生きようとする内面的な欲求に突き動かされ、常に現実化しているものである。

この点について、さらに考察を深めよう。地上に人類が出現して以来、人はみな自分自身のために創造し続けて来たのである。「原材料《ロウ・マテリアル》」は「環境」がもたらすものだった。環境はその人間に対し、「生の情報《ロウ・インフォメーション》」の絶え間のない流れを浴びせかけ続けたのである。そこから人々はそれぞれ自分の「世界観」を、「人生哲学」を、「物理学」を、他者とつながる「社会理論」を創り出して来た。その人の「全環境」との相互作用の枠組を、「生の情報」の「解釈装置」を、自分自身の進歩を確かめる「内部監査システム」を生み出して来た。自分自身の「モードル」が自分自身において一貫したものか、役立ち続けるものかチェックする手段を自分に与えて来たのだ。

その人間が外部からどんなに援助を受けようと、その人間が個人として継続しなければならない任務の「本質的な個人性《エセンシャル・インディヴィジュアリティー》」の代わりにはならなかった。その仕事の責任は、その人のものだった。ただ一人、その人が負う責任だった。

私たちは誰一人として同じ人間ではない――この単純な事実を見ただけでも、個々人の創造性の厖《ぼう》大さが分かる。自分と同じ人間が他に一人としていないのは――すでに見たように――、誰しもはじめから自分自身の「モードル」を、それぞれに創り出して行くからだ。「モードル」はだから、他にひとつとして一致するものはない。似てはいても実はほとんどの点で似ていないのである。

こうした現実を踏まえると当然、以下のような決定的な問題が自然に提起される。人は皆、途方もなく創造的だとすると――あらゆる個人の創造性のレベルがほとんど同じだとすると、どうして特定の人は他の人より創造的に見えるか、という問題が提起されるのだ。「人はこんなにもたくさんいるのに、どうして創造性に欠ける人間ばかりなのか」という批判が出たり、とくに子どもたちについて「より創造的な人間に育てなければならない」などと叫ぶ社会評論家が現れたりするのはどういうわけか、という問題である。

この問題に対する答えを考えて行くと、人間社会におけるある大きな矛盾に行き着く。しかしそれを見る前にまず、この問題それ自体を考えてみたい。

この問題には、ある人の創造的な活動は大抵、他の人々が分かるような明確なかたちで表現されるものではないことが含まれている。これは誰もが同意する真実に違いない。そう、私たち自身が意識している「考え《アイデア》」の大部分は、決して外に向かって明示されることはないのだ（そもそも、そうした私たちの「考え」というものは、私たちの潜在意識の中にあるものだ。そしてそれは私たちの創造的な「モードル」づくりの大部分を形成してもいる。だからそれは外部に向かって表出しようにも、直にアクセスできるものではない）。私たちは、自分たちの精神の中で意識している大部分について、黙して語らないものなのだ。

私たちは自分のファンタジーを、自分の不安を、自分の一番の秘密を明かさずにいる。これを明かしたら、きっと変に思われるに違いないという「考え」の場合は特にそうだ。言い方を換えれば、そうした「考え」こそ、外部に表現した場合、「創造的」と呼ばれるはずのものである。そして大部分の人々は幼い頃から、自分自身のユニークな「モードル」を構成するイメージなり考えのすべてを外に表出することをいかに抑えるか学び取っているわけだ。

どうしてそうなのか？　このことを理解するには、ある人間が他者とコミュニケートしようと心に決めた際、働き出すファクターについて詳しく見る必要がある。すでに見たように、私たちの相手とコミュニケートしたいと思う欲求は主に、相手の創造的な活動に分け入ることで、自分の創造的な活動が得るものは大きいとの確信から生れるものである。しかし、コミュニケーションは双方向のものだから、同時に相手の側もこちらの「モードドル」に対して関心を持たねばならない。私たちの社会は元々、構成メンバーが互いの「モードドル」の一部を共有することに関心を持つ集団から成っており、だから共通の言語を生み出して来た。その共有されたものこそ、コミュニケーションと相互作用をさらに突き動かすものだが、それは社会をひとつにまとめる接着剤の役割も果たす。共有された関心の幅が広ければ広いほど「コミュニケーションの輪」も広がり、その関心を共有する社会もより大きなものとなる。

さてこのコミュニケーションのさまざまな輪と、そうした輪を繋ぎ合わせる共通する関心の違いを、人は幼い頃からすばやく学び取るのである。人はつまり共通する関心の範囲内において、他者と考えを交換することを学んで行くのである。「コミュニケーションの輪」が小さなものであればあるだけ、そこには身近な他者がいるから、その分微妙な言い回しや共有する関心の幅が生み出されるわけだ。その輪が緊密なものであればあるほど、多くのものが表出される。そして相手の「モードドル」を知ろうとする意欲が最も強い者に対し、最大のものが明らかにされるのだ。

実際問題として私たちが自分の独創性や創造性について打ち明けるのは、最も身近な一人、あるいは二人に対してである。あなたが本当に興味深い人間であることを知る人は、あなたの親友以外にはいないのだ。

しかし「コミュニケーションの輪」のせいで、逆のことも起きる。よく知らない人たちとの会合や専門の同僚たちとの集まりに参加し、自分ではよくわかっている、自分なりの世界観を話し出したりした時など最初から理解の目で見られることはない。

何よりも私たちの社会には、その土台を形成する共通感覚から大きく外れることを防ぐ安定装置が組み込まれている。「コミュニケーションの輪」を成立させているのは共通性であり、ズレではない。そしてこの共通性があるが故に、そこを起点に集団のメンバーはそれぞれ、常に新たな領域を探ろうとするのだ。集団の他のメンバーが興味を持たず、まだ受け入れる準備もできていない新しい観念を、あるメンバーが無理やり投げ込んだら、集団は分裂し凝集性を失ってしまうだろう。

社会を保守的なものにしているのは頑固さとか、革新に対する反対ではない。社会というものの本質がそうしているのだ。それは私たちの社会が、構成メンバーの相互作用の土台となる、一定数の共通概念の中から生まれたものであるからだ(原注63)。

分裂・分化を頻繁に繰り返す社会に共通するもの、それもまたコミュニケーションのプロセスから生み出されるものである。たとえば、特定の宗教的な信念を共通ベースとした「コミュニケーションの輪」が形成されたとする。その輪が大きくなるのは、その構成メンバーが輪の外側の他者に関わり持つことによるものだが、この経過の中で最初の輪の中にあったコミュニケーション言語の先鋭・複雑な意味がしだいに失われて行くのだ。「コミュニケーションの輪」の拡大は、それを犠牲に実現される。より曖昧《ファジー》で、より大雑把な意味のコミュニケーションに関心を持つ新たな人々が、その輪の中に加わって来るのである。

こうした繋がりの中でさまざまな下位《サブ》グループもまた形成されて行く。「コミュニケーションの輪」

の中にサブ・サークルが生れるのだ。このコミュニケーションのサブ・サークルは、より精密で狭義の概念の周りに合体したものだが、このより精密な狭義の概念もまた実はより大きな輪の概念集合の下位集団であるのだ。

さて、こうして生れた下位集団の構成メンバーは、自分たちの「下位概念《サブ》」の共有度を上げようとする。そしてそのメンバーが互いにコミュニケートし、共有し合えばし合うほど、彼らはより大きな母集団から距離をとるようになる。より大きな母集団も、彼らの下位概念に焦点を置こうとしない。同じ母集団から生れた下位集団が互いに敵対するようになるのは、相手に対する幻滅が生れるからだ。彼らは自分たちを元々ひとつに結び付けていた同じ母集団の関心から出発したにもかかわらず、今やそれぞれの下位集団の視点の違いによって生れた深い溝で隔てられてしまっているのだ。

私たちはさまざまな「コミュニケーションの輪」に応じて、その場に相応しい限界というものを学んで行く。そして何よりも、他の人々とのコミュニケーションを大切にするなら、自分の考えは自分の中に置いておくのが無難だと素早く学び取るのである。だから、いくら自分のオリジナルな「考え」を明らかにするよう言われても、いくら「創造的であれ」と言われても——自分の中の創造性を表に出すよう言われても、帰属する社会がその「考え」の外側にある限り、それは無理なことなのだ。実際、自分がどれだけ創造的か表立って訴え続けても、その執拗さ——あるいは判断力の乏しさ、あるいは他者に対する感受性のなさ——は、無関心でもって受け止められるだけだし、時には敵意が返って来るだけである。

歴史上、「創造的」と言われる人は皆——つまり、その人のオリジナルな視点がより大きな「コミュニケーションの輪」の中で認められるに至った人の人生の物語は皆、すべて似通っている。最初は必ず社会の「拒絶」に遭うのだ。「クレイジーだ」とか「思い込みが激しい」と言われて、長い苦悶の日々が続く。そして死んだ後になって、ようやく認められることも多い。

社会というものは存続の必要上、常に保守的である。しかし社会は、それにもかかわらず、帰属する個人の多様性、革新性でもって変わり得るものである。現代においては――「ポスト産業社会」においてはより一層、そうである。より多くの人々が自分自身の「モードドル」をさらに掘り下げるほど、全人類のより大きな進歩が可能になる。そんな考え方が今や強まっているのだ。より多くの「モードドル」に分け入ることは、他の人々の「モードドル」づくりにおける生産性の向上を約束するものである。

こうしたスタンスをとる社会は、「モードドル」を共有しやすくする道を見出そうとする。個人の創造性の表現に伝統的に科せられていた社会的な懲罰を低減しようとするのだ。

個人の創造性の表現に対するその社会の「スタンス」を子どもたちに教え込むために、ある重要な社

原注63　この点に関して興味深いことは、高度に保守的な社会において、「視覚的」「音楽的」な表現が創造精神の表れとして、しばしば容認されていることだ。それは、こうした視覚・音楽的表現が言語の特定要素と繋がらない、ある人間の高度に個人的、かつ独自の表現のまま始めから在り続けるものだからだ。

視覚的・音楽的な作品がその作り手にとって持つ意味は、作り手自身の「モードドル」ほどには、見る人・聴く人に、十分明確なものとしては伝わらないものである。視覚的・音楽的な表現に対して社会がしばしば寛容であるのは、このためである。

それは子ども期から、社会が歓迎するものになる。もちろん社会によっては、そうした芸術が引き起す漠然とした感情によってすら、社会の存在そのものを脅かすと見るものがある。そうした社会においては、芸術に対しても苛酷な制限が課されるのだ。

会的な機構が生み出されて来た。それが「学校」である。そこで子どもたちは、この問題に関する社会の「態度《アティテュード》」に長期間、曝されることになる。

私がこれまで述べたことからすれば、「学校」というものが、ほとんど常に圧倒的に保守的なものであったことは驚くにあたらない。だから内面的な独自性を表に出すと、社会の中では孤立と拒絶を招くことになるよ、と教え込んで来たのである。

ある社会がもしも個人の創造性の表現をもっと広げようとするなら、何よりも「学校」を変えなければならない。個性的な表現や、普通でない世界観をも歓迎する学校環境を生み出さなければならないのだ。

人は誰でも生涯を通して激しく《インテンシブ》創造的であるけれど、その創造性のあり方は成長する中で、一定の変わり方をする。まだ他者の「モードドル」に分け入る術を知らない新生児は、自分の「モードドル」を自分で**初めから新たに**生み出さなければならない。その結果として――私たちは新生児の「モードドル」に分け入ることができないので、その内容を理解することは出来ないのだが――、新生児は、きわめて独自な形で現実を理解せざるを得ない。あらゆる新生児はオリジナルな世界理論の創造者である！――これがすべての基本である。

しかしその一方で新生児たちの経験は限られたものであり、解釈力もなく、周りの環境を把握できてもいない。この結果、その子のまったく新しい世界理論が他者に訴えかけることは（もちろん、訴えかける方法があったとしたらの話だが）、ほとんどあり得ない。それは、成長する自分自身に対しても訴えかけることができないものだ。

しかし、ここに非常に重要なポイントが潜んでいる。その子が幼ければ幼いほど、その子の理論――科学であれ、芸術であれ、技術であれ、とにかく何であろうと――が、他者の理論と決定的に違う可能性が高まるのだ。多くの人々の世界観の変更を迫る大きな革新が若い人々によって表出されるのは、このためである。

私たちは成長する中で、創造力を失うわけではない。そうではなくて私たちは、その創造力を、自分たちの「モードドル」の中のより精妙な、洗練された部分へと移しているのである。そうして私たちが人生を通じ、苦労して生み出し続ける「大きな像」は、時間のテストに耐えながら変化する中で安定したものになって行くのだ。

成長した人間が自分自身を革新者として提起することがあるとすれば、それはその人が自分の「モードドル」の根本的な再編成を促す激変と直面した時である。それは（常にそうだというわけではないが）、往々にしてトラウマになるような外的事件によって引き起こされるものである。

人間の創造性と独自性には、広く誤解された側面がある。ある「コミュニケーションの輪」に加わる人々を、共有された曖昧《ファジー》に意味づけられた言葉が繋いでいることは確かなことだ。そしてその輪の中の人々は、そのファジーな言葉を共有して使っている。この事実から、一部の観察者や歴史家はこう結論付ける。この「コミュニケーションの輪」の構成員たちは皆、現実に対して共通する知覚を持っている、と。そしてある「コミュニケーションの輪」が、特定の利益を共有する人々の大半を含んでいるなら、そこにおける共通する認識は、その輪がそれを信奉する限り、時代の支配的な認識になる、と。(原注64)

しかしこうした結論付けは人々の考え方を表すものではない。これまで繰り返し示して来たように、人は皆、世界の全体を完全にオリジナルでユニークな仕方で理解しているのである。共有された言葉にしても、その使い手一人ひとりの意味のごく一部を表すものでしかない。したがって多くの人々がまったく同じ世界観を、まったく同じ言葉で語っているように見える時であっても、一人ひとりの「モードル」は大きく違っているのだ。そしてその「同じ」言葉が人によって、まったく違った意味を持つものだと分かることもある。

端的な実例は「厳密な科学」においてさえ見られることだ。認識のズレなどまったくないはずなのに、実はそうではないのである。科学者たちがその用語にどんな意味を与えているか詳細に分析すると、そのあまりの違いに驚かざるを得ない。実際、ある科学者のその生涯を賭けた研究は、その科学者が「コミュニケーションの輪」――すなわち彼の同僚たちから得た「キーワード」に、どのような意味を与えたか、どう再定義したかに注目すると、よく理解できる。

さて、これまで見て来た、自分の「モードル」の中で創造活動が絶え間なく行われているにもかかわらず、大半の人がほとんど常に、創造的に見えないのはなぜか？――と対《つい》の問題として、自分の「モードル」内で創造活動を続けているにもかかわらず、どうして人は、外部の影響力――とりわけ力強い指導者、または圧倒的な信仰システムに左右されやすいのか、という新たな疑問が出て来る。つまり「追随者《フォロワー》」は何故、現れるかという問題である。これまでいろんなかたちで議論されて来た問題である。

この「追随者」の問題は、私がこれまで描いて来た人間性のイメージと「矛盾」するものだ。人は誰しも、完全にユニークな「モードドル」を持っており、それぞれ自分自身のアプローチで「モードドル」づくりに取り組んでいる——というイメージとは明らかに異なる。生き残りのための「モードドル」づくりに長けた、創造的なスキルの持ち主が「追随者」になるわけはない。それはどうしたわけか?

しかし実はこの点にしろ、何の「矛盾」もないのである。「追随者」がなぜ生れるかという問題を解く鍵は、「生き残り《サバイバル》」という言葉にある。もちろん、これはあらゆる生物種のあらゆる行動の根底にあるものだ。人間もまた、どんな行動パターンをとるにせよ、それは「生き残り」のためである、と見なければならない。その行動パターンをとることが、最もうまく自分を存続させることができると、「モードドル」内において考えられているからだ。

この「生き残り」と自分の「行動」の関係を、その人自身が気づかずにいることは、ままあることである。「モードドル」から「行動」が導き出されるプロセスが、潜在意識の深部で行われているからである。しかしその一方で、なぜそうした行動パターンが出て来るのか自分なりに洞察を加えることも時には可能である。

順応しなければ生き残ることはできない——そんな強大な力に屈する時にのみ、人は他者の意志に自分の行動を合わせるものだ。ここに「従順な」人がいるとしよう。それはその人が従順なのではなく、

原注64 「パラダイム理論」と呼ばれるものが、これである。科学史家のトーマス・クーン〔米国の科学史家・科学哲学者(一九二二~九六年)。『科学革命の構造』(中山茂訳、みすず書房)など邦訳の著書も多数〕によって最初に命名されたものだ。クーンは科学的な進歩は、時代を画するような、一連の「パラダイム」を解体する事態による大転換によってもたらされた、と考えた。各時代にはつまり、支配的なパラダイムがあるとしたのである。

そこにその人が順応しないと生きていけないと思うだけの強烈な圧力があるからだ。

その典型的な例が家族の中の子どもである。とくに親との関係における子どもの立場だ。誕生間もない新生児の生き残りへのカードを握っているのは、親である。食べ物も、安全も、生きる場も、すべては親の手中にある。そしてまさに、子どもは何よりもましてこのことをハッキリ知っている。

親は子どもが生れたその瞬間から、子どもに対する命の供給者になる。そしてその際、親がどんな役割を続けるかで、その子の「モードル」の基本において、その子が親を一生、どう見るようになるかが決まるのだ。

もしも親が、その子が求めるニーズに対する無条件で遅滞のない反応者として現れるなら、その子は親を、生き残って行く闘いを始める上で有益な基盤と考え、ともに生きて行くパートナーと見ることだろう。

しかし親が、方法、タイミング、場面など自分の示した条件に子どもが従う時だけ子どもの求めに応えるとなると、子どもは生き残るためにその条件の受け入れを表明しなければならない。こうした環境にある子どもは幼い頃から、自分の中のほんとうの考えや感情を親の要求に従う振りで覆い隠す、見せかけの行動パターンを発達させるのだ。

しかし、これは親との関係に限らず、子どもに対して——あるいは大人に対して、外的な力が覆いかぶさる時、必ず出現する行動パターンである。生き残るために必要な支援を得る替わりに、支払わなければならない代償であるのだ。

一定の信念なり行動をとらない限り、必要な生活手段を取り上げられる社会においては、子どもは自分の内なる存在を、外部の支配力に順応する行動をとることで覆い隠す能力を身につけないと生きて行けないことに素早く気づくのだ。

ある特定の行動をとるよう要求する圧力に曝された人は、常に同じ反応のパターンを示すものだ。そしてその一方で、自分自身の独自の「モードル」づくりとも休むことなく取り組んでいる。しかしその人間は、それを自分の中に隠し続けなければならないのだ。そして自分を支配する者を満足させるため、その期待に応えて行く。(原注65) **これは今日なお、あるいは歴史を通して、われわれ人類がなおも続けていることである。**

強力な支配権力の虜になっている社会においては、その構成員たちが皆、自分の中に保持している多彩な「モードル」を、他者が垣間見ることは――親友の場合が多い――稀なことである。しかしいずれにせよ、「モードル」がそこに変わりなく存在していることは事実である。

人々の内面の「モードル」の世界は、思考や連想が滾《たぎ》る豊かな世界だ。そこでは思考や連想が絶えず発展し、変化し、再調整し、成長し、枝葉を広げている。そしてそれは常に、「沈黙の壁」に行き着く。思考、連想の持ち主がそれを表に出し、自らの生存を危うくしないよう、「沈黙の壁」は常にチェック

原注65　米南部出身の女流作家、ユードラ・ウェルティー〔Eudora Welty　小説、『楽天家の娘（*The Optimist's Daughter*）』でピューリッツァー賞を受賞。写真家でもある。一九〇九～二〇〇一年〕は、こう書いている。「私は保護された生活の中で作家になった人間である。しかし、その保護された生活も、向こう見ずなものになり得る。真剣な向こう見ずさは、すべて自分の内側から生れるものだから」*One Writer's Beginning*、ハーバード大学出版会、一〇四頁。

しているのだ。しかし壁の内側は、ファンタジーにあふれた豊かな世界である。そのファンタジーの世界から時折、芸術や詩といった、「無害」な活動が外部に表出されるのだ。(原注66)

もちろん時にそれは、一気に表面化しようとする爆発的な世界に変わる。ある人間の内面で圧力が蓄積され、ついに自分の生き残りのため、自分自身のため、危険を冒そうとするのだ。自分の内面のファンタジーを公衆の目に曝す。それは抑圧的な権力にとっては、反社会的で危険な行為になるわけである。しかしそうした場面においても、人々の発展、変化する「モードル」の豊かな世界は、存在の「意味」を問いながら、それぞれの中で生き続けて行くのである。(原注67)

ということはつまり「追随者」の出現を、表面的に見てはならない、ということである。公衆の面前では、ほとんど同じ振る舞いをしている「追随者」であっても、この世に同じ世界観を持った人は一人もいないのだ。自分たちの生存を支配する外部権力によって、行動の仕方を学び取っているだけなのだ。体制に順応しているような見せかけの陰で、個々人の内面には、自分というものが保持されている。稀なことだが、個々人を威嚇している、抑圧的な力を除去することが可能となり、同時に、そうした抑圧的な力が個々人の「モードル」に及ぼしている、「深い印象」を取り除くことが可能となった時、内面に保持されたものは、いつでも表に現れ、自己の存在を証拠立てるのだ。(原注68)これらの条件が整えば、結果として生れる個々人の内面の表出は、劇的なものとして迸《ほとばし》り出るだろう。

原注66　比較的稀なケースだが、ある人間が自分は命の奪われかねない圧制に中に生きていると感じながら、同じように抑圧されている他者に信頼を抱く場合がある。そんな時、その人間は他者に対して自分の内面を思い切って曝け出そうとするのだ。

ここから「秘密結社」が生れる。そのメンバーは表面上、権力の圧制に完全に服従しながら、私的な場面ではお互いに、自分の中の創造的な才能を示し合う。その最も端的な例の一つが、スペインの「マラーノ」である。「マラーノ」はなんと、数百年にもわたって活動を続けたのである〔マラーノ　スペイン語で「豚」の意味。一五世紀の終わり、キリスト教に強制改宗させられたユダヤ人たちが、表面的には服従しながら、独自の信仰と文化を守り続けた〕。

原注67　この点については、ブルース・チャトウィン〔Bruce Chatwin、英国の旅行家・小説家（一九四〇〜八九年）〕の小説、『ユッツ（*Utz*）』（Viking, New York　〔ユッツは小説の主人公――マイセンのコレクターであるチェコ人の名〕）の次の一節（一四、一五頁）を読むとよい。

「プラハでは他に誰も知らなかったから、私は『鉄のカーテン』の向こう側の国々を研究する歴史家でもある友人に聞いてみた。会いに行くから、誰か紹介してくれないか、と」

「友人は言った。プラハは依然として、ヨーロッパの中で最もミステリアスな街。そこでは超自然的な出来事が常に起こり得るのだ、と。

チェコの人々の、自分より上位の力に『屈する』傾向は、必ずしも弱さとは言えない、と友人はいうのだ。その超越的な人生観は、権力的な行為を儚いものとみるよう、チェコ人たちを励ましている、と」

「『もちろん、紹介しよう』と、私の友人は言った。『知識人たちをいっぱい知っているから、そこへ君を紹介しよう。詩人もいるし。画家もいるし、映画監督もいる……』」

「私は、それは無理なことだと思い、驚いて確かめた。オーバーなこと、言わないでよ、と」

「いや、オーバーなことなんて、僕は言っていないよ、と友人は答えた。そういうことじゃないんだ」

「友人は、チェコの詩人に外国の雑誌に詩を発表するよう勧め、強制労働のリスクを負わせるような男ではなかった。友人の考えは、そうではなかった。チェコのような不可能な状況の中に生きる本当のヒーローとは、党とか国家に一言も文句を言わず――しかし、その心の中に西洋文明をひとまとめにして持ち歩いているような人々だった」

「『その沈黙でもってね』と、友人は言った。『国家に対して最終的な侮蔑を投げつけているんだよ。国家など、どこに存在しているんだ、と言わんばかりにね』」

「友人がチェコで知り合った、市電の切符売りの男が、実はエリザベス王朝時代の演劇の専門家であるような国は、他のどこにあるだろう？　道路の清掃をしている人が、アナクシマンドロス〔古代ギリシャの哲学・数学・天文学者〕の断章をめぐって哲学的な評論を書いた人だ、というような国は、他にあるだろうか？」

さて、相手の「モードル」に分け入る難しさを思えば、今や歴史となった遠い過去と、意味あるやり取りをすることはあり得ないことのように思われる。同時代を生きる人と、顔を突き合わせてコミュニケートすることさえ大変なことなのだ。「コミュニケーションの輪」が広がれば広がるだけ、言葉のシンボルの意味の鋭さ、深さは失われるものでもある。無関係な者どうしのコミュニケーションに、あるいは全く異なる言語シンボルを持つ異文化間のコミュニケーションに、厳しい限界が生れるのもこのせいである。それが現実であるわけだから、もうこの世に存在しない人々の「モードル」に分け入るなど、最初から無理なことだと思われるに違いない（原注69）。

しかし、こうした大きな壁があるにもかかわらず、それを越えようとして生み出されたのが「書き言葉」である。「話された語」の「発音」（原注70）に着目し、その発音を「シンボル」で表そうとしたのだ。もとよりそこでは、発話する者が「話された語」の意味を明確化しようと身振りで追加するボディー・ランゲージは予め排除されている。同時に「聞き手」の意味をつかもうとするその場の努力もそこには含まれない。

それは意外なことでもなければ、不合理なことでもない。「書き言葉」をつくるアイデアは最初から、「コミュニケーションの輪」の周縁での使用を想定したものだったからだ。そこでは「シンボル」を決定する、それ以外のコミュニケーション要素は初めから放棄されていたのである。「書き言葉」の重要な特質を挙げれば、それはその「永久性」である。「語」の糸は断ち切られず、時間を超えて保存されるのだ。

こうした限定があるがゆえに、「書き言葉」にできることと言えば、あるコミュニケーターが伝えようとする意味のごく一部を表すだけだ。最早、繰り返す必要もないだろうが、ここにあるのは、二重の意味の希薄化である。それはひとつに、互いの「モードル」に対して最小限の洞察しか持たない人々によって構成される、「コミュニケーションの輪」の拡大によってもたらされるものであり、またひとつに、コミュニケーターが自分の「モードル」で意図した意味を表そうとした言語的要素のごく一部しか、実は相手に伝わらないことである。この結果、「書き言葉」は必然的に、読み手の多様な「モードル」の中で、大きく異なる意味を持たざるを得ない。

原注68　これは困難な課題であり、問題を一気に解決する「魔法の妙薬」はない。実際、そういう状況が生れても、なかなか自己を表出できないものである。体制に順応した行動をとらせる原因となった、生存を脅かす権力の影響力が除去されても、「モードル」の中に沁み着いてしまった現実解釈は、そのまま維持されるのが普通だ。それは、「モードル」づくりが柔軟性を欠いているからではない（すでに見たように、私たちの「モードル」づくりは、現実解釈における急速な変化にもかなり対応し得るものだ）。むしろ、恐怖がしぶとく消えずにいるからである。権力の抑圧が除去されたとはいえ、すぐ元に戻るのではないか、という不安が続くから、そうなる。権力が人々に刻印する「深い印象」が強ければ強いほど、少なくとも表面上、抑圧する権力が完全に消え去ったとしても、かつての現実は維持され、不安が続くことになるのだ。

原注69　同じことは、まだ生れていない人々に、私たちの——あるいは私たちの同世代の「モードル」へ、どうやったら分け入ってもらえるか、という問題についても言える。

原注70　私がここで言う「発音」とは、ある「シンボル」を明確に特定できる「音声」という意味に限る。たとえばある「語のシンボル」に何らかの音楽的な響きを付け加えるといった音の調子、速さ、強調、持続時間などの多様性については、とりあえず考えない。こうした「発音」に付随するさまざま特徴は、実際問題として現実の「コミュニケーションの輪」の拡大の中で、失われてしまうものである。移転のスパンが長ければ長いほど、その精確さを再現することは難しくなる。

「書かれた」ことにまつわる曖昧さも、言葉の意味をめぐって「本当は、どうなんだ?」と追及する議論も、同じ「書き言葉」が書く人によっていろんなかたちで使われることも、「書き言葉」の性質上、必然的に起きる結果であり、避けることはできない。(原注71) 同時代の「コミュニケーションの輪」における、「書き言葉」の意味を把握する難しさは、その輪が大きければ大きいほど困難さを増すが、しかしそれも、過ぎ去った時代の「書き言葉」の意味を――それが当時の人々の間でどういう意味を持ち、今を生きる私たちにどんな意味を持つものなのか探り出す難しさに比べたら、たいしたことではない。その社会に強力な口承的伝統が存在しない限り、過去の言葉を解読する作業は、言葉をすべて一から創造する作業に等しい。意味を見つけようにも、手がかりが十分残されていないのだ。地上から消えてしまった人々の「モードル」の在りようを暗示するものさえ、十分には残っていないのだ。

極端な言い方に聞こえてしまうかも知れないが、事実を言えばまさに現実の問題として、あらゆる世代は「文芸《リタレチャー》」の復興・再創造を行うものなのだ。それも、前世代から引き継いだ「書き言葉」に、自分たちの世代のメンバーの間で流布する、(曖昧な)意味のセットを付与することで、前世代が残した「あらゆる文芸」の復興を繰り返しているのである。だから、時間を遡れば遡るほど、意味をつかむためには想像力を駆使しなければならない。それは、その「書き言葉」の意味が創造された当時の状況が、今を生きる自分の経験からそれだけ遠いものになっているからだ。(原注72)

「書き言葉」は「自然」そのものではない。「話し言葉」は人間が微妙にコントロールできる筋肉を使った身体活動から直接生れるものだが、「書き言葉」は、個々人の「モードル」で高度に培われたものを応用しなければならない「発明」である。

すなわち人類史の比較的、最近になって発明された、精巧な「道具」。それ以前にはなかった、より大きな、より広い人間集団で長距離コンタクトを維持するために発明されたものだ。八千年か一万年か（あるいは、その前後の）、そのくらい前から——長い人類の歴史の中では、ほんの短い期間ではあるが——、「書き言葉」は人間社会の幾つかで、さまざまな形で存続して来た。程度の差こそあれ、ある特定の人々には有益なものとしてあり続けて来た。

今から百年ほど前までは、「書き言葉」は、ほんの一握りの人々の「道具」でしかなかった。その状態は今日においても、世界の多くの地域でなお少数派によって利用されているものでしかない。これ

原注71　この点から私はかつて、人々が言葉を「思い込みで誤用」するのは、「書き言葉」の使用から獲得したもので、「書き言葉」の特質の中に、その基本的な動機が潜んでいる、と考えたことがある。しかし、今はこう考えている。「思い込みによる誤用」は何も「書き言葉」に限らず、「話し言葉」でも、あるいは人間の行動全般においても、同じような頻度で見られることだと。

人々はもちろん、自分が書いている「書き言葉」の意味を、自分は正確につかんでいると誠実に考えているのだ。それは、その「意味」がそれだけファジーであり得るからである。相手が「本当は」どういう意味でその言葉を使っているか分かるには、その人と親密になる努力を払わなければならないのだ。

ここで私が言いたいのは、「書き言葉」は曖昧さを免れ得ないことである。それは「科学的な用語」においても同じである。科学の言語が科学者によって意味が全く違わなければ、新しい科学理論は生れるはずもない。

原注72　「どうして読まなくちゃならないの?」——そんな疑問を持つ人も多いことだろう。この疑問に対する答えは、「どうして他の人とコミュニケートしなくちゃならないの?」という問いに対する答えに似ている。

それは、私たちが他者の「モードドル」に分け入ることが自分の役に立つと知っているからだ。「書かれたテキスト」は、自分とは異なる「モードドル」について、その書き手についてあれこれ考えながら思いをめぐらす想像力の発射台になるものだから、それと同じ分だけ「読み」もまた思考を刺激する素晴らしいものになるのである。

は無知とか怠惰によるものではない。貧困や搾取のせいでもない。「書き言葉」というものの使い出が、多くの人々にとって実は限られたものであるからだ。一般に私たちは、自分が求める情報の圧倒的な部分を、言葉の厳密な意味において**より意味にあふれた**、身近な「輪」でのコミュニケーションを通じて求めようとするものである。「書き言葉」が運ぶより正確でない情報を、私たちはあまり使わないものなのだ。(原注73)

子どもたちが他の活動よりも「会話」に、時間と努力を注ぎ込む理由はここにある。思い通りのことができるなら、子どもたちは、語りに語り続けるのだ。それは大人も、そう、その通りである！

子どもたちの、他者の「モードドル」に分け入ろうとする渇望は際限のないものだ。自分自身の「モードドル」を改訂し、洗練することに一生懸命になっているからだ。「読む」ことは「モードドル」間の情報移転において「話すコミュニケーション」にはとても敵わないのである。子どもたちは（大人もまた）、「書き言葉」に注意を向けるにしても、それは大抵「書き言葉」による「ファンタジー」を好むものだ。「ファンタジー」こそ、自分の中にいる「解釈者」が自由を最大限に行使できるからだ。

この点について作家のヘンリー・ミラーは、ほとんど注目されない箇所で、こんな風に、とても分かりやすく書いている。

言ってみたい、と思ったこと、それはもう鎮圧しようもないことだ。それは、オリジナルな創造である。それはいつも起き続けていることだ。書こうと書くまいと。オリジナルの創造は、そうした原初の絶え間ない変化に属するものだ。そこには、次元というものもなければ形態もなく時間の要素もない。この原初の状態では……消えたからといって、そこに破壊の苦痛はない。いつもそこに、あり続いていた何か。滅びることがないもの。記憶のような、物質のような、神のような。それが呼び出される。そしてその中で、小枝のように自らを流れの中に投げ込む。言葉であれ、文であれ、アイデアであれ。どんなに微妙なものであれ、巧妙なものであれ。詩の、もうこれ以上、狂いようのない飛翔も、最も奥深い夢も、目くるめく、未来の果てまで見通したビジョンも、すべては伝えようのない出来事を記念するため、苦痛と悲しみの中で、鑿《のみ》で削りこんだ、粗い絵文字ではない何か。そこは知的な秩序の世界だ。そんな奇跡を鎮圧する、そんな無意味なことは必要ではない。そう、それはたしかに鎮圧は意味のないことなのだ。仮にその奇跡の実現を阻むことができたとしても、そこに生れたリアルが、誰かの指図によるものだとしたら、その時、代わりに偽造されたものに、満足できる者はいるだろうか?……偉大なる芸術作品は、それが何事かを成し遂げたものであるとしたら、それは私たちにそれを思い出させてくれるものだ。いや、こう言おう。それは私たちに夢を見させてくれるものだと。流れ行く、つかみどころのないすべてのものの夢を見させてくれるものだと。つまり、宇宙を。それは知識ではとらえようのないものだ……

原注73　自分の活動時間のほとんどを「書き言葉」を扱って生きている人々——研究者、学者、作家——が、「現実生活」を最も知らない人だと思われているのは偶然のことではない。それは何も彼らの性格に欠陥があるからではない。人間の「モードル」は「現実」をモデルとして鋭く定義づけるものだが、その正確な意味と最も繋がらない「書き言葉」という道具に、職業上どうしてもかかわらざるを得ないからだ。
　知識人たちの目の中に私たちがしばしば見て取る曖昧さや疎遠さは、彼らの智慧の深さを表すものというより、ニュアンスに富んだ現実的な意味からの隔絶を示すものである。

いや、それは理解できることだと、いくら言い張ろうと、あるいは言い張るまいと、そこには常に、それ以上の何かがある。それを表す、決定的な最後の言葉は、これからも常に語られることはないだろう。日常の中で否定しているものへの飢えの中から生れ来るものを、私たちは、そこに差し出す。もしも私たちが自分自身を、それ以上ありようのないものとして等身で受け入れてしまったら、芸術作品は――そう、全芸術世界は、栄養不良で死に絶えてしまうだろう。人は誰でも、一日に数時間は地に足をつけずに浮遊できるものだ。目を閉じればいい。そして好きなようにする。眠りの夢からすっかり覚めたあと、起きている間に夢を見る術《アート》は、いつの日か、きっと誰もが手にする力になるだろう。それは本というものが存在しなくなる、ずっと以前に起きることだ。夢からすっかり覚めていながら、なお夢見ることができれば、そのコミュニケーション（お互い同士、そして、あらゆる人間を動かす精神のコミュニケーション）の力は、文章を綴ることなど、馬鹿者の喚き散らす、不快な、イライラする戯言《ざれごと》としか思えないほどに高まることだろう。（原注74）

今、私たちの目の前で、「書物の世界」が存在を停止しようとしている。私たちは今、新しい時代に踏み込もうとしているのだ。人々のコミュニケーション能力が、より大きな「コミュニケーションの輪」に向かって、一段と高まろうとしている。互いの「モードル」に効果的に分け入ることができる能力が一気に、それも膨大に高まる、そんな約束の時代が来たのだ。そのテクノロジーの最初の波は、すでに私たちのところへ、押し寄せて来ている。私たちが自分の「モードル」の中で意味づけたものを外へ表出しようとして使用している言語シンボル――その視覚的・音声的なニュアンスを、遠くへ伝達するばかりか、時間を超えて保存することも可能になっている。この進歩に伴い私たちは、意味ある情報を、その微妙さと質を飛躍的に増大させながら、効果的に伝達することが出来るようになった。**「テレビジョン（遠隔視覚）」、及び関連するマルチ・メディアに対して、人々が厖大な関心を払い、それがますます増大している最大の理由は、ここにある。**（原注75）

過去の時代に生れ育った、本を重視する批評家たちは、テレビは精神を鈍くするなどと批判しているが、非現実的な批判である。テレビ及び関連メディアは、「書かれたメディア」が望むべくもない、大量の情報を伝達できる道具なのだ。実際、マルチ・メディアの記憶の貯蔵庫に収められた情報の山に、簡単に手軽にアクセスできる技術的な進歩とともに、これを活用しようとする動きも劇的に増大している。書誌学はいずれ考古学の分野になるはずだ。古代バビロニアの楔形文字を研究するようなものになるはずである。

「モードル」同士の相互理解を支援する、そんな進歩も約束されている。コンピューター科学の最先端の部門では、脳の働きを物理的に支えている生化学・電気的なメカニズムに直接、分け入ろうとさえしているのだ。この分野の研究者たちの狙いは、人間の脳の「モードル」づくりの活動に対して直接、探りを入れることである。まだ研究成果は限られたものだが、この分野の研究がさらに進めば驚くべき結果がもたらされることだろう。

原注74　ヘンリー・ミラー、『セクサス（*Sexus*）』（Grove: New York, 一九六五年）二一七〜二一八頁。

原注75　異文化間を橋渡しするのに、テレビが多大な効果を上げている理由も、ここにある。ある社会が共有する意味を理解するには、その社会が生み出したテレビに浸る方が、本を読むよりも遥かに簡単である。

さて、ある個人によって行われるあらゆる活動は、その人間の「モードル」に貢献する。活動はつまり、その一つひとつが、その人の「モードル」づくりの一部を構成するものだ。そして個人によって行われる活動の幾つかの型《タイプ》に対して、「名前」が与えられている。それらの活動の型を示す「名前」には、ほとんどの人々が使う広い文化的な意味合いが込められている。だから、それらは注目に価するのだ。

そのうち「考える《シンキング》」とはふつう、身体的な動作を必要としない、あらゆる精神活動の型を示すものだ。また「働く《ワーキング》」は、ふつうは経済的な価値を伴う、ある特定の有用性を生み出す取り組みを指す。これに対して「遊ぶ《プレーイング》」はふつう、少なくとも見た目には有用性が「何処にも見当たらない」取り組みを示すものだ。

古代ギリシャのヘレニズム世界において「働く」は、私たちの知る限り、人間がなすべきではない、最も好ましくないものと考えられていた。当時のギリシャ人たちによれば、有用性の目標から遠ざかれば遠ざかるほど、人間精神の本質を理解できる、とされたのである。ギリシャ人たちはさらに一歩踏み出し、格別に価値あるものとして、ある思考の型を生み出した。それが「合理的思考《ラショナル・シンキング》」である。(原注76)「合理的思考」を含む「モードル」づくりは、古代地中海世界各地のギリシャ・アカデミアのお気に入りの娯楽だった。

しかし近代の西洋社会においては、こうした「モードル」づくりの、さまざまな活動に対する態度に大きな混乱が生れる。今度は「働く」が数世紀にわたって、特別な栄誉を与えられるようになるのだ。人間的な目標として、経済的な利益が何よりもまして称揚されるようになった。取引の流れに関係のな

いようなことを追求する人々は、社会の爪弾きか不適応者と、しばしば見なされるようになった。（原注77）

これに対して現代における通信・情報処理の進歩は、私たちの「モードドル」づくりの質を大きく向上させて来た。私たちはますます「考える」ことを価値あることと受け入れるようになった。利益に繋が

原注76　古代ギリシャでは数世紀にわたって、知識人の間で名声を得ようとする「合理的思考」の創造者たちによって、闘いが繰り広げられた。その少なくとも一端を伝えるのが、プラトンの対話篇である。そうした闘いは、かんたんに勝てるものではなかった。勝利を手にしたからといって、あぐらをかいていられるものでもなかった。

こうしたギリシャの「合理的思考」はやがて、近代の西洋文化の中で復活を果たす。それはある歴史的な出来事の結果、生れたものだが、ここではその議論に立ち入らない。問題は、この思考の型が西洋の哲学者たちをあまりにも強く、摑んでしまって来たことだ。だから、そうした思考の支配に対してようやく挑戦する者が現れたのは、私たちの一つ前の世代になってからのことである。

生物学者のルイス・トーマスは、従来の「合理的思考」に対して起きた挑戦について、簡潔かつ雄弁に、こう語っている。

「自分たちの精神の中には、思考の列車が動いている、と私たちは思い込もうとする。あるいは意識の流れがある、と思い込もうとする。まるで直線的な出来事のように、整然と並んでいるもののように。原因と結果の連関の中で、ある考えが次の考えを導くと思いたがっている。論理は、そのための道筋であると。だから私たちは、論理に高い値段をつけているのだ。しかしそれは、〔英国の作家〕E・M・フォスターのエッセイ、『小説の諸相』に出てくる、あの老婦人の考えとは別物である。彼女は、こんな風に、聞く耳に届く言葉を語る。『論理ですって？そんなの屑よ！　自分が今言ったことが分かる前に、どうして自分の考えを知ることができるのよ』」

「私もまた包み隠さず、私自身について認めることができる。私の精神というものもまた大抵の場合、考えがゴタゴタ混ざった塊に過ぎないことを。それも、その塊の大半は問いの形で、そこにある。時間があれば、そこから選び出し、扱うことができる、そんな正しい順序の整列など、そこには決してない。大抵は思いがけなく頭に浮かび、そばにたまたま漂っている他の考えたちと押し合いへし合いする。こうした新しい攪乱が、他のすべての無秩序を増幅させるのだ。混沌の上に、新たな混沌の形を付け加えるのである」ルイス・トーマス、前掲書〔原注10を参照〕、一一一頁。

らないことを「考える」ことも、受け入れるようになった。そして、経済的に生産的な活動が一見、経済的に非生産的な「考える」カテゴリーに含まれることから生れる事実を次第に受け入れるようになった。

「考える」という「非生産的」な活動から「生産的」な活動への道のりは回り道のように見えるけれど、たとえその結果が経済的に目を見張るものにならなくとも、実は辿る価値のあるものだとハッキリしたのである。つまり、人々は遂に理解したのである。明晰な思考によるものではないが、直感的に理解したのだ。「モードル」づくりの活動は、とてつもなく複雑かつ広範なもので、すべてを包み込んでいるものであることを理解したのだ。だから一見、関係ないように見えることでも、実は繋がり合っており、「生産的」な見方では行き止まりとしか思えない道を進み続ける自由が「モードル」の作り手に与えられさえすれば結果として、生産性においても、とてつもない進歩を生み出す、とてつもなく強力な「モードル」を生み出すことに気づいたのである。

しかし「遊ぶ」に対する西欧社会の態度は、これまでとても批判的なものだった。最近になってようやく、それもごく限られた範囲で、「遊ぶ」にも上記の考え方があてはまることに気づく人々が現れたのだ。

「考える」という非生産的な活動を価値あるものと受け入れる分野は、「モードル」づくりという人間的な活動の中の、どちらかというと狭い部分に限られている。つまり「意識」のレベルで行われる精神活動に限定されたものだ。「考える」とは、精神がそれと気づいている何ものかに対する意識的な適用、つまり思考である、とされている。そして、西欧の文化は「考える」の全カテゴリーを許容しているわけでもない。**先験的に**《アプリオリ》経済的な生産性とはどんな風にも結びつき得ないものだから、否定さるべきカテゴリーもあるというのだ。その一例が「遊ぶことを考える」カテゴリーである。

しかし実際のところ「遊ぶ」は、たとえそれが有用性という目標からどんなに遠く離れたところにあろうと「モードル」づくりのすべてを含んだものである。このことに、「ポスト・モダン経済」の観察者たちは気づいている。

「ポスト・モダン経済」には、二つの特徴がある。その第一の特徴は、より多くの他者の「モードル」により効果的に分け入る能力が人々の間で急速に高まり、その結果、一見無関係なさまざまな「モードル」同士が、想像力にあふれた「モードル」の作り手たちによる新たな手法の中で互いに繋がり合う可能性が増大していることである。第二の特徴は、この異なる「モードル」同士の交配の劇的増大がもたらす開放と受容が、人々がそこに経済的な価値を見る活動の数を持続的に増大させて行くことだ。その結果、これまで価値や取引の外部にあったものが、包摂されて行くのである。

こうしたことのすべては、「ポスト・モダンの時代」の——より適切な言い方をすれば「情報の時代」の出現を導いた、ある根本的なファクターの働きによる。この根本ファクターとはすでに広く認められている、全世界を簡単でシンプルな、より小さなものにした、情報移転と貯蔵システムの発展である。私たち一人ひとりの周りの「直接的な環境」が年を追うごとに、この地球という惑星の中へ、宇宙の中

原注77　ひとつだけ、例外のように思えるものがある。宗教的なものに身を捧げる人々が、それである。しかしこれも実は例外ではない。西洋社会の人々のほとんどが、宗教を秩序ある社会に必要な構成要素と見なしているからだ。社会秩序はそれ自体が生産的な社会を成り立たせる前提条件である。

へとますます入り込み、広がっているのだ。「情報マネジメント」の進展は「隣人」の数を毎年、飛躍的に増大させている。親友でもない人の「モードル」に分け入る洞察力、それを獲得する力を、それだけ与えているのだ。

効果的な「モードル」づくりは、あらゆる人間活動を駆動する原初の動機となるものだから、「情報の時代」が数々の成功を収めている事実は、誰もが自分の「モードル」を発達させるべく、与えられた機会を最大限、活用することを今後とも保証するものになるだろう。自分の「モードル」をよりよいものにする——これは生きとし生ける者全員に共通することだが、その欲求こそその人を、この「情報の時代」の楽隊の車に乗せ、価値あるものへと運ぶものである。これにより、より高度化した「モードル」は、よりよい「情報マネジメント」を産み出し、それがまたその人の「モードル」を幾何級数的に発達させるのだ。

より広範な、さまざまな「モードル」へのアクセスを求める人間の希求は、何よりもまず、そのアクセスが無条件であることを要求する。それは何かにアクセスできる・できない、アクセスすべき・すべきでない、どれがより役に立つものであり、どれが役立たないものか、といったアクセスへの条件付けを拒否するものだ。あらゆる「モードル」の全情報に対する「アクセスの自由」こそ、「情報の時代」の人々が求める、最も大事な前提である。それに対応するかたちで、自分が意志する方向へ「モードル」を発達させる自由が導き出される。その結果として、その人にとって特別に大事なものを生み出す、より大きな多様性、潜在的な力が出現するのである。

「情報の時代」では「遊ぶ《プレーイング》」はだから、**他のどんな活動よりも**重要なものとなる。それはあらゆる人々の「モードル」を全体としても発達させる可能性を最も約束するものなのだ。結果が予測された、分かりきった活動はそれ自体すでに、海図なき航海に向けて「モードル」を拡大する力を、ほとんど失っているわけだ。対照的に、知られざる分野に踏み込む活動は、厖大な成果を生み出す可能性を秘めているから高い評価が与えられる。もちろん誰もがうまく行くわけではないが、「モードル」のつくり手に自由裁量が最大限与えられた時、最大の成果が産み出される可能性が出て来る。

今後、時が経つにつれ、人々の活動のますます多くの部分が「遊ぶ」カテゴリーに含まれるものになって行くだろう。これは私の推測だが、「遊ぶ」という言葉自体が使われなくなって行くはずだ。「遊ぶ」は最早、ある特定の何かを限定的に描くものではなくなる。つまり「遊ぶ」は誰もがいつも普通に続けている当たり前のものになるのだ。既成の価値判断の制約を受けない「モードル」づくりの活動となるのである。「遊ぶ」という言葉が残ろうと残るまいと、こうした「モードル」づくりの活動が支配的なものになるのは間違いない。西欧社会はこの状態に向かって急速に動いているのだ。ただ、このトレンドに気づいている観察者がまだごく少数に限られているだけのことである。(原注78)

西欧社会を「遊ぶ」社会へ変えることとは、子どもたちに焦点を合わせるだけで、最も困難のないかたちで実現可能である。子どもたちはもちろん、いかに「遊ぶ」か、だけを知っている。子どもたちとはつまり、大人社会が「生産的」だとレッテルを貼ったものとは無関係に、自分の人生を効果的に生きる最高の「モードル」づくりに向かって、人生の最も早い段階から、その「モードル」づくりに従事できる存在であるわけだ(なぜ、大人社会が「生産的」だとする活動に、子どもたちは関心を払わないか?それは大人が自分たちの都合に合わせ、子どもたちには直接、役に立たないかたちで、これは価値が有る・無いと区別したことに対し、子どもたちはそれがそもそもどういうわけなのか理解する術を持たないからである）。

「遊ぶ」という自然の在り方で育つことを、「検閲」や「大人の支配」に従属させない環境の中で、私たちがどれだけ許すか――その程度、限りに応じて私たちは、この「情報の時代」を最大効率で生きていく子どもたちの力を高めることができるのである。この点を考えることに、そこが子どもたちが育つ場所として効果的なところかどうかを判断する出発点がある。

子どもたちが育つ場所について、「学校《スクール》」「教育機関《エデュケーショナル・インスティテューション》」「学習《ラーニング》センター」など、これまでさまざまな呼称が使われて来た。それらはみな、「産業社会」においては重要な呼称だった。「ポスト産業社会」に移行した今、そこで最も役立つ、子どもたちの成長のためになる、これまでとは根本的に違う、全く新しい呼称が創造されなければならない。これは単なる「意味論」の問題ではない。これは「情報の時代」において、「モードル」が共有する、全く新たな意味を、どれだけ十分に表すかにかかわる問題である。既成の呼称はどれも「産業社会」に関係するものだから、一人で二役をこなせるものではない。古い呼称を新しい意味に見せかけることはできない。

「子どもの発達」に取り憑いた、こうした古い言語要素を使い続けていると、子どもたちが成長して行くのにふさわしい環境を、意味あるかたちで議論することが困難になってしまう。使い古された言葉に新しい意味を着せると必ず誤解が蔓延《はびこ》る。サドベリーは言うまでもなく、私がこれまで述べて来たように、子どもたちのための新しい環境を生み出すために創設されたものだが、このサドベリーに関係する私たちが悩まされて来たのも、この呼称の問題だった。私たちがサドベリーについて書くにせよ、話すにせよ、古い語彙を使い続けている限り、私たちは相手の人たちの「モードル」の中に、サドベリーとは全く関係ない、すでに過去のものになった意味を、どうしても掻き立ててしまうのだ。新しい考えを運ぶ、新しい言葉が生れなければならない。「ただいま募集中」の看板を掲げる時である。

私はこれまで「遊ぶ《プレーイング》」について語り続けて来たが、そこに曖昧さはあってはならない。私が**ほんとうに言いたい**のは、役に立つとか、将来経済的な利益につながるといった常識とは無関係な活動への自由な従事――としての「遊ぶ」である。「産業期」の「学校」と「家庭」で育てられた大人にとって、いま私たちがそこにいる全く新しい時代に完全に移行することは不可能に等しいことだ。しかし子どもたちにとっては、移行は自然なことである。子どもたちは、**そこ**から始まっているからだ。つまり大人である私たちがなすべきは、**子どもたちの邪魔をしない**、ことである。子どもたちをして子どもたち足《た》らしめることである。私たち自身が押し付けられた制限や判断を子どもたちに課すことは止めにしなければならない。子どもたちのしていることを見て、それが将来何の「役に立つ？」――などと**金輪際**《アット・オール》、尋ねてはならない。「遊ぶ《プレーイング》」を、私たち大人の「産業社会」的に決定された労働の概念のひとつに変造

原注78　今のところ、このトレンドに気づく人がいても、いやこれはやはり「いけないことだ」という思う人がほとんどだ。「遊ぶ」よりも「働く（ワーキング）」を好む偏見の残滓のなせるわざである。私たちが、さまざまな「不承認」の声を耳にするのは、こうしたわけだ。アメリカ人は娯楽にうつつを抜かしているとか、マルチ・メディアの新製品に夢中になっているとか、「とっぴな」考えにとりつかれているとか、「規律」を忘れているとか――。「働く」はたしかに昔は、明確な、すぐ手にできる、経済的な生産的な結果を産み出していた。だからその「働く」にまだこだわり、物事をそこに結びつけ、意味づけしているのである。そしてこうした「不承認」の矛先は特に若者たちに向けられる。その若者たちこそ、直感的に「情報の時代」が「モードル」づくりに対して提示する新しい機会を最初につかみとる世代であることは言うまでもない。

しようとしても土台、無理なことである。そうした干渉のすべては、いま私たちにも到来している新しい時代の中で気持ちよく育って行こうとする子どもたちの能力を殺ぐことになるのである。

子どもの「遊び《プレー》」は、自覚から懸け離れた潜在意識の底に潜むその子の「モードル」の要素によって決定される場合が多い。子どもはこんな状態が心地よいのだ。「遊び」の展開の節目に、「ぼくはなぜ、こうしているんだ？　この行為によって、ぼくは何を達成しようとしているのだ？」といった自覚的な問いを自分に対して発することはないのである。

もちろん、時には大人たちのように計画に従って行動することもある。しかし、「モードル」づくりのほとんどが自覚から遠く離れたレベルで生起するのと同じように、「遊び」の中で示される「モードル」づくりもまた、「モードル」のはるか奥深いところから発せられるものなのだ。子どもたちは自発的に、「モードル」づくりにおける切れ目のない調整の中で、内的な精神活動のプロセスを苦もなく外化した活動と結合させているのである。畏怖すべきことに、人間という動物はこのように創られているのだ。

こうした「開かれたかたち《オープン・ファッション》」で自分の「モードル」づくりをすることに慣れた子どもたちは、自分の周りから得たエキサイティングな情報を最もうまく活用できる立場にある。そしてすでに繋がりを持った人々の「モードル」に分け入る、とても想像力に富んだ、ユニークな経路を見出すことができるのだ。

サドベリーで私はこれまで数十年にわたり、思春期の終わりに至るあらゆる年齢の子どもたちが、「自由な遊び」が禁じられず妨害もされない完全な支援態勢の中で――大人たちが絶対的な不干渉を貫く中で、育つ姿を見続けて来た。そこで私が見たもの、それは「産業期」に育った私の事前の予想をはるかに超えるものだった。

サドベリーの子どもたちの圧倒的多数は、開かれたハートと開かれた精神を持って育っているのだ。自分をごまかす必要はどこにもない。心行くまで、情熱を込めて、遊んでいるのだ。あらゆる束縛感を捨て去っている。時間的にも、空間的にも。この素晴らしき創造の名人たちよ！

サドベリーの子どもたちは常に挑戦に立ち向かっている。そしてそれに打ち克とうと努力を惜しまない。失敗から復活を果たす。うまく行けば大喜びする。自分たちが決めた目標は達成できると感じているようだ。それが達成できないと分かった時は、目標を決め直す。そして疲れも知らず、周りの環境の中から、そのための情報を得る努力を続ける。役に立ちそうなものならどんな道具や補助具でも使いこなす。喜ぶけれど悲しみもする。彼らは感覚的であり、感情的でもあるのだ。想像力と創造力にあふれ、常に何事かに興味を覚えている。

そして何より、サドベリーの子どもたちはコミュニケーションの名人《マスター》である。来る年、来る年、数え切れない時間を「学び」に使っている。それぞれが自分のやり方で他者の「モードル」に分け入り、ともに「世界」を見ているのだ。こうしたすべての鍵は、妨害されない「遊ぶ《プレーイング》」にある。「遊ぶ」こそ、私たちの目に映るサドベリーの子どもたちの主要な活動である。（原注79）

素晴らしさを求める「卓越性《エクセランス》の追求」は、人間誰しも年齢を問わず、その行動のすべてに組み込まれているものである。それは「モードル」がその本質において、人生を実りあるものにするために最も優れた「モードル」をつくろうとするものであるからだ。私には、こんな思い出がある。

息子が三歳の時でした。息子と私は「野球」をしていたのです。アパートの居間でのことでした。息子がバッターになり、ラバーフォームのバットで、私の投げた大きめの柔らかいボールを打ち返すバッティング遊びです。息子が打ち返す度、私は「いいぞ」「ヒットだ」などと声を上げていました。子どもには自信を与えなければならない……どの本にもそう書かれてあり、だから私もそうしていたのです。常に励ます。親としてできる、あらゆる「ポジティブな強化」を与える。強調すべきはポジティブな成功であり、回避すべきはネガティブな失敗であると。

遊びだして数分後、息子は急にバットを投げ出し、怒って部屋を出て行こうとしました。「もう、一緒に遊ばない！」と言って。「嘘つき！　僕がひどい打ち方しか、できていないのに！」

息子の信頼を取り戻すまで、長い時間と努力が必要でした。

子どもたちは私たち以上に、自分に対して厳しいものである。そしてそのことを、子どもたちは隠さない。もっとよくなろう、よくなろうと絶えざる努力を、自分を曝け出しながら、疲れも知らず続けているのだ。自分のしていることを、とりあえず納得できるところまで努力し続ける。そして決して自分を欺こうとはしない。自分が到達したいと望むところまで自分を引き上げて行く。それはそれ以上のことを求めない、ということではない。その気になったら、さらにまた取りかかる。子どもたちの「モードル」が彼らに、自分で立てた目標と今の到達点を比較する手引きを与えているのだ。必要とあれば目標を越えてさらに進む、新たな方法を編み出す手引きさえ与えているのだ。

すべてはあまりにも明らかなことである。幼い子どもたちの活動を見れば、誰の目にも明らかである。幼い子どもたちの活動は常に「挑戦」に応えようとする構えと対になって続いて行く。ここで言う「挑戦」の意味は、自分自身で今のところはうまくやれない、自分の限界を越えた目標を設定し、強固な決意でもって到達しようとすることである。「モードル」づくりとはまさにこのことである。常に現時点の到達点を越えたところへと「モードル」を改訂して行く生涯を通した努力。常に自分の存在を高め、自分が目指す場所の前に立ち塞がる障害物を押しのけようとする取り組み。「卓越性《エクセランス》の追求」と「挑戦の設定」は子どもたちにとって——もちろん、あらゆる年代の人間にとっても——呼吸や摂食のように当たり前のことだ(原注80)。

しかしながら、その「挑戦」に子どもを駆り立て「卓越」を強いるようなことは、私たちの経験か

原注79 以下の引用に、「遊ぶ」の、こうした特徴の多くが示されている。サドベリーの卒業生の回想記である。

「粘土が現実でした。それ自体が生きていました。そこには社会を動かして行くエコノミーがありました。マネーもありました。法律もありました。私たちがサドベリーで最初に粘土でつくった場面のひとつは、昔の町でした。雑貨屋や郵便局、宿屋などのある町でした。映画に出て来るような。でも、自分の目でじかに見たものもありました。どうやって作るか、本で調べた憶えはありません。本を読んで、その通り真似してもよかったのですが、私は自分のやり方で、自分の考えた通り、作ってみたかった。そこで大事なことはリアリズムで、それがすべてでした。エンジンのない車はありえませんから、エンジンをとりつけボンネットで覆います。エンジンにしても、自分で考えて作る。どこに何を取り付けるか、空気清浄機はどこに取り付けるか、これはここ、それはそこ、といった具合に。真似したくはありませんでした。自分で、自分の経験から、自分の知識から、自分で考えたかった。これが私の学び方でした」

らして正当化できることではない。それどころかそれは理屈にもならない無意味なことなのだ。個々人のパフォーマンスを一律に測定する絶対的な基準というものはない。あらゆる「評価」は個々人それぞれの「モードル」の中で行われるものなのだ。それは「内部監査」の問題である。つまりは「判断」——自分の「モードル」が、それが世界の中で役に立つものか判断するのである。人々の思想や行動を一律に判断可能な、普遍的な基準があると考えることがいかに不条理なことか。

それを最も紛れもないかたちで私たちに突きつけるのは、画期的な革新を達成した人々である。私たちの社会は最初、その革新に抵抗し、後になってようやく受け入れることを繰り返しているのである。[原注81] 革新的なことを成し遂げた者はほとんど必ず、低級な屑だ、無価値なものだと苛烈な批判を浴びる。その革新的なるものが同時代の「モードル」から見て、そうとしか見えないからだ。その時代の「屑」が「黄金」に変わるのは、時が過ぎてからのことである。

しかしそうであるならば何故、人間——特に子どもは、そのパフォーマンスを向上する上で強制が不可欠なものと考えられているのだろうか？　この問いに対する答えは、あの「不可抗力《フォルス・マジュール》」という外部からの押し付けが、その影響下にある人々の外面的な行動に及ぼす効果の中にある。

こうした外部からの圧力を、自分が生き残って行く上で重大なものと感知した者は、その圧力から逃れるため、自分自身の「モードル」づくりの大半を、外部からの干渉から比較的自由な自分の内奥に秘匿する。だから強制された者の表面的な「行動」は、外部からの圧力が示す要件に合わせたものになって行くのだ。要求した通りの行動を取るよう迫る、この外部からの圧力の強さに応じて、圧力下にある者はその要求水準を満たすよう駆り立てられる。「卓越」とか「高い質」とかいった言葉は、このためにつくられた言葉であるのだ。

　こうした要求水準はいったんクリアされると、外部圧力が迫るエスカレーション要求を満たすべく、さらに引き上げられるのだ。労働者が「単位時間における作業量」調査を嫌うのは、このためである。労働の場を支配する権力の目的に応えるべく、さらなる「生産性」向上に利用されるに決まっているからだ。一般的に、行動の当事者以外の者が当事者の行動を判定する状況の有無は、外部的な権力が存在するかどうかにかかっている。外部権力は支配下にある人々に「行動変容《ビヘヴィアー・モディフィケーション》」を強いる立場にある。

原注80　サドベリーを卒業したある女性は、こんな回想をしている。

「私はサドベリーに流れる空気を思い出します。言ってしまえば、それは大きな挑戦の連続でした。私たちは毎日、挑戦に応えようとしていたのです。それは、今日、サドベリーに行ったら、〔石灰岩で出来た〕建物の縁を地面に落ちないで一回りしてみせる、といったものでした。本当に怖かったけれど、やり遂げました。私たちはみな、それぞれそうした挑戦をしていたのです」

原注81　この点に関してタデウス・ゴラス〔Thaddeus Golas　米国の作家、評論家（一九二四～九七年）〕は、ユーモアを交えながらこう書いている。

「私たちは常に自分のことしか見ていない。だから他人の間違った行いを正すなど、おこがましいことだ。他人が自分のしていることを自分で知っていれば、それはもう間違いなく、そうはしていないはずである。でも、その他人もまた、私たちと同様、自分を知ったつもりでいる。その人がもし自分の自由意志で、自分のことを見ていないとしたら、私たちがいくら言ったところで、ますます行いを正しはしないだろう。つまり、他人の間違う自由を否定することは、私たちの間違いなわけだ。人に愚かなことをする自由を与えること、それはスピリチュアルな進歩にとって、最も重要で最も難しい最初のステップである。しかし、ありがたいことに、そんなステップを踏む機会は、私たちの周りに日常的にあふれているのである」*Lazy Man's Guide To Enlightenment*（Bantam、一九七二年、七六頁）。〔邦訳は『なまけ者のさとり方』（山川紘矢・亜希子訳　地湧社）〕

私たちの「考える《シンキング》」、すなわち思考は、「モードル」づくりの中で私たちが意識している部分であり私たちがコントロールできるものだが、これには特記すべきさまざまな側面がある。

この「思考」を「抽象的」と「具体的」に分類し、そこに重要な意味を与えている人もいる。なかでもよく聞くのは、「人類だけが抽象的な思考をできる」という主張だ。そしてその抽象的な思考力は幼児期にはないもので、成長のある段階になって初めて出てくるものだとする主張である。

プラトンの対話篇を読み、最も具体的な言葉の性質を理解しようとするプラトンの苦行のあとを辿った人であれば、思考というものは全て「抽象化《アブストラクション》」であることを理解するに違いない。思考とはつまり、鋭角的な定義とか完璧な知識といったものを許さない、微妙で流動的な印象の連鎖《コンキャティネーション》である。そして子どもたちとは、この抽象化する力を自由に使いこなすことができる名人であるのだ。

情報の洪水の中に生れ落ちた子どもたちは、そこに差異をもたらす何らかの方法を確立しなければならないから、そのためにはどうしても抽象化せざるを得ない。抽象的な思考はある程度成長してからでないと生れないと主張する人々は、「思考」と「語」を混同しているのだ。大人の言う「抽象的」という語を、子どもが大人と同じような意味で使い出す時点にこだわっているから、そうなる。そうした見方は、子どもたちの発達について何も言っていないに等しい。それは子どもの周りにいる大人たちが、その子をその子自身の関心からどれだけ逸らし、自分たち大人の側に近づけたかを測る基準になり得るだけだ。(原注82)

検討にかけるべきもうひとつの「思考」の側面は、それがどれだけ「合理的《ラショナル》」なものかという問題である。この点で私たちがよく耳にするのは、「論理的な思考」の美徳を褒めそやす言葉である。そして私たちは、子どもたちに「論理的な考え方」を教えることは何よりも重要なことだとよく聞かされる。「思考する《シンキング》」を「論理的に考える《リーゾニング》」と同一視しているのだ。

「論理《ロジック》」を「考える」形式として、非常な努力の末、発明したのは古代のギリシャ人である。これを受け、後継世代の哲学者たちは現在に至るまで、この「論理」なるものと格闘し続けて来た。これが「モードル」づくりにどう役立つかはなお不明だが、それを使いこなそうとするかどうかは、その人次第である。

ただ、これを使いこなすには、それを学ばなければならないことは言うまでもない。この「論理」なるものは、古代ギリシャのある特定地域以外では生れようのなかった特別なもので、「モードル」づくりの道具として広く受け入れられるまでには困難な時期を経なければならなかった。ただ「論理」を教え込まなければならないかどうかは、個々人の内的な活動に対し外部から強制すべきかどうかと同列の問題である。

原注82 この点は、社会の周縁部に生まれた子どもたちに対する「早期介入」論の中でもハッキリ示される。そうした社会的な主流とは無縁な場で育つ子どももまた、成果と想像力にあふれた「モードル」を発達させていることは疑い得ないことだ。そうした子どもたちの考え方、とりわけ行動を主流文化の方向に向けるには、強制的な介入が必要である――これが「早期介入」論である。そしてその介入は、子どもが幼ければ幼いほど効果的なものになる、というのだ。

社会の支配的な文化が、その文化の主流の外にある子どもをどれだけ改変しようとするかは、その文化が多様性に対しどれだけ脅威を感じているかによる。

最後に私は、このエッセイを書こうと思い立った、私自身のある疑問に立ち返り、結びの言葉としたい。その疑問に対する答えがこのエッセイの最後の最後で、ひとりでに現れるようなかたちで結論付けたい。その私の疑問とは、「子どもと大人は、どんなふうに違うのか?」という問題である。

これまで私が明らかにしようと努めて来たのは、あらゆる重要な点で子どもも大人も、人生を生きて行く上で違いはない、ということだった。私たちは一人の人間として、年齢の違いを超えて常に活動的な「モードル」の構築者である。私たちは誰しも生れてから死ぬまで、絶えざる「自己改造《リモデルング》プロジェクト」に従事している。私たち一人ひとりが持つ、独自の、とてもユニークな「モードル」は、どこかで完成してしまうものでも、どこかで止まってしまうものでも、私たちのニーズに応え切るものでもない。私たちは生きている限り、休むことなくその改造作業を続けている。膨大な相互作用を環境との間で生み出す、よりよき道具づくりに従事している。外部の環境はたしかに、私たちの行動を変え得るものだが、私たちがあらゆる瞬間に続けている活動に対する創意と創造の流れを止めることは決してできない。

人は誰でも、一人の「創造的な天才」なのだ。人は皆、それぞれの「判断」を持っている。そしてそれぞれ「卓越」を希求している。それは誰でもそうなのだ。生れてから死ぬまでそうなのだ。

こうした「個性化《キャラクタリゼーション》」がどれだけ外部に表現されるかはひとえに、その人間が外部権力による破壊の危険に曝されず、自分を表現する自由をどれだけ持っているかにかかっている。

こうした人間的な自然において、相手が大人である時には見せない、人を見くびる、傲慢な態度で子どもたちに接することは、その子が生れ落ちた時点からすでに正当化できるものではない……。
大人との違い――その答えを、私がこれまで書き綴って来たこのエッセイの結論として、最もシンプルにかたちで言えば、こうなる。

子どもとは、「まだ限定《クオリフィケーション》されていない、完全な人間」のことである。

後記

「モードル」づくりはあまりにも複雑な活動だから、当然、こんな疑問が湧く。「モードル」づくりってそもそも、ふつうの言葉で理解できるものなの？――という疑問だ。そもそも、ある個人の「モードル」に、あるいはある生物種の「モードル」に、どうしたら分け入り、理解することができるの？　そうした研究は、人間行動の科学として、そもそも在り得るものなの？

ある個人の「モードル」に分け入るには、その個人とコミュニケーションしなければならない。その人の「モードル」を知りたいと思えば思うほど、それだけその人との間で相互作用を追求しなければならない。ある人の一連の行動《アクション》（その人と他者との会話を含めて）を「観察」しただけでは、ほとんど何の意味もない。観察したつもりの「行動」の底に、実は違った「モードル」が潜んでいる可能性があるのだ。[原注83] つまり「観察者」は、自分が見たものを意味づけるために、自分自身の「モードル」で解釈せざるを得ない。なぜなら観察者は、それ以外の参照の枠組を持たないからである。観察者は、こう思うのだ。「この人が今、心に思い描いていることは何だろう。そうだ、それはきっと、こうであるに違いない」と。そういう自分の精神の働きの中から、観察者はすべての答えを引き出さなければならない。相手の「モードル」の働きを理解するには、相手の「モードル」の中に、コミュニケーションを通じて分け入らねばならない。これはどういうことかというと、相手を観察する研究者の前には、長くて困難な仕事が待ち構えている、ということだ。

それは相手がたった一人であっても、そうなのだ。その仕事の困難さは、観察と研究の結果を、より広い「コミュニケーションの輪」に向かって、話し言葉や書き言葉を使って意味を伝えなければならないことや、当事者間の「モードル」は、より多くの人々で共有されるより広い「コミュニケーションの輪」の中ではごく一部しか伝わらないという限界があることで、なおいっそう増幅される。今日の心理分析家たちが、同じ用語を使いながら、その意味の解釈に非常な違いがあることは偶然に起きたことではないのだ。彼らのクライアントに対処する仕方が、それぞれ独特であることも同じことである。

ここで思い出されるのが、あの昔から有名な、少し滑稽な、自分の伝記を書く際に直面するジレンマである。すべて自分が経験したことであるにも拘わらず、何を書くにも長く考え込まなければならないのだ。だから他人の行動を理解しようとする時、その人の「モードル」に分け入るのに時間がかかることは、なおさら当然である。そしてそれはある意味で、うまく行くはずもないことでもある。他者とはコミュニケートできないと思った方が、よりうまく行く！　だから人々のすべてを、あるいはある集団の行動のすべてを理解するなど、不可能を語っているようなものだ。

そうした取り組みをしようとする人はまず、相手の「モードル」に分け入るテクニックを身につけなければならない。これはあらゆる行動理解の企てが最初に直面する挑戦である。しかしその挑戦に対する答えは、予め用意されていない。その挑戦に初歩的なレベルで成功するにしても、よほどの創意工夫がなければならない。

その挑戦には、**相手のありように根本的な改変を加えない形で、相手の「モードル」に分け入る試み**が含まれる。それは挑戦の一部ではあるが、決して小さなものではない。すでに見たように、コミュニケーションすること自体が、当事者双方の「モードル」を変化させるものである。それがコミュニケーションというものである。だから注意しなければならないのだ。人間行動の研究者が研究対象と効果的にコミュニケートするには、相手にもコミュニケートしたいという気持ちを持ってもらわなければならない。それだけですでに、研究対象の「モードル」に、ある深い変化を引き起こしてしまっているのである。そしてコミュニケーションを重ねるたびに、その一つひとつが、研究対象の「モードル」に変化を引き起こして行く。つまり、研究者が分け入っている相手の「モードル」は、その「分け入る」ことを可能としたコミュニ ケーション過程における相互作用によって、すでに変化した「モードル」に

原注83　観察に基づく誤解の典型として、広く流布した一枚の有名な写真がある。一九三八年、ナチ占領下のチェコスロバキアの町で撮られたものだ。

ナチ占領軍の行進を道路に立って見守る、一人の女性の写真。彼女の右手はヒトラー式の敬礼をしているのだが、左手はハンカチを握り締め、頬を伝って落ちる涙を拭いている……。

この写真は長い間、新たな征服者に忠誠を誓うことを強いられ、自由を喪失して悲嘆に暮れる、占領されたチェコの人たちの苦悩を表すものとして利用されたものだ。しかし、この写真の女性はそれから暫く経って、チェコに住んでいたドイツ人女性と分かった。彼女の涙は、チェコ人の支配のくびきからの解放の喜びの涙であり、右手による挙手は解放をもたらした総統に対する幸福な敬礼だった。

なっているわけだ。

私たちはここでもあの、どこまでも遡る「無限背進《インフィニト・リグレッション》」状況に直面する。そこでは「純粋な客体《ピュア・オブジェクティビティー》」はあり得ない。そこから、当事者それぞれの「モードル」に影響を及ぼし合うコミュニケーション理解の困難性という新たな挑戦が生れて来るのだ。

こう言うと、私がことさら困難さを積み上げ、人間行動理解のプロセスを複雑なものにしていると思われるかも知れない。しかし私は、そうした研究が直面する問題を、なるべく意味あるかたちで「単純化」して描き出そうとしているだけである。これまで挙げた個々の困難のすべてが互いにリンクし合い、複雑化なものにしている現実があるのだ。こうした複雑な困難を解決する最初の一歩を踏み出すにも今後相当な時間がかかるだろう。

実際のところ「人間行動の科学」と今日呼ばれているものは、欠陥だらけの考え方である。そもそも「科学《サイエンス》」とは何なのか、誤解があまりにも多いのである。それが「科学的な研究活動」への取り組みに禍を及ぼしている。「科学」は広く、「知識」とか「理解」の意味にも使われている。そして実際、「科学」は現代に至るまで、そうした広い意味で使われて来た。それは、意味を限定されずに使われて来たのである。西洋文化は現代になって初めて「科学」という言葉の意味を限定するようになった。「自然哲学」と「テクノロジー」の相互作用によって大きな成果が生れるようになったから、その二つの概念——「自然哲学」と「テクノロジー」をひとまとめにしたものとして、不可避的に「科学」が生れた。そして時にそれは、「自然哲学」「テクノロジー」の二つの独立した概念を突き崩す働きもした。

そして今、「科学」の鍵を握るのは、「実験《エクスペリメンテーション》」、つまり「環境に対する積極的な探求」だと広く考えられている。しかし「実験」は実際のところ、「テクノロジー」の鍵を握る基礎であるのだ。だから、自分が提起した問題の解決にたどり着くまで、あれこれ実験を続けるわけである。

その上、「実験」は「テクノロジー」を生み出す上で、プラスにもマイナスにも働く。「実験」で好ましい結果が出なければ、アプローチの仕方は無効なものとされ、逆に狙い通りの結果が出れば、それは「正しく」有効なアプローチであることになる。

しかし「科学理論」の発展過程を振り返ると、「実験」は限定的な役割しか果たして来なかったのである。「科学理論」は、現実がある側面において、どう動いて行くかを表す特定の「理論モデル」である。そして「実験」はどれも、現実における単なるひとつの実例に過ぎない。そうである以上、「実験」はそれだけでは「科学」理論の正しさを確証できないものであることは明らかだ（だから、「この理論モデルは他の場面においても、うまくあてはまるものなのか」という疑問が常に生れるのだ）。しかし、「実験」は「科学」理論の改訂、あるいは放棄を要求する「欠陥」を明らかにはしてくれる（実験の失敗は、現実が少なくともその場面において、理論モデルとは一致しない結果を示したわけだから）。（この点に関して言えば、カール・ポパー*は、彼の前に多くの先駆者がいたけれど、実験と科学理論の関係の理解に貢献した哲学者の一人と言える）

膨大な量のデータを蓄積しても――これまた科学者たちが高く評価している「観察結果」ではある

＊ カール・ポパー　オーストリア生まれ、ニュージーランド、英国で活躍した哲学者（一九〇二～九四年）。批判的合理主義の科学哲学を展開した。ロンドン・スクール・オブ・エコノミクス教授。『歴史主義の貧困』（久野収・市井三郎訳、中央公論新社）など邦訳も多数。

が——「正しき」科学理論の「発見」を、そのまま導くものではない。

　科学理論とは科学モデルであり、科学者たちの活動により定期的に更新されるものであるのだ。もちろんそれは、役には立つ。しかし、「正しい」という概念とは無縁のものである。それは「発見」されるものではなく、「発明」されるものである。観察結果はあらゆるモデルの原材料だが、モデルそれ自体を創造しはしない。

　人間の行動を研究するのに、テクノロジーは無関係である。研究の対象が、道具の使用ではなく、生体であるからだ。そこでは実験もまた無関係である。それは常に研究対象の外部に存在せざるを得ないからだ。それが実験というものの本質である。今日、行動の「科学」といわれるものが行っている「実験」なるものを見るがいい。何よりもまず気づかされることは、実験を行う者が、被験者の生にとって外部的なものでしかないものを被験者の自律的な生の流れの中に持ち込まなければならないことだ。そこから生れる認識のすべては、被験者が外部からの介入《インターヴェンション》なしに続けて行く生とは無縁のものである。実験とはすべて、被験者が実験者の侵入《イントルージョン》に対し、意識的あるいは無意識的に、その時反応するそのありさまを顕にするものでしかない。ある強制的な侵入に対して人はどんな反応パターンをするものか調べたい人には有益なことかも知れないが、実験される特定の被験者以外の人間行動には無関係なものであるのだ。

　実はこれこそ、あまり気づかれずにいることだが、「教育」においてよくみられることだ。あまり知られていないことだ。「テスト」は、人間の知や考える力を顕にするものではない。それはただ、被験者がある特定の「テスト」を、ある特定の時間に受ける能力を顕にするだけである。テストはつまり、その人間の「モードル」の作り手としての有効性——すなわち、その人が生産的な人生を送る能力とは無縁なものである。

　私が今日の「行動科学」のすべてをそれこそあまりにキッパリ否定するものだから、ずいぶんと極端な、と思われるかも知れない。そう見られることは残念なことだが、私の考えに変わりはない。「行動科学」に似たある「包括的な現実モデル」が、いったんは知的な人々の間で使われ、大きな「コミュニケーションの輪」の中で容認されたにもかかわらず、いつの間にか同じ文化の人々によって全否定された事例は歴史の中に数多くあるのだ。そうした現実モデルは、私たち人類のほとんどが容認するものでなかったわけだ。さらに言えば、否定され、ポイ捨てされ、封印され、捨て置かれ、樽詰めされたことのないモデルなど、これまでひとつもなかったのだ。今日の西洋社会の科学が——それはすでに世界のさまざまな文化の中で、普遍的に役立つものと見なされなくなっているものだが——、近い将来、歴史の塵の山に投げ捨てられることも間違いないことだ。

　以上、私がこれまで述べたことから言えることは、人間の行動に関して、行動科学が出した結論には気をつけ、そのまますべてを受け入れてはならない、ということである。これはとくに、個人の行動の自由に厳しい強制力で制限を課す、社会的・政治的な政策領域において重要なことである。

　なかでも注意しなければならないのは、私たちが自分たちの「モードル」を、それを形づくった特殊な環境要因を無視し、「規範」として受け入れてしまいがちな傾向である。どんな社会にも保守的な傾向があり、自分たちの「規範」を世代の受け渡しの中で永続化しようとするものだが、その理由はここにある。つまり人々は、「規範」と化した「モードル」を「自然な」もの、「自然状態」として普遍的なものと思い込んでしまい、その規範からの決別を、世界のスムーズな運行にとって破壊的なものと考えてしまうのだ。これは古代から現代に至る、さまざまな思想的書物の中に書かれたことだが、現代におけるイデオロギー闘争の中では特に、これまでになく顕著なかたちで見られることである。

この点を理解するには、ある具体例を見れば分かりやすいかも知れない。それは、これまで数十年間、私の関心をずっと捉えて放さなかった問題である。

今、私たちの社会には「利益動機《プロフィット》」こそ人間の行動の最も強力かつ最も効果的な駆動力であるとする、思想的な——経済学・政治学・社会学の——学派が存在している。私はこれまで現代に至る歴史を研究して来た者でもあるが、経済的な領域で利益動機を否定した社会がどれほど恐るべき倫理的な過ちを犯したか考えると、この学派の考え方に共感を覚えずにいられなかった。そして私は今もって、自己利益を実現しようとする個人の自由を否定する政府は悪しき政府だと考えている。そうした政府は統治する人々に悲惨をもたらすしかない、と思っているのだ。

にもかかわらず私は、「人間の条件」の一部として「利益動機」を置く考え方に対し、気楽に賛成することは決してなかった。それは、進化の視点からすると、意味のない考え方であるからだ。「利益」は取引《トレード》という母体《マトリックス》の存在を前提とするが、それは発達した人間が生み出したものに過ぎず、人間という生物種がそれを生存の条件とするまで進化したわけではないからだ。

しかも利益動機が何の役割も演じていない人間集団や社会が、数多く存在することも確かなことだ。そうした場所ではそもそも、利益動機は何の役割も果たしていない。プラスの力とも、あるいは逆に否定すべき力とも見なされていない。

そうと分かっていながら私は、個人的な利益を生み出す欲求を自由に追い求めることができる社会を、全体として重大な欠陥があるにもかかわらず、個人的自由、経済的な繁栄、多様性、寛容、創造性、平静な心が最大限あり得る場所だという結論から逃れることができなかったわけだ。

しかし今の私は、それとは違った視点を持つに至っている。私は今、こう確信しているのだ。私はそれを、なんとか皆さんに伝えようと、これまで頁を費やして来たのだ。

私たちにとって自分の生涯を通じた最も重要な仕事は、自分の生きる環境の中で生き延び、最も有効な人生を送る道筋を見出すという、この明らかに重大な目的のため自分自身の「モードドル」を創造し常に洗練して行くことである。こうした「モードドル」づくりがどんなものか、いずれ理解される時が来たら、大きく分けて二つに類型化されるに違いない。「個々人の成り立ち」につながるものと、「人々が生きる環境」にむすびついたものの二つの類型である。

ここで、いよいよ「利益を求める強い欲求」が、どうして頻繁に湧き上がるかという問題になるが、私はこれを「人々が生きる環境」における二つの側面に関わる問題と見ている。その第一は、制限が厳しく課されることなしにモノが自由に動く、強力な取引《トレーディング》システムが「環境」として存在すること。第二は、子どもの心に早い時期から恐怖と不安を引き起こす子育てが「環境」として蔓延していることである。

「恐怖」に取り憑かれた人の「モードドル」の特徴のひとつは、「世界」から身を守る自衛法を、自分にとって脅威と感じるものを防ぐなんらかの砦を、生涯にわたって追い求めることだ。取引で富を集積することは、この対処法のひとつである。なぜなら、富は個人に力《パワー》を授け、その富が大きければ大きいほど力も大きなものになるからだ。取引社会《トレーディング・ソサエティー》の中で恐怖を抱えながら生きる人々にとっては、金儲けの欲求に耽ることが許された時こそ、最もうまく生き抜いて行く好機になり得るわけだ。

しかし、これもあくまで取引の世界へ、アクセスできる限りのことである。もし、取引への道が実際に閉じられた社会状況に置かれた時——あるいは閉じられていると本人が感じた時、その人の恐怖心は暴力的な砦の構築へと向かう。現代社会のあまりにも多くが、まるで中世の支配者のような、生活の手段として暴力を行使する人々の群に苦しめられているのは、このためである。これら路上の騎士たちは、同胞に対し暴力を振るい続けることでしか生きて行けないものだと思い込んでいるのだ。中世において血なまぐさい戦闘が最終的になくなったのは、戦士の末裔たちが力を蓄積する他の方法を生み出した時のことだ。現代の、恐怖に駆られた取引社会における派生的な暴力も、力に頼る人たちが金儲けでもいいから他の自己防衛手段にアクセスの道を見出せば、恐らくは減少して行くことだろう。

それでは、恐怖の中で育った大人たちではない人々によって創られる社会はどのようなものになるのだろう？　それは予想のつかないことだが、より多くの人々が恐怖によらない子育てを考えることができるようになれば、やがて人々は自分自身のために、全く新しい、有効な「モードル」を生み出して行くに違いない。現代の観察者たちが人間性に固有のもとをみなしている利益に走ったり、暴力に訴えたり、自分の領地を拡大したり、攻撃したり、妬んだりすることなく、自分の「モードル」を生み出して行くことになるのだ。

恐怖のない社会において、人間の行動がどんなかたちで新たに表出されるか？　それは私たちの予想をはるかに超えたものであるに違いない。

III

サドベリーと「現実世界」

子どもが大人になった時、「現実世界」でちゃんと活動して行けるよう準備する――これはもちろん、あらゆる学校が目指す目標である。この「現実世界」の「現実」の意味が問われる場面が時々ある。それは歴史的な大転換期に起きることだ。それが私たちの、今の状況である。米国は今、「ポスト産業期」に突入している。それは世界的にもそうである。世界は今、前《プレ》産業期から後《ポスト》産業期の文化へ向けて突き進みつつあるのだ。

たしかに人間生活における社会・経済構造に急激かつ根本的な変化が進行していることは広く認められたことだ。しかし新たに登場しつつある社会構造の本質について、合意は未だ形成されていない。過去に対する誤解も残っている。

このエッセイで私は前回の試み(原注84)よりも詳しく、この問題を見てみたい。ここで私が注目したいのは経済活動に関するいくつかの側面である。この点に対してあまり関心が向けられていない、と思うからだ。で、まず「産業期」における経済の基本的な性質について見ることにする。

人間の歴史のほとんど全期間を通して、生物種として生存することが人間の関心事としてあり続けて来た。衣食住の基本的なニーズさえ充足しない不安定な状態が続いて来た。人々はこうした不確実性に適応して一生を生きて行かねばならなかった。欠乏をふつうのこととして受け入れざるを得なかった。

「産業革命」とは何よりも、この圧倒的な現実に対処する経済的な約束だった。一八世紀に出現したテクノロジーは、まずもって基本的ニーズに応えるだけの豊かさを人々にもたらそうとしたものだった。あの飢えと悲惨の記憶を忘れるだけのものを与えようとした。実際、この時期に――近代の西欧世界に生れた哲学の特徴は、この世では人々の大部分が物質的欠乏に永久に苦しみ続けなければならないとする、宗教ドグマが祝福した観念を拒絶するものだった。それはこの世において物質的な安楽を求めようとする、背伸びしたプライドの表現でもあった。近代の西洋人は、すべての人は幸せになり得るものだし人生に満足し得るものだという思想を生み出し、これを実地に証明して見せようとしたのである。(原注85)

人間が生きて行くための基本的ニーズは限られたものだから、産業期の生産が一定数のカテゴリーに限られたものになったのは驚くにあたらない。実際、生産のほとんどは、直接・間接に一般大衆の基本的なニーズを満たすためのものだった。産業は農業、繊維、建築、さらには医療及び非生産者に対する援助の分野で勃興したが、その一方で運輸、通信、情報伝達、会計、金融、流通、交易、小売といっ

原注84　*A New Look at Schools*（サドベリー・バレー校出版会、一九九二年）を参照。

た補助的な分野でもさまざまな活動が始まった。生産者たちは時が経つとともにモノやサービスの生産に熟達するようになり、より広範な人々に向けて供給するようになった。それに伴い西欧（及び、米国などその出先）の大多数の人々にとって、生存の不確実性は大きく低減されたのである。

産業期の国々の経済的・社会的な行動の特徴の多くは、産業文化というものの性質、そしてその目指すものを理解すれば直ちに摑むことができる。産業期の生産活動は範囲が限られたものだったから、経済的な成功を目指す大勢の人々の間で激しい競争が行われていたことはハッキリしている。生産活動のどの分野でも、人々は成功を求めて競い合っていたのだ。

一九世紀後半の「社会進化論《ソーシャル・ダーウィニズム》」は、こうした現象の中から広がったものである。それは競争を人間の条件の本質とさえ主張するようになった（産業文化の限られた範囲の特徴でしかないものなのに）。社会の特定領域で、合法・非合法の手段を問わず、短期的・長期的な優位を獲得しようとする苛烈な競争の醜い姿はすべて、人々の前に開かれた数に限りある道に、それを大きく上回る人々が殺到したことに始まる。

「教育」もまたあらゆる点で、この構図に見合った働きをして来た。大人として人生に成功する道として、ごく限られた狭い範囲の学びだけを正統なものとして提示し続けて来た。「教育」は子どもたちの間に、大人への道のりの途上で優位に立とうとする激烈な競争を生み出して来た。

激烈な競争、そして生産カテゴリーの限定はまた、投資に対する利益を確保する仕方にも決定的なインパクトを与えた。通常ではあり得ない巨大な利益を確保する唯一の道——それは力による独占だった。その力とは常に政府の保護という強制力だった。こうした強制力のないところで競争は、経済のほとんどのセクターにおいて経済的な利益を最低限まで押し下げてしまうだろう。人々が快適な生存をする上で、これだけは必要とする線まで下がるはずだ。

産業社会に関して最も関心をそそられるもののひとつに、経済的な需要《デマンド》というものがある。産業期における生産は元々、その基礎的な目標として、あらゆる人々の基本的な生活ニーズに応えようというものだった。モノやサービスに対する需要が社会にあふれているから、これに応える――これが産業期

原注85　西欧文化がどうしてこのような方向に進んだのか、さまざまな議論が闘わされて来た。私の確信は、こうである。それは西洋モダニズムの核心に、個々人にはその言葉のすべての意味において「良き生活」を求める平等の権利がある、という考えが創出されたためである。

物質的な利益、創造性、倫理価値、政治的な価値――これらは皆、自然あるいは神による位階制の一部として確立された特権階級のものではなく、一般大衆にアクセス可能なものとして考え出されたものなのだ。

この新たに創出された高度にオリジナルな観念は、個人生活、及び社会生活の全側面において、しだいに明確なかたちをとるようになる。それは情報世界（たとえば出版技術による本の量産）、経済世界（自由市場）、政治（代表による政府）、宗教（はじめに宗教改革ありき）、科学・芸術（より多くの集団を包み込む、階級を越えたあくなき探求）のすべてに及ぶものとして出現したのである。

思うに、この観念を創造した人々は、たまたま西欧に住んでいただけのこと。だから、既得権者の猛烈な反対にもかかわらず、それは世界中へと広がって行ったわけだ。

創造の場所は、他の偉大な発明と同様、偶然のものでしかなかった。人間の生きる場所であれば、どこでも起こり得るものだった。

それが世界中に、容赦なく広がり、多様な文化の中に侵入し、それを再構成したことは、それが単なる思想上の強さではなく、人間の生物的な欲求に駆動されたものであることの証明である。人々はだから、生存をより安全なものであるとするこの世界観を希求し、たとえ今すぐ実現可能なものでなくとも、そんな世界へ移行しようとしたのである。本書冒頭のエッセイ、「恐怖が消えて行く」を参照。

の経済学に組み込まれた考え方だった。需要による経済。需要のあるモノの種類は、誰もが知る社会的に受容されたものだった。

これが産業期におけるマーケティングに決定的な影響を及ぼした。買い手が求める生産物の種類は、すでにハッキリ分かっていたので、作り手としては買い手に、自分の生産物が他の同じ種類のモノより好ましいと思い込ませる必要があった。そこで広告が――それが自賛するものであれ、他者を貶めるものであれ――経済的な成功にとって決定的なものになったのである。広告とはつまり、性能面でほとんど区別がつかない同じ種類の生産物の間で、特定のブランドを選ぶよう動機付けするものである。

もちろん産業期においても、基本的なニーズに無関係な、周縁的な生産が行われる余地はあった。例を挙げれば芸術作品がそれである。こうした生産物は、これは歴史を通して言えることだが、ごく少数の富裕層の需要に応えるものだった。芸術のような周縁部の生産物は、そのオリジナリティーやユニークさで生産の主流から際立つものではあったが、経済活動の重要な部分を占めるには至らなかった。

二〇世紀は、こうした産業期の文化の終わりの始まりだった。経済的な主たる目標が実現してしまったからである。一九世紀末までに、西洋社会の大衆の基本ニーズは、とにもかくにも満たされるものとなった。一八七〇年代から一九三〇年代にかけて、社会的に動揺する時期はあったものの、一九世紀の世紀末までに、西洋社会の人々の物質的な生活条件は、その百年前とは比べられないほど、いわんや千年前とは比較する手段もないほど、飛躍的に発展したのである。

その時、西洋社会に、増大の一途をたどる経済的な生産力の新たな捌《は》け口を見出さなければならない、という問題が持ち上がった。基本的なニーズに対する生産が飽和点に達したのだ。そしてこの問題の解決策が植民地支配の膨張政策だった。これによって西欧は膨大なマーケットを新たに手にした。それは力によるものだった。無理矢理、報奨金をつかませ、受け入れさせる解決策だった。しかしそれでも西欧社会の膨大な生産力を吸収するには不十分だった。

西洋の産業期の黄昏《たそがれ》は二〇世紀の大半を覆い尽くすものとなったが、需要に駆動された社会において過剰な生産力に対処する解決策は、経済を持続させる新たな需要を創出することだった。そこで西洋の経済は、新たに生れた生産物のカテゴリーを人間の生存にとって必要なものと思わせる「知覚《パーセプション》」の連鎖創出のための心理キャンペーンを一世紀にわたって続けて来た。(原注86) 自動車、電話、電灯、ラジオ、テレビ、季節外れの野菜……これらはすべて人々が生活の基本ニーズと思い込み、長い買い物リストに載せたものだった。そうした生産物を、人間として最低限の生活を営むために必要な必需品と思わせたもの、それがマーケティングだった。そのための需要は、昔の衣食住の需要と肩を並べるものとして、しきりに創出されることになった。

しかしながら、こうした現象を人間性の堕落、物質的な貪欲さへの人間精神の堕落と見る人々が少なからず現れるようになった。二〇世紀の心理キャンペーンで創出されたニーズを、産業期がもともと充足しようとした、生きるための素朴なニーズと同等視する考え方を、ますます多くの人々が好ましく

原注86　この期間に心理学、社会学、社会心理学、マーケット・リサーチといった分野が生れ、社会の有力な部分から絶大な支持を受けたのは偶然の出来事ではない。個々人及び集団の働きを洞察する研究のすべては、需要創出の馬車の装備だった。

ないものと思うようになった。そして二〇世紀も半ばを過ぎる頃には、西洋社会の生産力のほんの一部だけで人々が生きるための基本的なニーズを満たせることがますます明らかになった。

西側――なかでも、その先頭を切ったのは米国だったが――が、「ポスト産業期」に向け、急速な離脱を開始したのは、まさにこの時だった。そしてわずか一世代の間に、経済活動のすべてが、その性質を根本的に変える事態が生れたのである。それは社会全体の本質的な特徴さえも変えるものとなった。これが私たちの「現実世界」である。私たちが今、生き、私たちの子どもたちが育って行く世界の本質を理解するため、今やその「現実世界」を注視すべき時である。

さて、新時代のシンボルはコンピューターだ。人類は、情報を処理する力を飛躍的に進歩させたのである。情報処理能力の飛躍的な向上――これこそ「ポスト産業期」の核心を成すものである。私たちの情報を処理し貯蔵し伝達する能力は、私たちの生存のあり方を根本的に変えるものとなった。おかげでそれは今、人間の生活のあらゆる側面を覆い尽くすものとなっている。

何よりもまず人間の生産性は、産業期における製造プロセスの大半から離脱するものとなった。今や機械を動かすのはコンピューターであり、ごく少数の人間でコンピューターを動かしている。衣食住という、生きるための三つの基本ニーズを満たすのに必要なものは、人間が今や手にした「生産的エネルギー《プロダクティブ・エナージー》」の総和のごく一部のものでしかなくなったのだ。

それどころか私たちが二〇世紀において慣れきってしまった一連の、本質的でない「ニーズ」を掻き立てるための生産投資も、コンピューターに代行される分野が広がる中で、着実に減少している。**つま**

りポスト産業期においては、生来固有なニーズ、あるいはそこから生れた新たなニーズを充足するために必要な人間《ヒューマン》エネルギーの比率は、ますます小さなものになっている。そしてこの事実こそ、それを可能とした情報処理能力と合わせ、「新しい現実」の背後に潜む、駆動力となっているのだ。

こうした情報の爆発的な氾濫に対する人々の最初の反応は狼狽だった。私たちは、理解力を超えたデータの洪水に呑み込まれてしまう、という不安の声を至るところで耳にしたものだ。

この狼狽は、私たち人類が早くから発達させ、産業期において強固なものとなった、ある「知識」に慣れ切っていたところから生れて来た。人間の活動の大半はこれまで、生存のためのニーズを満たす方向に向けられていたので、「知識」のほとんどもまた、「生存」にのみ結び付けられ、それ以外のことを考えることができなかったわけだ。

それが最近、そうした生物的なニーズに付け加えられた新たなニーズを充足させながら、よりうまく生きることに結び付けられた「知識」に変わった。こうした「知識」を持てば持つほど、さまざまなニーズに応え切ることで成功した人生を歩む可能性が高まる、というふうになったわけだ。

西洋社会はプラトンの時代から、「理想的な人間」のモデルを明確なかたちで持っていた。それは、自分の生きる文化の持つ情報を人生の基盤として熱心に集積し、その集積した情報を日常生活で効果的に利用する「理想的な人間」モデルである。「博学な」人間こそ、理想だった。それは「ルネサンス的人間」という理想を、究極において実現するものだった。

産業期に創出された新たなニーズは、「理想的な人間」となる上で持つべき情報の量を着実に増大させた。そしてそれは当然、予想される結果として、「学校」のカリキュラムの面でも、新たなものをさらに追加するものとなった。それはまた当然の結果として、「必要」とされる知識の膨大な量を前にした無力感を生み出すものともなった。

そして今、私たちの目の前で、「ポスト産業期」が弾け、私たちが手に出来る情報は量においても種類においても爆発的に増大している。成功した大人として生き、すべてのニーズを満たす上で、情報をマスターすることが最早、必要でも望ましいことでもなくなったことに気づかないまま、そうした状況が生れているのだ。

この新しい時代における情報の爆発はしかし、まさに逆説的なかたちで、あらゆる人間がうまく生きて行く上で手元に持ち合わせていなければならない情報量を低減させている。なぜなら情報量の増大とともに、それに見合った情報処理、伝達の高度化が続いているからだ。ここに実は、「ポスト産業期」における新たな生き方の鍵が潜んでいる。

こうした中で私たちは文字通り、新たな現実が今まさに出現しつつある、その現場に立っているのだ。世界中で求められるあらゆる情報に対し、ポスト産業期を生きる人間一人ひとりが、それを使用できる形でアクセス可能な現実が生れつつあるのだ。つまりポスト産業期に生きる者は誰しも、ある特定の情報カテゴリーに対しグローバルな情報索引を通じて（そして、これまで秘匿されていた情報素材に対し、ネットワークを通じることで）、アクセス可能であるわけだ。「気ままな好奇心」を満たすため、情報集積の海をブラウズすることもできるわけである。

私たちは今や誰しも、夢見さえすればファンタジーを思い描くことができるのだ。理論化し哲学することができるのだ。現在あるいは過去において、自分と同じことを——あるいは、お望みなら自分とは違ったことを夢想し、ファンタジーを描き、理論付け、哲学した他者を見出すことができるのだ。ここで必要なことは、情報が何らかのかたちで記録されていることだけである（すなわち、情報が想像した人の頭脳の中にだけ収まっていないことだ）。情報を一般利用できる形でかんたんに記録するメカニズムの開発が爆発的に進んでいるのも、この新しい時代で進行中の付随的な事態のひとつである。（原注87）

手元に情報システムがあれば、あるいはすぐ手に入るなら、解決したい問題を抱えた人は、助けを求めて世界に「公開手配」をかけることができるだろう。そして同じような問題の解決策を見つけ出すこともできるはずだ。何かアイデアが生まれ、それを試してみたい人は、アイデアを提示してみればいい。世界の何処かにいる、同じ関心を持つ人からの反応を待てばよいのだ。新しい製品なり新しいサービスを生み出した人は、情報システムを通じて広報することができる。ほとんど瞬時に、世界マーケットで自分の製品なりサービスをテストし、どれだけ関心を引くものなのか、すぐさま知ることができるのだ。「ポスト産業社会」にあっては、経済活動は――取引のための商品、サービスの生産は、ある特定の問題と直面した個人が解決策を手にする際の創造性によって駆動された「供給主導《サプライ・ドリヴン》」型のものになる。

現代におけるこうした新しい型の取引は、もしもあなたが個人的な問題追求の中で、これは役に立つというモノを生み出したなら、そこにはあなたの創造物の恩恵を得たいと思うかも知れない同じ問題、似たような問題に直面した他者がいる可能性が高い、という考えを起点に始まるものなのだ。世界

原注87　「情報」を「書き言葉」に限定する必要はもはやない。それはグラフィクスや音声でかんたんに貯蔵できるものになっている。そして今や情報科学の研究は、生体の神経インパルスの情報に直接アクセスする領域にまで及んでいるのだ。

マーケットに何か新しいものを提示するのは、今や創造者のイニシアチブによる。(原注88)その新たな創造物の提供が、取引のプロセスを発動するものになるのだ。そして、それに対してどれだけ関心が集まるかによって、その創造物が世界でどれだけ取引されるか決まって行く。

こうした環境下にあっては、マーケットに流れ込む生産物の種類はまさに無限のものになる。取引し合う当事者の生きる場所に対する制限もなくなる。どこにいても、どんなに遠く離れていても取引ができるようになる。数多くの小規模な生産者、あるいは交易者が取引するのに打ってつけの環境が生れたわけだ。(全員がそうでなくとも)ほとんどの取引が高度に特化したものになり、(全部がそうでなくとも)ほとんどがある特化したマーケット向けのものになる。こうした変化は米国では過去三十年間に起きたもので、今なお継続している。それは目の前で起きている変化でありながら、その重要性が完全に理解されているかといえば、そうではない。しかし米国ではすでに、都市部や郊外、地方を問わず、数百万もの小規模事業所が立ち上がり、その勢いはさらに強まっている。こうした小規模事業所は(自宅を含む)狭いスペースを拠点にしたもので、生れて間もなく消えるものも多い。しかし彼らこそ、新しい経済の前衛なのだ。新しい製品を構想し、生産する。そして情報ネットワークに乗せて広報する。そしてその製品を求める購買層と取引する。

情報システムが発達すればするほど、宣伝にかける費用負担は軽減されて行くはずだ。それは、産業期の大掛かりな宣伝とはまったく違ったものになるだろう。ある特定の生産物に対して大衆を誘導するような試みとは無縁のものになるのだ。個々人それぞれの幸せの探求は、取引面でも当然、個性を生み出す。そういう環境下では、生産物の宣伝はその生産物の特殊性とその利用法の提示に焦点を置くものとなる。これに対して人々は、自分自身の関心と個人的なニーズから、これに反応して行く。ありふれた品物を何度も繰り返し求め続ける必要はない。

基本的には、人々が構想したアイデアはすべて、取引の場へと持ち出し得る潜在的な市場性を自ずと秘めている。全世界規模の情報ネットワークができれば、それは誰もが素早く、自分の提案しているものの経済価値を確かめることができるものになるだろう。自分の提案に対する反応を見て、需要がある限り取引を続ける。そして自分が思い描く、次なる生産物の創造に移って行く。

このようにして長期的には「競争」も、社会・経済的なファクターとしては消え行くものになろう。人間の精神というものは、理解を秩序立ったかたちで深める自分自身のニーズを満たすように出来ている。他人が何をしようと、それはあくまで自分自身が定めた目標を高めるためのもので、あくまで自分にとって役に立つものである。私たちの現実に対する見方、考え方は実に多様で、そこに欠乏というものはない。精神の資源は限りないものだから、それをめぐって競争し合うことはないのだ。

「教育」もまた、「ポスト産業期」の環境下において、過去の偏見を引きずることなく、全く新しい視点で見直すべきものである。その際、特に注目すべきは、「ポスト産業期」において「新しく生れた物

原注88　もちろん私は需要主導による経済活動の持続を否定するものではない。例えば、人間の基礎的なニーズを満たす生産はすべて、これに含まれる。また供給主導で生み出されたモノが、広範な必要性を満たすものとみなされ（産業期の後半になって見られたことだが）需要主導のマーケットの仲間入りすることも、しばしば起こりうることだ。

事の秩序」である。その新たなる秩序における経済活動の原動力は、個々人の「モードドル」づくりの活動の中から生れた新しいアイデアである。こうした「新しい現実世界」の中で、自分の人生を準備する最善の——いや、自分に対して責任を持つ唯一の——「教育」とは、なるべく早い時期から、主体的なイニシアチブに基づき、周囲の他者との相互作用を通じて多様性豊かな現実モデルを創造して行く、生来備わった自分の性向を自由に伸ばすものでなければならない。これを子どもたちが気分よく、自信を持ってできればできるほど、「新しい世界秩序」において、ひとりの大人として気持ちよく自信を持って人生を送れる可能性が高まるのだ。

子どもたちはしかし、今この世界で完全に安全ではないし、完全に自由に歩き回れるまでには至っていない。だから〈学校〉はそれに見合ったかたちで、子どもたちが自由であり得る安全な避難場所でなければならないのだ。子どもを縛り上げる「産業期」の束縛は、ひとつもあってはならないし、「基礎学力のニーズ」リストもあってはならない。子どもたち同士を競争させることもあってはならない。子どもたちの独立を損なう軍隊式の管理もあってはならないことだ。**子どもたちがいずれ大人として参加する「現実世界」は彼らに、独立した個人として上手に生きて行くことを要求するだろう。人生のさまざまな段階にあるすべての他者と難なく関係を結ぶ方法を習得するよう求め、自分の固有の考え方のスタイルに役立つ、自分に相応しい情報の処理、情報の貯蔵、さらには情報の回収法を発達させるよう要求するはずである。**

「ポスト産業社会」の現実が求めるものは、サドベリーが提供する環境と明らかに一致している。サドベリーの見学者たちは、活発で生き生きとした子どもたちの姿を目の当たりにして、「とても素晴らしいところだけど、現実世界の要求に応えるという点でどうかしら？」と首を捻る。その度に私は、この人たちは一体、どんな風にサドベリーのことを見ているか、不思議な気がしたものだ。だから私は、サドベリーほど「現実世界」に一致したところはないと思いつつ、「現実世界の要求って実際、何なのでしょう」と、よく聞き返したものである。

この「現実世界の要求」は産業期の遺物に過ぎず、私たちの文化的なシーンから急速に消えつつあるものだが、未だに「教育システム」の大半を手中に収めている。

人々がサドベリーに対して何と言おうと、私は平気である。現代の量子力学の生みの親であるマックス・プランク*は、当時の物理学会全体から激しい反発に曝された時、こう言ったことがある。

革新的な理論に対して聞く耳が生れるのは、古い考えに固執した人々が亡くなってからのことだと。

このマックス・プランクの指摘が正しければ、私たちは旧来の「産業期型の学校」の最終崩壊を一世代も待たずに見ることができるだろう。

子どもたちが完全に自由に自分の関心を追求できる新しい教育環境が社会に受け入れられる日はすぐ目の前にある。

＊　マックス・プランク　ドイツの物理学者（一八五八〜一九四七年）。「量子論の父」と呼ばれる。

サドベリーと二つのエコノミー

最近になってようやく気づいたことがある。「産業期」の社会と「ポスト産業期」の社会の間には、これまで考えていた以上に重大な、社会・経済的な違いがあることに気づいたのだ。

私はこれまで何十年もの間、「ポスト産業期」への移行にばかり目を向けて来た。しかし社会が組織される在り方により深く分け入る、別の視点があることに、私はようやく気づかされたのだ。それは人間の歴史の早い段階に遡るものであり、「産業期」の出現と、次の時代への交代以上に重要な意味をはらんだ、より大きな歴史的持続性を持つ何ものかである。

これから私が語ろうとする多くは経済的なコンセプトに関することだが、経済学を他から分離したものとして隔離することは馬鹿げたことである。こうした経済学の隔離が主たる原因となって、経済理論が実践面でうまく働かず、現実生活と一致しない結果が生れているのである。

一八、一九世紀における「社会科学」という一群の研究分野の出現と、その社会学、心理学、経済学、人類学といった特殊分野への断片化は、「自然科学」で起きた同じ差異化のプロセスを模倣するものだった。それは人間行動を「科学者」として研究しようとする人々の欲求の中から生み出されたものだった。
しかし今やその「自然科学」においてさえも、それを物理学、化学、生物学、生化学などに分離したことがどれだけ人為的なものであり、それがこのまま維持できない分離であることに人々は気づき始めている。「社会科学」においては、なおさらのことだ。経済的なコンセプトと社会的なコンセプト、心理的なコンセプトの間には、分離を超越した強いつながりがある。だから社会で進行している出来事をより正しく見るためには、それらを有機的なひとつの全体として見なければならない。

古代ギリシャにおいてアリストテレスが懸命に考えたことから話を進めてみたい。それは最近まで、私自身その意味を十分、摑んでいなかったことだ。

アリストテレスは哲学的な思想が出現した過去を探索し、その発展を「余暇」に結びつけて考えた。アリストテレスが指摘したポイントは、人は自分が生きて行くことにだけ心を奪われ、それに自分の時間のほとんどを使っている限り、思索に耽り、抽象的な一般理論づくりに取り組む時間は持てない、ということだった。

哲学が人間社会の進歩の中で発達したのは、アリストテレスの生きた「現代」――すなわち、紀元前三五〇年に至る時期でのことだった。当時のギリシャは農業や商業が発達し、人々が「余暇時間」を持てるだけ「余剰」が生れていたのである。

そう、哲学と余暇との関係について初めて指摘した人、それがアリストテレスだった。そして彼の考えは、今に至るまで広く受け入れられて来たのである。

アリストテレス自身、意図したかどうかはともかく、彼は人間及び人間社会の秘密を解き明かす、ある重要な鍵を握っていたのだ。生存のための基礎的な「ニーズ」を満たすことは、「**すでに知られたファクター**」において何事かをなすことである。人は誰でも生存のためのニーズというものがあることを**知っている**。人は誰でも自覚する存在だから、彼はニーズを「持っている」だけでなく、そのことを「自覚し」、そのことについて「考え」、何がそのニーズを満たすものかを「**知っている**」。それらの生存のためのニーズ、そして欲求は元から知られたことで、別に驚きでもなんでもないことだ。そして、これらの「基礎的なニーズ」については、それを直接的に充足する方法がすでに用意されている。用意されている以上、新しい充足法や普通でないやり方を考え出す必要はどこにもないのである。

革新のためのインセンティブが生れるのは、ほとんどの場合、そこに窮乏があるからだ。困難との遭遇の中から革新への誘因が生れるのである。もちろん時には単に楽しみのために新しいアプローチ法を考えめぐらすこともあるだろう。しかし人類のこれまでの経験を振り返るならば、生存のためのニーズに対して費やされた時間とエネルギーは、人類が費やして来た時間とエネルギーの総量とほとんど等しいものだった。つまり人間が進歩して来た環境には、余分な時間、エネルギーはあまり残されていなかったのである。

このことが人間の社会組織にとってどんな意味を持っているかというと、私たちの社会は長い時間をかけて——数千年の単位で——、非常に緩やかな変化を伴いながら、自分たちの生存のため、かなり安定的な方法を発達させて来た、ということである。人類社会はこれまで、自分たちの環境からそれなりに徹底して学び、どんな食糧を収集できるか、どうすれば猛獣に襲われずに済むか、どうやったら洞窟などの住処を確保できるか——を世代から世代へと伝えて来たのだ。

そうした生存のための基本ニーズを満たすだけで、人間のエネルギーはほとんど使い果たされてしまった。想像力をめぐらす思索のためのエネルギーは、そこにはもう、あまり残されていなかったのだ。変化も確かにあったが、それもあらゆる点で極度に漸進的なものにとどまらざるを得なかった。人間は生来、想像力に富んだものだから、変化は起こり得るものだし、新しいアプローチの仕方を考え出さなければならない状況も確かにあった。しかし全般的に言って、そこにあったのは安定的な状況である。そこでは、せいぜい非常に緩慢な変化が長期間にわたって起きただけだった。

私が以前、悩まされた問題のひとつは、こんなにも多くの社会で、どうしてあんなにも変化に対する抵抗が起きたのか、という問題だった。つまり人類史を一言で言えば、それは絶えざる安定を求める物語だったということである。人間の歴史は社会の変化、改革への意欲を映し出すものではなかったのだ。私はこの点で首を捻り続けたわけだ。人間一人ひとりは創造性に富んでいるのに、変化はなかなか起きない。社会は革新を拒み続けている……。私は本書の別の箇所で(原注89)、この問題を人間が環境を征服しきれない力のなさと結びつけて考えたことがある。しかしそれだけで説明し切れることではない。

環境を征服できないところから起きる恐怖が変化に踏み出すことを阻む最大の障害であるなら、その恐怖をなくす革新を人々は受け入れるはずだし、自然をコントロールし、征服する新しい発見なり新しい洞察なら、人々に歓迎されるはず……。しかしそうであるにもかかわらず、その一方で新しさを求

原注89　本書第一部冒頭、「恐怖が消えて行く」を参照。

めようとしない惰性が、これまでの人間の歴史を通じて、ほとんど全期間続いて来たのである。

だから私は、その点でアリストテレスの考えは正しかったと思うのだ。人々には、新しい考えを追求できるだけ十分な時間もエネルギーもなかった。だから人々は、より決まりきった問題解決策で満足しがちだったのである。

しかし長い、長い時間の経過の中で、それでも人間は着実によい方向へ物事を改善して来たことも疑えない事実である。結局のところ人間は工夫するものなのだ。余剰の時間・エネルギーはほんの僅かなものでしかなかったが、それを少しずつ伸ばして来た。膨大な時が流れる中で、余剰は着実に大きくなって来た。それに伴い私たち人間は、ゆっくりしたペースであるが、精神における想像的・創造的な部分を拡大して来たのである。そうした中で私たちは、個々人として自分自身というものを表出する創造的な頭脳活動を拡大し、社会的なものとして受容して来たのだ。人類は基本的なニーズを満たすサバイバル段階を乗り越えて来たのである。

さて私はここで「経済学《エコノミクス》」について議論を始めなければならない。なぜなら経済学は何よりもその中心に「価値《バリュー》」を置く研究分野であるからだ。つまり経済学は、人々が「価値」を置くものは何かを考えるものでもある。人々がどんなふうにして、さまざまな価値に優劣をつけるのか、その優劣判断《プライオリタイゼーション》を見る研究でもあるのだ。そして次の段階で、その優劣判断を測定可能なものにして行く。それによって人々が自分たちの優劣判断を互いに比較し合い、相手の優劣判断に応じて相互に作用し合う共通の尺度が生み出し得るわけだ。

つまり経済活動の本質とは、個人にとっても集団にとっても何事かに価値を置くことであり、それを取引する価値判断基準を一般化することにある。そしてその価値づけは、何に対しても行われ得る。製品に対しても、アイデアに対しても、芸術体験に対しても、何にでも価値づけは可能なものであるのだ。

そこで人間は何に価値を置くのかという、出発点ともなる問題について詳しく見ることにしよう。人々が何に価値を見るかは、その社会がどう動くかにもかかわる重要な問題である。つまりそれは、社会を構成する人々がどう関わり合うか、という問題である。それはまた、経済的な取引の面に限らない。戦争や政治、イデオロギーなどにも関係することだ。

しかし今、私が強調しておきたい事実は、歴史的に見て人間が最も価値を置いて来たものとは圧倒的に自分たちの生存のニーズを満たすものだったことだ。中でも最も重要なものとして価値づけたものは食料であり、住まいであり、自分たちの土地だった。自分たちの生存に直接かかわるものだったわけだ。人々が価値を置くモノ《シング》の種類にも限りがあった。モノの価値をめぐって優劣判断することもなく、取引することもない状況が長い間、続いて来た。お金を持ち、買い物に出かけ、常に支出している今の私たちには理解しがたい状況が続いて来た。人間はその歴史のほとんどを、全世界のほとんどの地域で、取引することなく生きて来たのである。市場に出掛けることもほとんどなかった。マネーもそんなに流通していなかった。人々はほとんどを自給自足で済ませて来たのである。社会はまだ少人数の集団によるもので、社会組織はその集団の存続のため組織されていた。

当時はまだ、取引されるアイテムに数限りがあり、取引しなければならない必要性も限られたものだったから、容易に取引場所や価値を設定することができた。古典的な自由市場《フリー・マーケット》が形成されるのは、取引する人々の数がそれだけ増えてからのこと。そしてその自由市場において、モノの価値に対する社会全般のコンセンサスがゆっくり形成されることになるわけだ。

こうした自由市場の運営は全体的に、比較的スムーズなものだったが、それは人々が個人としてその価値判断にかかわることができたからだ。まだ誰も、どんなにふうにして「数《ナンバー》」というもの（すなわち「貨幣価値」）が考えられるのか分からなかった。

取引はまだ基本的にバーターで、マネーは二次的なものに過ぎなかった。マネーはそこで、モノの代替物として見なされていた。それを持つことで一対一のバーター取引が、複数の者による異なる場面での取引に発展することができた。

経済活動は主に人間の生存に関係したモノの取引で、数においても種類においても限定的なものだった。そこには大きな革新もなければ、優劣判断もなかった。だから当時の経済は、当時の社会に生きる人々の状況をそのまま映し出す鏡であったわけだ。

そうしているうちに人々はより多くの自由時間を手にするようになり、その創造的な精神をより広範に行使するようになった。物事に新たなカテゴリーが生れ、人間の経験に組み込まれるようになり、それが価値あるものと見られるようになった。ここが臨界点になった。これを境に人々は、より多様なものを「好む《ケア》」ようになったのだ。

もちろんそこには常に例外として王や貴族、富裕な商人がいて、創造芸術のパトロンとなったり奢侈品を豪勢に買い集めたりしていた。しかしこの例外こそ、社会の掟の証だった。一部の例外を除き、社会全体としては創造のための広範な余暇を生み出すだけの余剰を持たず、それゆえ経済活動は「生存に関係するモノ」の価値づけに関するものでしかなかった。

この種の取引はほとんどの社会において、近代の始まりまで支配的だった。これを「重商主義《マーカンタイル》」取引と呼ぶことにする。

この「重商主義」は非常に限られた種類のモノを移転するものだった。それらのモノはよく知られていて、その優劣判断も相対的な価値づけも比較的容易になし得るものだった。この種の環境下にあっては、取引は他のすべてがそうであるように、「思惑」をはらまない「非・投機的《ノン・スペキュレイティヴ》」なものだった。取引者《トレーダー》は、最小限の思惑と最大限の安定を伴った活動レベルで取引する者だった。取引者とは基本的に仲介者だった。つまりは複数バーターを可能とする、マネーのような存在だった。取引者の仕事はそれ自体、彼らが仲介する取引同様、よく知られた活動だった。そしてそこには、明確で比較的単純な取引ルールがあった。たいていの人がその気になりさえすればできることだった。

その結果として「自由市場での取引」に加え、「取引者の自由市場」が出現することになった。そうなると、ふつうの経済活動では大きな利幅は期待できないことになる。実際、ふつうの店主や取引者は「百万長者」でもなければ「千長者《サウザンティーア》」ですらなかった。誰かが巨利を手にしたとなれば、すぐに別の人々が参入して来るから利幅は減ってしまう。それが取引者の自由市場の掟であったわけだ。

ここで重要なことは、アダム・スミスとその後継者によって語られた「自由市場」とは、その本質において「重商主義」であったことを理解することである。そこで行われたのは、誰でも参入可能な、しかし独占は困難な、干渉をほとんど受けずに自由に交換できる取引だった。利幅も最低限のものだった。そんな最低の取引の中から大きな利益を生み出すものが現れようものなら、蟻がケーキに群がるように、どっと誰もが参入して来る。歴史的に非常に富裕な中流階級が大きな層として生まれて来なかったのは、何よりもこのためである。私が以前、この事実に気づくことができなかったのは、現代において中流階級の規模が拡大し、多くの人々がさまざまな活動に従事している姿に目を奪われていたせいだった。しかし現代における中流階級は、以前とはまるで違う別物である。この点については後ほど触れる。

いずれにせよここで確認しておかねばならないのは、近代以前において中流階級というものがほとんど存在しなかった理由は、当時行われていた経済活動が基本的に重商主義的だったから――ということである。そこでは大きな「リスク」というものもなければ、大きな「リターン」もなかったのである。ただし、そこに例外がなかったわけではない。こうした少数の例外的な人物を、人々は驚きの目で見ていたのである。こうした例外的な少数の者はその勇気とリスクをとる冒険によって権力を手にするようになった。普通はあり得ない異常な手段――たとえば、ほとんどの者が生還しなかった大洋を超える航海に出るといったことで財を築いたのである。

家計を健全に維持する経済ルールや、「借りても貸してもいけない」といった、お金に関するアドバイスのすべては、重商主義経済のすばらしき戒めであるのだ。これは完全に的を射たことである。たとえば将来、儲けることしか借金を返す方法がないとしよう。しかし、重商主義の経済では、大もうけする可能性は非常に低い。だから借金を背負えば背負うほど、借金の山から逃れられなくなる。儲けはゆっくりと蓄積し、少しずつ大きくして再投資する――それが唯一、手持ちのものを拡大する手段だった。重商主義は大きな儲けを期待できないのだから、そうするしかないのである。「信用《クレジット》」というコンセプトも、まだ周縁的なものにとどまっていた。ここから重商主義経済とは「負債《デット》」なきもの、との見方に容易に辿り着くことができる。(原注90)

いずれにせよ人々がより多くの余暇時間を手にしたことで精神の解放が進んだことは確かなことである。その結果、新しいことを考え、自分の創造的な力を駆使することが許されたのである。近代の始まりに起きたことの本質とは、これである。そして全くの運命のきまぐれから——私はこれを歴史の偶然《アクシデント》と考えているのだが——西欧という地球の一角に住む人々が他の地域の人々より数百年も前に、その想像力を爆発させたのだ。

その背景を知るには一五、一六世紀の世界を見るとよい。その時代、世界の多くの場所で、人類はかつてない規模で創造的であり得る余剰時間とエネルギーを手にする地点に立っていた。それはもちろんスローペースでの到達だったが、おかげで多くの社会は、それまで数千年にわたって続いていたものとは懸け離れたポジションに立っていた。

より多くの富が生れていた。より多くの余暇が生れていた。さらに多くの、生存と直接関わらない活動に従事する人が生れていた。それはまるでお湯が沸騰し始める姿に似ていた。急激な変化へ向けた突

原注90 「聖書」は金貸しについて明確に懐疑的な見方を示す古典的な文化資料の一つである。利息を取ることを禁ずる聖書の規定は、金貸しが経済的な機構として広く存在することを認めないものだった。そして「大赦(ジュビリー)の年」の借金帳消しは、金貸しをしたいという人々の欲望に対する、明確な歯止めとなった。

然の移行は、何処でも起こり得ることだった。

それが西欧だけで起きたのは、私の考えでは偶然の出来事でしかない。より大きな歴史的な視野に立って——たとえば西暦五万年時点の未来の視点から——振り返ってみた場合、一六世紀の「創造モード」にも、二一世紀の「創造モード」にも、とくに違いはないのである。最初に沸騰したのはヨーロッパで、その「わずか六百年後」には全世界に広まっただけのことである。

自分の想像力を自由に行使する人々が増えたことで、まったく新しいゲームが始まった。それは、よく言われる「産業期の出現」にとどまる問題ではなかった。それ以上に「創造と革新」が突然、その真価を認められるようになったのだ。それ自体が望ましいものとして考えられるようになったのだ。そこでより多くの人々が、あらゆる分野でかつてないほど「革新」に対して価値を置くようになった。活動の爆発が膨大な規模で起きたのだ。それは美術、演劇、建築、音楽、探検、テクノロジー、科学、哲学など、あらゆる分野で起きた爆発だった。西欧は興奮で泡立っていた。革新のためにはリスクを負うことを厭わない態度は、流行のファッションになったのである。

しかし社会はもちろん、その社会の固有の惰性や変化への抵抗を一気に乗り越えるものではなかった。すでに見たように社会が世代から世代へと受け継がれ、機能して行くには「安定」が必要だった。それでも「変化というアイデア」は、かつてない形で社会的に受け入れられてしまったのだ。それが近代の西欧社会だった。リスクをとること、変化すること、創造的であること、革新することの素晴らしさと価値が常に賞賛されることになった。

そしてこの革新に対する新しい態度は、経済活動を含む生活全般を包み込むものとなった。そうならざるを得なかった。創造的な人間であるとは、他の創造的な人々に関心を持つことを含むものだ。ある分野で何か新しいアイデアを持っている人々に常に関心を払い、自分の新しいアイデアの強化を目指さなければならない。こうした中で、あらゆる人々の関心の地平は大きく広がって行く。それにつれ、その地平の広がりの中で生れるものに、それが生存とは無縁なものにもかかわらず、人はより多くの価値を置くことになるのだ。**そこに「現代経済学」の鍵が存在する。**

現代経済学の中心にあるもの――それは人々による新しい事物の創造であり、次にそれに対しどうやって価値を注入するか考え出そうとすることである。つまりそれは新しいアイデアで創造したものを、それを明確に示し、他者にとってアクセス可能なものとし、他者に価値づけさせる能力と結合することである。マーケティングは、ここから登場したものなのだ。マーケティングは偽りの需要を喚起するものだとの批判もあるが、もっと大事なポイントを見逃してはならない。

現代の経済では、ほとんどすべてが私たちの生存に無関係なものになっている。私たちは自分たちの時間のほんの一部を使って生存のニーズを満たしている。驚くべきことに、今日の米国において、生存のための基本的なニーズを満たす労働は、全生産力の一〇%に過ぎない。それだけではない。現代の経済は、人間精神の革新的な部分に対し働きかけるものになっているのだ。いつもパンと肉を食べ、着たきりの無地の服を着るのではなく、新しい食べ物に、陽気なファッションに関心を向けるようになっているのだ。生存を思い煩う代わりに、想像力が生み出す、新しい違ったタイプの生産物の無限オンパレードに思いを馳《は》せるようなっている。

古典経済と全く異なる現代の経済のこの本質こそ、膨大な富の創造と中流階級の拡大を生み出したものだ。この点について、すこし説明しよう。

新しい経済学は、「創造性」とそれに伴う「リスク」に基づくものだ。(原注91) そこでは、新しいアイデアの創造がなければならないが、そのアイデアに誰かが興味を示してくれる保証はない。実際問題として、人間が発明の才から生れた製品の大多数は、作り手以外の誰からも価値あるものと見られないものなのだ。現代の経済に固有のもの――それは新しいアイデアはどれも、大きなリスクを抱えて生れて来ることである。そしてそれは、他者の価値判断の不確かさにその根拠を置く。これが「不確実性の原則」である。それは現代の文化の核に横たわり、文化の未来を予測不能なものにしているのだ。そしてそれは社会全般を覆い尽くすものにもなっている。仮に新しいアイデアが価値あるものとみなされても、それによってお金を手にする期間も非常に短くなっている。現代において「起業」するとは、こういうことなのだ。

新しいアイデアを手にした起業家は、昔ながらの自力の売り込みに頼っていてはアイデア倒れに終わってしまう。「これは市場で売れるから、引き受けよう」と評価してくれる、誰か別の人を見つけ出さねばならない。こうして「リスク資本」、あるいは「リスク債権」が現代経済の「核」として登場して来るわけだ。それが融資であろうと、株の引き受けであろうと、そこには必ず、この投資は下手すると回収できないかも知れない、との認識がある。

ともあれ、ある新しいアイデアが市場で売れると踏んで、自分のマネーをそれに投資しようという者が現れる。投資するマネーは、投資家が自分で起業して蓄積したものの場合もあるだろうし、利幅の薄い商売をしてコツコツ貯めた場合もあるだろう。とにかく投資家は、その新しいアイデアによって新

原注91　新しい経済が「創造性」と「リスク」に基礎を置いているということの事実は、より大きな意味合いを、それも数多く秘めている。

たとえば、「景気循環（ビジネス・サイクル）」について見ると、これは普通、自由市場システムの欠陥のひとつとみなされているものだ。しかしこうした「循環」は実は――経済活動でも、政治の面でも、人々の士気においても――心理的な要素が重要な役割を果たしている社会に典型的にみられるものだ。「価値化」が創造と革新に結びついている社会もこれに含まれる。

こうした社会における、集団的な気分や精神状態は、人々が「顔を上げ」、前向きになり、新しいことをするのに関心を持つ、その度合を決めるものとなる。それは集団のみならず、その社会に生きる個々人についてもあてはまることだ。

人は誰しも、その人生において気分を変化させるものだが、それと同様に、社会が気分を変えるのも避けられないことだ。私たちは人々を常に楽天的な気分にさせる方法を知らない。いつも幸せにするやり方を知らない。その理由はともかく、人々は気分を大きく変えて行くものなのだ。高揚することもあれば落ち込むこともある。何事かにエネルギーを使うこともあれば、疲れてしまうこともある。冒険に乗り出すこともあれば、何もしたくなくなることもある。そしてこれは諸国民についても言えることなのだ。

私には「景気循環」から逃れられる道があるとは思えないし、「景気循環」と「経済政策」を結びつける方法についても分からない。歴史をたどれば、いちどうまく行った政策がその後、効かなくなったり、最初はうまく行かなかったものがあとで効果を上げるようなことが繰り返し起きたことが分かる。

で、問題の本質はどこにあるかというと、それはフランクリン・ルーズベルトが〔大統領就任演説で〕鋭く指摘した点にある。あの有名な、「私たちが唯一、恐れなければならないのは、恐れることである」――。問題は国のムードを変えることにあるのだ。もしも国民の気分が楽天的なものに変われば、人々は再び、物事に対し「価値」を見出すようになるのである。

不況になるとよく、経済を活性化するために消費を再開しなければならない、と言われるようになる。しかし本当に再開しなければならないことは、物事に対し「価値」を置くことの再スタートである。不況下にあって人々が屈み込でいるのは、かつて価値を見出していたものに対し、もはや価値を見出すことができなくなっているからだ。そして、生存のために必要ではないものに対して、次第に目を向けなくなっているからだ。

そうした「価値化」のモードに変化が起きるのは、人々の精神が上向いてからのことである。

しい市場が生れ、大きな利益を手にできると期待して投資するのだ。

しかし、そこに開かれる窓も小さなものでしかない。新しいアイデアから生れた製品が市場へ向け離陸したとしても、すぐに重商主義の流れに巻き込まれてしまうからだ。よく知られた、新しいコンセプトを生み出す「革新のステージ」から「マネジメントのステージ」への移行をめぐる問題がこれである。

このマネジメント・ステージにおいては、新製品をめぐる経済学は重商主義の経済学へと回帰する。オープン市場において利幅を縮める圧力にさらされる。したがって、「大もうけ」を期待できるチャンスは、マネジメント・ステージにはなく、革新のステージにしかない。その段階であれば短期間のうちに他を圧倒することができる。最初に新しいことを生み出すことで、誰かが追い付き競争相手として現れるまで、市場に自分の製品を出し続けることができるからだ。(原注92)

現代の富を解き明かす鍵はここにある。今、マネーをたくさん稼いだ人の大半は、その創造的な製品に対し、関心を引き寄せることに成功した人である。製品化して市場に出せるよう他の人々から資金を調達できた人なのだ。他の人々がそれを乗っ取り、重商主義の製品として売り出す前に、手持ちの短い時間をうまく使いきった人なのだ。成功の中心にあるのは、アイデアを生み出した人の資金調達能力と、それに資金を提供する他の人々の熱意の二つである。現代経済においては、「負債」も「リスク」も悪いことではなく、むしろそれこそが「創造性」にとって本質的なものなのだ。

しかし、ここで問題がひとつ出て来る。「負債《デット》」にも二つの種類があることに注意し、区別しなければばならないことだ。その「負債」の二種類とは、「起業負債《アントレプレナール・デット》」と「商業負債《マーカンタイル・デット》」のことである。

最大の危険は、このうちの「商業負債」に潜む。将来の現実的な収入増を見込むことができないにもかかわらず、商業負債を過度に抱え込むことは、むしろ非常に危険なことだ。そしてマネーを喜んで貸し込む金貸しがいることも悲劇が生れる原因である。彼らもまた、商業負債と起業負債の区別がつかない人々であるのだ。

「商業ビジネス」に、あるいは「重商主義経済の国家」に、組織や個人が貸し込むことは、失敗を自ら招いているようなものだ。その結果、実際のところここ数年、かなりの数の焦げ付きが起きているのである。こうした融資が行われているのは、正しいのは自分だけと思い込んでいるような人たちが批判

原注92　こうした起業経済には、欠陥として見なされる一側面がある。それは起業経済が長期の利益よりも、短期の利益を追求することによる。

この批判は重商主義のビジネスに対してなら、たしかに当てはまることだ。薄い利幅で商売しなければならないから、かなり長い期間、成功を維持できる安定的な経営に頼らざるを得ない。そこでは必ずしも他の者より大もうけする必要はないのだ。とにかく、ある程度の期間、経営が続けばよい。

これに対して、起業ビジネスはあくまで最初の成功に依拠するもので、市場に出たあと長期にわたって成功を持続するものではない。起業ビジネスは創造したものが優位性を保っている間に、いかにして最大限の利益を上げるか考えるものだから、なるべく短期間に利益を上げようとする。

この二つを混同すると、ひどいことになってしまう。たとえば、ゼネラル・モーターズ社が長期的なビジネスを考える本来のあり方を捨て、短期的な利益に走ったなら批判されても仕方ないことだ。

しかし起業ビジネスに対し、短期利益を追求するのはよくない、回収を急ぐのは間違いだと批判するのは、お門違いである。起業ビジネスはそのためのものだからだ。起業ビジネスは創造的なアイデアを、重商経済の圧力に降参する前に、いかに素早く利益に変えるか考え出すものである。

する「貪欲」によるものではない。貸し手が、商業経済と起業経済をきちんと区別していないからだ。「負債」というものは、「革新」を支援するためのものである。その支援の度合に応じて、社会の革新力の向上を約束し、将来の果実を生み出すものとして「国民の負債」は創造されるのだ。そしてそれは逆に革新的ではないサービス、あるいは将来、果実を生み出すことを約束しないサービスに「国民の負債」が積み上げられる程度に応じて、惨憺たる結果を生み出すものになって行くのである。

こうした混同は、負債を創造する前に区分けして避けるべきものだ。ただし「国民の負債」が膨らむことが常に、好ましくない重荷であるという単純な主張は、現代における「起業経済」の働きに対し目をつぶるものでしかない。

西欧が創造的な活動の急速な広がりの中軸となる中で、米国もまた、こうした革新を基本原則として受け入れる、西側で最初の――そして今のところ唯一の――大規模な社会として歴史的な飛躍を遂げて来た。

その最も明らかな理由は、米国に渡って来た人々が、元いた場所の文化の根を捨て、全く新しい解放された環境の中に自分の居場所をつくらなければならなかったことによる。これが長く人々を縛り続けて来た歴史の型からの離脱を容易なものにしたのである。

加えて米国に渡って来た人々は、すすんでリスクをとった人たちだったことが挙げられる。彼らはまったく予測のつかない未来に向かって出発する心構えを持った人たちだった。結果として米国は、伝統や安定から大きく踏み出そうとする人々によって建国されることになった。米国人は起業の民だったのだ。

その米国で創造性は、ただ単に受け入れられ黙認されただけではない。それはこの国の国民的な文化遺産になった。革新と変化は米国文化の核心をつくるものとなった。この国、米国は、最も価値ある人間精神の発露は、革新的で創造的で想像力に富んだ人間精神の一側面を自由に行使することである、との基本思想に根ざしているのである。

サドベリーが、こうした米国的な感性にユニークな形で一致しているのはこのためである。サドベリーはこの米国という国と同じやり方で、人間精神の革新的な側面を称揚しているのだ。他の学校は先行きのない重商主義経済に合わせて作られたものだが、サドベリーは現代における創造的な経済に合わせて創られたところである。

この二つの経済が並存する限り、サドベリーとその他、二種類の学校は併存して行く。これもまたハッキリしたことである。

マネー・取引・経済秩序の進化

ある文化にとって、どんな経済システムが適切なものかを決定するのは、「経済《エコノミクス》に対するものの見方」である。子どもたちが活動的な大人になるには、この社会・経済的な枠組の中に、なんらかのかたちで適合しなければならない。だから学校というものは、この社会・経済枠組を映し出すものでなければならない。教育者もまた、その枠組の性質を正しく認識しなければならない。

経済の動き方を理解するには、マネーというものの性質を理解し切る必要がある。なぜそうなのかは、話を進める中で、おいおいハッキリするはずだ。不幸にしてマネーは今日、最も不完全な理解しか得られていないものである。そしてそれがまた、エコノミストや社会理論家が、マネーの周りで目まぐるしく進行する現象の意味を理解する妨げになっている。

このエッセイで私は、マネーというものの本質的な部分に光をあててみたい。歴史の現段階にあって、マネーがさまざまなかたちで現れているありさまに光を投げかけてみたい。そしてその議論を、子どもを育てる社会組織のあり方につなげてみたいのだ。

経済活動の焦点は「取引《トレード》」にある。取引とはこれまで人々がモノやサービス（生産物）を交換したいと望む時、成立するものと見なされて来た。もちろん人は誰しも取引と無関係なさまざまな活動に従事している。そうした活動はその性質上、基本的に経済活動そのものではない。物を考え、瞑想し、絵を描き、物を書く――これらはすべて、「経済的」との形容詞で特徴づけられる社会活動の領域に結びつくまでは「経済活動」ではない。

この「取引」には、以下で見るように二つの異なるプロセスが同時に含まれている。この二つはそれぞれにその核心において固有の特徴を持つもので、取引に従事する各当事者の精神の中で起きるものだ。そしてそれらはいずれも、取引者《トレーダー》の精神のありようによって完全に決定される。その精神のありようとは、各当事者の「モードル」(原注93)の産物であるのだ。

さて、ここで最初にハッキリさせておきたいことは、ある「生産物X」が、ある個人の「モードル」による独自のユニークな産物だと言う時、Xはその個人の環境と無縁なものではない、ということだ。あらゆる個人の「モードル」とは、他者を含むその個人の環境との絶えざる相互作用によるものである。

原注93　本書に収めた、「子どもたちと大人たち――人間行動をめぐるエッセイ」の中で、私は「モードル」を以下のように定義した。（一二二頁参照）

私にとって「モードル」とは、一人の人間が生きることの中から意味を取り出すメカニズムの全体性を示す言葉である。「モードル」は、環境との相互作用を可能とするすべての媒介（たとえば、諸感覚が伝達するもの）を、個人の「システム」へのインプットを処理するあらゆる方法を、個人が周囲の世界を意識的にも無意識的にも、認知的にも感情的にも表すあらゆる表象を含むものである。

上記エッセイの中で私は、「モードル」のさまざまな側面について詳しく述べている。

私が個人の独自性という場合、それはその精神がそれぞれの「モードドル」を再創出・再駆動して行く、無数の内的・外的な相互作用、解釈から生み出された、あらゆる個人に独自な「総合」を指している。

さて「取引」プロセスにおける第一の側面とは、相手の生産物に対する「欲求」である。相手のコントロール化にあり、自分の自由にならないもの、自分ではつくりたくないものを欲しいと決定することは、すべて主観的な選択の問題である。そうした「欲求」が生れるには、その対象物が自分の「モードル」の中で必要だと感じられるものでなくてはならない。しかしこの単純なことの中には、極めて重要な一群のファクターが含まれているのだ。

その中で大きなものは、その対象に対しどの程度の「緊急性」を感じているか、という問題である。その生産物を所有する欲求が、どれほど差し迫ったものか推し測ることである。この問題については、後で触れることにする。

この欲求の緊急性以前に先立ってなければならないものは、その対象の生産物に「気づいている」ことだ。自分が知らないものに対して必要性を感じることはない。その点で、「生産物に関する情報」の伝達が取引の鍵を握る要素となる。そうした情報なしに、取引しようという考えは生れない。

もうひとつの要素は「時間性」である。ここで言う「時間性」とは私が今、必要とするものが今後も必要とするものでは必ずしもない、という意味だ。たとえそれが時間の経ったあとになって必要だと思えたとしても、その緊急性は恐らく――いや必ず変わってしまっている、という意味での「時間性」のことだ。

「欲求」には、たしかに幅がある。まったく欲求のない状態から、極度に強迫的な欲求（それなしには生きていけないと思うような）に及ぶ連続体として存在している。その「欲求」の幅のそれぞれのポイントごとに、欲求を抱くモノとの関連で異なる「時間性」も存在するのだ。

さて、「取引」の第二の側面は、自分の欲求が定まったあと、取引するモノに付与される「価値」である。この経済的な場面における「価値」とは、量的な――少なくとも比較可能な尺度を指す。この「価値」が、あるたった一つの目的のために非常に重要な働きをする。人が公平で適切なモノの交換だと思えるのは、そこに常に「等価」があるからだ。そこでは取引されるモノの価値が同等なものと見なされる。そしてその取引が正当なものであるには、それは同等な価値の取引でなければならない。（原注94）この「同等な価値の取引」が、「緊急性」と「時間性」の観点だけで正当化できるものなのかは分からないが、とにかくこれがコモンセンスとして普遍的に受け入れられていることは明らかなことだ。私もまた、これを所与の事実として受け入れることにしよう。

かくして私たちは「価値」というコンセプトに行き着いたわけだが、私たちはこの「価値」に対し、一方では果敢に、他方では謙虚に取り組まなければならない。周知のごとく、人間の経済活動から意味を取り出すには、何よりもこの「価値」と格闘しなければならない。それはこの「価値」なるものが、

原注94　私はこの「取引」という広い経済的な定義の中に、贈物を贈る行為も含めて考えている。それは贈物を手にする側が、贈物の価値に等しいものと考える、価値ある何かを受け取ることになるからだ。その贈物と同価値の何かとは実体のないものであるはずだが、それにもかかわらず、受け取り手はそれに対して価値を見るわけだ。「価値」と「実体」はもちろん、ぴったり重なり合うものでは決してない。

その秘密を暴こうとする哲学者たちの取り組みに抵抗し続けて来たものだからだ。そういう「価値」に対し、私たちは何を言うことができるだろう。

まずもって言えることは、私たちは「価値」というものを、「基本単位のコンセプト」として受け入れなければならない、ということだ。これ以上、区分けすることは無理だし、他のコンセプトを使っては定義できないもの、それが「価値」である。

しかしこの「価値」もまた他のコンセプト同様——それが基本コンセプトであろうと、なかろうと——、人によって異なる意味を持っている。つまりこの「価値」というコンセプトの内容は、どうやら個々人の「モードル」の中に、それぞれ存在するもののようであるのだ。それを私たちは観察やコミュニケーションを通じて確かめ、たとえその内容を表す言葉を手にしていなくとも、たしかにそれとしてつかんでいるのだ。

この「価値」は他に何を意味しようと、個々人の「モードル」内における何らかの「優劣判断《プライオリタイゼーション》」を含むもののように思われる。そしてその「価値」は、「モードル」内の考えやその生成過程、さらには行動、概念化それ自体にも取り付くことができるものなのだ。だからたとえば、ある「新しい語彙」が創造される時であっても、そんな場合でさえそこではその語彙によって表されるべき意味の配置に対し「価値」の付与が行われているのである。

しかし、この「価値」を「優劣判断」と関係するものと見るにしても、それを線的《リニア》な感覚でつかんではならない。私たちの精神は、あらゆるものを一直線の中の配置として秩序づけているわけではない。一定数の次元の中で動いているものでも、空間の中で動いているものでもない。「価値」というコンセプトを理解するための「優劣判断」とは、ある複雑な流動的プロセスなのだ。

それはある特定のアイテム（品目）なり行動を別のアイテム・行動と比較するものであるばかりか、数多いアイテムの大きな「まとまり」を別の「まとまり」と対置さえするものなのだ。その「まとまり」は単体のこともあれば、群としてある場合もある。

つまり「優劣判断」は、私たちがまだ理解の入り口にも立っていない、非常に複雑な流動的なプロセスであるわけだが、それを私たちは常に実際に続けているのである。

いずれにせよ人があるモノに対して付与した「価値」が、その人に何らかの行動をとらせる時、経済の領域の上に「価値」というものが浮かび上がるわけだ。そしてその行動が相手の行動を引き起こした時、「取引」を開始する「最初の一歩」を踏み出したことになる（取引のプロセスが実際に始まるには、相手の行動がこの最初の一歩の行動に対応したものでなければならない）。

「価値」に適用されるべき「程度《デグリー》」の観念は、ここから出て来るものなのだ。行動に出ようとする人に行動を起こさせる意志の「強度《インテンシティー》」は、その人がある特定のモノに付与した「価値の程度《デグリー》」を解明するのに役立ち得るものであり、実際、役に立っているのである。

本質的なことを言えば、「取引」の当事者たちによる「価値づけ」の核心がここにある。それはつまり取引し合うアイテムがどれほどの努力を払うべき価値のあるものなのか、当時者同士が推し量ることである。

こうした言い方はある意味で同義反復に終わるものでしかないのだが、私がここで今、なそうと努めていることは、あらゆる経済学の出発点にありながら、それでいて定義しがたい「価値」というコンセプトを、人がその価値づけられたアイテムを得ようと喜んで（あるいは何としても）支払う、その人の「努力の程度《エフォート》」という実際的な問題としてとらえようということである。この「価値」と「努力」は、二つの別個のものでありながら、相互に、そしてその人の「モードル」のすべてと、誰にも（その当人にも）分からない複雑な形で絡み合っているのだ。

社会的な状況の中で「価値」というものを理解するには、「価値」と「努力」が関係し合っていることを考えるといい。誰の目にも観察可能なものを通して、「価値」とは何なのか、少なくとも**社会的・経済的な領域において**意味ある結論に辿り着くことができるからだ。そして、その観察可能なものこそ、その人が傾けている「努力」のことである。それは分け入る道が完全に閉ざされている観察不可能な個人の内奥に探りを入れることではない。

この場合、理解しておくべきは、この「価値」と「努力」の相関が明確に現れるのは、ある何事かに付与された「価値」に駆られた人間が、そのための行動を起こそうとする、まさにその時だ、ということである。言い方を換えれば、「価値」と「努力」の相関が意味を持ち始めるのは、「取引」を現実のものとして具体的に考えることができる状況が生れた時からである——ということだ。

たとえば、仮に私がレンブラントの絵に非常に高い価値を見出している場合を考えてみよう。けれど私がレンブラントの絵を高く評価していることは、私をその絵を所有する行動へと駆り立てるものではない。私はその絵を所有することはないと分かっているし、実際、その絵を所有したいとも思っていないのだ。所有しようとする行動なき価値のコンセプトは、そのアイテムを所有しようとする「努力」コンセプトとはまるで異なる意味を持っているわけだ。

つまり今や私たちは、「取引」においてあるアイテムに対しどう価値を付与するかという議論から、そのアイテムを所有し使うために、どれほどの「強度」で喜んで「努力」を払おうとするか、というところへ議論を進めているのである。これは一見たいしたことでないようにも見受けられるが、社会的な現実の中で「取引」を語ることを可能とする、実は大きな一歩である。(原注95)

ここで相手がコントロールしているある特定の「アイテム」(原注96)に対し、あなたが取引を迫るドラマを考えてみることにしよう。最も単純な一対一の取引。そしてこちらは相手が欲しがっているアイテムを持っている。

さて最初に踏み出さねばならないのは、「等価化《イクエーション》」の取り組みである。しかし、これは数学のクラスでは教えられない「等価化」である。そう、それは例えば「リンゴ」と「オレンジ」を「等しいもの」

原注95　私の見るところ、「価値」を決める相関関係こそ経済学者たちを、かつて労働価値説をめぐるさまざまな袋小路に追い込んだものだ。

労働価値説はあるものの価値を、その生産に必要な、測定可能な「労働」の総量と関連づけようとしたものである。これはすでにエコノミストたちによって批判され、経済的な現実からも否定されたことだが、その「相関」を、私がここで述べたように「価値」と「努力」の相関として見ることは、それをただ「労働」と「価値」の機械的な関係としてだけ見るよりは、少なくともより筋の通ったもののように思われる。

原注96　私はここで、自分が考えるコンセプトの意味を十分、伝えることのできない言葉を使っているのだ。この「アイテム」という言葉で私が言いたいのは、それが経済的な交換に含まれる「あらゆるもの」を意味する、ということである。労働することも、アイデアを考えることも、変化させることも、具体物とともに、その意味の中に含まれる。

にする、とても難しい問題であるのだ。その困難な道に、今踏み出そうとするわけである。

あなたは単に、異なるアイテムの等価化に取り組むだけではない。自分と相手がそれぞれ、自分のアイテム、相手のアイテムに対して付与した「価値」の等価化に取り組まなければならないのだ。

ここで自分がコントロールし、相手が入手したいと思っているアイテムに対し、自分はどんな風に価値づけしたらいいか、という問題が出て来る。相手が持っているアイテムに対しては、その入手のために自分からすすんで支払っていいと考える「努力の強度」をもとにそのアイテムを「価値」づけることができる……これはすでに見たことである。では、自分が今手離そうとしているアイテムについて、相手と合意する等価化が自分にとって満足なものにするために、自分はどう価値づけしたらよいのか?……

私たちはここで困ってしまうのだ。自分があるアイテムを手離そうとしている、ということは、それを手元に置き続けることに対して「より低い価値」を置いていることを意味する。あるいは、自分が相手から得ようとするアイテムよりも、自分が手離していいと思うアイテムに「より低い価値」しか置いていない……。

これは些細な問題ではない。言い争いのもとにもなれば不快な思いのタネにもなるものだ。取引が終わったあと、憎しみと暴力が生れかねないことだってある。つまり、**取引の等価化とは、当事者それぞれの相手のアイテムに対して付与した価値を「同等」とするものでなければならないばかりか**（その「同等《イコール》」の意味が何であれ……。この点については後に詳しく触れる）、**当事者それぞれが、今、手離しても構わないと考える、自分のアイテムに対する自己評価もまた同等なものでなければならない**――ということである。

つまり「価値」というコンセプトには、あるアイテムを手にするための単なる「努力」を超えた、人間と人間の社会的な関係としても現れる、もっと大きなものがあるのである。

そこで次に出て来る問題は、私たちが取引の際、相手に差し出す手持ちのアイテムの価値をどんなふうに評価しているか、という問題である。ここでひとつハッキリ言えるのは、自分が欲しい相手のアイテムを入手するため支払う用意がある「努力」の程度を表すものとして、そこには自分の手持ちのアイテムの「有用性」があることである。では私たちは、その有用性を含む「価値」というものを一体どうすれば理解できるのだろう?

この問題に対する答えは、経済的な取引における恐らくは最も難しい部分を含むものになる。取引の際、手離そうとする手持ちのアイテムを「価値づけ」するには、相手の「頭の中に入り込む」必要があるのだ。ここでいう「価値」とはまさに、**私たちが相手に示すアイテムに対して、相手がどれほどの価値を置くか、私たち自身が考えている価値**のことである。

言い方を換えれば、うまく取引するには、相手の「モードル」に入り込む努力を傾けなければならない、ということである。そのアイテムに対する相手の「優劣判断」がどのようなもので、その入手のために相手がどの程度、「努力」を傾けようとしているか、相手の「モードル」に分け入って、つかもうとしなければならない。

つまり取引の当事者双方がその取引を適切なものと思うには、両当事者とも相手の手持ちのアイテムに対する自分の価値づけが、相手がそのアイテムに対して付与していると思われる価値と、とにかく同等なものであると確信しなければならないわけだ。

　しかしここで注意していただきたいのは、取引の一方の側が手離そうとしているアイテムを相手がどう考えているか判断した際の価値と、その相手がそのアイテムに**実際に**つけた価値が同じである必要性はないことだ。価値を量化する手段がないところでは、それが同じである必要性はない。両当事者がその取引を等価だと思う限り、当事者それぞれがそのアイテムにどれだけの重みを置いているか、探りを入れる必要はない。

　実際、価値を量的に比較し得ないところでは、当事者同士がアイテムの交換の際の価値づけに合意したその取引が絶対に確かなものか確定する方法はないのである。これはあとで見ることだが、**量化の計算規則が出来たとしても、事情は変わらない**のだ。私たちが相手の「モードル」に対し、基本的にアクセス不能な――アクセス可能だとしても雑駁なものでしかない――世界に生きる限り、他者による価値づけを本当に知ることは不可能である事実を受け入れねばならない。

　さて私は、経済活動の最初の一歩である直接的な一対一の取引について、これまで見て来た。それはそれが経済活動の最も単純な形であり、それでもって膨大な世界経済が形成される基本的な建築材料《ビルディング・ブロック》であるからだ。この基本的な建築材料をめぐるあらゆる難しさ、曖昧さに、まずもって注意を集中することで、「経済の働き《エコノミクス》」を学ぶ際、直面する複雑な問題へのクリアな視野を広げておきたい――これが私の意図して来たところである。

　それはなにより最も単純な経済的な交換でさえ、複雑な個々人の「モードル」に抜きがたく括りつけられているからである。当事者自体がほとんど理解できていない精神プロセスに括り付けられているからだ。だから「経済の働き」は、とても概念化しがたいものになっているのである。

これから私たちが進める議論の結論がどんなものになろうと、それはあくまで試験的なものであって、不十分に定式化された土台に基づくものだ、ということを絶えず想起しなければならない。経済行動の最初の一歩である「価値化」が個々人の「モードドル」に関わるものである以上、その事実に基づく圧倒的な不可知性を前に、私たちは謙虚であらねばならないのだ。

ここでこの「単純な」取引に対する検討を終える前に、ひとつだけ大事なファクターを見ておく。それは「時間性」のファクターである。両当事者による、ある時点での一対一の直接的な交換があらゆる点で満足できるものだったとしても、別の時点で両者が同じように満足するものでは必ずしもない。その反対に、ある時点で満足できない取引が、別の時点では公正で価値ある取引になることもあり得る。なぜそういうことが起こり得るかというと、人間の「モードドル」は常に変化するものであるからだ。「モードドル」全体の変化の中で、「モードドル」内のさまざまな構成要素の再評価が行われる。だから、昔の取引を振り返り、どうしてあんなバカな取引をしてしまったのだろうと疑問に思うのだ。これは珍しいことではない。むしろそうした「再考」が行われない方が珍しく、不思議なことなのだ。「モードドル」は常に変化するものだから、「再考」がないということは、ある特定の等価化に何の検討の手も加えず、放置しているだけのこと。まさに稀有な、例外的な事例である。

実際のところ、この「時間性」のファクターは、「マネー」が必ず入り込んで来る、ある重要な経済領域で働くものである。例えばこんな状況を考えていただきたい。あるアイテムの交換が両当事者により、ある時点で完全に合意に達したのだけれど、その合意時点で、一方の当事者[原注97]がそのアイテムをすぐさま交換できる状況にはない――そんな状況を心に描いていただきたい。[原注98]そういう状況だと、どんなことが起きるのか？

取引が合意に達した時、原則として、交換するアイテムが直ちに用意できるものなのか確認されていなければならない。それがそうでないと分かったら、取引合意はキャンセルされる。そこで一方が、交換するアイテムを一定の時間の経過後、用意できることを前提に取引の合意が成立した場合だが、その取引における等価化は合意時点で生み出されて準備が整っている一方のアイテム――先に述べたように両当事者はそれぞれの仕方で価値を決めて行くわけだが――の価値と、**未来**（未来の特定の時点）**において生み出されるべきもう一方のアイテムについて、両当事者が合意時点で決めてしまう価値**の間で行われるのだ。

つまりこの取引には「未来における配達の約束」が含まれている。そしてその「約束」は、大半の社会においてある特別な物体――つまりシンボル、具体的には、しばしば文書でもって表象されるものなのだ。[原注99]

さてこの「未来における配達の約束」だが、言葉の非常に現実的な意味で、それはまさしく「時限爆弾」である。着実に時を刻んで行き、下手すると遂には取引合意の基盤そのものを爆破しかねないものなのだ。それはつまり取引の約束が実行されるべき未来の時点において、両当事者が取引を有効と見なす保証はどこにもないからだ。合意の履行がしばしば、合意をめぐる不満や悔やみの起点となるのはそのためである。[原注100]

ただし、こうした欠陥はあるものの「未来における配達の約束」こそ、実は広範な取引が行われるのに必要な社会的な土台を生み出すものとなったものである。

さて今や議論をひとつ前へ進め、「三人による取引」を見る時である。そうすることで私たちは「新しい世界」に足を踏み入れたことに気づくはずだ。「マネー」が中心的な、本質的な役割を果たす「新しい世界」に足を運ぶのだ。そうして私たちは、理解できないものを理解しようとする、あの困難な取り組みに直面することになる。「価値」という、ぼんやりしたコンセプトを量的なものとする取り組みに直面するのである。

最初に最も単純なケースを見ることにしよう。A・B・Cの三人がいま、市場に居合わせている、と

原注97　これは一方の当事者だけでなく、両当事者の場合であっても構わない。もちろんこれまた、よく見られる状況である。私が今、一方の当事者に限ったのは、ただ単に議論を単純化するためだ。

原注98　このよく見られる状況は、「先物」という観念が生れる出発点である。それは、私たちの経済活動に対する、難解な付け足しではない。それはあらゆる取引の、実は核心にあるものである。このことをきちんと理解しておくと誤解の数々を回避できる。これについては後述。

原注99　私がこの先、続けて行く議論は、「未来における配達の約束」が物体のしるしであれ、単なる口約束であれ、変わらないものだが、読者にとって分かりやすいよう、目に見えた物体として、その「約束」があるものとして話を進める。

原注100　「旧約聖書」のラバンとヤコブの物語（創世記第二九～三一章）は、未来において果たされた「約束」が、不満をもたらす古典的な例である。〔ヤコブが七年間、約束通り、一所懸命働いてラバンから得た女性は、好きな女性の姉の方だった！〕

の想定である。そしてAはBのアイテムを、BはCのアイテムを、CはAのアイテムを手に入れたいと望んでいる……。つまり、ここにあるのは、三人とも一対一の直接的な相対取引を望んでいるわけではない状況である。

AはCに対してCが望むものを譲り渡し、Bから自分が望むものを受け取ることになるわけだ。Aにとってこの取引が有効であるには、Bから得たものの価値とCに渡したものの価値が同じであればよい。ここでA・B・Cの三人は、自分たちが行った等価化のすべてにそれぞれ関わり、三人いずれもが公正なものと考えるアイテムの交換——すなわち、「満足すべき取引」という結果を生み出したわけだ。

ここには感動すべきレベルの、取引に不可欠な「相互作用」がある。そこには言うまでもなく、三人それぞれが互いの「モードル」に分け入ろうとした苦闘が含まれているわけである。

ではそこに「時間性」のファクターが導入されたら、どうなるか？　それぞれのアイテムに違った「配達」時間があり、「未来における配達の約束」を同時に設定しなければならないとしたら、どうなるのか？　これはもう、どうしたらそうした取引が可能になるか考え込んでしまう。今のところ、三人の当事者による取引を考えているが、これがもっと複雑なものになったら、ああ、いったいどうなることやら……。

しかし、そんな経済活動こそ実は常時行われているものなのだ。それもスムーズに、特段の努力を払わずに。そしてそれはグローバルな世界規模の市場でも行われている。それも直接的な相対取引でない形で。おまけに、ふつうは最後まで直接的な当事者同士の接触のない形で進められている。

個々人が限られた情報処理能力しか持っていないにもかかわらず、こうした複雑な、グローバルな規模における経済活動が行われるようになったのは、「マネー」というコンセプトが創造されたからだ。取引の当事者が特定のアイテムに対して付与する価値をいちいち取引ごとに等価化する代わりに、あるシンボリックな「交換券《エクスチェンジ・クーポン》」が導入されたのだ。

この「交換券」とは、取引されるアイテムに付与された「価値」を有形のシンボルでもって表象するものだ。このある特定のアイテムの価値を表す「交換券」はしかし、世界中のあらゆるアイテム——そのアイテムと等価の「価値」のアイテムを持つ取引者が現れた時において——の「価値」をあらわす「しるし《トークン》」にもなる。

そこでは、あらゆる取引が直接的な取引を超えた二層の取引になる。アイテムはすべて、ある場所において「交換券」と交換されるのだ。そしてそこで得られた「交換券」が別の場所で別のアイテムと交換されることになる。

この「交換券」はシンプルな、一対一の相対取引では、わずらわしい余計なものに思える。ただでさえわずらわしい価値化のプロセスをさらに複雑にしてしまうからだ。歴史を振り返ると——それは今になっても続いていることだが、一対一、あるいは複数による直接的な相対取引は、現実には「交換券」なしに行われて来たのだ。しかし現在の経済活動の圧倒的多数は、「交換券」が中心的な役割を果たすものになっている。

この「交換券」の導入は、取引を効率化するその現実的な優位性を立証した。第一に、「交換券」には場所を超えて持ち運びできる「空間的な手軽さ」があるのだ。世界の何処へでも持っていける。そして何処でも使える。「交換券」は、「取引者たちの目に価値のあるものと見える」世界中のあらゆるアイテムの価値を代理するものなのだ。

ただし、この「取引者たちの目に価値のあるものと見える」という点は重要であるので、見落さないようにしなければならない。つまり「交換券」とは、取引者たち個々が個人として行う価値化との関連においてのみ、役立つものであるのだ。**あるアイテム自体に「価値」があるのではない。あるいは、「同じ価値」を持つアイテムの一群がもとからあるわけではないことを決して忘れないことが重要なことである。**

すなわち経済的「価値」とは、まったくもって主観的なものなのだ。それはこの地球上のあらゆる人間、一人ひとりによって異なる。その結果として「交換券」もまた、人それぞれに、まったく違った意味を持つものとなる。ある個人が「これはそれぞれ同じ価値がある」と考えるこの世界のアイテム群が、他の個人が同じように考えるアイテム群と一致することなど、なおさらあり得ないことだ。この点についてはこのエッセイの後半で、さらに詳しく見ることにする。

さて「交換券」の大きな強みの二番目は、「時間を超えることが出来る手軽さ」である。つまり「交換券」はさきに述べた「未来における配達の約束」を代理するものでもあるわけだ。あるアイテムを「交換券」と交換することで取引は、その時点で当事者それぞれが満足する形で完結する。「交換券」を受け入れ、受け取った当事者は、その時点でその取引がいずれ満足すべきものになると認めているのである。それはその当事者が、その時点で本来、「交換券」の形ではなく現物として受け取るべきであったかも知れないそのアイテムの将来的な価値にかかわりなく、そう認めているわけだ。

つまり「交換券」を受け取ることで、その取引者はこんな意思表示をしているのである。「私としてはですね、これを今、手に入る、世界的にみて同価値の他のアイテムとの交換に使うか、あるいはこの交換券をしばらくとっておき、将来のある時点においてその時に手に入る、同じ価値のアイテムとの交換に使うか、どちらかにしますよ」と。

こういうわけだから、「交換券」を受け取る取引は、現物取引でない以上、一定の不確実性がつきまとうわけだが、「未来における配達の約束」の実行時までに起こる価値の変動や、実際の配達時に受けるショックといったものを、少なくともかなりの程度、回避できるものであることは確かだ。

こうして世界にはいつでも、誰かに欲しがられるアイテムが一定の数、存在し、ある同じ価値を持つアイテム群の価値を表す「交換券」が一定数、存在する状況が生れたわけだ。その場合も、これらの「交換券」に優劣順序をつけるものは、それらに対して独自の優劣判断を行う特定個人の「モードル」に他ならない。あらゆる「交換券」に対し、全く同じ優劣順序をつける者はいない。同じ価値を持つアイテム群自体が、人それぞれによって異なるからだ。個々人のこの膨大な評価の多様性こそ、この世界の市場というものを、その核心において、微妙な違いが、複雑さが、多様性が、さらにはまたランダムさが、無限に現れる場所にするものである。

ところで「交換券」の導入と、個々人の「モードル」による「価値の優劣判断」の二つは、「順序数《オーディナル・ナンバー》」*のコンセプトの中でぴったり結びつくものだ。つまり誰しもその気になりさえすれば、ある「特定のアイテムの集合」に対する「交換券」に対し、自分の優劣判断に基づき、ある特定の「順序数」を付与することができるわけだ。ここで重要なのは基準を何処に置くかではなく、その「序列《オーダー》」である。

こうしてさまざまな「交換券」につけられる序列は、価値の優劣判断の中から自然なかたちで生れた実にシンプルなものになる。「順序数」という数学のコンセプトを動員することで、私たちは「経済活動」を概念化して考えることができるのだ。

「順序数《オーディナル》」はしかし、「基数《カーディナル》」**ではない。「交換券」の次元において——すなわち経済的な価値の領域において、単なる序列を示す順序数が、数をカウントする基数に進んだ時、そこに生れるのが「マネー」である。この変化が具体的にどのような形で生れるものなのか見ることにしよう。

しかしその前に、ここで注意しておかねばならないことがひとつある。それは、私はもとより、私の知る誰もが「価値」というものがその始原において、どうやって「数量化」されたものなのか全くもって知らない、という事実である。価値の数量化の理由も、数量化が行われた場所も、あるいはそれがどんな基準によるものかも私たちは実は何一つ、分かっていないのだ。

しかし「価値の数量化」という「アイデア」が導入され、それがいったん利用されるや否や、世界中で永続するものになり、今なお持続しているのである。

ただしこの「価値の数量化のアイデア」が、遠い未来まで有用なものとしてあり続けるかどうかは、うかがい知れないことだ。これまでは確かに長い人間の歴史の中で、使い出のあるものであり続け、今もそう考えられているものだが、だからといってこの「価値の数量化」のアイデアがいつの日か、抜本的に見直される可能性を――現実的な可能性を否定することはできない。「数量化された価値」を最早、必要としない時代が来ないとも限らないのだ。「交換券」といった媒介メカニズムさえ不用になる事態が生れないとも限らないのである。

さていずれにせよ今問題なのは、誰かが何処かで、ある「交換券」の「価値」に対して、ある「基数」ラベルの貼り付けを決めたことだ。ある特定のアイテムの「交換券」に、ある基数が――たとえば、「1経済単位《ワン・エコノミック・ユニット》（EU）」といったラベルが貼り付けられたのだ。このシンプルかつ恣意的な「発明」は取引を非常に「単純化《シンプリフィケーション》」するものとなった。しかしそれは「マネー」に関する「誤解」のほとんどすべての根源となる、大いなる「困難性《コンプリケーション》」を孕むものともなった。

ここでいう「単純化」とはもちろん、「経済の動き」の場への「基数による算術」の導入を指す。そしてこの「単純化」のおかげで、たしかに大きな便益が生れているのだ。「順序数」ではあり得ない操作が可能になり、しかも何かそこに実質的なものがあるかのような幻想さえ生み出しているのである。

さてその「単純化」に伴う「困難性」だが、本来、数量化できないものに数量的な価値を付与すること自体、その核心においてナンセンスなものであることから生れて来るものだ。だから、そこから生れる何か実質を伴ったもののような言説も、そのほとんどが実は内実を欠くものである。そう、それは例の**よくあること**であるのだ。「経済理論」と言われているものが、経済の現実とうまく関係できずにい

＊　順序数　序数とも言う、物事の順序を表す数のこと。
＊＊　基数　数を表す際、もとになる数。私たちがふだん使っている十進法では一から九までの整数が、この基数である。

る主たる原因はここにある。操作された「数のシンボル」は本来、経済的な現実に属するものではない。

この問題をシンプルな事例でもって例証することにしよう。算術の最も初歩的な、足し算について考えてみることにする。計算のルールでは、「1+1=2」と決まっている。これを「経済単位（EU）」で考えると、それぞれ「1EU」の価値を与えられた二つのものを交換する取引は「1+1=2」、つまり「2EU」の取引になる。しかしこの等式は、ある特定の状況でしか通用しないものなのだ。

現実の取引においては、二つのアイテムを合わせた価値が、そのどちらかのアイテムの価値を倍した価値と異なることが往々にして起きる。取引するアイテムの量が変わって来ると、なおさらそうなるのだ。この点をさらに詳しく見ることにしよう。

こんなケースを考えていただきたい。私は、私の取引相手から、その取引相手の持つXというアイテムを手に入れたいと思っている。そしてそのXに私が付けた価値は「1EU」。

一方、私の取引相手は私が持つアイテムYと引き換えに、私に対してXを引き渡してもいいと思っている。そして私は、取引相手が私の持つアイテムYに、同じ「1EU」の価値を付けているものと考えている。つまりここでは公正な取引が可能であるわけだ（私の取引相手も、XとYの二つのアイテムを同じ価値だということに同意している。この場合、その価値をはかる経済単位は、EUではない別のものであっても構わない）（原注101）。

さて次に私は二個目のXにも同じ「1EU」という価値を付与し、取引相手からまとめて取得したいと思っている場合を考えていただきたい。取引相手もまた、私の持つYとの交換を望んでいる……。

しかしこの場合、私が相手から手に入れようとしている、「2EU」と価値付けた二個のXをめぐる取引を、相手方に二個のYに値する公正なものと思ってもらえる保証はどこにもない。私の持つ「二個のY」に対し、相手に付けてもらいたい価値よりも、私が得たいと思っている、相手の持つ「二個のX」の方が高いということも、場合によってはあり得るわけだ。「二個」をまとめて取引しようとすることで、相手の持つ「二個のX」は、単体が二個集まったものではない新しい意味を持ったものになり、そこに新たな取引単位が生まれるわけである。

もちろんこれとは逆に、相手が私の持つ「二個のY」に対して付けていると見られる価値よりも、私が相手の持つ「二個のX」に付けている価値の方が低い場合もあり得る。これを承知で取引するということは、「相手からXを買い上げてやり」、その分、相手を助けてあげる、という意味合いが含まれることになるのだ。

こうした事態は、現実世界では「まとめ買いディスカウント」とか、「まとめて買った方が、一個買うよりお得ですよ」といった表現でよく言われていることだが、ここで注目しなければならないのは、これが行われた瞬間、ある個別アイテムの数と価値の間の連関が崩れ去っていることである。

こんなシンプルな相対取引における「経済単位」の加算さえ、現実には難しいわけだから、それを複数間の取引場面に当てはめるとなると、なおさら難しいものになる。まして況《いわん》や、あるアイテムに対し

原注101　この場合をイメージするには、「私」はドルで考えるアメリカ人であり、相手がポンドを使うイギリス人であると想定するのがよいかも知れない。二人は別々の通貨で、価値を表現しているわけだ。

付与した「経済単位」数を、その後も変わりなく持続することなど不可能なことであるのだ。
だから「経済単位」で構成される世界は、「調整」にあふれた場所である。「価値の取引」に「基数」をつなげる無意味さが基本にあるので、常にズレを補正しなければならない。これは現実の世界における取引にとって限りなく重要なことである。

しかし私たちが現段階で、「経済単位（ＥＵ）」に見なければならない最も重要な問題は、その土台にある「数量化」が私たち「経済人間《ホモ・エコノミカス》」によって創造されたもので、しかもそれが個々人に特有な「数量化」であることだ。そして、「経済単位」が導入されても「市場《マーケット》」の必要性は決して失われないことだ。「市場」は誰もが、自分が行うあらゆる取引における等価化の有効性について、取引相手とともに決断を繰り返す場所であるのだ。

さてここで数量化された「経済単位」を一対一の取引に導入した場合のことを、最も単純な例で、さらに詳しく見ることにしよう。

私はここで、新たな用語を導入したい。「トレードン（Tradon）」という用語である。定義すると、こうなる。「トレードン」とは、ある人にとって、ある特定のアイテムと同じ価値を持つ世界のすべてのアイテムの集合を意味するものだ。（原注102）

いま、Ａという人間が自分の「ＡＡ」というアイテムを、Ｂという相手の持つ「ＢＢ」というアイテムと取引で交換した場面を想起していただきたい。この場合、取引における等価化によってＡという人間は、「アイテムＢＢ」の価値を、相手のＢが「アイテムＡＡ」に対して付けていると思われる価値と同じだと考えていることになる。取引当事者であるＡ、Ｂともに、その価値づけには、この取引で相手の持つアイテムを得るために注いでも構わないと思っている「努力」の「強度」という意味合いが含まれている。

で、この場面に「経済単位（ＥＵ）」を登場させることにしよう。取引がすでに合意に達している場面へ、「経済単位（ＥＵ）」を導入すると、たとえばこうなる。

取引者Ａが「アイテムＢＢ」を「１ＥＵ」の価値だと主張している、ということはＡにとって、彼の考える「ＢＢトレードン」に含まれるすべてのアイテムは、その時点において「１ＥＵ」の価値がある、ということである。これに対して相手方のＢは、それが恣意的な主観でもって数量化された価値であることを知りつつ、それでもなお取引される二つのアイテムが「１ＥＵ」である、との考えに与していることになる。**しかし、取引者Ｂにとってこれは、もうひとつ別の意味を持つものなのだ。つまりそれは、Ｂの考える「ＡＡトレードン」に属する全てのアイテムがその時、たまたま「１ＥＵ」であるということである。**Ａの「ＢＢトレードン」と、Ｂの「ＡＡトレードン」とは、決してぴったり重なり合うものではない。そうである以上、今や明白である。取引時点においてさえ、「１ＥＵの価値があるアイテムの集合」は、取引当事者Ａ、Ｂ間にあっても、決して同じではないのだ。そう、これが経済の現実というもの。現実世界《ウエルカム・ザ・リアル・ワールド》へ、ようこそ！（原注103）

原注102　たとえば私の「Ｘトレードン」とは、「アイテムＸ」と同じ価値を持つと私が考える、世界のすべてのアイテムの集合、ということになる。

さて、今行き着いたばかりの結論をさらに広げると、どうなるか？ 今、取引者AとBは、ともに「1EU」の価値がある、「アイテムAA」と「アイテムBB」の取引を終えたばかりである。AとBは取引に満足している。良好な関係を築き上げた二人は、お互い次の取引のことを考え始めている。取引者Aは今、こう考えているのだ。相手のBが持っている「アイテムBBB」が、自分が今考えている「BBトレードン」に含まれるものだと。そう、「アイテムBBB」は、Aにとってなお「1EU」の価値を持つものなのだ。

これに対してBは、相手のAが持っている「アイテムAAA」は、自分が考える「AAトレードン」に含まれると思っている。となると、この取引もお互い満足できるものとして実行されることになるはずだが……どうだろう？

答えはしかし、ここでも取引者同士の「相互作用」の結果しだい、ということになる。「アイテムAAA」と「アイテムBBB」を交換する取引が完結するには、取引者Aが相手のBが「アイテムAAA」について「1EU」の価値だと考えることを納得できるものだと自分でも再び確信しなければならない[原注104]ばかりか、取引者Bもまた、相手のAが「アイテムBBB」に対し「1EU」の価値を付けることに納得していると、またも確信しなければならない。つまり「AAA」と「BBB」の取引にもまた、最初の「AA」と「BB」の取引と同様、互いの「交渉」が含まれているのだ。

すなわち、ここで問題なのは——それは中心的な問題点になるものだが——取引の両当事者がたとえ「アイテムAA」と「アイテムBB」の価値を「1EU」だということで納得したとしても、同じく「1EU」と価値づけされた別のアイテムを取引する際、それを真剣な再検討に付すことなく、そのまま喜んで取引する保証など実はどこにもないのである。それはそもそも、元からあり得ないことなのだ。つまり、数量化された「経済単位（EU）」を導入したとしても、新規取引の場合は特に、互いの吟味を省くわけにはいかないのだ。

しかしそれならば、どうして「経済単位（EU）」というものがあるのだろう？

上記の例は、「客観的」あるいは「普遍的」な「価値」を測る上で、「経済単位（EU）」がどれほど本質的に役に立たないものかを示すものだが、それは同時に「EU」の有用性についても実は説明するものであるのだ。

今、たとえば取引者がAとBの二人しかいない場面を想定していただきたい。この相対取引の状況下にある二人にとっても「EU」は、取引を開始する「基準点」として役に立つのである。たとえば、「1EU交換券」があるとして、それはそれが表す「トレードン」を代理する手軽なシンボルになるわけだ。それは携帯もできれば保管もでき、あるいは退蔵することもできる。それでもって、どんなアイ

原注103　もちろん私たちは初めから、このことに気づいていたわけである。これは先に取り上げた、単純な相対取引のところで、すでに分かっていたことだ。それを「経済単位（EU）」による議論の中で、その意味するところを、いくらか大胆に言おうとしているだけのことである。

原注104　ひとつ付け加えれば、当然のことながら、取引を行う前提条件として、取引者Aは「アイテムAAA」を取引の場に進んで出品しなければならない。これはしかし、現実世界における取引の場では、とるに足らないことではない。取引当事者はそれぞれまず、相手のアイテムが出品され得るものなのか、互いに突き止めなければならない。これが取引を複雑なものにしているものなのだ。

今や取引者は相手がそのアイテムを「所有し続けることに付けた価値」までも計算に入れなければならない。それは取引の場に出ていない、売り渡されないものとしてあるからだ。

テムを手にすることができるか想起することもできる。このことがもたらす有用性は小さなものではない。

私たちは、アイデアや思考、意味の複雑な体系を表すものとして、あらゆる種類のシンボルを導入することで、私たちの生存をより容易で豊かなものに、より効率的なものにしているのだ。「経済単位（EU）」もまた、そうした代理シンボル群の中の、ひとつのファミリーである。

さて「EU」は、たとえこの世に取引者が二人しかいない取引でも便利なものだが、それ以上の取引者による多角的な取引が行われる社会環境下にあっては、**それがもし、取引にかかわる集団の全員が受け取れる形のものであれば**、その有用性はさらに大きなものになる。たった二人による取引では、「EU」が何であれ、それはそれだけのことである。しかしその「EU」が「コミュニティー（共同体）」の場に導入された時、その経済は「マネー経済」に変わるのだ。

私たちは今やこうして、「マネー」というものの本質を議論する地点に辿り着いたわけである。「マネー」とはすなわち、数量化された「EU」の、コミュニティーにおける発現《フォーム》以外の何物でもないのである。そしてそれは、それ自体には「固有の意味」がないにもかかわらず、使い出のあるシンボルとして認められたものでなければならない。

さて次に、「経済単位（EU）」が「市場」へどんなふうに進出し、そこで有用なシンボルとしてどう役立っているか見ることにしよう。「EU」の市場進出の最初の一歩は、たった二人しかいない一対一の取引を超えた、より広い「輪」の中で、受け入れられることである。

そこで「ＥＵ」が使われているということは、取引の当事者たちがお互いを知っており、互いに「信頼《トラスト》」し合っているからだ。「知識《ナレッジ》」も不可欠である。「ＥＵ」でもって表される「価値」を知っていなければならないからだ。「信頼」が不可欠なのは、取引の当事者たちが、将来の次なる取引において「ＥＵ」を使うことをすすんで認め合う姿勢がなければならないからだ。この「信頼」と「知識」こそ、「ＥＵ」のコンセプトが、より広範に発達して行く鍵を握るものである。

「ＥＵ」を「創り出す《クリエイティング》」（「発行《イシュー》」する、という言い方を私たちは間もなくすることになる）取引者《トレーダー》にとって、その取引者の「ＥＵ」の価値について「知識」を持ち、その「ＥＵ」が将来使えることに十分な「信用《コンフィデンス》」をおけるだけの「信頼」関係にある「他の人々」が自分のグループの内外に存在する限り、その「ＥＵ」はそれらの人々の間で「価値のシンボル」として通用することになる。この「知識」と「信頼」のふたつのファクターを、さらに詳しく見ることにしよう。

まず「知識」についてだが、取引による禍《わざわい》の多くは、「知識」が十分にないところで起きる。歴史は、そんな出来事であふれている。

たとえば、ある種類の珠玉《ビーズ》を「ＥＵ」として使っていた社会が、同じ珠玉なのにシンボル機能がなく、ただ取引用のアイテムとして（「ＥＵ」としてではなく）、それもふんだんに存在する他の社会と接触した時などに禍は生れる。

それは人間が創り出した、ほとんどの「ＥＵ」についていえる。そのアイテムに「ＥＵ」としてのシンボル的な意味を見ない相手との間で、それを取引に使うと禍が生じるわけだ。しかしそこに「ＥＵ」としての価値を知る「知識」があれば、豊かな取引の地ならしをしてくれる。「ＥＵ」が広く使われることで、よりスムーズに、より簡単に、取引が進むことになる。

「信頼」はもっと複雑な問題だ。「EU」の「発行」者が個人であれば、その「EU」の受け取りを考える人は誰しも、その個人の健康状態、さらには生産者、取引者としての継続性、そしてまたその個人が、その帰属する集団においてどれだけ安定的な立場を保っているか気になるはずだ。こうした気がかりから、早速さまざまな疑問が生れる。それはまず、その個人が発行した「EU」の「意味」を理解する「他の人々」が存在するかどうかという問題であり、その「他の人々」自身、「信頼」に足る人々なのかという問題であり、さらには彼らが「EU」を発行した個人に代わってその個人の「EU」をすすんで受け取る人々なのかという問題である。

しかし、これだけで済むことではない。「EU」を発行した個人とその友人、関係者による、ごく限られた人間関係を超えた問題を考慮に入れなければならないのだ。その「EU」発行者が活動し、生活するコミュニティーの全体としての安定性、存続性を考慮することもまた重要なことである。人間の歴史は最も信頼に足る、相手として申し分のない人もまた、自然災害や社会的な動乱、あるいは戦争の嵐に巻き込まれ得ることを示している。「経済的な風景」から消えることもあるだろうし、あるいは最早、経済生産に携わることのできない者として退場することもあり得る。

つまり「EU」を導入することで経済状況に、微妙な得失のバランス感覚が生れるわけだ。この点はなんとしても強調しておかねばならないポイントである。

いずれにせよ最もシンプルで最も複雑でない最も安全な経済取引が二人の当事者による、その場で完結する、先延ばしのないものであることは間違いない。しかしそうした一対一の取引が――あるいはその場に居合わせた、それ以上の数の当事者による取引が――（それは、歴史上、常に行われて来たことで、いまでもごく普通に行われていることだが）、「EU」という「即時性」の導入によって実現する、より大きな集団取引がもたらす多様性なり豊かさとはほとんど無縁のものであることもまた確かなことだ。

「EU」導入によって直ちに起きる、現物・先物市場における、「EU」の有用性をめぐる不確実さよりも、「EU」が実現する、市場における流動がもたらす途方もない利益の方が勝っているのだ。たしかに信頼できて使い出のある「EU」がある時、突然使えなくなり、一掃されるといったことも、歴史の中でこれまで何度も起きたことだ。それでも世界中の人々の「EU」に対する熱狂的支持は沈静化しなかった。あらゆるものを表し得る、目に見えた「価値のシンボル」の導入はそれでも続き、「EU」として使われて来たのである。

実際的な言い方をすると、「EU」を発行しようという人は、それを使おうとする相手の人々に対して、その「EU」が何を表すものなのか知ってもらう（知識）ため、あらゆる努力を払わねばならないのだ。そしてその「EU」が、等価（これはもちろん、「EU」を使う人にとってのことである。**使う人の判断**、これこそが至高のものであることを忘れてはならない）のアイテムの価値を支えるものであることを、相手の人々に信じてもらわなければ（信頼）ならないのである。

そうした「知識」が広がるのは、それによって実際、取引されたアイテムについて「評判が立つ」、市場そのものが持つ、よく知られたメカニズムによる。（原注105）一方、「信頼」は、さまざまな方法で築き上げることができるものだ。時間の熟成を待つもよし、信頼性の記録をとって調べるもよし、いくつか取引を成功させてみるもよし、そのための社会的な環境を整えてみるもよし。

「ＥＵ」を使うにはその安定性が前提となるから、経済活動に従事する人々は歴史を通して「政府」をはじめとする安定した社会機構づくりに記念碑的な努力を重ねて来たのである。だから彼らは、社会機構を根本的に変えれば現体制よりも安定性が生れると約束されているにもかかわらず、一回に一回は政治的な保守派を装うのだ。逆に言えば、取引する人々は同じ頻度で、政治的な現状維持ではなく、政治的な変革の側に立つこともあるわけだ。

ここにちょっとした混乱があるので誤解を解いておこう。経済活動に従事する人々――つまりビジネスマンたちは、取引から利益を上げている人々だから、彼らはいつも「平和と安定」を好む、との主張をよく耳にする。しかし実はそうとは限らない。平和でなくても、どんな状況下でも、あらゆるかたちの直接的な取引は生起するものなのだ。それは、実際、あの第二次世界大戦中の強制収容所においてすら起きたこと。つまり社会的な混乱が取引を活発化することも、しばしば見受けられることである。ハルマゲドンが来ると思い込んで、駆け込み需要が爆発するのもその一例である。「明日をも知れぬ命、食べて飲んで愉快にすごそうシンドローム」が生れるわけだ。状況がどんなに不安定で危険なものであれ、いつもどこでも、目ざとい商売熱心な取引者は現れるものだ。

しかし、そこで見あたらないものがひとつある。そう、そうした不安的な場所では「ＥＵ」が広く使用されることはないのだ。だから、ある「ＥＵ」がこの先、どれだけ長く使われるか見通すことは、社会的な安定を測るひとつの尺度であるに違いない（原注106）。「ＥＵ」が不在、あるいは欠乏している取引環境には豊かさも多様さもないのである。それは、かなり欠乏した状況でしか見られないものなのだ。

ここでこれまでの議論を要約しながら、私たちがどこまで進んで来たか、今いる地点を確認しておくことにしよう。私たちは個人が発行した「経済単位（ＥＵ）」が、「知識」と「信頼」を伴って、「市場」に導入されるありさまを見てきたわけだ。「ＥＵ」の発行という実際的な行為は、価値を持ったアイテムの取引の場への導入に基づくものであり、それに随伴したものである。価値を持ったアイテムの存在なしに、「ＥＵ」によって表される取引可能な価値もあり得ない。ある価値を持ったアイテムが、「ＥＵ」の発行者の前に現れた時、あくまで発行者にとって、そのアイテムの価値を数量的に表すシンボルとして「ＥＵ」発行が可能になり、同時にその発行が有用なものになるのだ。

これはつまり「ＥＵ」の発行が現実世界でどう動くかを決める基本的な「自然法則」である。発行者が価値づけるアイテムの創造こそ、それらのアイテムの価値を表す「ＥＵ」の出現を正当化するものなのだ。「ＥＵ」の市場への導入を正当化するものは、この他にはない。取引されるアイテムが生み出さ

原注105　このエッセイで私は、市場に参入したり、市場をつくったりする人々が、自分が手にしたいものを、自分が喜んで手放したいものを、さらには取引するものをどう価値づけているのかを、他の人々にどうやって「知らせているか」、そのさまざまな方法について立ち入るつもりはない。そこへ踏み込んで行くには、新たにマーケティングを研究しなければならないからだ。ただしそれはそれ自体、とても魅力的な研究テーマである。それは歴史の中で途方もない変化を遂げて来たものであり、「情報時代」の到来でまさにその性格を一変させようとしているものだからだ。

原注106　おもしろい例外がひとつある。それは「ＥＵ」として「金（ゴールド）」を使うことである。この点については、後ほど触れることにする。

れる限りにおいて、新たな「ＥＵ」は発行可能になる。「ＥＵ」の出現を正当化するメカニズムは、これ以外にはないのである。この現実世界の市場において許されるメカニズムは、これしかない。(原注107)

言うまでもなく「ＥＵ」の市場導入に伴う最大の危険は、「経済的に取引可能なアイテム」と「ＥＵの発行」の間に潜んでいる。この危険は、いつでもどこでも懸念の焦点としてあり続けていることだ。人間の悲しむべき性《さが》は、ごまかしたり盗んだりする弱さにある。価値ある何物かを、それに見合ったものを相手に引き渡すことなく手に入れたいという欲望に負けてしまうのだ。

しかしこれは相対の直接取引では簡単なことではない。力ずくで奪うのでなければ、無理なことなのだ。これは取引ではなく強奪である。

しかしいったん「ＥＵ」が現れると、どうなるか？　そう、だから注意しなければならないのだ。そこに計画的な盗賊行為を企むことができる「機会の王国」が生れるのだ！

経済史の大半は、そしてマネーの歴史の全期間は、「ＥＵ」の悪用の歴史でもある。悪さを企む者どもがいるのだ。むろん、「政府」の輩も含めて！　相手に何も渡さず、品物を獲得しようとする連中がいるのである。市場から価値あるものを掠め取るのだ。取引に応じようという相手に、それに見合ったものを何も手渡さずに。

ここで私たちの社会は、取引に使われる実体化した「ＥＵ」シンボルの正統さをどうやって確証するか、という挑戦に直面することになる。(原注108)そしてこの挑戦こそ、「ＥＵ」が市場で受け入れられるために、他の何よりも重要なものであるのだ。

ここで偽造「ＥＵ」を防ぐため、どんな対処法が行われて来たか見ることにしよう。「ＥＵ」の実体シンボルは一対一での取引の場面でさえも、その独自性と有効性に関し、何らかの紛れもない特徴を備えたものでなければならない。それが発行されたあと、ある時間が過ぎたあとになっても、その独自性、有効性を証拠立てるものでなければならない。この実体シンボル化した「EU」に対する要件は疑いもなく、これまで承認され続けて来たものだ。(原注109) しかし受け取った「EU」がほんものかどうかよくわからないという難しさは、人類が取引を始めた歴史の夜明けから、これまであり続けてきた問題である。指輪につけた精巧な認印を捺したり、証人を立ち合わせたり、透かしの入った特殊な用紙を使ったり、最近では電子的なマーキングを導入したり、とにかくさまざまな「しるしづけ」が行われて来たが、これらはすべて偽造を防ぐためのものだった。「しるしづけ」は、法律や取り締まり、裁判所、刑罰といった社会的メカニズムと一体化したもので、コミュニティーの総力を挙げ、「盗み」の一種である偽造に

原注107　読者の方々は私がこれまでなぜ、それが実は本質的・経済的な意味において「マネー」を表すものであるにもかかわらず、敢えて「経済単位（EU）」という用語にこだわって来たか、今や理解されているに違いない。「マネー」とは「EU」の「実体的な」シンボルである、という困った言い方が、これまでさんざん、され続けて来たのである。

この「マネー」と「EU」の「混同」が、人をだますのだ。長続きはしないものの、しばらくの間は人をだますのだ。取引する一般大衆が「マネー」を有効な「EU」と混同することを狙って、「マネー」という実体的なシンボルの山を本物だと偽り、せっせと売り込む姿は、これまで何度も、民衆あるいは政府の目の前で、繰り返されて来たことである。

原注108　これは取引の場でも重要な役割を果たす、重さや秤の正確さ、及びその標準化をめぐって起きる問題に似ている。しかし重さや秤の問題は、解決が比較的容易なものである。なぜなら、それらはそもそも「数量化」できるものであるからだ。

対して闘いを挑むためのものだった（もちろん、それはもっと、あからさまな盗みに対しても行われることだが）。

取引の輪がまだ小さく、お互い顔見知りで、人間的な絆に結ばれたコミュニティーのメンバーによる取引のうちは、「ＥＵ」の正統性を守ることは比較的、容易なことだった。しかし「ＥＵ」が使われる市場の拡大とともに、偽ものをつかませられる危険も増大した。そしてこのことが、「知識」と「信頼」に加え、個人が発行する「ＥＵ」を使用する際の新たな問題点となった。

個人の「ＥＵ」発行に絡むこれらの問題点に対し、満足すべき解決策がもたらされたのは二〇世紀の終わり、「情報時代」が全世界的に確立された時のこと。そうした新たな展開の中で、「ＥＵ」を実体シンボルで表象する必要性を全廃する方向へと、今ようやく動き始めているのだ。

さて「ＥＵ」の使いよさは、お互い顔見知りで何らかのつながりを持った社会的な輪を超えた健全でスムーズな市場等の取引システムを推進するものとなったが、そうした展開の中で発行者個人に寄りかからない、もっと違った実体シンボルを持つ「ＥＵ」を求める声が取引者の間で強まっていった。

もし「ＥＵ」を発行する個人のことを知らなくても、あるいはその個人の信頼性やその「ＥＵ」の有効性を確認しなくても済む「ＥＵ」を手にできたならば、その「ＥＵ」をもっと自由に、躊躇しないで、より大きな、より多様な市場で使えるようになる。その結果、取引の量も対象も増大し、市場の回転も速まることになり、市場それ自体、拡大を遂げることになる……。実際問題として、いったん「ＥＵ」が市場に出現してしまえば、賢い取引者なら誰でも、次の問題として発行者個人に属さない独立した

「ＥＵ」への模索を始めることは、とくに難しく考えるまでもない事の成り行きだったわけである。

こうして二〇世紀になるまでに全世界の多くの地域で、そうした新たなコンセプトを持った「ＥＵ」が幅を効かすようになった。しかしそれは油断のならないコンセプトだった。少なくとも有用性と同じだけ、問題点を含むコンセプトが導入されたのだ。けれどそれは、多かれ少なかれ取引相手に関する知識に依拠して行われる限られた市場の輪という足枷から、「経済人間」をついに解放したのである。

その新たなコンセプトとは、ある「商品」を「ＥＵ」として使用するものだった。個人間の約束事として決められる実体シンボルではなく、具体的な「商品」を「ＥＵ」として使用するものだった。「ＥＵ」として使われる「商品」は、必然的に重さや量で数量化でき、（原注110）しかも中心的な財物と見なすことができるものになった。

ここで、そうした「商品」が「ＥＵ」の実体シンボルとして資格を付与されるために、どんな特徴を持たねばならないか列記することにしよう。

原注109　「聖書」の「創世記」に登場する、ユダと「あそびめ（遊女・娼妓）」の物語は、このことを示す格好な歴史的な事例である。（舅の）ユダは、（長子エルの妻で、寡になった嫁のオマルを、路上のあそびめ、と間違え）彼女に対して、（いずれ山羊の子をあげるから、と約束し、その約束のしるしとして）自分の持ち物（印と紐と杖）を（山羊の子と交換する）「ＥＵ」として与え（て男女の関係を持っ）た。やがて、その、約束しるし（「ＥＵ」）を示し、彼女が、お腹の子の父である舅ユダに対して、その償還を求める時が来る……。その紛れもない約束のしるしこそ、この聖書のドラマを生み出すものである。「創世記」三八章、参照。

原注110　これに対して個人の発行する「ＥＵ」は、すでに見たように、発行者が「基数」の導入でもって任意に数量化した、それだけのものだった。今後、「ＥＵ」について考える時は、それとの違いを常に想起しなければならない。

(1) それが使われることになる市場のどこにおいても利用できるものでなければならないし、利用できるものにしなければならない。
(2) その「EU」としての使用が、「商品」としての使用に加え、広く受け入れられるものでなければならない。
(3) それは比較的、稀少なものでなければならない。人々が、その「EU—商品」の偶発的な大量流入によってしばしば突然、幸運をつかみ、市場で価値あるアイテムに容易にアクセスできるようなものであってはならない。
(4) それは本物かどうか確かめることができるものでなければならない。
(5) 時間が経っても安定したものでなければならない。自然の中で起きるように腐朽するものであってはならない。
(6) 扱いやすく、移転しやすく、貯蔵しやすいものでなければならない。

これらの特徴を詳しく見る前に、この「商品—EU」が引き起こす、ある特有の問題点についてコメントしておきたい。それは、まずいことにこの「商品—EU」の「EU」としての側面と、「商品」としての側面を切り離せなくなることである。さらに厄介なことに、その「商品」が「EU」としての側面を併せ持つことで、その「商品」としての性質が変わってしまうことである。

つまり問題は、その「商品—EU」があらゆる取引場面において、「EU」及び「商品」という二つの側面を切り離すことができないことだ。二つはその場で、互いに影響し合ってしまうのである。その「商品―ＥＵ」は、人々がそれに対してそれ相応の価値を付与している「商品」であるという側面を持つことから、それは常に「実体シンボル」としてだけではなく、（「商品―ＥＵ」ではない）「商品」として他の「ＥＵ」と交換される「アイテム」にもなってしまうのだ。「商品―ＥＵ」を交換価値の純粋シンボルとして見る可能性は最早、残されていない。

それどころか、**交換価値の実体シンボルとしてその「商品」を使うこと自体が、それにもうひとつ別のレベルの「商品」として価値を付与してしまうのだ。**ある人が取引して得たいと願う、ある「商品」の「価値」は、その人がその「商品」に対して付与する「使用」価値に基づく。そしてその「商品」に新たな「使用」が加われば、それは直接、「使用」価値に反映されるものであるからだ。

これは、そのアイテムの「普通の使われ方」というものを見ると、よくわかる。それはごくありふれたケースであるからだ。たとえば、「希土類の元素」について考えると、現代の合金技術が生れる前と後では使われ方がまったく違っており、それが「価値」の差にもなって現れている。これと同じ力が、「商品―ＥＵ」という新しい「使用」がその「商品」に加わった時、同じように働くわけだ。そしてそれは取引者たちがその「商品―ＥＵ」の「価値」に追加する新たな「価値」になるのである。

こんなふうに言うと、複雑な言い方に過ぎると思われるかも知れない。しかしそれでもまだ、取引において「商品―ＥＵ」が占める複雑さを思えば控えめな言い方である。いずれにせよ、これまで取るに足らなかった商品にテクノロジーの進展で驚くほど多彩な「使用」、新しい使われ方が生れ、それに伴い「商品―ＥＵ」は次第に使いにくいものになって来たわけだ。これが歴史の現時点で、「ＥＵ」全般に根本的な変化が起きている、そのひとつの理由でもある。

さて話を戻し、先に掲げた「商品―ＥＵ」の特徴をかんたんに見ておこう。「マネー」というアイデアをめぐって誤解が生じているのも、実はこの「商品―ＥＵ」の特徴についての誤解があるからである。

(1)　それが使われることになる市場のどこにおいても利用できるものでなければならないし、利用できるものにしなければならない。

ある「商品―ＥＵ」を、グローバルに見て、ごく限られた地域だけで使用できるかたちで導入することは、それをその地域だけで使用するという意図がありさえすれば可能である。そしてこれは現実に、何らかの物理的なバリアーであって、外界から孤立して取引するコミュニティーにおいて頻繁に起きていることだ。その物理的なバリアーだが、それは地理的なバリアーでもあり得るし、自由取引の流れを阻む政治権力によるバリアーの場合もある。

経済活動の現実を見ると、取引が行われる「市場」の範囲は、「商品―ＥＵ」として使われる「商品」がどれほど出回るものなのかによって、その外縁が決まる。

さて時代が変わり、新しい地域が潜在的な市場として現れると、これを経済活動の拡大のチャンスととらえる取引者たちは、それに見合った「商品―ＥＵ」を見つけなければならない。古い「商品―ＥＵ」から新しい「商品―ＥＵ」への変換という、込み入った手間をかけねばならないわけだ。「ＥＵ」を通用させる際、その価値にはそれぞれの主観が込められるので、それひとつをとってもそれがどれだけ難しいものかはすでに見たところだが、それを考えれば、異なる「商品」に基づき、それぞれ別個に発行された「商品―EU」の等価化がどれほど困難なものになるかは自ずと想像がつく。その「EU」としての側面の比較だけでも厄介なことなのに、その「商品」としての側面においても比較しなければならないからだ。

この結果、取引を行うコミュニティーにはたいてい、この問題に対処する専門的な取引者が現れ、（その「商品」を自分で利用するために交換するのではなく）「商品―EU」の交換業務に専念することになるのだ。（原注111）

(2) その「EU」としての使用が、「商品」としての使用に加え、広く受け入れられるものでなければならない。

ある「市場」において、ある特定の「商品」が一般大衆によって「EU」と認められるかどうかは、「説得」の問題である。したがって、それは本来的に「政治的」なものである。この問題が話し合われる時、人々のさまざまな思惑が入り込んで来る。これは常に、そうでしかあり得ないことだ。

そこでの争いはたいてい、「商品―EU」の「商品」の側面をめぐって起きるものだ。それはある特定の取引者が、あるいは取引者の集団が、「商品」としてのその出回り具合を操作するのではないかという恐怖――場合によっては、そうなってほしいという希望から生れる争いである。

原注111　この「市場の（一部ではなく）どこにおいても使うことのできる」という第一の条件こそ、「宝石」が、それがその他の条件をほぼ完璧にクリアするものであるにもかかわらず、「商品―EU」として広く出回ることを妨げているものである。

「商品」の出回り具合の操作で、それが表す価値が変えられてしまうのだ。それは「商品―EU」においで「トレードン」を表すシンボリックな価値が、その「商品」としての本来的な価値と解きがたく連動するものであるからだ。それによって「商品―EU」に混乱が生じるわけだ。

こうした「商品―EU」をめぐる「政治的な」問題は歴史を通し、常に「商品―EU」の使用に取り憑いて来たことである。それは大統領候補だった、あのウィリアム・ジェニングス・ブライアンの「金の十字架」演説*で不滅のものとなった。

(3) それは比較的、稀少なものでなければならない。人々が、その「EU―商品」の偶発的な大量流入によって、しばしば突然、幸運をつかみ、市場で価値あるアイテムに容易にアクセスできるようなものであってはならない。

この条件は、ある特定の「商品―EU」に対する信用を生み出すもので、とても重要なものだが、実際面においては残念ながら、そうはならないこともある。歴史的に最も人気の高い「商品―EU」はもちろん「金(ゴールド)」だが、これを見ても問題点がよくわかる。「金」が「商品―EU」として使用されている「市場」に暮らす人々は、「マイ大金鉱」の発見をいつも夢見るものだ。「黄金」で一攫千金をつかむ夢は、経済の宝籤とでも言える。欲望を膨らませて、欲しいものを何でもすぐ手に入れる、そんな夢である。しかし夢を見る人間自身は、それと見合った価値あるものを生み出すことはない……。

そんな夢想に衝き動かされ、何処かで金鉱発見が報じられるたびに「ゴールド・ラッシュ」に加わる群れが、どっと現れるのだ。そして金を蓄えた力の弱い者を征服し、強奪、略奪に走る人々が現れる。

これが世界的にどれだけ政治的安定や道徳的な健康を奪ったものかは言うまでもない。

(4) それは本物かどうか確かめることができるものでなければならない。

どんな商品が「商品―EU」として使われようと、本物そっくりの代用品が出て来る可能性は常に存在する。これは前項で見た、「容易なアクセス」の一例だが、本物の蓄えに対するアクセスではなく、偽物に対する「容易なアクセス」である。これは深刻かつ常に現存する問題である。実際のところ、「商品―EU」を使ったコミュニティーはみな偽造による被害を受けているのだ。

こうした偽の「商品―EU」を「市場」から放逐するため、取引者たちは次の二つのメカニズムを同時に導入して来た。化学的な成分分析と、偽造を防ぐ特殊な外観づくりがそれである。

だから取引センターとして発展したところには必ず、「商品―EU」の純度を継続的にモニターする集団と、「商品―EU」として使用する「商品」の偽造防止手段を開発する集団が存在していた。それは取引者全員の自己利益につながる分野だった。そうした強い共通の自己利益があったればこそ、「商品―EU」というものがなければ社会全体として必要ないことだったにもかかわらず、それらの対抗手

＊「金の十字架」演説　一八九六年、米国の民主党の大統領候補に選ばれたウィリアム・ジェニングス・ブライアンがシカゴでの党大会で行った演説。インフレを導入して、農業者ら債務者の負担を軽減しようとの政治的な思惑から、「金銀複本位制」の導入を主張、事実化していた「金本位制」の廃止を訴えた。「金の十字架」は、演説の結びの言葉――「金（本位制）の十字架の上で、人類を磔にしてはならない」からとられたもの。ブライアンはしかし、大統領選の本選でマッキンレーに敗れた。

段を社会的に固有のものとする認識が広がったわけだ。

国家によって支えられた「貨幣」が出現する、最も重要な理由はここにある。だから社会のほとんどが、そうした「貨幣」を確立したのである。それは政府の形態を問わないことだった。民衆は自分の政府のあり方に対する支持・不支持を超えて、それを政府機構のひとつとして受け入れて来たのである。(原注112)

(5) 時間が経っても安定したものでなければならない。自然の中で起きるように腐朽するものであってはならない。

この要件は、「商品—EU」になり得る「商品」の幅を厳しく制限するものだ。有機物の「商品」では、腐らずに長持ちする骨や羽根に限定される。無機物だと壊れず、崩れず、腐朽せず、錆びず、といったいずれにせよ崩壊しないものに限定されるわけだ。しかし厳密な意味で、この要件を実現することは不可能なことである。だから常に問題が起きるのだ。

ある種の金属が「正貨」*(これは「商品—EU」として使われる金属類に対して使われる用語である)として歴史的に受け入れられて来た理由はこの要件によるものだが、その一方であらゆる「正貨」は——とくに顕著な例は、金(ゴールド)だが——ある共通の欠点を抱えていた。それは、「柔らかな」ことで、使っているうちすぐに劣化してしまうことだ。ここから不幸な、取り返しのつかない問題が出て来る。こうした「正貨」による取引が活発化し、それが使われれば使われるほど、その「商品—EU」としての価値が磨耗、減損して行くことになるのだ。

(6) **扱いやすく、移転しやすく、貯蔵しやすいものでなければならない。**

このルールによって、他の要件はすべて完璧に満たしていても除外される「商品」は多い。たとえば、ある種の硬材、岩石、鉱物類である。しかしこの要件はほとんどの「市場」で、「正貨」を主たる「商品―EU」にする上で決定的な役割を果たしたものだ。それは鋳造のテクノロジーが、「文化接触」(これは結局、経済的な接触になり得るものだが)として知られる交流を通して、世界中に伝播して以来のことである。

実際問題として「正貨」は「商品―EU」として使われる「商品」としてあまりにも受け入れられ、「商品―EU」が「EU」として見ず知らずの取引者が取引する市場において、あまりにも受け入れられ、支配的な地位を確保したものだから、一般の人々には日常取引に使う「EU」と同義のものになっ

原注112 この「貨幣の確立」が歴史を通して、さまざまな社会で行われて来た事実に対して、歴史や経済学の教科書がほとんど注意を喚起していない――いや全くと言っていいほど気にも留めないことは、私の驚きとしてあり続けて来た事実である。

アイザック・ニュートンは英国の最も有名な科学者(最も偉大なる精神の持ち主と、生前から認められていた)だが、その彼が一七世紀の終わりに英国の造幣局のディレクターとなり、そこでの業績が讃えられていることは、単なる偶然の出来事ではない〔ニュートンは一六九六年、王立造幣局の局長になった〕。

またアメリカの憲法は、特に「商品―EU」を中心とした取引上の問題に鋭い関心を注ぎ、連邦議会に監督権限を与えているが、これも偶然のことではない。これは、アメリカの学校で歴史を学ぶ生徒がまったく教えられていない事実である。

＊「正貨」日本では「正金」とも訳されている。

て行ったわけである。

ほかの「ＥＵ」に比べ「商品―ＥＵ」を使う絶大な便利さは、どんな市場においても、その威力のほどを立証し続けて来た。その導入は、それが人間の精神が生んだ最大の発明であることを自ら証明して見せたのである。これによって人々は、個々人の生きる世界の地平を超えた遠い彼方に向かって、取引のネットワークに支えられながら多様かつ膨大な経済活動を行うことができるようになった。

しかしこの「商品―ＥＵ」の覇権に対し、挑戦するものが現れる。それは、ほんの数世紀前のこと。それは学者も見逃す（しかし、取引者は決して見逃しはしなかった！）ような、かすかなものとして出現したのである。そしてこの、「商品―ＥＵ」にとって不吉な前兆が一般に知られ、広く認められるようになるのは、二〇世紀になってからのことだった。


さて「商品―ＥＵ」の使用にはしかし厄介な問題点がひとつあった。経済活動の自然な流れを常に阻害する問題点だった。今、私が述べているのは、「商品―ＥＵ」の使用が始まる、その出発点に関することである。「商品―ＥＵ」はそもそも、どんな形で発行されたか、という問題である。

ここで思い出していただきたいのは、「ＥＵ」の発行とはそもそも、取引されるアイテムに付与された「量的な価値」をシンボリックに表象するためのものだったことである。「ＥＵ」は取引のその場において直ちにアイテムを交換しなければならない制約から逃れられる便利なものだが、それ以上に重要だったのは、「ＥＵ」の導入で多数の人々がより効率的でより自由な、多面的な取引ができるようになったことだ。

その「ＥＵ」は、あらゆる取引において、実際に取引されたアイテムと結合したかたちで発行されるものだった。経済的な意味を持ったアイテムは常に、その価値を表す「ＥＵ」と結びついていたのである。それは取引における明確な原則だった。価値あるアイテムとの対応なしに誰も「ＥＵ」を発行できないし、発行しようとも思わなかった。「ＥＵ」とは「価値のシンボリックな表象」だから、「価値あるアイテム」と対応しない「ＥＵ」の発行は、不正かつ無意味なものか、そのいずれかでしかなかった。取引できるアイテムのないところ、経済システムにおける価値なし。経済価値のないところ、「ＥＵ」なし。このシンプルで基本的な考えが常にどれだけ重要なものとしてあり続けて来たかは、いずれまた見ることにする。

で、これが「商品―ＥＵ」となると、こうした原則が非常にあいまいなものにされてしまうのだ。「商品―ＥＵ」は「ＥＵ」であると同時に「商品」でもある。その「商品」としての本質の一部を構成するものが、その「ＥＵ」としての使い出である。それゆえ「市場」においては、その「商品―ＥＵ」における二つの機能は区別されることはない。「商品―ＥＵ」の市場における発行とは、それが基づく「商品」の市場への導入と分離することはできないのである。

この結果、ある「商品―ＥＵ」が市場に導入されるや否や、その「商品」が「商品―ＥＵ」の役割を演じるそれだけのことで、経済的価値を持つ「新たな」アイテムがなくても、「価値」をシンボリックに表象することが可能になってしまうのだ。これにより、ある特定の人々なり、特定のコミュニティーが、「商品―ＥＵ」として働く「商品」を支配することができれば、経済価値を持った「新たな」アイテムを生み出すことなしに、「市場」に自由にアクセスする事態が生れ得るわけである。

しかし、これだけが「商品―EU」がもたらす特殊性ではない。それは「商品」であり「EU」でもある二重性を持った《商品としての「商品―EU」》としても取引されるものだが、そうした取引の中で当事者たちは、現に取引されている《「商品―EU」としての商品》の価値を持った「EU」を発行しているわけだ。

こうして私たちは、市場において、同時に二種類の（それも、取引の度に生れる）「EU」が流通しているさまを目の当たりにすることになる。ひとつは、すでに生み出され、取引の場に出たアイテムの価値を表す「EU」であり、もうひとつは、生み出され、取引の場に出たアイテムの価値を表し得るものとしての「EU」であるか、または（あるいは、同時に）商品としての「商品―EU」の価値を表し得るものとしての「EU」である。

さて「EU（経済単位）」全般が（私はその中に今、「商品―EU」を含めて考えているのだが）、より大きな複数の市場において、より広い使い道をどんなふうに発達させて来たかを見る時が来た。

私たちはすでに、どんな取引でも、当事者全員がそこで取引されるアイテムはすべて同等な価値を持ち、取引をフェアなものだと納得できるだけ注意を払わねばならないことを見た。そして、その場面における量的な「EU」の導入は恣意的なものであり、そこには価値を付与するという主観的な部分が含まれていることを誰もが承知していることも見た。つまりここで重要なポイントは、「EU」はその市場への最初の導入からして、それを使う人々の、それぞれ異なる「トレードン」を表すものだということを確認することである。

こうした「ＥＵ」は、取引者が直接、接触する狭いサークルを越えて、やがてより大きな人口の中へと広がって行くわけだが、その成り行きの筋を追いかけるには、まずもって密接に関係し合う社会的なサークルを越えた取引のありようについて考えておく必要がある。よくある事例で、考えることにしよう。

ここにＡという人間がいて、Ｂという人間が生産した「アイテムＢＢ」を得たいと考えているとする。そしてＢは、Ａと同じ社会サークルに属する人間である。

しかし、Ａが取引に出すことができるのは「アイテムＡＡ」だけ。そして、その「アイテムＡＡ」を、ＡとＢが属するサークルの**誰も、欲しいと思っていない**。だからもしＡにとって市場がそのサークル内に限定されるものであるならば、Ａとしてはどうしようもない状態に追い込まれる。Ａは自分が価値づけたもの（「アイテムＢＢ」）を入手できないばかりか、自分が生み出すことのできるたったひとつのもの――すなわち「アイテムＡＡ」を取引の場に出すこともできない。

こんな状態の中で、身近なサークルの外に――ということは、そうかんたんにアクセスできないところにＣという人物がいて、「アイテムＡＡ」を入手したいと望んでいることを、Ａがたまたま知った状況を思い描いていただきたい。

しかしＣのことを知っただけでは、一対一の相対取引の世界では、ふつう何の役にも立たない。Ｃに会いに出かけ、実際に会うことができなければ、意味のないことなのだ。しかしたとえＣに会えたとしても、その先に困難が待ち構えている。Ｃという人が、どんな「アイテムＣＣ」の作り手なのか確認し、「アイテムＡＡ」と「アイテムＣＣ」の公正な取引条件をさぐり出した上、何よりも自分が最終的に、そもそものターゲットである「アイテムBB」を、多角取引を通じて得るために、自分の属する身近なサークルの中に「アイテムCC」を欲しがる人がいるかどうか確かめなければならないのだ。

こうした困難が、遠く離れた取引者同士、多角的な直接取引を効果的に行う妨げになる。遠隔地で生産されているアイテムに対して一定の知識があったとしても、その距離の遠さゆえに、取引のスムーズな流れを生み出すものにはならないのだ。こうした状況をつなぐものとして、「仲介者」といわれる人々が、この段階で早くも生れることがあるが、彼ら自体にとってもそこはハイリスクな世界である。二つの連結していない市場の間で公正な取引を仲介しなければならないし、何よりもそれぞれの市場に精通していなければならないからだ。

「EU」の導入は、こういう状況を前に進ませる最初の一歩である。「EU」によって取引者Aは、それまで手にしたことのなかった、取引における「流動性」を得ることができるのだ。「EU」なしに、取引者Aに何ができるかと言うと、自分の「アイテムAA」を取引者Cに売り込むことか、自分が仲介人になって、自分が所属する市場にある品々をカタログのようなものにして売り込むことくらいだ。しかし、「EU」があれば、自分がほしい「アイテムBB」の自分にとっての「量的な価値」――それを「X・EU」と呼ぶことにしよう――を自分なりに確認することができるのだ。Aは最低でも、自分の属する市場で、人々が「X・EU」と同じ価値を付与している他のアイテムについて知ることができる。それは市場の動きを観察さえすれば、わかることである。(原注113)

そして万が一、Cの属する遠隔地の市場でたまたま同じ「EU」が使われているとすれば――これは滅多にあり得ないことだが、しかし何らかの事前の接触によって実際に起きることでもある――、取引はもちろん、もっとかんたんになる。その「ＥＵ」を通して、取引者Ｃの市場に対し、素早く目配りできるからだ。

しかしかりにＣの市場がまったく別の「ＥＵ」を使っているとしても、「ＥＵ」が不在の状況と比べれば、そこに現れた「仲介者」が乗り越えるべき障害はかなり少ない。取引者Ａの市場とＣの市場をつなぐ仲介者は、個々のアイテムの等価化という骨の折れる仕事の代わりに、Ａの市場の「ＥＵ」をＣの市場の「ＥＵ」に「変換」すればいいだけのことだからだ。この場合、その仲介者は両市場それぞれの「質」というものを知っていなければならない。それは「詳しくなる」というより、それぞれの市場で取引されている数多くのアイテムを「平均化して考える」ことができる意味でのことである。こうして仲介者は「ＥＵ」同士の変換メカニズムを担うものになる。両市場のアイテムの出入りを可能とする調停役の役割を果たすわけだ。

こうした仲介者の目に「商品―ＥＵ」が魅力的に映る理由はかんたんだ。ある特定の市場で発行される「ＥＵ」は、その発行者個人に関する知識に深く依存するものだから、その個人に関する知識が遠い別の市場に存在することはほとんどあり得ない。むしろあり得るのは、ある特定の「商品」を両市場で使える「ＥＵ」にすることだ。これだと最早、その個人を知らなくても済むわけである。その「商品」

原注113　これはもちろん、人々があるアイテムにある時、つけた価値は必ずしも他の時の価値と同じではない、いや、同じではないことがふつうである――ということを承知の上での話である。しかし、取引者Ａとしては、それでも取引の足がかりを確保することができるのだ。そしてそこに「ＥＵ」があれば、Ｃに対して売り込むことができるどんなアイテムが自分の属する市場にあるか、かんたんに、そして素早く判断することができる。

が「EU」になり得る要件を満たせばいいだけのことだ。今日に至るまで、遠隔地をつなぐ取引が「金(ゴールド)」によって――「EU」としては問題点があるにもかかわらず――容易なものになって来たのは、このためである。

人々を、自分たちの使っている「EU」をできるかぎり広げようという思いに駆り立てて来たのは、取引の欲求である。「EU」は市場の拡大に役立つものだったから、人々は少し欠陥があっても我慢したのだ。そうして市場は取引者の大集団を取り込みながら、さらに拡大して行った。そしてそこに「自由大市場」が成立する可能性が出て来たわけである。「EU」でもって計量された諸価値が競売環境の中で組み込まれる「自由大市場」が生れることになったのだ。各個人が自分自身の価値判断に基づき、値を付ける「自由大市場」が出現したのである。(原注114)

この時点でしばしば見失われがちなのは、以下の重要な「経済の現実」である。この問題を考えるために今一度、最も単純な一対一の取引に「EU」を導入した時のことを思い出しておこう。

それは、たとえ相対取引にかかわる二人の当事者がともに、そのアイテムの交換を公正なものと見なし、各アイテムの価値をたとえば「1EU」だと考えたとしても、この二人の取引者が、同じ「1EU」の価値ありとそれぞれ考えている「他のアイテム」まで、「1EU」で取引されるとは限らないことである。**この限定性は、「EU」が自由に使用される、より大きな市場にもあてはまることなのだ。**大市場において、大量取引が行われる結果として、ある特定の数のアイテムが常に、たとえば「1EU」で交換されているからといって、**この大市場内で活動する他の取引者たちもまた、それらのアイテムに**

同じ価値を付与しているわけではない。事実は正反対で（単純な一対一の相対取引で見たように）、ある取引者が、ある特定の「ＥＵ」数で取引されているすべてのアイテムに対し、彼自身、同等の価値づけをする蓋然性は皆無に等しいのだ。

市場が「ＥＵ」で付けた価値は、単なる「標準価格」に過ぎない。それは出発点であり、いわば「ＥＵ言語」とも言うべき「共通の言葉」の使用を取引において可能とするメカニズムである。ある特定のアイテムに対し特定の「ＥＵ」数が付与されたことを、そのアイテムに対してある「客観的な市場価値」が付与されたと見なしてはならないのだ。

さて「ＥＵ」が使用されている市場では実際、どのようなことが共通して起きるものなのか以下に見ることにしよう。

〔シナリオ１〕ある二人の当事者が直接的な相対取引を、市場での「ＥＵ」による「価値」を参照せずに、公正な取引として合意したとする。二人はもちろん、幸せに互いのアイテムを交換したわけだが、その後、市場に出かけてみると驚いたことに、市場はその二つのアイテムに対し、まったく違った「Ｅ

原注114　取引者の大集団を抱える大規模市場での人々の行動は、統計分析の手法をかりれば、描き出すことも可能である。それぞれ特有の行動パターンを持ったシステムの集合を、統計分析でもって、どう説明し切るか？——この「ミステリー」の解明は、数学者や哲学者たちを魅了する挑戦的なパズルである。そこからどんな満足の行く答えが出て来るかはともかく、統計分析は、少なくともある大きなスケールにおけるパターンを、有効性を限定した上で確かめることができるという点で、その便益を否定されるものではない。

U」価値をつけていた！

しかし、すでに済ませた取引はあくまでも有効である（それは法律に則ったものだし、自由な取引でもあったから）。当事者二人がともに「公正」だと思った取引だったわけだから。

しかし、この両当事者の結論を「EU」市場は支持していない……。これではあとあと、せっかく幸せな取引をすませ、気分をよくしている二人の間に刺々《とげとげ》しさを持ち込みかねない……。

〔シナリオ2〕ある人が、自分の持っているアイテムを、その時点で市場が設定した「EU」の一定の数と引き換えに売りに出そうとした。しかし買い手が出て来ない（このことだけで、「EU」による価値づけを確定するはずの「市場メカニズム」が宙に浮いていることになる）。

でもその人は、なんとか自分のアイテムを売って自分の欲しいものを買うために「EU」を入手したいと思っている（でも、一対一の直接取引もままならない――これも、よくあるケースだ）。

そんなところへ誰かが現れ、当初の「EU」による価値づけではない値段で買ってもいいと申し出た。もちろん、たいていはより安い値段で。[原注115] そして取引成立。

つまりそのアイテムは「ディスカウントで売れた」わけだ。取引が成立している以上、取引の両当事者にとって、それは「公正」な取引であるはずである（私たちが取り扱う事例は、今後とも常に「外部的な力」あるいは「不可抗力」の影響下にない場合を想定する）。

〔シナリオ3〕こんどは逆にある人が、市場が「EU」価値のレベルを決めたあるアイテムを得たいと願っているとする。しかし売り手は現れない（これまた市場メカニズムが宙ぶらりんになっている状態だ）。

そこでその人は、より多く「EU」を支払うからといって、その時点でそのアイテムの価値だと判断する価格で他の誰かからそのアイテムを入手することに成功した。

この取引もまた公正なものである……。

これらのシナリオは形を変え、実は限りなく起きていることだ。つまりアイテムというものは、異なる人々、異なる場所、異なる時間において、異なる交換価値を持つものであるわけだ。「EU」はたしかに取引を促進するものだが、「価値」を決定し、あるいは「価値」を反映するものではない。最初から最後まで「価値」は、その時々のさまざまな状況に応じた、「個人的な」「個人による」判断としてあり続けるものなのだ。

(ここで付け加えておきたいことがある。それは私が「個人的な」という言葉を使う場合、そこには相談しあいながら協働する「個人でつくる集団」の意味も込められていることだ。この理解に基づき、私は「個人による」と「個人的な」という言葉を使い分けることにする)

さて、それならば「自由大市場」において「EU」は、いったいどんな意味を持つものなのか?

私たちはすでに、同じ社会サークルに属する人々による限定的な取引において、ある個人によって「EU」が発行される場面を見た。そこで発行された「EU」の量的なサイズとは、その個人の「トレード

原注115　しかし、いつもそうであるとは限らない。あとあとの取引の方が、より数多い「EU」をもたらすことは、市場にあふれ返っている事例である。

ン」に属するアイテムの「価値」に、その人が「数」を付与する「恣意的な有用性」であることを見た。そして私たちは、そうした状況でもまた取引の当事者が二人として、特定アイテムに対して同じ「トレードン」を持たないがゆえに、特定のアイテムに対して付与する「ＥＵ」の数は取引者ごとに異なることが一般的であることも見た。

それではその「ＥＵ」が、取引の欲求以外、何の文化的な共通性もない取引者の群れを含む、大規模な市場に導入された時、それは現実的にどんな意味を持つことになるのだろう？

私たちはすでに、あるアイテムに付与された「ＥＵ」が、特定の取引者にとって必ずしもそのアイテムの価値を表すものではないことについても見ている。それは一体、何を物語るものなのか？

その答えは、その「自由大市場」の在り方の中に潜んでいる。「自由大市場」とは絶えず取引が行われる競売場であるのだ。そこには常に参加しようとする取引者の集団がいる。しかしそうした取引者の数は絶えず変動し、個々の取引者の参加の度合も絶えず変動している。そうした状況において、取引可能なさまざまなアイテムに付与されて来た「ＥＵ」の「数」こそ、その「自由大市場」の履歴に関する重要な情報を取引者たちに対して手軽に提供するものなのだ。

たとえば「アイテムＡＡ」が「自由大市場」における「最直近の」取引で、どれだけの数の「ＥＵ」と交換されたかを知ることで、その取引が妥当なものなら、その「アイテムＡＡ」を、その時点において、他のどんなアイテムと交換できたか理解することができる。そして今なお、最直近の取引で「アイテムＡＡ」と交換できた他のアイテムの「ＥＵ」数に変わりなければ、「次の」取引もその「ＥＵ」数で交換すべきだろうと判断できる……。

言い換えれば、「自由大市場」における「EU」の使用は、それぞれのアイテムの、競売場における最新の取引状況を素早くレポートする役割を果たすものであるわけだ。

取引者たちはこの情報を使って「自由大市場」において決断を下すことになるわけだが、その決定は彼自身の、そして他の取引者たちの、さまざまなアイテムに対して付与された「EU」が今の水準を維持するか、それとも変動するか、あるいはそれらのアイテムがどの程度、出回っているかに対する評価に基づくものになる。

「EU」はこうして、「自由大市場」の取引者に対し、小規模な市場における直接的な、取引者個人による「判断」に代わる、新たな判断材料を与えるものになるわけだ。いまや取引者個人による「判断」は、「自由大市場」における、統計的な性格を持った「評価」に取って代わられたわけだが、もちろんそこには取引者の勘も、市場の最新履歴も、全体的な取引状況についての読みも、すべて含まれている。それは「EU」が導入されていようといまいと行われていることだが、「自由大市場」に「EU」が存在することで、そこで競売されるすべてのアイテムに関する情報が、最新の取引結果を表すものとして提供されるようになったわけだ。

こうして得られる情報を、取引者たちは有益なものだと判断した。もちろん用心しなければならないことだったし、現に何度も、あるアイテムに付与された「EU」の数を将来の取引においても変わらない（あるいは、ほとんど変わらない）と思い込む、情報の読み違いで痛手を被ることもあった。しかし取引者たちは、にもかかわらず使い出のあるものと考えたのである。

ここで、こんな疑問を抱く人も出て来よう。「そんなに難しいものなら、どうしてみんな取引をしたがるのだろう?」と。

この点について私は先に「取引の欲求」のためであると指摘したが、ここで少し詳しく説明することにしよう。それはこの「取引の欲求」こそ、不利な点がいろいろ付随するにもかかわらず、そのすべてを乗り越え「EU」を使用する原動力になっているものだからだ。

「取引」とは人間の「モードル」を使い、この地球の「生態系」をうまく生き抜こうとする人間と環境との相互作用において、とてつもなく重要なものである。**人間と人間の間で生起する、あらゆる交換は取引のかたちをとる**、といってよい。そしてもし、私たちが経済システムというものを理解しようとするなら、交換は皆、それを構成するものとして理解しなければならない。つまり二人の当事者が交わす「会話」は、「情報を交換」するものだから、それらは皆「取引の要素」になる。

こうした情報の交換は両当事者が、それが等価なものと認めなければ実行されないものである。「会話」がしばしば「EU」の交換に行き着くのは、そのためである。「会話」での情報の交換が一方に偏ったものだった場合、その分を「EU」で埋め合わせたりもするのだ。専門家が問題解決でアドバイスする時などに、よく見られることだ。

「偉大なる人間の市場」というべき「自由大市場」で起きていることの意味をつかむには、「取引」というものを物理的なモノ、あるいは特定のサービス付きのモノ、またはサービス、さらには特定の「情報一式」に限定して考えてはならない。そうした限定した見方は経済的な取引活動を、その重要な意味において大きく取り込むのではなく、むしろ排除して狭めるものだ。それによって取引を駆動し、その性質を決定している、より深い人間的な力を理解することを困難もしくは不可能にしてしまうのである。

「取引」を人間が交換し合うひとつの「全宇宙《トータル・ユニヴァース》」であると理解して初めて、それが個人にとって、あるいは社会にとって、どれだけ重要なものであり、どれだけ普遍的でどれだけ本質的なものか、その理由が開示されるのである。人には、相手の世界に接続したいというとてつもなく強い動機があるのだ。そして「取引」があるおかげで、自分自身を広げることができている。

こうした観点に立てば、「EU」に伴うリスクなどたいしたことではない。人々が、相手から何かを得ようとして日常的に取っているリスク――たとえば、相手に拒絶されたり、なかなか話しかけることができなかったり、裏切られたりするリスクに比べれば、取るに足らないものなのだ。「EU」が不安定なものであるにせよ、人々が毎日直面しているリスクの山と比べれば、たいしたことはない。「取引」を活発化する「EU」に欠点があることは、誰でも分かっていること。それはどんなおざなりな歴史の本にも書かれていることである。

だから特定の「EU」に、あるいは特定の「市場」に、たとえどんな惨事が――自然災害、戦争、周期的な恐慌、凋落などが――起きようと、すぐさま復活を遂げて来たのである。二〇世紀は、それ以前の人類史における事件が庭先でのパーティーにしか見えないほど無残な、惨憺たる出来事が続いた時代だったが、それでもなお「EU」や「市場」は量でも種類でも、ともにかつてない規模で広く使われて来たのだ。

さて「取引」があらゆる人間にとって中心的なものであり、その個人としての「モードドル」形成に本質的な役割を果たしていることは、「市場」における「心理・社会的ファクター」の重要性について、私たちの理解を深めるものだ。「取引」をその根本において「心理・社会的」なものと理解してしまえば、「取引」というものが本質的に「心理・社会的」なものである理由も理解できる。「気分」や「感じ」、「着想」「集団圧力」「価値体系」などもまた、「取引」において重要な役割を演じているのであり、(原注116)それらを周縁的なファクターと見てはならない。逆にそれは、市場における潮の干満を決めるいずれも本質的なファクターである。「取引」は結局、あらゆる人間の社会活動にかかわるもので決定され、影響される人間同士の接続の外的な表現と見なければならない。

さて以上のことに留意しつつ、私たちは今、市場における「EU」の役割をより深い洞察でもって検証できる立場に立っている。私たちは今や「EU」というものが「取引」の量的、種類的な増加及びそれに参加する取引者の生活に対して影響を及ぼすありさまを、より深い視点で見ることができるのだ。

すでに見たように「EU」は、新しいアイテムの導入とともに市場に導入されるものである。取引されるアイテムも取引者の数も限られたより小さな市場では、一対一、及び複数間の取引が比較的簡単に成立するから、「EU」なしでも済ますことができた。しかし市場は、新しい考えであれ、新しい発明物であれ、「革新」をダイレクトに吸収するものでもある。そして市場は、「EU」の利便性が知らない者同士を結びつけ、遠く離れた場所の社会集団から生れた文化的な背景も異なる「革新」をも受け入れる、人々の熱意とダイレクトに接続して行く、その度合に応じて拡大して行くのである。(原注117)

ところで地理的・文化的な障壁を超えて取引が拡大するには、さまざまな条件をクリアしなければならない。たとえば、取引に参加する社会集団には、一定の安心、安定が保障されていなければならない。外来の新しいアイデアの導入に、脅威を感じるようでは困るのだ。つまりそうした社会集団の文化は、外部からの影響に反発する、深く根ざした「敵意」から比較的自由であらねばならないわけだ。(原注118) そこには、取引する社会集団を隔てる距離の壁を越えて、取引したアイテムを実際に移動できる現実的な可能性もなければならない。これはすなわち、そこには「道路」「水路」「郵便制度」といった形で、安全で安定した「コミュニケーション」がなければならないことを意味する。

こうした安全の水準、そして新たな「革新」に対する社会的な受容の度合は、取引の拡大を支えるものとして「十分なもの」でなければならないわけだが、ここで言う「十分」とはもちろん「判断」の問題である。しかしそうした十分かどうかの判断こそ、「取引」の成立、不成立の分かれ目なのだ。さらに言えば、そうした「十分さ」が高まれば高まるほど、「取引」は盛んになる。幾何級数的な拡大を導くフィードバック状況が、ここに生れるわけである。取引をする上で好都合な諸条件が、市場における

原注116　たとえば、「貪欲」という経済的な現象がある。個人にとっても社会にとっても有害で破壊的なものと、あらゆる倫理体系で、一般的に見なされているものだが、この「貪欲」にしても「取引」の当事者とは離れた、あるいは取引に先駆けた「心理・社会的」ファクターとして理解すべきものである。「貪欲」の元をたどると、「恐怖」に――それが人間精神にもたらす恐るべき結果に行き着く。本書所収の「恐怖が消えて行く」を参照。

原注117　遠隔地の者同士の取引でも、さまざまな文化に共通するアイテム――たとえば、食糧とか燃料の交換なら、しばしばバーター（現物交換）によって、比較的簡単に成立するものである。

原注118　「敵意」とは社会が形成された初期の、ある段階における、「恐怖」から生れるものである場合が多い。

革新的なアイテムの拡散を励まし、その革新的なアイテムの出現が他の人々にプロセスへの参加を促すサイクルが生れて行く。すなわち、あらゆる人間に備わっている、自分の「モードル」を洗練して行くプロセスにおける受容的な基本スタンス――その受容性はそれ自体、「恐怖の不在」によって高められるものだが――こそ、「取引」というものを、世界的《グローバル》な安定と社会的な調和のための最も強力な武器とするものである。

私たちはすでに「ＥＵ」が市場の規模が拡大すればするほど、その有用性を劇的に高めるものであり、参加者たちを中核的な取引者集団の枠を越えて広げるものであることを見て来た。「ＥＵ」の出現で取引は容易なものになり、先ほど述べたフィードバックのメカニズムによって、これがさらなる取引の需要を増大させ、それがさらに市場の新たな「ＥＵ」に対する受容と需要を高めるというプロセスが進行したわけだ。市場で使用される「ＥＵ」の種類と量がどれほどのものかを見ることは、その時点において、取引の流れにどれほどの参加者がいて、それらの参加者たちを市場がどれほど受け入れているかを知る格好の指標である。(原注119)

市場への新しい参加者は、状況を観察し、市場にうまく参入できるかどうか、自分の持つチャンスというものを調査するものである。その調査において、大きな役割を果たすのが、市場において「ＥＵ」がどのようなふうになっているかに関する参加者の「判断」である。

さて歴史を振り返ると、こうした「ＥＵ」の増加と「生産性」の向上が対応しない時期があった。それは歴史家が「近代」と呼んでいる時代の始まりにおいて、西欧社会全体で起きたことである。その時期、社会は古代以来、かつてなかったほど安定したものになっていた。その時期、文化は歴史家の誰もが前例を知らないほど、想像力に富んだ、創造的なアイデアの大量流入を受け入れていた。それに伴い、「EU」がひどく不足する事態が生まれ、新たな社会的なプロセスの進行に対して、それに見合った「取引」の増大がない落差が出現した。そして、「EU」の新たな創造に対する、途方もない「圧力」が生じたのである。

そうした「圧力」は、「新世界」での「商品―EU」となりうる商品の広範な略奪行為によって、一部満たされることになった。悪徳な取引者によって発行される投機的なリスクのある「EU」を、危険を無視して受け取る取引者たちが出て来ることで満たされることもしばしばあった。こうした略奪行為と投機によって、甚大な被害が生まれたが――そしてそれが及ぼした苦難は、そのかたちがどうあれ倫理的に許されるものではないが――、それが歴史的な事実であったことを否定することはできない。西欧の、あらゆる分野における革新的な生産性はおかげで爆発的に増大し、勢いを持続したのだ。そしてそれは遂に二〇世紀において、グローバルな規模に拡大したのである。(原注120)

「EU」には、二つの決定的な役割がある。市場における現在のムードを映し出す役割と、市場参加者に対し生産性と創造性をなお一層高めるよう励ます役割だ。この二つの役割はともに、「自由大市場」での心理・社会的生活における「EU」の重要性を際立たせるものである。こうなると、ある新しい取

原注119　このプロセスに対して「政府」が介入し、その結果、市場に影響を及ぼしている点については、後述する。
原注120　一九九〇年代初めにおいて、私たちの目の前で展開したロシアの状況は、生産性の圧力が、「EU」の供給を大きく上回った、もうひとつの実例である。

引者のカテゴリーが参入し、「自由大市場」の発展に対し重要な貢献をするようになったとしても何の不思議でもない。そしてその新しいカテゴリーの取引者とは、「EU」で価値を表されるアイテムではなく、「EU」を直接扱う取引者たちのことである。この新しいカテゴリーは古代の市場においても見られたものだが、その重要性を増したのは近代になってからだ。とくに二〇世紀の終わりになると、とりわけ米国市場において、その重要性は頂点を極めることになる。米国市場は、「EU」の取り扱いにおいて最先端を行くことになるのだ。

こうした新しいカテゴリーの取引者たちは、取引可能な「EU」のあらゆる側面について専門的な知識を持っている。彼らは新しい「EU」を形成し、新しい種類の「EU」を創造しているのだ。新たな「EU」の創造を、「自由大市場」における生産の増大が促しているのである。おかげで生産者たちは、自分の生産物の市場における現物、先物の市場価値を基に、「EU」をますます簡単に使えるようになっているのだ。

さらにひとつ付け加えれば――付け加えるといっても、負けず劣らず重要なことだが――、新しいカテゴリーの取引者たちは、拡大を続ける市場の中で、「EU」の「取引可能性《トレーダビリティー》」（しばしば、「流動性」といわれるものだ）を高める方法を考え、実際に高めているのである。彼らはこのために、さまざまなテクニックを行使する。それは、一般の取引者向けに新しい「EU」の信頼性に関する情報を提供する、といった単純なものから、新たな「EU」の信頼性を先験的に確信できない市場のために、その信頼性を支える方法を開発する、といったものまでを含むものである。(原注121)

ところで、こうした新しいタイプの取引者たちを蔑《さげす》む声を時々、耳にする。彼らはそれ自体に価値を持つアイテムではなく、ただ単に価値をシンボリックに表す取引に従事しているだけではないか、という声だ。しかし市場における現実は、そうした蔑みを誤りだとして否定する。それは、そうした新しいタイプの取引者たちが現実に求められており、それだけ市場の生産性が高まっているからだ。「EU」そのものが、市場に参加するあらゆる人々の利益につながる、生産性と創造性の息吹を吹き込むからである。その点で「EU」の使用を促進する人々は基本的に、取引する誰もの役に立っているのである。

さて「EU」の出現は生産や取引の幅、量、その活発さに影響を及ぼすものだが、それだけではない。いろんな人々が参加する「共同プロジェクト」の拡大に対しても、多大な影響を及ぼすものであり続けて来たのだ。

たとえばある個人が、多くの人々がまとまって「努力」すれば生産できるアイテムを構想したとする。(原注122) しかし、市場が直接的な取引しか行われていない場所であれば、せっかくのビジョンも困難に直面してしまう。計画への参加を募るため、途方もないほど話し合いを重ねなければならない。何よりもそれは「将来における引渡しの約束」にかかわるものだからだ。その計画が実現した時、どれだけの

原注121 「EU」の信頼性を向上させるため、過去数十年にわたって、さまざまな方法が、想像もたくましく、開発されて来た。「EU」を束ねたり、その「束」を元に新たな「EU」を発行したり。これは「束」に組み込まれる個々の「EU」のリスクではなく、「束」にしたものの全体的なリスクを軽減するというものだった。

原注122 こうした「共同プロジェクト」は物質的なアイテム――たとえば、「ピラミッド」でもあり得るし、より複雑なアイテムとしては、たとえば「大学」もあり得る。

価値が生み出されるか見込むことはできるものの、それはまだ現実にはなっていないものであるからだ。もちろん構想を立てた個人が自力で、そのための価値を蓄積することも不可能なことではない。しかし、それに伴うさまざまな取引を一人でこなすことは、禁じられたことではないが、非常に難しい壁である。

こうした状況を打破する上で中心的な役割を果たし、そうした共同プロジェクトを実現するもの、それが「EU」である。市場の中から今直ちに使うことのできる「価値」を集めてしまうもの、それが「EU」なのだ。参加を呼びかける相手といちいち交渉しなくても集めることができるのだ。人々が手持ちの「EU」を手に、その共同プロジェクトに集まれば、構想した者はその事業を成功させることに注意を集中させることができる。個々人との間で余計な交渉をしなくても済むのだ。大きなプロジェクトを立ち上げる起業者が、そのプロジェクトを進めることができるだけ予め「EU」を蓄積するのは、このためである。

「EU」のこうした使われ方は、しばしば「資産《アセット》」とか「資本《キャピタル》」と呼ばれるものだ。これは、この先、見込まれる生産物の価値を表すものではなく、起業者によって生産開始の前に蓄積された価値である。起業者が事業を始める上で必要な「EU」の蓄積法はさまざまだが、ふつうは将来において、提供・蓄積された「EU」に対し相応の「見返り《リターン》」をするとの約束の下に実行される。ボーナス付きの見返りをします、という約束で、人々から「EU」を募るわけだ。

ここでもう一度、思い出しておかなければならないことがひとつある。それは、ある事業を立ち上げるのに必要な「資産」は、すでに「自由大市場」で取引可能な「EU」で構成され、事業に必要なアイテムの入手にすぐさま使えるものになっていることだ。起業者が勧誘で「未来」を約束することもあるだろうが、起業者が使う「EU」は、あくまでも「今」、市場において取引可能なものでなければならない。「EU」として必要とされる機能を今、発揮できなければならないのだ。それでもって今早速、事業を動かして行かなければならない。

そうして、ある規模の大きな事業が成功し、「自由大市場」において価値を持つ、新しいアイテムの生産を続けることになれば、その事業体はもちろん、新たに創造した価値をシンボリックに表す「EU」を生み出す立場に立つことになる。事業体が大きければ、「自由大市場」が受け入れる「EU」の量も、それに応じて大きなものになるわけだ。

こうして起業された、規模の大きな事業体は、「自由大市場」において、以下のように二重の有用な目的に寄与することになる。ひとつは、取引可能な革新的なアイテムの市場への大量流入。それは「自由大市場」において、取引者の多くのニーズを満足させるものとなる。さらには、新しいアイテムがもたらす価値を表象する「EU」の大量流入。それは、市場における取引の流れを高めるばかりか(これはすでに見たことである)、他の大きな事業体(もちろん、小規模な新しい事業体の)が生れるための、新たな「資産」の形成に寄与することになるのだ。

ここにおいて私たちは、「EU」が高度に生産的なフィードバックのメカニズムを生み出している姿を、またも目にしている。そこでは、新たに生れた大きな事業体によって生み出された「EU」が、さらに新しい、より大きな事業体の出現に寄与することで、「自由大市場」におけるすべての参加者の生産的な力を高めているのである。

今、世界に広がる統合的なグローバル市場において、取引可能な「ＥＵ」の数は、大小さまざまな創造的な事業体同様、驚くべき速度で増えている。世界中、どこを見渡しても——米国、中国、東南アジア、南米など、まさに全世界で——創造力に富んだ人々が、グローバル化した「自由大市場」にアクセスする環を見出そうとしている。世界市場にある多彩な「ＥＵ」を使おうとしている。そして自分たちの「ＥＵ」を発行しようとしているわけだ。

このプロセスは、瞬間的に膨大な量の情報を伝達する高度なグローバル情報網と、物品を信じられないほどの速さで交換する高度なグローバル運輸網によって、今まさにさらに高度なものへと進化している。加えて取引可能な「ＥＵ」の創造と交換を専門とするほんものの《ヴェリタブル》取引者の集団が、グローバル化した「自由大市場」への新規参入に対して門戸を広げているのである。

こうした現実を、私たちの身近な言葉で言えば、「ＥＵ」が豊富に用意され、なおかつそれがさらに増えているおかげで、新しい「着想《コンセプション》」を個人なり集団が、グローバル化した「自由大市場」で交換可能なアイテムに変えることが、日ごと、ますます簡単なことになって来ている、ということである。グローバル化した「自由大市場」の広がりが、そこに参加する膨大な取引者の数が、そして世界中でますます進展する革新に対する受容が、すべてひとつにまとまって、世界中どこにいても個人の創造的な夢を市場の現実にすることを可能なものにしているのである。

不幸なことに、こうした社会経済の場に、それを歪めるファクターが出現することは、昔から見られたことだが、現代においてそれはますますひどいものになっている（ぼろ儲けの額が巨額なものになり、それだけ誘惑も増している)。社会経済を歪めるファクターはこれまで「自由大市場」の働きを撹乱する脅威としてあり続けて来た。しかしながらそれは、**決して市場を完全につぶしてしまうものにはならなかった。**

私が今、何を指して言っているのかというと、それはもちろん「政府《ガバメント》」のことである。その「政府」が果たしている役割を学者エコノミストたちは部分的に理解しているだけだが、「自由大市場」への参加者たちは誰しも完璧に理解しているのだ。

すでに見たように、多くの社会は、取引者たちの支持に基づき、「商品ＥＵ」の正統性を検査・査定する公的な機関を設けて来た。(原注123) 実際、社会という社会はほとんどすべて、「政府」という名に一括される、その他さまざまな機関を設けて来たのだ。その目的はもちろん、社会を構成するさまざまな人々の共同の利益を促進するためである。しかし当事者全員に最初から明らかだったこと、それは社会を構成する各個人が自己の独立性を一定程度「犠牲」にし、「政府」の諸機関に委ねることでしか、社会的な協働を効果的に維持できないことだった(原注124)(これと同じことが、主権国家による国際機関の創設についてもいえる)。

ところで「政府」というものが、人間社会における重要なファクターとして、いやでも存続して来たのは、結局、社会の構成メンバーたちが価値あるものとみなすサービスを提供して来たからだ(それは「政府」が、社会の構成メンバーが反対する行動に走ったとしても、である)。人々が価値あるものと思うさ

原注123　もっと大きな役割を果たす公的な機関もつくられた。人々の合意による契約を定めた法律の強制を日常業務とする機関である。

まざまなアイテムが取引される「市場」に「政府」自身、参入したことで、「政府」は初めて、他の全ての生産者たちと並び、「EU」を市場に持ち込むことができるようになり、他の民間の取引者と並んで、正統な地位を築くことができたのである。

「政府」はまた、さまざまな「大事業体《ラージ・エンタープライズ》」を立ち上げようとする。中には社会の構成メンバーが価値あるものとみなすものもあれば、そうでないものもある。「政府」というものが持つ、基本的な問題はそこにあるのだ。「政府」がつくった「事業体」は、その「事業体」をコントロールする人々によって、独り歩きし始める。それは、公衆の利益のために当初、考えられた機能と必ずしもつながらないものになってしまうのだ。

「政府」というものは昔から、「政府大事業体」を設立するにあたって、次の二つの方法を採って来た。

(1)「EU」の発行。交換価値を表すものとして、受け入れられることを狙っての発行。

(2) 自分の事業体を設立するために必要な「EU」を人々から取り立てる、実力の行使。

このうち、第一の方法が成功するかどうかは、「政府」が「市場」において価値あるものとみなされたアイテムをどれだけ産み出すことができるか、にかかっている。それを産み出すことができなければ、「政府」発行の「EU」は空しいシンボルでしかない。それが本来、表わすはずの価値の一部でしか、市場では取引されないし、その部分的な価値にしても、取引する民衆がそれになお、どれだけの価値を置くかで決まってしまう。

第二の方法について言えば、あらゆる「強奪行為」がそうであるように、「強盗《ブリガンド》・政府《ガバメント》」が実力を行使できるかぎりにおいて効果をあげることができる。

もちろんこれは「政府」が「現代」においてこの二つの方法――「強奪」と「EUの発行」を結合する新たな、うまいやり方を習得しなければ、特に注目するまでもない、当たり前のことだ。そして「政府」がこうした「新しいやり方」を、どれだけうまくやり通すことができているか？――そこに、現代における機構化した政府と統治組織が、情報の回収、及び伝播の新たなテクニックとともに、前近代においては全くあり得なかった、民衆の生活に対して権力を行使する力をどれだけ持ち得ているかを測る目安がある。

さてこの「新しい、うまいやり方」とは、以下のような実に簡単なものだ。「政府」が認可する、国民的な「EU」(「通貨」)を確立すればよいだけのことである。それが、その国家の主権が及ぶ範囲で、「EU」を介した取引をするあらゆる取引者が法律に基づき使うものだと、布告によって宣言すればよい。言い方を換えれば、取引者はこうした「政府」発行の「EU」を、好むと好まざるとにかかわらず、あらゆる「EU」ベースの取引において受け取りを強要されるのである。

しかし、そんな「政府」がいくらその気になっても、できないことはある。ひとつは一対一、あるいは複数間の直接的な交換の禁止である（これは市場を支配するところまでは行かないにせよ、市場取引の主

原注124　この「犠牲」こそ、アナーキストや過激な自由主義者らが同意できない点である。だから彼らは自発性にのみ依拠し、権威に対する個人的な行動の自由を放棄することで自分を汚すことのない社会秩序を求めることになるわけだ。こうしたアナーキストのコンセプトが実現可能なものなのか、あるいは望ましいものであるのかは今後、注意して見守らなければならない。この問題が現実の中でテストに付される日は、遅かれ早かれやって来るものと私は見ている。

要な部分として、これまであり続けて来たことだ）。もうひとつは、「政府」が「価格統制」で自分の発行する「ＥＵ」の「価値」を「布告」だけで維持しようとしても、稀有な場合を除き、常に短命で失敗に終わらざるを得ないことだ。

こうした「政府」発行「ＥＵ」の導入は常に、市場に対する重大な攪乱であり続けて来た。理由の第一は、手っ取り早く「強奪」してしまおうという誘惑に負けない「政府」はないからだ。嫌がる民衆から、価値のないものと引き換えに価値あるものを奪い取る。その方法は、市場に出回っているあらゆるアイテムの価値を表さない「政府ＥＵ」を発行するか、当初は価値あるものだった「政府ＥＵ」と全く同じものを偽造して使えばよいわけだ。（原注125）

視点を換えれば、取引に携わる一般の人々としては、「政府」が発行する「政府ＥＵ」のうち（取引に使える）本物の部分がどれだけあるか、常に見極めなければならない。「政府」が秘密裏に自分の「ＥＵ」を偽造する力を持ち、自分に都合のいい情報を民衆に伝達することができればできるほど、民衆としては推理を働かす必要があるのだ。

もちろん「市場」というものの現実は、最終的に「政府」が流す「情報」の正体を見極めることができるものだが、問題は「政府」の偽造「政府ＥＵ」の発行と、「市場」がその価値を判定する時の時間差が、けっこうあることである。こうした時間差によって、市場の攪乱が起きるのだ。

「政府」の「市場」への参入で起きる第二の攪乱は、「政府」が、その「社会」全体に対する飽くなき支配欲の一部として、「市場」の働きをも支配しようという欲望に駆られることで起きる。「政府」として「ＥＵ」を発行すること自体、その飽くなき欲望の現れであるわけだが、もうひとつの側面は、膨大な政府機構を使いながら、布告を限りなく、洪水のように出し続け、それによって民間の「ＥＵ」発行を抑えようとすることである。

この民間の「ＥＵ」発行——一般の人々による「ＥＵ」の発行こそ、市場が妨害されることなくスムーズに機能する上で、どれだけ本質的なものであるかは私たちがすでに見たところである。「政府」の意図がたとえどんなに親切なものであろうと、今、問題にしている「新しいやり方」は、「政府」の考える価値で「市場」の価値を置き換えるものだ。的外れで、破壊的な行為といわざるを得ない。しかし結局のところ、たとえどんなに抑圧的で、強権的な政府の下であれ、最終的に勝利を収めるのは、表経済においても裏経済においても、「市場」である。(原注126)

「政府」の「市場」参入は常に攪乱要素になるものだが、その攪乱の結果として、複雑極まりない「価値コンセプト」が、さまざまなかたちで生れて来た。その多くは、やっと今になって認識され始めているありさまである。「価値」という観念は実際のところ、とても微妙で、とても複雑なものだ。だからその意味はなおも発展し動いているのだ。その「価値」というものが、単に「取引」の場面だけでなく、あらゆる個人の人生において、どれだけ大事なものなのか人々が気づけば気づくほど、より豊かな意味

原注125　一部の民間人もまた悪乗りして「政府ＥＵ」を偽造し、ボロ儲けを企んで来た。しかし民間で偽造された「政府ＥＵ」の総額は、「政府」が偽造発行した「政府ＥＵ」の総額から比べれば、ちっぽけなものだ！

原注126　この点について、ソ連の経済史ほど明確に証明するものはない。ソ連ではスターリンの全盛期でさえ、「闇市場」という自由市場が経済的な現実を支配していた。

を持つものになって行くことは疑い得ない。(原注127)

さて、今やグローバルな規模に拡大した「自由大市場」で何が起きているのか？——、これを理解する出発点もまた、最も原始的な市場を理解する場合と全く同じである。

人々を交換に駆り立てる「価値」を判断するものは、あくまで取引者たちの「モードル」であるのだ。こうした人々の「モードル」は皆、相互に作用し合う森羅万象の影響下にある。あらゆる個人の「モードル」が、その個人の内外で続くプロセスの中で流動状態にあるように、その個人の支配下にないアイテムに対し付与された経済（交換）価値もまた、同じプロセスによって常に流動状態にある。何が「市場」を動かしているかを知るには、市場に参加している諸個人の心身の状態、さらには参加者たちが活動し相互に作用し合っている社会的、物理的な状態さえも考慮に入れなければならないわけだ。

グローバル化した「自由大市場」も、その最もシンプルな基本的レベルに立ち返って見直せば、そこにはあの、まるで自分たちの法則に従って動いているような「財政・金融世界《フィナンシャル・ワールド》」は存在しない。そして「自由大市場」もまた、私たちの世界の社会史・人間史の中の、単なるひとコマであることがわかる。(原注128)

希望と恐怖、戦争と平和、自由と抑圧、豊富と欠乏、信念と教義、幸福と抑鬱、伝統と革命——これらすべてのファクターは、未だ知られざるその他の膨大なファクターとともに、「自由大市場」に参加する個人の、政治的・経済的・個人的な生活においてと同様、「自由大市場」においても、とても重要な役割を果たしているのだ。

こうした構図の中に、グローバル化した「自由大市場」における「政府」——及び、「政府ＥＵ」が含まれる。「政府」は抑圧、介入、敵対、窃盗を行う強力な機関であり、援助と協力、社会調和と慈善の機関でもある。「政府」はまた、一群のアイテムの大生産者でもある。「政府」が生産するアイテムにも、そのほとんどに対し、少なくともその一部を価値あるものとみなす顧客層が存在する。その一方で「政府」は民間の生産者から、アイテムを買い取る大購入者としても存在する。そして「政府」は、常に何物かを奪い取ろうと狙う「強盗」としても存在しているのだ。

「自由大市場」の取引者たちは――「政府」を代行する取引者たちを含め――、だから、取引するアイテムに価値を付与し、どんな「ＥＵ」を使うか、発行するかを決める際、こうしたことを最大限、考慮に入れるものである。取引者たちはまた、特に自分の手元に置くべき「ＥＵ」の中に、どれだけ「政

原注127　新たな「価値コンセプト」が、現代社会の複雑な網の目の中に、いかに人知れず潜んでいるものなのかは、第二次世界大戦後に出現し、今では一般によく知られている「レバレッジ・ド・バイアウト（ＬＯＢ＝買収しようとする企業の資産を担保に、必要な買収資金を得る、企業買収の手法）」を見ると、よく分かる。ＬＯＢは、事業体の経営者が気づいていない経済的な「価値」に気づいた人々によって始まったものだ。彼らは、もはや時代遅れとされた「価値」を探査することで、その企業の「価値」を「発見」したのである。

原注128　「財政・金融」の用語に頼り切り、経済活動をとらえようとするとき、「会計」くらい役に立たないものはない。会計の諸原則とは「価値」が依拠する幅広い判断を無視するものだから、「財務諸表」もまた、ある事業体の実際の状況を示すインジケーターとしては役に立たないものなのだ。

だから財務諸表から見て「強い」はずの企業が、詐欺に遭うわけでもなく、経営を誤ったわけでもないのに繰り返し行き詰まっているのだ。逆に、財務的に「弱い」はずの企業がしばしば劇的な成功を収めるのは、このためである。また、同じ財務状態の二つの企業が、その後、短期間であれ同じようにうまく行くかというと、これまたそうではない。

生身の取引者たちが、ある企業の経済価値を決断する市場の現実においては、「会計」から得られたものを基本的な判断材料とすることは、これまでほとんどなかったことである。

府ＥＵ」を組み入れるべきか、その価値を睨みながら使う頻度、使える限度を変えつつ目敏く判断し実行しているのだ。

どんな国民国家の「政府」であれ、その「政府ＥＵ」に対する取引者たちの対応は、彼ら個人としての、「政府」の安定性、公正さ、束縛、正直さ、生産性に対する評価を反映するものである。それはまた、その「政府」が支配する社会自体の創造性、生産性をも反映するものである。

グローバル化した「自由大市場」において、取引者たちがある特定の国の「政府ＥＵ」をどんなふうに使っているかは、取引者たちが「政府ＥＵ」の価値をどう評価しているかを示す格好の指標だが、それにとどまるものではない。それはその国の全体的な創造力、及びその国の「政府」の正統性をも示す、より広い指標でもあるのだ。実際、グローバル化した「自由大市場」における、その国の「政府ＥＵ」の占めるポジションほど、その国と政府の、世界におけるイメージを統計的な尺度で明確に示すものは他にないのである。

ところで世界的な取引を考える際、以下に示す二つの絶対的な基本的な特徴を見失わないことが何より重要なことである。

(1)「政府ＥＵ」は、実際に使われている「ＥＵ」の、ほんの一部でしかない。それは今日のグローバル化した「自由大市場」で、常に発行されているものだが、二〇世紀末に世界を包み込んだ、個人の自由、社会的な自由の大爆発が、創造的な生産者たちを「自由大市場」へと次々、送り込んでいる中で、「政府ＥＵ」の重みはますます相対的に低下している。

(2)「EU」を仲立ちに今日行われている取引は、価値あるアイテム交換の総体と比べれば、これまたほんの一部でしかない――ここで思い出していただきたいのは、この価値あるアイテムの交換の総体とは、まさに、あらゆる形態の「情報」を含む、まさにすべてのアイテムの交換ということである――。(原注129) そうしたすべてのアイテムの交換が今、グローバル化した「自由大市場」で生起しているのである。そしてそれは、参加を求める世界中の人々と、ますます親密な絆を瞬間的に結ぶものになっているのだ。

「未来の市場」が「交換のメカニズム」をどのように扱うものになるのか、それが数十年先のことでも予測することはできない。「未来」がこれまでの人間史を上回る、根本的な大変革を引き起こしそうなわけは、いくつかの誘因ファクターがすでに存在しているためだ。

世界規模での生産性、革新性の幾何級数的な増大。増大し続ける情報をほとんど瞬間的に保存、回収、分類、伝達する手段の目覚しい発達。「価値」を表す「EU」をさらに表す「電子的に登録されたシンボル」が、「EU」現物に取って代わる程度。人と物の移動性の急速な拡大。まるで直接的な取引のような手軽さで使用を可能とする「EU」そのものの年々、増大する発行量――こうしたファクターのすべてが、取引メカニズムに大変革を引き起こすことは、ありそうなことである。そしてそれは

原注129　すべてのアイテムの交換――そう、そのなかには、誰もが世界をよりよく生きて行くため、自分の「モードル」を発展させ、能力を向上させるのに使っている、日々の「会話」による交換も含まれているのだ。

恐らく、「ＥＵ」の出現がかつてそうだったように、「市場メカニズム」を根底から変える、新たな「発明」を通じて登場するはずである。

そして今日の社会・政治・技術的な現実が、革新性及び生産性を今後とも増大させて行くこと、さらにはそれが個人及び社会がグローバルな環境下、効果的に機能する方法を根本的に変えて行くことだけは少なくとも自信を持って言える間違いのないことだ。

さて、ここに来て、本エッセイの「マネー」に関する結論が遂に導かれたわけである。読者の皆さんがすでにお気づきのように、私はこれまで、エッセイのタイトル以外に「マネー」という言葉をほとんど使わないで来た。それは読者の皆さんが「マネー」という言葉に付与している意味と離れたところで議論を進めたかったからである。

「マネー」というと、ほとんどの人は単に、取引における交換を仲立ちするものとしてだけ受け取ることだろう。「マネー」はまた、職業的なエコノミストを含む大多数の人々によって、取引における交換を仲立ちするもののうちの特定部分を表す、非常に厳密な意味でも使われて来たものである（だから、「マネー」の定義は、常に簡単にできるものとは限らない（原注130））。

私が「ＥＵ（交換単位《エクスチェンジ・ユニット》）」という表現を使って来たのは、その重要な性質を自分の考えで定義する「自由」を得たかったからだ。そしてこれまで述べて来たこの「ＥＵ」こそ、現実に「市場」で実際に使われているものであるのだ。「市場」における人間の行動からその意味を探る、記述及び説明の枠組の中では、「マネー」よりも「ＥＵ」という言葉を使った方がいい。

私はこれまで、「EU」の具体的な例を使わずに議論を進めて来たわけだが、それは読者の皆さんがそれぞれ、私の一般論としての議論に具体的な場面を当てはめることができるだけ人生経験を積んでいると確信しているからだ。皆さんには、自分が加わった実際の取引のことを、あるいは近くで、または遠くから目の当たりにした実際の取引のことを考えていただきたいのである。そうすれば、取引されるアイテムの現在あるいは未来の価値を表すために導入された、「EU」というシンボリックなものの姿が、そこに自ずと浮かんで来るはずである。

そこで大事なことは、「EU」というコンセプトを自分の実生活に当てはめて考えてみる場合、狭い意味で考えてはならないことだ。それは「金塊」でもあれば「ダイヤモンド」でもあり、「野球の試合のチケット」でもあれば「株券」「債券」「個人の借用書」でも、「衣料品」「口約束」でもあり得るものなのだ。「EU」なるものの種類は、取引の当事者の想像力が及ぶだけ、多様なものである。そしてある特定の「EU」の「自由大市場」における使い出というものも、取引に参加する民衆に対し、その信頼性、安定性をどれだけ説得的に伝えることができるか――それだけにかかっている。

本エッセイの冒頭で私は、「マネー」というものを理解することが、「教育」の理解にも深い意味を持つものになるだろうと指摘した。それは「EU」という用語で「マネー」を検討することで、「教育」の目的につながる、今日及び近未来での、グローバル化した「自由大市場」の働きを最も理解できると考

原注130　たとえば、現行の「マネー・サプライ」の定義がさまざまなわけも、このためである。生身の取引者たちの、取引における交換を仲立ちするもの――すなわち「EU」を定義しようという試みは、これまでその入り口のところでも行われて来なかった。

えたからだ。

これまで続けて来た検討の結果、少しハッキリしたのは、新しい創造的なアイテムが——新製品であれ、新しいアイデアであれ、新しいサービスであれ、とにかく新しいものは何でも——、現代の「自由大市場」のメカニズムを通じて、他の市場参加者に知られるようになり、潜在的に取引可能なアイテムのプールに組み込まれている、そのありさまである。私たちは今、「マネー」というものの検討を通して、「革新」というものが、現在の社会・経済シーンの中で、ますます市場化《マーケタブル》され得るものになっている姿を目の当たりにしているわけだ。

したがって、人が今やグローバルな規模に達した環境と相互作用しながら成長して行く中で、その生来、備わった創造的な志向を制限しようとするどんな**経済的な**議論も最早、先験的《アプリオリ》に意味のないものである。こうした創造性を抑え込む議論はかつて、人々の活動を、ある「経済的に役立つ」範囲に流し込むことを正当化するために動員されていたものだ。つまり、大人に成長して行く子どもを、ある「範囲」の中に閉じ込めておくためのものだった。しかし、世界的な「自由大市場」について理解を深めれば、そうした市場において成功を収めるのに、これまでの経路を辿る必要はないという、今日における社会・経済的な現実についての理解に行き着く。

こうした理解によって、個人的な行動の自由というものの新しい姿が浮き彫りにされるのだ。

制約に服してばかりいたこれまでの世代の人々にとって——そしてまた、子どもたちがそんな制約を捨て去る日が来るのを夢見て来たサドベリーの私たちにとって、これは何とも喜ばしいことではないか。

IV

教育の意味

「サドベリー・バレー」は、父母たちにとって、すぐに「安心」して、わが子を通わせにくいところだ。その決定的な理由のひとつは、一般の人々の間に、教育というものの最も大事な目標と、その子どもたちとの関係、及び社会に対する関係についての理解が、まだ十分に得られていないからである。それはまた、いわゆる主流の「学校」が、「教育目標の再定義」「教育改革」を繰り返しながら、なぜ自分たちが失敗を続けるか理解できないでいる理由でもある。

これまで「学校」で行われて来た「改革」のすべては、今なお蒸し返されているものだが、カリキュラム、学校経営、教育の方法論といった、副次的なレベルのものでしかない。それらはすべて、その本質において、ある特殊で基本的な「教育目標」に奉仕するものに過ぎないのだ。

最も深い基本的なレベルでの理解が不足していると、副次的なレベルでどんなに努力しても無駄に終わってしまう。最も大事な教育目標の理解こそ考究に値すると、私には思えるのだ。では早速、基本から考え直してみよう。

今、一人の子どもが生れたとする。そしてその子は最終的にコミュニティーの成熟したメンバーとして育って行く。この移行の期間において、社会は子どもの中に、どんな発達を期待しているのだろうか？　子どもを大人に変える基本的な特質とは何なのか？

この問いに対しては、こう答えることができる。

子どもが大人になるとは、生活の要求に対して、**自力で、かつ継続的に、さらにはまた成功裏に対処する能力を持つ**ことである、と。

この「対処能力」は多元的《マルチ・ディメンショナル》なものであり終わりのない《オープン・エンディド》ものだ。それは、さまざまな「協働するプロセス」を含むものである。その中には、すでに知られた活動プロセスもある。しかし、知られざる活動プロセスも多いはずだ。発見されていないだけのことだから。

そうした「活動プロセス」をリストアップすれば、たちどころに感覚的な知覚、観察、モデルづくり、データの統合、分析、問題解決、熟考、行動、反応、記憶、学習などを挙げることができる。これだけ見ても凄いことである。圧倒されてしまう。

こうしたことを、大人になった子どもたちが「自力で」行っている――ということは、彼らがすべて「孤独を好む者」であることを意味しない。あるいはすべて「自力で」やって行けることでもない。そうではなくてそれは基本的な決断のプロセスにおいて、他者に依拠せずに対処できる全体性を持つことを意味する。

人間は社会的な動物である。であるが故に「自立」とは、他者と協働することに必要なスキルを含意するものであることは自明のことである。協働した方が自己と他者の双方に有益で、他者とともに行った方がよりよい結果を目指す目的に適うことだからだ。

大人が「継続的な」対処能力を持たねばならないということは、人生が終わるまで、この先もずっと、来る日も、来る週も、来る月も、自分という存在を維持しなければならないことである。たとえば生物学の教科書は、心臓というものの奇跡といってもいい働きを教えてくれる。一生涯にわたって休みなく鼓動し続けるのだから。

しかし、それ以上に驚くべきは、「大人の精神」が来る年、来る年、出現する無数の挑戦に対処していることだ。数十億ものインプット、数十億もの緊急事態に対処している。それも今、この時だけではなく、生きている限り続いて行く。

大人が「成功裏に対処」して行く、とは、彼らが生き抜いて行ける道を探し出さねばならないことを意味する。精神的にも身体的にも健康に生きる道を、身体的・感情的・精神的なニーズを満たす道を、自分は意味ある存在だと思える自尊を保てる道を探し出さねばならない。

こうした「人生の諸要求」は、命が生体に生存のために闘うよう求めた、無数のストレス、挑戦の一部に過ぎない。これらの「人生の諸要求」には、重大で複雑なもの（たとえば、意味の探求、生活の糧を得る必要、家族や友だちとの意味ある持続的な関係の希求）から、単純で日常的なもの（朝ごはんに何を食べるか、仕事にどう取り掛かるか、何を着て行くか）まで含まれるのである。

以上、ざっと見ただけで、生れてから大人になるまでの道のりを踏破することが如何に途轍もないことなのか分かるだろう。ここからすぐ問題がひとつ、提起される。それは、こうした子どもから大人への移行を、「自然」はどうやって効果的なものとし、人類を生存させているのか？――という問題である。

より具体的に問題を設定すれば、現行の「学校制度」を維持する膨大な投資が、世界の未来を守る上で絶対的に不可欠のものであるとする主張を前提に考えた時、どうして人類はこれまで何百万年もの間、それなしに生きのびて来たのか、という疑問が直ちに浮かぶのだ。「改善」される一方のカリキュラムも、標準テストも、高度な教員養成も、心理カウンセリングも、特別支援教育も、教科のスペシャリストも、コーディネーターも、学校管理者も、教育長も、補助教員も——私たちがそれでもまだ不十分だと思い続ける、そうしたさまざまな「装置」もなしに、どうしてこれまで人類はやって来れたか、という疑問である。(原注131)

私はこの「大人になること《マチュレーション》」を、さっきとは逆の順番で見ることにする。子どもから大人になるプロ

原注131　「子どもたちが五歳になるまで達成するものといったら、驚くべきものがある……座ることを学び、這い回ることを学び、立ち上がることを学び、歩くことを学び、話し言葉を獲得している（時には数ヵ国語も）。それも、それだけに限ったことではない。こうした途轍もなく困難なことを、あらゆる新生児が成し遂げているのだ。そうである以上、私たちとしては驚いてばかりはいられない。むしろ彼らが、どんな大人にも非常に難しいことを難なく自力でやり遂げている事実を認めることで、私たちとしては彼らが四、五歳になるやいなや、彼らの学びを乗っ取り、なんと彼らに対して、大人として成功し、生産的になるのに必要な、『重要な』すべてのことを教え込もうとしていることに気づかなければならないのだ……たとえその意図やよしとしても、それは期待通りの結果を招くものではない。私たちは、私たちの子どもたちが自分で成し遂げているものに近づくことさえ全く出来ていない、と言うべきである」アラン・ホワイト（Alan White）、〝Learning to Trust Oneself〟（「自分を信じることを学ぶ」）、『サドベリー・バレー校での経験（*The Sudbury Valley School Experience*）』第三版（サドベリー・バレー校出版会）、二二一頁。

セスを統括する生れつきのメカニズムを通して、「自然」というものが、「大人になる」プロセスにどう対処しているかに光を当てて行きたいのだ。こんどは反対に、「人生の諸要求」から検討したい。

さて生物が生存して行くには、そのあらゆる種に、命が求める要求というものを認識するのに必要なツールが、生来のものとして備わっていなければならない。たとえば最も基本的な命の要求である水、食べ物、避難場所《シェルター》——これらについては言うまでもなかろう。生れたばかりの新生児でさえ、お腹がすいたとき、水が飲みたい時を心得、母親という避難場所を探してすがりつく。

ところが「産業期の思考《インダストリアル・エラ・シンキング》」は、こうした基本的な要求をも、自分たちでどうにでもできるものと思い込んで来たのだ。幼児たちが自分のニーズについて、自分自身の感覚をフルに発達させることを許せないで来たのだ。自然なかたちで人生を生きて行く彼ら自身の感覚を見守ることで満足していられなかったのだ。

だから「産業期の思考」は「介入」したのである。幼児に対してさえ、さらには子ども、大人に対してさえ、食べる・飲む時間を指定し、「ベビーベッド」とか「遊びサークル」といった、幼児たちが自分で探求するものではない、自然に反する避難所の代替物をこしらえて来たのだ。

「産業期の思考」がどんな理由で、こうした自然のパターンに対して介入したかについては別のところで見た。(原注132)しかし、動機はどうあれ、そこから生れた結果は明らかだった。こうしたニーズに対するもって生れた認識を無視するよう育てられた人々は、生来の志向性を見失い、依存心と代替を求めるようになったばかりか、こうしたすり替えが生み出すあらゆる種類の不全症候群を呈することになった。

健康な子育てとは、子どもたちにその人生の出発点から、自分自身のニーズを認識し、それを表現する自由を与えることである。それが早ければ早いほど、介入を受けずに発達することができる時間が長ければ長いほど、子どもは内なる指導ガイドラインを確固たるものとして持ちながら自分の人生を送ることができる。そしてその内なる固有のガイドラインによって、自分自身にとってほんとうに必要なニーズと、他者によって人為的に持ち込まれたニーズを峻別することができるわけだ。

実際、私たちの消費経済における最悪の行き過ぎは、「産業期の思考」に合致する形で育てられたことによって、この峻別をできなくされてしまっていることである。

生というものは人間に対し、実は生れて間もない頃から、ほかにもいろんな要求を課している。中でも最も重大なものは、私が「環境から意味を取り出すニーズ」という言葉で言っている人間行動である。生きとし生けるものは皆、無数の心理・化学作用を通じ環境と関与する組織された分子の集合であるのだが、人間にはもうひとつ、授かったものがある。それは、これらの環境との相互作用を自分で「考える」ことのできる「自　覚《セルフ・アウェアネス》」である。人間にはそうした相互作用に対し、形や意味を与えたい

原注132　「産業期の文化はすべて……その価値体系の存続及び産業型の生活スタイルの存続を確証するさまざまな方法を開発して来た。最初は子どもたちの成長期において、次に、大人としての全人生を通して……産業期が存続するための基本的なメカニズムは、社会が誰の目にも明らかな形で個人をコントロールすることにあった。このコントロールは明確なもので、物理的な力の行使で個人を強制するものだった……。産業期の文化は……子どもたちが新しい価値にアクセスすることを統制しなければならない、と考えるものだった。そして彼らの関心を、産業経済が求める行動に向けなければならない、と見るものだった」ダニエル・グリーンバーグ、*A New Look at Schools*（一九九二年、サドベリー・バレー校出版会）五六〜五七頁。この本の中で私は、前産業期・産業期・ポスト産業期を特徴づける「世界モデル」の型の違いについて詳しく述べている。

と強く願う自意識があるのだ。そういうものとしての思考は、人間が逃れようにも逃れられないものである。人間には、「無思考」の中に存在する選択肢はない。子どもたちは生れた時から「自然」によって、存在の秩序に関する感覚を発達させるべく、あらゆる手持ちのものを動員するようにつくられているのだ。

「環境から意味を取り出す」にあたって人間が動員する最も分かりきった手段は、感覚器官を使うことである。そしてそのデータを脳で処理することだ。この二つとも生れた瞬間から働き出す。

そうして人間が常時、処理し続けなければならない情報は、その量においても種類においても、まさに信じられないほどである。そして私たちは、その処理がどんなふうにして起きているのか漠然たる考えさえ持てずにいるのだ。脳が、これらすべてのものを特定し、表し、象徴化し、組織化し、意味を与えるシステムをどのようにして創り出しているか、見当さえ付かない。私たちが知っているのは、それが起きていること、そして人間にはそのためのツールが「自然」によって授けられていることだけである。

したがって生が人間に課す要求を認識し、それに対処する力をできるだけ発達させたいのであれば、持って生れたこのツールを使い、環境を理解する力を洗練できるよう、その子にあらゆる機会を与えなければならない。

この逆も残念ながら真なり、である。「環境から意味を取り出す」努力に対する外部からの干渉はすべて、その子が今後、前に進んで行く上で必要な内なる自信の形成を非常に難しくしてしまうものだ。他者の干渉は、認知の発達に対し永続的な不能をもたらし得るものである。実際、「産業期の訓練プロセス」を潜り抜けるよう子どもたちに対して強く迫れば迫るほど、さまざまな人格・行動・学習障害が生れる確率は高まるのだ。

そうした介入のない家庭で育った子どもたちを見てほしい。介入のない、サドベリーのような学校に通う子どもたちを見てほしい。

よく見てほしいのだ。そうすれば、子どもたちがその時その時、生が彼らに要求するものを彼ら自身で決定する姿を常に見ることができるだろう。彼らの要求の認知はまさに瞬間的である。そして複雑な反応を返して行く。要求に対してうまく対処する反応を返しているのだ。

あからさまに言ってしまえば、サドベリーで私たちが見るものは、子どもたちがその日のあらゆる瞬間において、外部から強制された課題とは無縁なところで自分自身、何をすべきか決定している姿である。お腹が空き、水が飲みたいと子どもたちは自分で思うのだ、温かい、寒いと自分で感じるのだ。元気な時と疲れた時を自分で感じるのだ。自分自身で課したことを自分でつかむ。自分で決めた活動を自分でする。彼らは常に、自分たちの内側から導かれているのである。なにものかに駆り立てられることもなく、内なる精神と外なる環境を調和させようとしているのだ。

さて大人が生の要求に対し「成功裏に」対処して行く必要がある、ということは非常に複雑な問題である。人生にとって「成功」とは何か、という意味にかかわることだからだ。そして、これに対する答えは逆説的である。

つまり「産業期の思考」の高みに立てば、これはそれほど問題ではないのだ。産業期における環境はすべて、モノの生産に関わるものだったからだ。「成功」は、蓄積され（そして・あるいは）生産されたモノの価値によって、ほとんど測られた。「成功した」文化とは、豊かな文化だった。「貧困」をなくし、大きな生産力を持つに至った文化だった。「成功した」人々とは富を手にした人々のことだった。「成功」を測るのに他の基準がある領域――名誉、地位、同僚の尊敬といった領域においても、それは普通、金銭的な評価に置き換えられるものとしてあった。富とは別の基準で評価された人々も、金銭的、物質的な利益――すなわち、真の価値によって報われることになっていた。

　産業社会においては、成功した人生のパターンは、生産のパターンによって決定されていた。そこには成功の方程式《フォーミュラ》があった。そしてその道を辿ることのできないものは皆、「失敗」のレッテルを貼られたのだ。だから子育ても教育も、産業期のシステムとしては、それに対応する正しい方程式を付与するものでなければならなかった。そしてそれに則り、正しく動作することが確証されるものでなければならなかった。

　こうした産業社会の環境においては、失敗して得られるものは、不愉快な挫折でしかなかった。何より予見可能であるはずのミスだったから、避けられたはずのものだった。「産業期の思考」においては、人は「失敗」から学ばず、「成功」から学ぶのである。「誤り《ミステーク》」は無能の兆候だった。産業社会に奉仕する教育システムは、「過ち《エラー》」を避けることと「完全な正しさ《パーフェクト・コレクトネス》」を強調するものだった。

　これに対して「ポスト産業期」は、目標を全く異にしている。[原注133] モノの生産は決まりきった手順のものに過ぎず、人間の関心事としては最小限のものでしかなくなったのだ。人間のすることのかなりの部分が、自動化された機械に委ねられるようになった。物質的な富を生産するのに、人間はロボットのように働く必要がなくなった。物質的なモノの生産は、今やすべて後景に退いた。「ポスト産業期」においては、生存のための生産は今やほとんど確立されたといっていい。人々は産業期とは全く違った一群の活動に従事できるようになったのである。

「ポスト産業社会」が焦点を置くものは、創造であり革新である。物事を全く新しい目で見る方法の発見である。常に改訂され、新しいものへと乗り越えられて行く多彩な「世界モデル」の創造である。「正しいのは何?」は「産業期」における線型思考の主題だったが、「ポスト産業期」においてそれは「興味があるのは何?」に取って代わられるのだ。そして「ポスト産業期」における「自由」の感覚は、「産業期」からやって来た人々にとっては脅威であり、恐怖でさえあるはずである。

しかし人間の全史が示しているように、人間は「自然」から生来の能力を授けられている。人間はそれこそ無限の現実モデルの創造に向け、脳を使用できる力を授けられているのである。有史以来の時間の流れは――いや、人間の前史を含め――、過去の経験と現在の必要に基づく、絶えざる革新の叙事詩以外の何物でもない。同様に私たち人間の歴史が、私たち人間の心理が明らかにしているのは、創造性というものは疑いもなく、際限のない変異の追求を求めるものであることだ。

そしてそれはさらに、その新しく生み出されたもののほとんどを、役に立たないものとして捨て去って行く。健康な人間精神は、まさに生れた時から、さまざまな「世界モデル」を試行すべきことを知

原注133　本エッセイにおいては、「ポスト産業期」について、「前産業期」と同様、詳しく立ち入らない。前述の *A New Look at Schools*（一九九二年、サドベリー・バレー校出版会）五六～五七頁を参照。

っている。そのなかから、ごく僅かな「成功」を取り出して行くのだ。もともと人間性に備わり、「ポスト産業期」において「再生」される「成功」には、「失敗」を当たり前のことと扱う能力が含まれる。「失敗」してもそれに妨げられず、「成功」のモデルを探し求めて行く能力が含まれているのだ。

私たち人間の脳は、私たちが受信するインプットの洪水の中から、「現実モデル」を生み出すように出来ている。そしてこの人間精神の中心的活動は、他のあらゆる人間の活動同様、実践によって進歩するものだ。したがって自分自身の課題を追って成長することを許された子どもたちは、外部からの干渉を排しつつ精神的な混沌ともいうべきものと終わりなき闘いを続けることができるだろう。

となると、その子にとっての——あるいは、その大人にとっての「成功」とは、新しくて、より良い「世界モデル」を持続的に形成して行く能力を持つことになる。それはまた最早、生が求めるニーズに合わなくなった「世界モデル」を拒絶する「能力」を持つことである。

さて「大人になること」に含まれるもうひとつの能力は、人生の要求に対する「継続的な対処」能力である。人間は時折、活動を爆発的に行えばいいというものではない。私たちの人生は常時、挑戦を私たちに投げかけているのだ。だから大人として機能的に活動したいならば、挑戦に対し常に対応する必要がある。

子どもたちは外部の人為的な刺激によって喚起されることなく、継続的な活動に従事する能力を持って生れて来る。だから、退屈な赤ちゃん、というものはあり得ない。子どもたちは、環境を征服したいという生れつきの衝動の追求を許されるなら、退屈することは決してない。子どもたちにとってその追求は本来、終わりのない、魅力的なことであるからだ。自分の精神を外部から強制される制約なしに自由に使いこなすことができる子どもは、生れた時からずっと「世界モデル」づくりの活動を切れ目なく続けて行く――この基本的な事実の重要性はいくら強調してもし過ぎることはない。

子どもたちが驚くほど長い間、焦点化し、集中できるわけは、自分自身の内なる課題を自由に追求していることによる。しかし誰か他の人に、精神的な難題《タスク》を強いられ、その方向へ注意を向けるよう強いられたとたん、子どもたちはこの固有の力を失ってしまうのだ。強制されたものは最早、彼ら自身の生の継続とは何もつながらないものだからだ。

こうした現象は単に子ども期に止まらず、人生の全体にわたってよく見られることである。ほとんどどんな年齢でも、外部から押し付けられた課題や活動に対しては関心を持続することは難しい――これは普遍的に認められた現象である。注意は散漫になり、記憶は薄らぎ、すぐさま疲れてしまうのだ。

これは「産業期の学校」を悩ませて来た問題である。産業期型の「学校」は未だに産業期型の課題を子どもたちに強制し続けているのだ。「産業期の思考」を土台とする「学校」は、子どもたち一人ひとりに活動の多様性を許す豊かさを与えることができないものなのだ。それは「産業社会」という存在そのものが、人々の「標準化」「非人間化」を高度化しないと機能しないものであるからだ。

こうした産業期型の学校は、だから子どもたちの頭にカリキュラムを叩き込まなければならなかった。子どもたちとしてもだから、関心をそれに合わせて短く振り向けなければならなかった。それゆえ「産業期の学校」の全体的な枠組は、「教　化《インドクトリネーション》」（「教える《ティーチング》」とも呼ばれていた）の短い繰り返し、時間と情報の細切れ断片化、心を麻痺させる長時間にわたる規則性を土台に築かれることになった。しかしこのように用意周到な「集団洗脳」（「トレーニング」とも呼ばれていた）の企ても、産業社会がそうした教育を要求していることを子どもたちが受け入れている限りでのことだった。

産業期は今や昔の歴史であることに、子どもたちはますます気づくようになった。自分たちに押し付けられた「標準化」は時代錯誤《アナクロニズム》に過ぎないことに、ますます多くの子どもたちが気づくようになった。この理解は分析的というより直観的なものだが、にもかかわらず今では広範な理解となっている。その結果として「産業期の学校」は、限られた数の産業的な教科においてすら、さまざまな工夫をしているにもかかわらず、子どもたち全員をひとまとめにして標準化した学力を押し付けるその強制力を失っているのである。

「ポスト産業期の人間」に求められているのは、これとは反対に、それぞれの人生における高度に個人化された生のパターンづくりと取り組む「継続的な関心」である。子どもたちは成長する中、彼ら自身をこの「課題《タスク》」に向けるべく固有の経験の富を積み上げて行かねばならない。したがって効果的な「ポスト産業期の教育」とは、それがどんなものであれ、「断片化した時間の暴虐《ティラニー・オブ・セグメンティド・タイム》」から完全に自由でなければならないのだ。継続的な関心で取り組むその子自身の固有の「課題」こそ、今後の焦点になるべきものである。

「ポスト産業期の学校」で育つ子どもたちは、「産業期の学校」とは正反対のものを学ばなければならないのだ。つまり「ポスト産業期の学校」は、子どもたち自身が結果に満足するまで頑強に探求し続ける、その生来の執拗さを許すものでなければならない。こうした継続性を妨害するあらゆる試み——時間割とか学期とか学年とか、時間を区切ったテストとか——は、子どもたちが自然に「大人になって行く」上で破壊的なものでしかないのである。

子どもたちが「大人になって行く」には、人生の要求に「自力で対処する」能力も含まれる。この「自力で対処する」能力こそ、最も理解されていない問題を含むものだ。

この世に存在するものの基本的な現実のひとつは、生きとし生けるものが「個」として存在することである。生命の「原子化《アトマイゼーション》」というべきこの事実は、ひとつの大きな神秘である。それは生命そのものの本質よりも理解されていないものである。一人の人間の中で、自分というもの、さらにはその固有性、全体性、個人としてある感覚がどんなふうに発達するものなのか、私たちは分かっていない。しかしこの問題は、あらゆる作家が、あらゆる詩人が、あらゆる哲学者が、これまで書き続けて来たことである。それは人類全体を悩ませる、誰もが持つ孤独感の根本的な原因であるわけだが、同時にまたそれは、究極において協働、さらにはコミュニティーの創出につながる、あらゆる人間的な相互作用の出発点でもある。

この点で私たちは、他に選択の余地はないのだ。私たちは皆「個人」であり、個人として行動しなければならないのだ。「自然」は私たちに個人として機能することを可能にする、決定的なツールを授けてくれているのである。私たちが皆、「一人の人《ペルソナ》」であるのは、自分というものによって、性格というものによって、人格というものによって意味づけられているからだ。そうした個性は新生児にも備わっている。しかし子どもが自らの個性をフルに自覚するにはそれ相応の年月がかかる。そして個人としての、時間をかけた発達こそ子どもが「大人になる」ことの鍵となる重要なファクターであるのだ。

どんな社会に生れようと、人は一人の独立した個人としてその生涯を生き抜かなければならない。しかし時代や文化によって違いが生れる。その違いを生み出すものとは、子どもたちがどれだけ独自な活動を許されているかの程度、度合である。

その点で「産業社会」は、「個人性」の境界を切り崩すのに膨大なエネルギーを注ぎ込む、制約された社会だった。それは人間性に完全に反することでしかなかった。だからそれは、時には大人になっても、場合によっては死を迎える時まで続く、異常なまでに苛酷な、長期にわたる強制を伴うものとしてあった。「産業期の学校」は、社会の産業的同質化のプロセスにおける、一個の歯車でしかないものだったが、「画一性」を可能な限り生み出す強制力の残酷さと容赦のなさという点では申し分のないものだった。

ただし「産業社会」だけが、こうした強制的な振る舞いをしたわけではない。個人が生み出す多様性の重要さを切り崩す方法は他の文化もかつて追求し、今なお追求しているものだ。しかしいずれにせよ「個人性」を切り崩すには、特に子ども期において強制的な圧力をかけるしかない。

これに対して「ポスト産業社会」が何に完全に依拠するものであるかといえば、それは各個人の独自性に対してである。したがってそれは、人々が自信と自尊心をもって自分自身というものを意味づけるその能力に依拠するものである。こうした強力な自意識をもって子どもが育つには、そこに強制力の行使に伴う「恐怖」の要素があってはならないのだ。「テロル」は「自立」の最大の敵である。そして恐怖から逃れられるということは、「ポスト産業社会」がその構成メンバーに授ける偉大なる自由の約束である。

「ポスト産業期の学校」がその目標を達成するには、それが学校の運営であれ、方針づくりであれ、学習面であれ、専制的《オートクラティック》な構造を持つものであってはならない。メンバーは誰しも年齢にかかわらず同じ尊敬の念で遇されねばならない。誰もが自分の意見を同等に述べることができなければならないのだ。個人の創造的な自由と同等の者同士の相互の敬意に根ざす「ポスト産業社会」が成功を収めるには、それが大人にとってはデモクラシーの原則に基づくものでなければならないし、子どもたちにとっても、なるべく早い時期から個人間のコミュニケーションと個々人の自立的な行動を可能とする、これらの原則を一貫して適用されるものでなければならない。

個人の独立というものはもちろん、諸個人が活動し合うコミュニティーを排除するものでもそれに反するものでもない。むしろ常に互いの協働を求め合うものなのだ。自立した個人がともに活動するということは、互いの選択によるものだから、それだけに相手との間に、そしてまた自分が加わった集団との間に大事な絆を結ぶものであるわけだ。自分で心に決めて参加するコミュニティーの方が、強制によってひとまとまりにされたものより、強い絆で結ばれるのは当然のことである。同じコミュニティーでも、後者はできるかぎり忌避するか廃棄すべきものであるのに対し、前者はうれしさが湧き上がるコミュニティーである。なぜならそれは、個人と集団の目標を同時に達成するものであるからだ。

子どもの自立を育てる学校は、子どもたちの自立を認めることでしか目標を達成できない。自由は分割できないものである。そして人間は自由であるか自由でないか、どちらかでしかない。子どもたちはこのことを明確に理解しているのである。デモクラティックな環境を表看板にしていても、そこに権威主義の部分が少しでもあれば嘘はすぐバレる。子どもたちは直ちに感知してしまうのだ。「ポスト産業期の学校」とは、子どもたちが常に、自由で自立的であることによって自由と自立を学ぶものでなければならない。

さて今や私たちは問題の核心に目を向ける用意ができている。それは物事に「対処できるようになる」とは一体、どういうことか、という問題である。この「対処できるようになる」ことこそ、どんな環境下であれ成功裏に生きて行くための鍵である。子どもたちにこれを学ぶ機会を与えることができない学校は、きちんとした《ファンクショナル》大人を育てることもできない。

「対処する《コーピング》」がどんな意味なのかは、対処する対象との関係でのみ確認できることだ。産業期において必要だったのは、産業社会に対処することだった。この意味するところは、そこに生きる大人は、産業期の文化が迫る「非人間化」を抗議することなく受け入れる能力がなければならない、ということだった。「非人間化」するもののすべて――統制による組織化、ロボットのような行動、自立的な行動を一部許すだけの限定、そして服従、さらには、産業機械を動かすのに必要な特定の低次元スキルをいくつか身につけること――と、うまくやって行くことだった。産業期の学校及び産業社会の社会・宗教思想家が広げた家族的な価値もまた、すべてひとつのものになって子どもたちが産業期の要請に応える特徴を備えた大人に育って行く環境を生み出していた。だからそうした産業社会において、「ポスト産業期のコンセプト」に基づくサドベリーのような学校を開設するということは、産業社会に対する真っ向からの挑戦になるものだったわけだ。何事にも、それにふさわしい時と場所があるのである。

これに対して「対処する」の意味を「ポスト産業期」の状況の中で考えると、これまでとは全く違った新しい何かが、世界という舞台に現れて来る。米国と西欧世界は急速に、こうした状況に移行しているのだが、そこでの「対処する」の意味は何よりもまず終わりなき新たな挑戦の流れに対する創造的な解決策を発見することである。そしてこの新たな挑戦に対する創造的な解決策には、空間・時間・多様性・複雑性の縛りはない。これらを自在に解決することこそ、それに取り組み、成し遂げるべく人間精神に生来備わったものであることはいうまでもないことだ。そしてそれは子ども時代のなるべく早い時期から行われれば、それに越したことはない（原注134）。

「ポスト産業期における対処」で重要なことは、日々、提起される問題が予期せざるものであることだ。これは「産業期の対処」とは明確なコントラストを描くものである。産業期においては、比較的小さな、分かりきったコンセプトや行動に対処すればよかったが、世界は今、距離や国境の壁を突き抜け、

原注134　以下は、バイオリンの即興演奏家でもある、あるミュージシャンの言である。

「即興というものを、人はどうやって学んでいるのだろう？　答えは、もう一個、質問をすると得られる。その質問とは、即興を、僕らに止めさせるものって、あるの？——である……即興による創造とはつまり、僕たちの最も深い存在の淵から生れ出るものなのだ。それは全く持って汚れのない、オリジナルな僕たちである。僕たちが表現しようとするものは、すでに僕たちとともにある。いやそれは僕たちそのもの、であるのだ。だから、創造的なワークとは、それを産み出すことではなく、その自然の流れを阻むものを解除することにある……」

「創造的なプロセスは、スピリチャルな道のことだ。その冒険とは、僕たちにかかわることである。僕たちの深いところにある自己、僕ら全員の内に潜む作曲者にオリジナルにかかわるものである。それはつまり、すべてが新しいということではない。そうではなく、すべてが完全に、オリジナルに、僕ら自身であることだ」ステファン・ナクマノビッチ（Stephen Nachmanovitch）*Free Play: Improvisation in Life and Art*（Tarcher、ロサンゼルス、一九九〇年）、一〇、一三頁。

さまざまな場所にいる個人から情報が流れ込む時代になっているのだ。だからここで大人として機能して行くのであれば、新しい文化、新しい価値体系、新しい言語構造、新しい哲学体系に、ほとんど難なく対処する用意ができていなければならない。つまり「ポスト産業期」における人間精神とは、「世界モデル」の構築・改訂及び他者の「世界モデル」の理解を快適かつ熟達した技でなし得るものでなければならないわけだ。

これこそサドベリーのような〈学校〉の子どもたちが日々、続けていることである。自分で物事を考えている。そしてそれだけではなく、他者と強く交わり、「相手の頭脳」にどうやったら入り込めるか考え出している。実際、こうした〈学校〉において、最も目につく活動のひとつは、個人と個人の相互作用である。さまざまな気質、文化的なルーツを持った、さまざまな年齢の子同士が交流しているのだ。しかしこうした相互作用を、「友だちづくり」とか「交際」（つまり、人とうまくやって行く）として見ることは、間違っている。そうした「組織順応《ノーメンクラツーラ》」は相互作用のプロセスを堕し、本質的なポイントを見逃すものでしかない。

サドベリーにおける社会的相互作用の中心的機能とは、相手が友だちであろうとなかろうと、その世界観に対して強い思いで分け入ろうとする探求であるのだ。当事者同士、相手に分け入ろうと努力し、それぞれ独自の「世界モデル」を理解し合うために共通の言葉を見つけようとする姿を知りたいのであれば（遠くからでも結構）、その相互作用のありさまを暫く観察すればいい。サドベリーで育った者は皆、この個人間の相互作用こそ自分たちの成長に貢献した最重要なものであると何度も何度も繰り返し語っているのだ。そしてまたサドベリーの出身者は皆、他者の「世界モデル」を理解し、その

「世界モデル」と調和した形でそこに流れ込むもの、そこから流れ出るものを学ぶことこそ学校における最も重要で完全に有益な活動だと指摘しているのである。

人間と人間の相互作用はさておき、もうひとつサドベリーの子どもたちが常に続けている大事な仕事は、機能する「世界モデル」を構築し続ける営みだ。サドベリーの子どもたちが築く「世界モデル」は、そこで静止する静態的なものではない。その中に変化に対応する手段を、問題解決の手段を、自分に対する新たな課題を産み出す手段を備えているものでもある。

「産業期の学校」も最近はたしかに、「問題を解決する」とか「考え方を教える」といったことを看板に掲げるようになっている。しかしこうした「学校」の場合、それはあくまで「産業期の思考」のレベルでの活動に過ぎない。他の機械的なスキル同様、教え込み可能な手順でしかないのである。こうして私たちは現代の学校カリキュラムの中に、「創造性の訓練」とか「創造力テスト」（まるで創造性、創造力を外側から定義し、計測できるような……）、あるいは「問題解決の手順」（自己矛盾した言葉遣いだ。問題を解決する手順があるものは、ほんとうの問題ではない。つまりは同義反復）といった、馬鹿げたものを目の当たりにしているわけだ。

実際、人は皆、ものの考え方、世界モデルの構築、問題解決、創造性において、その方法を教え込まれなくていいようにできている。自然はそうしたスキルを生れながらの持ち物として、私たちを創造したのだ。必要なのはただ、外部に「援助」されることなく、これらのスキルを可能性の限度までフルにのばしていける時間であり忍耐であり自由である。（原注135）

人間が自分の周りの「世界」をひとつの「意味あるモデル」にして行く生れつきの性向を最も強烈

に示す実例は、自分で動けるようになり、言葉を覚え出した二歳児（「恐るべき二歳児《テリブル・ツー》」）の行動である。この年齢の子どもたちは疲れを知らない子どもたちである。自分の周囲を征服しようと、ほとんど止《とど》まるところを知らないのだ。「教師」の「動機付け」も「授業」も「テスト」も「レポート」も「自発的な自己評価」も、彼らには必要ではない。自分の行くところ、どんな障害物があっても自ら進んで行こうとする。自分の意志が無残に砕かれるまで、決してあきらめようとはしない。子どもたちは自分から大人の手助けを求めることもあるだろう。しかし助けを求めるよう拍車をかけられる必要はさらさらない。大人が頼むからちょっとの間だけでも許してくれないか、と言いたくもなるくらい彼らの要求はすさまじい。

サドベリーでは子どもたちのこうした探求が、大人の生活を始めるまで——そしてそれを超えたその先に向かって、花開いたままで続いているのだ。年少の頃、外部から妨害されずに「世界」に対処することを許された子どもたちは、その後も難なく、それを続けて行くことができる。そしてそれは年ごとに洗練されたものになって行くのである。（原注136）

この点について、ここでどうしても付け加えておきたいことがある。それはその点に、個人間の相互作用以上に誤解されている大事な問題が潜んでいることだ。それは「遊び《プレー》」という活動に対する誤解である。

「遊び」については今、それが人生を準備するものであるかのような、これまでとは少し変わった見方が流行している。「遊び」自体はつまらないことだけど、その副産物は——その中で、数え方や算数、読み方の初歩を身につけることができるから——役に立つ、という主張である。しかしこうした副次効果は、伝統的な産業期型の教育者たちが正しくも見破ったように、あくまで偶発的なものに過ぎない。だから産業期型の教育者たちは、それが特定のスキルにかかわることであれば、「遊び」の中での偶然

原注135　この点に関しては、以下の素晴らしい要約を読むとよい。

「自己とは、生きる上での問題を知覚し、解決して行く、個人としての統合システムのことである。それは、それ自体、秩序と一貫性を持ち、変化に対して開かれたものであるのだ。自己とは一方で、環境がもたらす挑戦、成長することの挑戦に適応した、創造的な対応を可能とするべく精神構造を変容、再編、発達させる能力を備えながら、形を維持し、一貫性を保ち、持続するという課題と向き合っているものなのだ。自己はまた、個人としての統合と個人化に最も役立つ、欲求と対象、防御と知覚の感受、そしてコミュニケーション・モードにおける、自分に固有のパターンを選び取るものである。それは私たちに、事象を解釈し、自分の人格の中の諸要素を統一し、行動の基礎を与える**意味構造**の進化を与えるものであるのだ。それは、その生体のいわば**署名やスタイル**を顕にするかたちで、私たちに**意味構造の進化**を許す。その**署名やスタイル**を、私たちは自己の本質の表現、本当の自分と認識しているのである。〔太字強調は引用文の著者による〕レオナード・S・ゼガンズ（Leonard S. Zegans,〔カリフォルニア州立大学サンフランシスコ校教授。精神医学〕)、“The Embodied Self : Personal Integration in Health and Illness”（“Advances”第七巻・第三号、一九九一年夏号、三三頁）

原注136　以下に紹介するのは、新入学から卒業までの全期間を、サドベリーで過ごした卒業生が学校アーカイブ（文書館）のために残した口頭インタビューの記録である。卒業生はこのポイントをつかんで、こう語っている。

「私は今も、いろんな点で加速度的に発達しているような気がする。私は、他の多くの人々が生涯、待ち続けなければならない時期を、ここで過ごすことができたのだ。他の人たちは自分の学校が大嫌いで、子どもの頃のすべてを憎んでいる。そうした人たちは大人になって初めて、自分というものを始めるのだ。私の場合は大人になってからも、子どもの頃とほんとうに変わらなかった。大人になって変わったことといったら、光熱費を支払うことくらい。六歳の時と同じことを、今もしている。請求書の支払いのため、お金をかせがなくちゃならないから、その分、時間を使わなくちゃならないけど……。違っているのは、それだけ。それって、大きな違いとも言えるけれど、私にはそんな気がしない。それはそれで、それ以外の私の生活は、私がサドベリーにいた子どもの頃と、基本的に何も変わっていないと思う」

の出現をあてにするより、直接、訓練した方がいいと主張したわけだ。
その意味では「産業期の学校」が「遊び」を貶め、彼らの目標を達成する上で時間の無駄でしかないと考えたのは彼らなりに正しい。しかし「ポスト産業期の教育」にあっては「遊び」こそ、その核心にあるものなのだ。人間活動のすべてにおいて自発的な応用こそ、その本質において人生への対処に役立つものである。そして実際「遊び」こそ、人生への対処そのものである。「遊び」は人生の「練習」ではない。「遊び」とは、それに従事する者にとって人生そのものであるのだ。

子どもたちは、このことを理解している。子どもたちは皆、「遊び」を自分たちの実存の現実と見ているのだ。「遊び」とは子どもたちにとって、まじり気なしの、妨害されることのない、モデルづくりであり、問題解決であり、社会化であり、組織化であり、創造であり、革新であり、手の届く範囲における全世界であるのだ。子どもたちは「遊び」に完璧に夢中になる。あらゆる細部に対して鋭い視線を注ぐ。うまく行けば高揚し、失敗すればしょげ込む。「遊び」は好ましくない活動であると思い込むことなく成長することを許された子どもたちは、大人になっても「遊び」を最後まで継続することができる。さらなる成長のための道具にすることができるのだ。(原注137)

「ポスト産業期の文化」における「遊び」は、生活の準備ではない。それはその文化を最もよく生きる生活そのものであるのだ。その中で成長を遂げる子どもたちの遊びが妨害され抑圧されればされるほど、効果的な大人への成長は阻害される。もしも〈学校〉が、あるいはまた子どもたちが時間を過ごすあらゆる機関が、思いのまま遊ぶことを許すものであるなら、それは「ポスト産業社会」に対し素晴らしい貢献をなすものになるわけだ。

しかしながら私たちの「遊び」という言葉には、「まじめさがない」とか「程度が低く、つまらない」といった意味が濃縮されている。この厳粛なる現実においては、「遊び」など無くても構わない活動であるというのだ。こういうわけだから、「遊び」という言葉の名誉回復には、謝罪や釈明がどんなにあっても足りないのではないかと私は密かに恐れているのだ。家や学校での子どもたちの特定の活動を「遊び」と言うのであれば、私たちはその言葉に、それがほんとうの意味を持つよう、すべてを注ぎ込

原注137　サドベリーの「口頭インタビュー」による「校史記録プロジェクト」で、卒業生の一人はこの点に関し、以下のように述べている。

「学ぶこと、そして遊ぶこと。これを、子どもが環境に適応して行くプロセスと考えている人は多いはずです。私は、子どもの時は何であれ、楽しむことが大事だと思う。それが成長するプロセスのひとつだと思う。これは哲学的に考えて正しいことであるはずです。そんな哲学的な探求は私の専門ではないが、子どもたちは遊んでいる時、自分たちの組み立て、つまり構成概念を試しているのではないだろうか。他の子がそれをどう使うか、見ているのではないだろうか。子どもたちは現実世界において、自分の構成概念を使う立場にまだ立っていない。だから子どもたちはそれを遊び、それを模倣して、それが何であるか分かろうとする。ただし、それが楽しいことでなければ、子どもたちはたぶん、遊ばないはずだ。自分の周りのものを分かろうとする、子どもたちの動機とは、それをすると気分がいい、ということである。それは、オルガスムがなければ人類という種は途絶えてしまいかねない、ということと似ている」

「私たちが周りの世界を理解しなければならないのは、私たちが生存して行くために必要なある種の情報は、DNAや遺伝子では伝えられないからだ。だから私たちは、生れた後に一定の知識というものを持つ。それはつまり、文化の知識ということである。人は個人としてそれを学ぶが、それはそうやって伝えられて行く。それこそ、生きて行くために必要なものなのだ。それを学ぶことが楽しくないなら、私たちはきっと学ばないことだろう。だから遊びが楽しいことであるのは、私たちの中に植え込まれたことであるのだ。遊びとはだから、私たちが自分の周囲に見ていることのモデルづくりである。この学校で私は遊びにあふれた学びをした。それは自然なことだったと思う」

んで提示することが必要になるはずだ。
「遊び」の意味を、いわゆる「R&D（研究・開発）《リサーチ・エンド・ディヴェロプメント》」と言えるものだといったら、たぶん分かりやすいだろう。「R&D」は、「ポスト産業社会」において名誉ある地位を獲得して来た言葉だが、それは子どもたちの「遊び」が果たしている役割をほとんど完璧に描き出すものでもある。実際、サドベリーの子どもたちは毎日、ほとんどの時間を、自分たちの現実生活に関する「遊び」という名の「R&D」を続けているのだ。それは真剣なものであり、辛抱強いものであり、集中力と想像力に富むものであり、喜悦であり悲しみであり、とても微妙な「R&D」である。それは何日も、何週間も、何ヵ月も、何年間も、子どもたちが次なる「プロジェクト」に進むまで続くのだ。こうした姿を長らく観察してしまうと、子どもたちの「遊び」を意味のないものとして扱うわけには行かなくなる。サドベリーの子どもたちの「遊び」の重層的な性格を研究することで、その大人版といえる、「ポスト産業期の文化」の背骨になるべき「R&D」についてもまた、その全側面があらわなものになると私は確信している。（原注138）

今や私たちは「教育の目標」とは何であるかについて洞察を深め、それが今の私たちの文化とどう関連しているか一定の理解に達したはずだ。ここまで来ると、サドベリーに子どもたちを通わせてみたいと考える親たちやサドベリーに見学に来る人たちと、より明確な形でコミュニケーションすることも可能だろう。

煎じ詰めれば、サドベリー・バレーに対する誤解の元にあるのは、「教育の目標」というものに対する、いろんな人のいろんな考えである。そして私たちがこれまで見て来た、**生活の要求に対して、自力**

で、**かつ継続的に、さらにはまた成功裏に対処する能力**を開発することであるという「教育目標」を、この国のほとんどの親たちは、あるいは世界の国々のほとんどの親たちは受け入れているのだ。

ただし受け入れてはいるものの、そのすべてを「産業期の思考」に結び付けてしまっている。それは親たちが皆、産業社会の中から生れて来たからだ。準備のない者にとって、新しい時代の夜明けを認めることは不可能に近い。だから同じ「教育の目標」が本質的に様変わりした歴史の新時代の中で、その意味を大きく変化させていることを理解することができないわけだ。(原注139)

サドベリーを紹介する際、誰もが同意する上記の「教育の目標」を説明し、その意味するところを話し合えば、たしかにエネルギーの節約にはなるだろう。しかしそれでも「ポスト産業期の文化」におけ

原注138　この点について、その意味の全体を摑んでいたのは、学齢の大半をサドベリーで過ごした、ある卒業生である。「口頭インタビュー」による「校史記録プロジェクト」に対して、こう語っている。

「サドベリーでの粘土遊びは、私の創造の喜びでした。現実の世界では多分、手にできないものを創造する。粘土があれば、少なくとも何かを産み出すことはできる。創ることでそれを手にすることができる。サドベリーでの粘土遊びは、私がこれまで最も集中して行ったことのひとつです。粘土の村は、大きく広がって行くのです。金鉱山のある町をつくったり、ホテルや酒場のある町をつくったり。戦闘、そして戦争。戦車や飛行機も。次から次へと生れて行くのです。でもやっぱり、主役は建物や車でした。そして、いろんな人物も粘土でこしらえました。そうして、その人たちに物語の場面を演じてもらったのです」

「そう、私は今でもそのことを時々、考えているのです。今も全く同じことをしているといってもいい。それを現実の生活の中でしているだけのことです。私は工場を建て、機械をつくり、毎日ずっと、いろんな人と話し合っている。サドベリーの粘土遊びとまったく同じです。そう、とても真剣に。建物をどう建てたらいいかから、顧客との電話での応対法まで、とにかくあらゆることを話し合っている。来る日も来る日も。私がかつて粘土でやっていたことを」

る「教育の目標」の意味を理解できない人もいるのだ。そうした人が相手であるならば、サドベリーが〈学校〉として意味ある場所であることを——あるいは、ここが〈学校〉であることを納得させることは土台、不可能なことである。

サドベリーが掲げる教育の目標を分かち合うことのできる人だけが、生産的な対話に入ることができる。そうした人々となら上記の「教育の目標」の各側面を、深く探求することができるし、「ポスト産業期」の諸問題にも焦点を当て、ともに考えることもできる。それは（対話の当事者双方にとって）可能なことであり、有益なことであるからだ。そうした人々は、自分の子ども時代には無かった新しいモデルを自分に示して見せることのできる人々である。二一世紀を生きる自分たちの子どもが向き合う、エキサイティングな新たな展望を進んで分かち合える人々である。

サドベリーの私たちと、教育の目標について共通の理解を持つ人々との真剣な対話は、サドベリーと本質を同じくしながら、私たちが思いもつかない構造を持つ、さまざまなタイプの〈学校〉及び教育環境を産み出すことになるだろう。

今後、数十年の間、こうした多彩な教育環境がまさに爆発的に開花する姿を、私たちは今、目の当たりにしようとしているのだ。そうした新しい教育環境は、今日のサドベリー同様、「ポスト産業期の世界」において、子どもたちの十全なる成長を達成するものになるのである。

原注139　「ポスト産業社会」における生活スタイルについて、私の知る限り最も活き活きと描き出したのは、先にも引用したステファン・ナクマノビッチ（Stephen Nachmanovitch）である。前掲書、*Free Play: Improvisation in Life and Art*、二二一～二二三頁。

「創造的に生きるとは、リスクを伴うビジネスである。親や友だち、あるいは組織の真似をせず、自分自身のコースを辿ることは、これまでの伝統というものと自分の自由の間で微妙なバランスを取ることでもある。自分自身が今、得意とするものへの執着と、それから離れ、自分を変化に向けて開いて行く、微妙なバランスを維持しなければならない。ある部分で、ふつうの生活をしていながら、それでいて開拓者でなければならない。新しい領域へ果敢に踏み込んで行く。心から湧き出る欲求を禁止する、型やモデルを破り捨てて行く。生の赴くままに生を創造して行く。何の支えも援助も、保障もない瞬間において、自分が自分であり、自分として行動し、何事かを創造して行く――それは最高の遊びになり得るものだ。しかし、それは遊びとは正反対に、恐ろしく感じられることでもあり得る。未知の世界へ踏む込むことは、喜びや詩に、発明やユーモアに、生涯の友と自分の発見に、そして時には偉大なる創造的な打開に導くものである。だが、それはまた、失敗や失意、拒絶や病、あるいは死をも招くことでもある」

学ぶこと、教えること、そして教師であることについて

だから結局は、人生ってそういうことじゃないかしら。相手の後ろに回ってね、その人の頭の中に入り込んで、そうしてその人の目で見る……そして、こう言う。「あっ、そういうことなんだ、君はこんなふうに見ているんだね。分かったよ、ちゃんと忘れずにいるね」

——レイ・ブラッドベリ、『タンポポのワイン』*より

教育界が今、直面している難しさのほとんどは、「学び」「教え」「教師であること」のコンセプトをめぐる違いや複雑さを正しく見分けることのできないところから来ている。このエッセイで私は、これら三つのコンセプトの一つひとつについて、その鍵を握る特徴を描き出してみたい。そして、私たちの教育システムにとっての意味も併せて指摘したいと思う。

この三つの中でたぶん最も「理解」されているものは「学び《ラーニング》」であるだろう。「学び」とは、ある人間が自分自身のために行う活動である。その人の持てる力を総動員し、その人によって発動され、遂行される活動である。自然がその人に授けた諸感覚、体格、脳のデータ処理スキルなど、一連の幅広いメ

カニズムを活用して行われる活動である。

「学び」はまた、その都度フィードバックされ洗練されたものになる。人はある「学び」の道を辿り始めたら、満足する結果に行き着くまで異常なほど執拗であり続ける。そしてその「学び」の道に、何度も何度も戻って来る。「学び」とはあらゆる人にとって、常に行われているものであり、終わりのないものでもある。覚めている時はもちろん睡眠中であれ生きている限り続いて行くものなのだ。

ここで特に決定的に重要なのは、人は誰しも置かれた状況にかかわりなく、常時「学んでいる」ことだ。常に学んでいるものだから、「学ぶよう刺激を与える」とか「学びに関心を持たせる」といった問題は本来、出て来るはずもない。教育界でとくにこうしたフレーズを耳にするのは、大衆に――ふつうは子どもたちに、ある情報の束を、誰もが学ばなければならないものとして強制的に教え込もうとする人々が権力の座にあるからだ。

「子どもたちに学びへの関心を持たせる」という言い方は、皮肉の極みである。なによりも子どもたちほど疲れも知らず、寝ても覚めても「学びのプロセス」に熱中する者はいないからだ。自立した大人になるには、そのために必要な、役に立つ「現実モデル」を、膨大なエネルギーを注いで自分で創造して行かなければならないことを、子どもたち自身、知っているのである。

「学び」とは誰もが自分の生きる環境とうまく交流するために必要な、生存のために最も重要なプロ

＊ レイ・ブラッドベリ　ＳＦで有名な米国の作家（一九二〇年～　）。代表作に『火星年代記』『華氏四五一』など。『タンポポのワイン』は、十二歳の男の子を主人公にした、ブラッドベリの自伝的小説。

セスに対し私たちがそう名付けたものでしかない。それは自然があらゆる人に授けた、生存の鍵を握る装置であるのだ。「学び」とはつまり、その個人に発し、その個人とその個人を包む世界の間で行われる相互作用の全体を指す総称である。「学ぶ」ことなく、人は誰も周囲の環境から便益や効果を引き出すことはできない。「学び」さえすれば、誰もが自分自身の「現実モデル」をかたちづくり、世界に働きかけながら生きて行くことができる。各個人の「現実モデル」とは、それを通してその人が「世界」を「理解した」と思えるものである。生きて行くためには誰もが日々、役に立つ「現実モデル」を保持して行かねばならない。そしてそれは人それぞれに独自のものであり、そうであるしかないものなのだ。ある人の「世界観」とは、その人の現実に対するプライベートなファンタジー以外のなにものでもない。(原注140)

「学び」のプロセスはまた——周囲の環境とどう相互作用したらいいか探り出す作業の一部として——他の人々とコミュニケーションする道を作り出す、各個人の疲れを知らない闘いを含むものだ。これは記念碑的作業といえるような、とてつもない企てである。なぜならコミュニケーションというものは、その当事者たちがその世界観の中に互いに意味ある形で理解し合う側面を共有するに至った時、初めて成立するものであるからだ。私たちはつまり相手の「現実モデル」から手がかりを得ようと、膨大なエネルギーを互いに注ぎ合っているのである。

教師たちが今、子どもたちに対して——彼らは自分自身の内なる課題に従って、常に忙しく「学んでいる」のだが——、彼らが自分のイニシアチブで学び始めてもいないことを学ぶよう意欲的に強制していることは、「学校」が今日直面するあらゆる問題の元凶である。教育支出が膨らんでいるのも、学力

原注140　小説家のハーバート・ゴールド〔米国の作家（一九二四年〜　）。友人である詩人のアレン・ギンズバーグらとともに、ビート世代を築いた一人。邦訳に『亡命者ニコラ』（黒原敏行訳、早川書房）など〕は、この点についてこう表現している。"Approximate Sanity," *In Health*, 一九九二年十二・一月号、七七頁。

「ファンタジーは、私たち一人ひとりを、つかんで離さない。私たちは夢を見ることなく、生きて行けないのだ。睡眠学者たちは、夢見る時間が、現実に起きている私たちの身体の再生と同じくらい重要であり、夢の時間を奪われると、私たちは方向性を失い、精神的な病に陥ることを示唆している。私たちは皆、その意味で物語の語り部なのだ――それは必須の人生コースである……」

「……私だけでなく誰もが皆、十三歳、あるいはその前後の年齢でクレイジーになる。私たちは思い焦がれ、ファンタジーを描く。私たちの意欲は自分に固有のものだと、私たちは思う。私たちは自分たちの日常生活をそれに合わせて、そうなるものと待ち構える。私たちの中には、自分ではどうにも止められない者も出てくる。まともな何人かは、家具職人になったりもする。酒浸りになったり、薬中毒になったり。そして何人かは物書きになったりする（酒も飲むことになるが……）。自分の可能性はこれでおしまいだと言って嘆く者もいれば、絵を描いたり、彫刻を仕上げたり、作曲をしたり、あるいは目を輝かせながら嘘をついて、自分の世界をつくり出そうとしたりもする。とにかく私たちは自分たちのエネルギーに乗る必要があるのだ。芸術家の場合は、とくに多大なエネルギーを必要とする。芸術家はそうした仕事をしている間、幸せとは性の営みと変わりないことを知るものなのだ。だから私の熱狂的な友人は、ガレージの中でヨットを組み立てる作業に没頭している。自分が操り海を駆けるわけではない。できたヨットをガレージから外へ引き出すこともないだろう。そんなことは、友人にとってはどうでもいいこと。友人は夢の中で、自分は日焼けした膚、潮焼けした眼差しの、古代の航海者になり切っているのだ。そしてガレージの中の現実においては、仲間の『おお、上出来じゃないか』の感嘆の声を聞きながら、隙間をなくすコーキングや整形の技に自分で感心しているのだ。友人のカラダはその時、自分が扱い方を学んだ道具に恋しているのである」

「切手のコレクターは、自分が集めたものを並べ、その秩序を見ることで、自分の世界と、自分の植民地を創り出すのだ。趣味のミュージシャンたちは――たぶん、あの架空の熱演を見せるエアギターの愛好者もまた、そうすることで、いわば元型の秩序を、さらにはその心地よさの原郷（ウル・リアリティー）を創造しているのである。だから**人間の脳は、あらゆるファンタジーが消え去らないうちに、無くなる必要があるの**である（太字強調はダニエル・グリーンバーグ）」

テストの結果が思わしくないのも、すべてはそこにつながって行くのだ。「教え《ティーチング》」という活動に従事する「教師《ティーチャー》」と呼ばれる集団が歴史的に出現して来たのも、元をただせば教え込もうというそうした欲求による。

次に「教え」という活動に目を向けることにしよう。「教え」とは今日、一般的には「学び」の反対物として理解されている。そして「教師である」とは、適切な教授法を身につけることで――大学で数年、訓練を受ければ、それでもう事足りる――かなりかんたんにマスターできる実技《パフォーマンス》であると見られている。この先だんだん明らかになって来るように、こうした単純な一般的な見方はしかし、かなり的外れなものなのだ。この常識こそ、私たちの「学校」の今日における破局的な状況に対し直接的な責任を負うものである。

この「教え」のコンセプトはその出発点において、古くは歴史の夜明けに遡る、人間が犯した最も一般的な、いわば人間としての存在に根ざす過ちのひとつである。一体、何が起きたのか?

言うまでもなく私たちは自分自身の「現実モデル」を創造し、自分のモデルとの多くの部分を共通のものとして分かち合うことのできる相手を探し求める。そして私たちがその次にしがちなこと――ここから、その重大な過ちが私たちを永久に悩ますことになるのだが――、それが自分の「現実モデル」に、「客観的な真理」という特権を授与してしまう過ちなのだ。これぞ「世界」を見る「正しい方法」であると主張してしまうのである。それをみんなが挙《こぞ》ってすればするほど、自分の考えを「客観的現実」だと、ますます気安く言い切ることができるのだ。それは私たちに安心感を与え、孤立感を取り払ってくれるものだ。なにしろ世界を理解しようとする個人的な闘いの結果、得られたものが、個人の闘いを超越し、それ自体、独立的な価値を持つ現実の像になってしまったわけだから。

私たちが自分の知っていることが——知っているあらゆることが——他の人々すべてにとっても常に「正しい」ものと思い込んだら最後、単なる自分の真理に過ぎないものを全人類の真理と信じ、それでもって他の人々を改宗しようとするところまで、あと一歩の距離しか残っていない。ある個人が周囲の環境を支配しようとすることは普通のことだし理解できる企てではある。しかしそれが相手を改宗させるものだと、他の人々の「現実モデル」まで自分たちのものへ変えようとするものになるのだ。

「教え」の方法論《パラダイム》は、ここから動き出す。始まりは「情報」のある部分に対する「教科」の——「知識の一部」のレッテル貼りだ。「教科」「知識の一部」という表現が意味する「客観的な真実」でもってすべては始まるのだ。

「教え込む」活動には、「生徒《ステューデント》」と呼ばれるクライアントの「学び」のプロセスを、その生徒が「教科」のすべてを自分の現実モデルとして受け入れながら発動することが含まれる。しかしこれはすでにお分かりのように生易しいことではない。なにしろあらゆる「学び」は学び手によって開始されるものだからだ。

したがって「生徒」は何らかのかたちで、「教科」とされるものを学ぶプロセスを開始するよう誘い込まれなければならない。生徒が自らその教科を学ぶ意欲を示すこともあり得るが、それは非常に稀な偶然の一致でしかない（その「教科」なるものが、誰かが考え出したもの以外の何物でもないことを考え合わせれば、この点はさらにハッキリしよう）。

このため「教え」は、その第一歩から極めて難しいものになるわけだ。と同時に「教え」のプロセスはその大部分において、望ましい結果を得ようとしてたとえどんなに精妙なテクニックを駆使しようと、そうかんたんに成功するものではない。だからそのテクニックとして極端に暴力的な強制や極端に魅力的な誘惑が動員されるのだ。

しかしかりにこの第一段階に成功しても、次に控える段階もまた生易しいものではない。かりにある生徒を、「教科」を構成する事柄を学びたいと思うように仕向けることができたとしても、その生徒がその「教科」の背景にある、自分の世界観とは違った世界観を理解できなければ「学び」を遂行することはできないのだ。「教え込み」に対し、いったんは協調する気になった生徒たちがあまりにもしばしば、ひどい結果しか残さない理由はここにある。これは教育者や教育心理学者がほとんどいつも見逃すポイントだ。彼らの眼中には、ある客観的な真実の「まとまり」(教科)と、喜んで応えるクライアント(協力的な生徒)しかなく、それで「教え」は実現するものと思い込んでいるのだ。だから問題が起きると、クライアントが責められることになる。そして「動機付けされていない」とか「のんびりしている」(これはまだ幸運な方……)とか、「学習障害」(昔はめったに聞かなかった用語だが、最近は盛んに使われるようになった)といったレッテルを貼られることになるのだ。一生懸命、勉強しようとしないからそうなる、とか、学ぶツールを持っていないからそうなる、と言われるわけである。

しかしこの「教えのプロセス」の第二段階で生徒たちが成功しないほんとうの理由は、「協力的な生徒」もまた、「教科」の中身が生み出すものと快適に一致する「現実モデル」を持っていないことによる。だから教育者たちにとってこの第二段階は、あらゆる予想を超えた難しく錯綜したものになってしまうのだ。教育者が直面している課題とは実は、生徒に「教科」を学ばせるだけでなく、「教科」の背後に潜む「世界観」を学ばせなければならないことである。それは「教科」の学習それ自体にとって不可欠なことであるのだ。膨大な努力を必要とする作業だが、本来それは生徒たち自身の課題とは何の関係もないこと。だからそれに成功することは、ごく稀なことだ。そしてその時でさえ、自分自身の人生を追い求めるその生徒の意志を破壊する犠牲を伴うものであるのだ。

「教師」がしていることとは何なのか、私に気づかせてくれたのは、私自身の「教師」としてのある体験である。これをお話しすることは、読者の方々の役に立つことかも知れない。

私が大学で「物理学」――そう、「真理」を探求する究極の科学――を教え出した頃のことだ。学生たちが最も単純なコンセプトさえ理解していないことに気づき、私は当惑してしまったのである。*私の教えた学生はとても知的な若者たちだったが、中でも特に一生懸命学ぼうとする者でさえ困難に突き当たっているようだった。私が比較的簡単な定理から、あることを導出すると――たとえば「運動量」を mv で表すと、何人かの学生は決まってこう言うのだった。「定理は分かるけど、しかしどうして運動量は mv でなければならないのか?」と。学生たちはつまり、私の言っていることを理解できていなかったわけだが、私もまたどうして彼らが理解できないか分からなかった。

このことを学部の同僚に言っても、「古き良き時代」の学生と違って今の学生は出来が悪い哀れな連

---

* ダニエル・グリーンバーグ氏が物理学を教えた大学は、アイヴィー・リーグの名門、ニューヨークにあるコロンビア大学である。そこの学生においてさえ、そうだった!

** mは質量、vは速度。運動量は、mとvの積(mv)として定義される。

中だとか、もっと教え方を工夫したら、という評価やアドバイスが返ってくるだけ。前者について私は受け入れることができなかったが、後者のアドバイスについては、もっともなことだと受け入れ、私なりの完璧なカリキュラムづくりを目指し、その後、十年間にわたって努力を傾けたのだった……。

そして私は、失敗したのである。ちょうど「学校」というものが、何十年もの間、膨大な経費と努力を投入して失敗したのと同じように。

こうして私は、遅々たる歩みながら、このエッセイに書いて来たことを、今ごろになってようやく理解するに至ったのだ。そしてその理解は最近、私とサドベリーの子どもたちとの間で起きた二つの出来事によって、残された最後の謎の解決に行き着き、完全なものになったのである。

最初の出来事は、あるとても優秀な男子に数学の基本を教えていた時のことだった。その男子は数学の基本をマスターしようと意欲的な生徒で、人間というものに鋭い理解を示す一方、自分の想像力がつかみとるすべての分野において、すでに膨大な知識を吸収している高い能力の持ち主として知られた子だった。しかしその子に対して私は、「負の数《ネガティブ・ナンバー》」*というものを理解させることができなかったのである。

私は科学史も自分の専門とする者だが、ずいぶん昔に私は、計算のシンボル（1、2、3、4……）として役立つ「正の整数《ポジティブ・インテジャー》」は別格として、私たちが「数」というレッテルを貼り付けているその種のものはすべて、荒唐無稽な数学コンセプトを弄んでは楽しんでいた、ギリシャやアラブ、中国の数学者たちによって考え出された発明物に過ぎないことに気づいていた。つまり「負の数」といったものは、バナナとローストビーフ、あるいはバナナと松の木の関係同様、「正の整数」と「自然な」つながりのあるものではないことを私は知っていたのだ。

実際、歴史の流れを辿ってみると、数学における「発見」というものは、長い間、書庫に眠り続けることで記録として永らえ続けていたものの一部が、その後、他の人々の「モデル」づくりの中で役立つものになり、そのまたいくつかがさまざまなレベルの教科書に登場することになる、といった程度のものであることが分かる。実例を挙げれば、たとえば「非ユークリッド幾何学」は一九世紀の科学者たちにとって奇妙なファンタジーでしかなかったもので、数学者でさえ知らずにいたものだが、間もなくアルベルト・アインシュタインという途方もないグシャグシャ頭の夢想家が忘却の淵から回収し、自分のおかしな理論モデルに使うことでようやく日の目を見たものなのだ。

だから私は、この生徒に対して「負の数」というものを、実はほんとうにおかしなものだと説明したのである。現にモノを数えるのに使われていないばかりか、その生徒が慣れ親しんだ日常活動とも無縁のものでしかないことを、私はその男子に説明したのだ。その時になってようやく、この優秀な男子の、その時点における「世界観」の中に、「負の数」というものを考える枠組がないことと、その「負の数」というものが「発明」として考え出されたものであることを結び付けることができ、それをスタート台に、その生徒に対し、これら奇怪な数学コンセプトを教え始めることができたのだ。

そしてさらに最近、私は数学の定理の証明をめぐって女子生徒と話し合うようになった。その生徒は、よく発達した自分自身の「現実モデル」の枠組を持った子で、数学の新たな展開のかなりの部分を

＊　負の数　ゼロより小さい実数。マイナスの記号をつけて表される。

吸収できる生徒だった。その子に私は、やや高等な数学を教えていたのである。

ところで高等数学を学ぶ者が常に突き当たるものは定理の証明である。ある定理が生れるということは、それを証明した発明者がいるわけだが、それを理解するやり方として、その証明を土台から一つずつ辿り確認する方法がある。そしてもうひとつ、定理を確立した人が自分の辿った道筋の説明で示した重要な標識を、定理の側から逆に遡って見て行くやり方もある。ここで大事なことは、どちらの場合も、「証明」という場面では特に、定理を生み出した人の「世界モデル」の個性的特徴が色濃く反映されることである。

さて大半の「学校」では——あるいは大学院においてさえ、学生は定理の証明法を憶え、マスターするように求められているのだが、私が教えたこの女子は明らかに数学的な才能のある生徒でありながら、証明を暗記することをとても嫌がっていたのだ。このことに気づいた時、私の中で最後まで謎としてあった部分が、一挙に明白なものになった。とりわけ「証明」について言えば、**学び手がその定理を発見した人の、人格的なモデルに対する洞察に興味を覚えない限り**、証明を暗記しても意味がないことが明らかになったのだ。その点を外した、数学の学習としての証明の学習は役に立たないことが分かったのである。

彼女とのやりとりの中で私はもうひとつ、ある大事なことを教えられたのだった。それは、この女生徒が証明を「学ぶ」ことができるように、私が彼女にその証明を「教える」ことができる「教師」であろうとするならば、私自身がまずその証明の発明者の世界観を理解し、次にそれをどうやったらその生徒の世界観（私はこの生徒の世界観に、彼女とやりとりする中で、だんだん分け入ることができた）とつなぎ合わせることができ、彼女がその証明において望むものを「学ぶ」ことができるか考え出さなければならないことに気づかされたのだった。この洞察を得た瞬間、私はこのエッセイを書き切る用意ができたのである。

「教え」をめぐる問題点を見る目ができれば、「教師」という仕事がどういうものか、よりよく理解することができる。前述の議論と照らし合わせることで、私たちは「教師」とは何を求められている者なのか知ることができるのだ。

さて「教師」という仕事の本質に迫るため、以下のような状況を想定したいと思う。そこにいる生徒は、とにかくあることを非常に熱心に学びたがっている。そして関係する当事者たちは皆、ある特定の「題材《サブジェクト》」というものが、発明の才のある人間（これを「発明者」と呼ぶことにしよう）の精神の産物に他ならないことを完全に理解している。こうした状況下で「教師」がなすべきことは、以下の通りである。

第一に、「教師」はその「題材」を自ら学ばなければならない。そのためには、自分自身の「現実モデル」を使いながら、その「発明者」の「現実モデル」に対する洞察を獲得しなければならない。それこそ、その題材が創造された背景にあるものだからだ。そうした理解がなければ、その教師は他の人々と同様、その「題材」を意味あるかたちで理解できない。

第二に、教師は生徒の「現実モデル」に対する洞察を獲得する必要がある。それによって教師は、生徒がその題材を理解できるかたちで、生徒と発明者の「現実モデル」を重ね合わせる方法を見つけ出すことができるのだ。これはつまり教師としては、生徒の精神がどう動いているのか見分けるため、真剣に注意を注がなければならないことを意味する（親方と徒弟の間の古典的なやり方と同じように）。

第三に、教師はその題材を、発明者の「現実モデル」から生徒の「現実モデル」へ運び込む鍵を見つけ出すことに成功しなければならない。それ故、教師としては普通、かなりの試行錯誤をせざるを得ない。そして教師は、それに成功しているかどうか自分で見分ける能力がなければならない（生徒としては、その題材を完全にマスターするまでは、それをほんとうに学んだかどうか、分からないからだ）。

こうして見ると、「教師」たるもの、「題材（教科）」はもちろん、とりわけその「発明者」ならびに「生徒」の「世界観」を理解する上で、驚くほど稀なスキルの持ち主でなければならなくなる。こうしたほんものの「教師」が現実世界にいるかというと、稀にしかいないのは当たり前のことだ。それは将来にわたって、そうあり続けることだろう。今挙げた三つの任務の遂行に自らすすんで取り組む人間もほとんどいないだろう。大多数の人々はそれぞれ個人的な課題を抱えており、発明者と生徒をつなぐ専門家になる気など起こさないものだ。

しかし幸いにも、どこでも起き得る「学び」のプロセスは「教え」というものに依存するものではない。進行役《ファシリテーター》としての教師にも依存するものではない。「自然」は私たちに、私たちが生存し続けて行けるようすべてのスキルと能力を授けているのだ。常に学び、学びを通して、自分たちの「現実モデル」を創造・改変するスキルと能力を、私たちに与えてくれているのである。

関心を持つということ

サドベリーの私たちにとって実は「関心《インタレスト》」というものくらい、扱いにくいコンセプトはなかった。「関心」という言葉を、私たちはサドベリーの文書でいつも使っているし、日常的な会話の中でも常時、使用している。父母との面談や父母会でも、サドベリーの講演会でも、子どもたちとの会話でも、子どもたち同士の会話でも、これはしょっちゅう出て来る言葉だ。

「関心」とは、このサドベリーの教育哲学の基礎である「学び手による自発的な学び」に関する議論の出発点にあるものだ。それはこのサドベリーが、すべての子どもたちを支援するために最大限コミットしているものである。

サドベリーにとって「関心」というものがこれだけ重要なものである以上、当然、それを詳しく考究する相当量の文献が生れているはず、とお思いになるかも知れない。「関心」というものの意味が、それによってさらに明確なものになったはずだと。

驚くなかれ、それがそうではないのだ。「関心」について少しばかり考えてみたり、気軽に語ってみたりすることはあっても、「関心」に焦点を当てて書いた論文は実はひとつもないのである。

しかし考えてみれば、それもそれほど驚くまでもないことである。私たちが「関心」という言葉を学校におけるさまざまな状況の中でどんな意味を持つものなのか理解するまでに、それなりの時間がかかったわけだけれど、それがようやくハッキリしたとたん、それを理解することがどれだけ大変だったかすっかり忘れてしまい、私たちも理解できたことだから、他のみなさんもそうであるに違いないと思い込んでしまっていたのだ。しかし私たちが経験を積む中で分かったことは、他の人はどうもそうではないらしい、ということだった。

「関心」という言葉を私たちが語る時、どういう意味でそれを語ろうとするのか、その意味を語る時が来たようである。

私たちが考える「関心」という意味を、どうすれば最も分かりやすく説明できるか?――いろいろ考えた結果、医学的な表現で説明するのが最も分かりやすいことに気づいた。現代社会は医学に無関係な分野でも医学的な語りのモードを採用しているので、それに倣《なら》うことにしたのだ。私たちの社会では今、健康及び医学が中心的な位置を占めるようになっており、その結果、私たちは皆、医学的な用語や方法論の理解にずいぶんとエネルギーを注いで来た。だから逆に医学的な語りのモードを、経済学とか歴史とか純文学とか、他のいろいろな分野にも活用することができるわけだ。そうすることで、まったく新しい語りのモードを生み出す手間を省くことができる。

というわけで、以下に掲げるいくつかの問題と取り組んで行くとする。私たちが、ある人間が何かに「関心を持っている」という時、それは何を意味していることなのか?（「関心」というものの「兆候《シンプトン》」とは何か?）支援したいと思っている相手――たとえば子どもや生徒――が、「関心」を示している時、どういう態度を採ったらいいのか？（「関心」の兆候を示している人に、どんな正しい「対症療法《トリートメント》」を施したらよいか？）「関心」を示している人が、その周りにいる支援者たちの適切な行動によって、どんな結果が生まれるか？（兆候を示していた者が適切な対症療法を受けた時、その「予後《プログノーシス》」はどんなものになるのか？）そもそも「関心」というものを、その人の中に引き起こすものは何なのか？（「関心」というものの「原因《エティオロジー》」とは何か？）

「関心」というものの「兆候《シンプトン》」とは何か？

議論を始めるにあたって、「関心」を二つのカテゴリーに区別しておく必要がある。

第一のカテゴリーは「何気ない関心《カジュアル》」。これは私たちを立ち止まらせ、面白そうだな、と考えさせるものが現れた時、そのたびに生れる「関心」である。

たとえば私がこれまで何千回となく通り過ぎた場所に、蜘蛛の巣がかかっていたとする。私はそれに気づかず、他の人にも知らせることなく通り過ぎていたのだ。ところがある日、私の目に、それが飛び込んで来たのだ。「ここに、こんな蜘蛛の巣があったんだ」と思わず呟いた私――。そう、私はその時、その蜘蛛の巣に対して「何気ない関心」を注いだのだ。

その瞬間、あらゆる疑問が導かれ、私の心にさまざまなコメントが浮ぶ可能性が生れる。何て種類の蜘蛛だろう？　でもここの蜘蛛、今どこに隠れているの？　どうしてここに蜘蛛の巣をかけたの？　それにしてもなんて優雅な蜘蛛の巣なの？　写真を撮りたいけど、どうしたらいい？　昨日の夜の風雨を、どうやってくぐり抜けたのだろう？――こんな風に考えて行けばもうきりはない。

こうした、「何気ない関心」という最もレベルの低い関心でも、私たちの精神は素早く動き出し、さまざまな問いを投げかけるものなのだ。私たちはストレスを覚えることなく、あるいは特段、努力をするまでもなく、今、「気づいた」ばかりの「蜘蛛の巣」というものを、私たちの「世界像」の中に早速組み込もうとするのである。

実際のところこの「気づき《アウェアネス》」こそ、「何気ない関心」の鍵を握るものである。そして事実、両者は密接に結びつき合っている。何かに「気づく」ことの中に「何気ない関心」が現れる、といっていい。つまりこの、あることへの「気づき」は、私が今、列記したような、あらゆる種類の他の事物に対する「気づき」へと素早くつながるものであるわけだ。そしてその「気づき」の一つひとつが、次々に「何気ない関心」を呼び覚まして行く。

ここで私がこの蜘蛛の巣に遭遇した時、私のそばに友だちが何人かいたと想定していただきたい。そして私が先に挙げたさまざまなことを、驚嘆した口ぶりで友人らに告げたと想定していただきたい。私はその間、その場にしばし立ち止まり、顎を手でさすりながら、蜘蛛の巣を眺めている。蜘蛛の巣が引き起こした反応をすべて出し終えた私は、なんて素晴らしいとでも言うように頷き、再び友人らと一緒に歩き出す。蜘蛛の巣に中断された会話を再開しながら……。そう、これは誰もが皆、何回も経験している種類のことだ。

さて私はこの蜘蛛の巣に関し、友人たちからどんな反応を期待することができるだろう？　友人たちの反応も、私と同じように何気ない、カジュアルなもので、「そうだね、凄い蜘蛛の巣だね」とか「よく壊れずにいたものだ」といったものになるはずだ。つまり、友人たちは皆、私の「関心」の何気なさ、カジュアルさ加減をちゃんと心得ているわけだ。だから私も友人も、そのままその場を立ち去ったのだ。私がそこで提起した疑問に——たとえば全世界の蜘蛛の種類とか、蜘蛛の巣の型の種類といった点には踏み込まず、再び歩き始めたのだ。私の顔をまじまじと見て、「ダニエル、君の提起した疑問はいずれも興味深いものだ。散歩から戻ったら、みんなで関係文献にあたろう。答えが見つかるかも知れない」という友人は、だから一人もいなかったのである。

そこには確かに、私の「何気ない関心」を「教え込みのチャンス」に変えようとする、あさましい者は一人もいなかった。私に向かって、「この蜘蛛は何て種類の蜘蛛だろう？　蜘蛛の巣はどんなふうに樹につながっているのだろう？　君の意見を聞きたい。虫眼鏡があるから、近づいて見てみよう。これが一番いいやり方だ」などという、つまらないことを言う友人は一人もいなかったのだ。そんなことをしようものなら笑われるか、なんて無礼なと思われてしまう。そこに居合わせた誰もが思ったように、それは私が漏らしたコメントに対する全く不適切な反応であり、押し付けがましい態度でしかないわけだ。

「何気ない関心」とはつまり、私たちの身の周りの世界を探求する、私たちの自然なやり方である。それを私たちが言葉にして表した時、私たちはその探求を分かち合い、その線に沿って少しだけ進むのだ。多分、それぞれ自分の経験を振り返りながら。

さきほどの蜘蛛の巣で言えば、こんな時、私の友だちはたとえばこんな言い方をするだろう。「僕もコスタリカの熱帯雨林で見たことある。ちょっとびっくりするような形の蜘蛛の巣だったなあ」。そこから、会話はコスタリカに移り、熱帯雨林に向かい、他の友だちがどこかで見た蜘蛛の巣につながるかも知れない……。こうして私が漏らした「何気ない関心」は、**友だちの中に「何気ない関心」を生み出し、より大きな題材をめぐる思考をいざなう中で**、私の友人たちの「世界」へと広がり、探求するものになって行くのである。

こうして見てくると「何気ない関心」というものが、「日常会話」の背後で働く力であることを認めることができるだろう。日常会話とは、人々の間における「何気ない関心」の交換以外の何ものでもないのである。ある「何気ない関心」が別の「何気ない関心」を呼び覚ましながら、会話は勢いをなくすまで続いて行くものなのだ。

この「何気ない関心」を、子どもたちもまた大人と全く同じように使っている。だからサドベリーの私たちは、大人に対すると同じように、子どもたちの「何気ない関心」に対して反応するよう心がけているのだ。他の点でもそうだが、サドベリーの私たちは子どもたちに対し、大人が社会で受けるべき同じ敬意でもって接しなければならないと主張している。

この点に実は私たちのサドベリーと、その他の「学校」を分ける境界線があるのだ。そのコントラストは、いわゆる「進歩主義《プログレッシブ》」の「学校」と比べた時、最も鮮やかなものとなる。「進歩主義の学校」では、子どもたちが「何気ない関心」を見せたら、それを大人（とくにプロ教師）が子どもたちに情報を「処方」する機会の到来と捉えるのだ。まるで子どもたちが何か言おうと口を開けたとたん、「薬」を流し込むようなもの。薬をのませるのはその子のため、とにかく口は開いているのだから……というわけである。

進歩主義の教育では、「薬」は砂糖で包まれている。だから、大人たちは薬を処方する際、「ねっ、甘くない?」とか「たのしくない?」とか、しきりに連発するのだ。そこでは、何でもシュガー・コーティングして飲ませることが、お好みの教育モードになっている。大人も子どもも、知識を「吸収」するそれ以外の方法を忘れてしまっているのだ。

この「何気ない関心」で一言申し添えておきたいのは、「甘え《ウッシュフル・シンキング》」を伴った「何気ない関心」もあることだ。それは「怠けた好奇心《アイドル・キュアリオシティー》」の、ひとつの表れである。「いますぐ全部、できたらいいな」といった考えから来る「甘い考え」——。たとえば、「リゾートに行って、テニスやれたらカッコいいのに」と思うような。

こうした種類の「関心」は、ウォルター・ミティー*流の自己演出《ロール・プレーイング》でしかないのである。自分のことを、どんな状況にも対応し、状況を支配することができる主人公だと考えるファンタジーにとりつかれたようなものだ。もちろん私たちは滅多なことでは、こうしたファンタジーを一気に現実に換えようと自分の時間と努力を注ぎ込むことはない。

こうしたファンタジーを膨らますのはただ単に、この世界における自分の望みの姿を明確化したいがためである。たとえば、「スキー、うまく滑れるようになりたいな」と本気で思うなら、スキーのレッスンを続けるしかない。レッスンを続けていたら、そうは言わないのだ。「うまく滑れるようになり

＊ ウォルター・ミティー　米国の作家、ジェームズ・サーバーの作品に出て来るキャラクター。映画化され、有名になった。ある時は「戦闘機のパイロット」に、ある時は「救急外科医」になった妄想を膨らませる夢想家を指す。

たい」で本当に言いたいのは、上手なスキーヤーになったファンタジーを持つことが今の自分にとってはうれしいことだ——ただそれだけのことである。やりたくない練習を続けないと、そうはなれないことをちゃんと知っていながら、そういう夢を描いているだけのことだ。

さて私たちのサドベリーでは、こうした「何気ない関心」ではなく、それよりもっと「真剣な関心」が表出された場合にのみ、外部からの対応は適切なものになる。この先の議論の焦点は、こうした「真剣な関心」に置く。関係する当事者ごとレベルに差はあれ、あることに真剣な「注意《アテンション》」が向けられた場合にのみ、「関心《インタレスト》」という言葉を使うことにしよう。これを念頭に早速、こうした「関心」の「兆候」のいくつかに「注意」を向けることにする。

「**集中**《コンセントレーション》」——外部からの混乱、あるいは背景からの雑音に対応する準備はできていないが、ある「考え《アイデア》」、そして・あるいは「行動《アクション》」の特定のまとまりに対しては熱心かつ持続的な焦点を当てている状態を指す。その人間の「注意」に対し外から妨害を試みるものが出て来た時、しばしば「過剰反応《イリタビィティー》」を引き起こすものがこれである。「集中」している人は自分が今、していることに狙いを定めているのだ。その周りの物理的・精神的領域を徘徊することはない。探求は明確に、その「ポイント」へと向けられる。題材の広がりの上を飛び回るものではない。

「**粘り強さ**《パーセヴェランス》」——目の前にそびえる壁や困難さを考えず、手元にあるものに対してエネルギーを注ぎ続けることを指す。そこには「頑固さ」の要素も含まれる。時には、「取り憑かれている」と隣り合わせのような状態にも見える。目指すゴールにたどり着くまで、あらゆる困難にかかわらず遂行しようとする。

「時間の超越《タイムレスネス》」――現実世界の時間の経過を、生活のノーマルなリズムを、昼夜を忘れてしまっている状態を指す。日常的な決まりも無視されるか後回しにされる。時間に関連するファクターが入り込んで来て邪魔しようものなら――たとえば旅行のスケジュールで活動を中途半端に終えなければならない時や、もう閉館ですと途中で追い出されたりした時など――怒りさえ覚えてしまう。

「疲れを知らない《タイアレスネス》」――疲労困憊になるまで、時にはそれを超えてまで休憩あるいは睡眠を先延ばしにすること。子どもたちが活動に没頭すると、大人ならもう参ってしまうレベルにまで行き着いてしまう。そして遂に限界に達し、活動を全面停止するのだ。疲労感を覚え、リラックスして息を抜く内的メカニズムのすべてが横に置かれ無視されてしまう。

「自己発動《セルフ・アクティヴェーション》」――どんな目標に対してであれ、その達成に向けその子自身が始めた活発な活動を指す。そこには自分自身のプロジェクトを遂行し、自らその全活動のデザイナー及び実行者となり、現代風の言い方をすれば、その活動を自ら「所有」するのだという強力な力が働いている。外部からの介入を期待するという考えはさらさらない。その活動の続行を他人が許可しようとしまいと一切気にすることはない（もちろん、かりに許可しないと言った他人に活動を中止させるだけの強制力があるなら、状況は一変する。怒り、対立、恨み……危機がそこに発生する）。この場合、他人の干渉あるいは活動への関与は、よく言っても必要悪である。なるべく早期に排除さるべきものである。

「せっかち《イムペイシャンス》」――今、活動中のものを先延ばししてもいい、とは思わないことを指す。それは可能なら「今」してしまいたいことなのだ。それが無理なら、なるべく早くしてしまいたいことなのだ。それ以外の活動は、生活に必要なことでもほとんど無視するか大急ぎで片付け、すぐ自分の活動に戻って行く。そしてその活動とともにあり続ける……。

これらの「関心」の「兆候」は、それが現れれば誰の目にも明らかなものとして映るものだ。たいてい、どんなに遅くても十分か十五分のうちに、紛れもないかたちで認識できるものだ。これらの「兆候」のどれ一つ欠けていても、「関心」の「確定診断」はすべきでない。ひとつでも欠けているなら、他も欠けているものなのだ。これらの「兆候」はそれだけ密接につながり合っているのである。

しかし、にもかかわらずこれらの「兆候」の一部を示す子がいたとしたら、その子は「部分的な関心」の「症状」を示していると言うべきであろう。それに対する「対症療法」は、「何気ない関心」と同じでいい。さらりと受け流し、流れに任せておけばよいのだ。

さて、こうした「関心」が子どもたちの間で連日、それも数多く表出されている――これはサドベリーを訪れ、時間を過ごす誰もが気づくことだ。こうした「関心」は、年齢に無関係なことであることにもすぐ気づく。それはサドベリーでだけ育って来た子の場合、特にそうである。

しかし、他の「学校」でかなり長い間、過ごしてからサドベリーに来た子だと、「関心」が現れる頻度は年齢が進むにつれ低下してしまう。サドベリーの年長の生徒の多くは他の「学校」から逃れて来た子どもたちだが、彼らの場合、自分の「関心」を発達させるのに余計、時間がかかってしまうのだ。年少の子どもたちが表出する、実現するには大きな努力を要する「関心」を持つに至らずに終わる「ケース」も残念ながらしばしば見受けられるのである。

さて、子どもたちの「関心」を呼び覚ます「活動」を絞り込むことは、かんたんなことではない。私たちがサドベリーで長年、経験したことで言えることは、ありとあらゆる精神的・身体的な活動が、生徒の「関心」の焦点になり得るものなのだ。野球、数学、サッカー、粘土、ロゴ、スケート、物理学、陶芸、生物学、ハイキング、作文、読書、戦争ゲーム、歴史、デッサン、絵画、料理、スキー、釣り、空手、ダンス、ロールプレー、コンピューター・ゲーム、プログラミング、事業経営、金儲け、写真——挙げればもう切りがない。いずれにせよ「関心」を持ったサドベリーの子どもたちは、先に挙げた「兆候」をすべてフルに発揮しているのである。

サドベリーの部外者にとって（そして、サドベリーに転校して来たばかりの子どもたちにとっても）、サドベリーの生徒が示す「関心」が不安の種になることもある。プロの教育関係者や親たち、さらには見学者一般の目には、価値のないものと映るのだ。この点も大きな問題だが、サドベリーの他の刊行物ですでに論じているので、ここでは「関心」を構成するものは何なのかに焦点を絞り、考えて行きたい。

さて先に掲げた「症候学《シンプトマトロジー》」の所見に基づき、今や学校関係者及び子どもたちにかかわりを持つ人は皆、それが「注意」を注ぐべき、ほんものの「関心」か、それとも、「親切な無視《ビナイン・ネグレクト》」でもって対処すべき、より程度の低い関心か、素早く区別できるようになったはずである。そしてすでに見たように、その「関心」がリアルなものでなければ、そこに介入して行くことは子どもに対する尊敬の欠如——いや礼儀知らずの「兆候」でしかないことも分かったはずだ。

その「関心」がリアルなものでない状況において、何らかの理由で生徒自身が大人の関与をリクエストして来た場合——たとえば、「関心」の症候学的所見を明らかに示していない生徒がスタッフに近づき、「一緒にやってよ。**ほんとうに関心を持っているのだから**」と言って来た場合——、どうしたらいいかというと、それに応えることは医学の標準的な治療（薬やその他の療法）に反するのと同じくらい非生産的なことだ。

病気の症状を呈していないにもかかわらず、病気だから治療せよと迫る人に「治療」を施せば逆効果を招くことになる。介入はクライアントにとって有害なものになるだけのことだ。その当人に自分は病気だと（あるいは、「関心」を持っているのだと）思い込ませ、その結果、その当人自身、自分のほんものの「関心」の有無を見分ける能力をなくしてしまうのである。

「何気ない関心」と「ほんものの関心」を区別しない大人の「注意」を浴び続けると、子どもたちはかなり短期間に、自分で自分の「関心」を見分ける能力を失ってしまう。その結果、ほとんど決まって子ども時代が終わったあとになって、こんなことを言う者が出て来るのだ。「何に関心があるのか、自分でもほんとうにわからないのです」という者が。

「関心」の兆候を示している人に、どんな正しい「対症療法《トリートメント》」を施したらよいか？

「関心」を持った人（子ども）に気づいた時、私たちはどう反応すべきだろう？　この問題を考える上で最も大事なことは、その人（子ども）が**「関心」を示しているからと言って、外部の人間が自動的に介入していい、ということでは全くない**ことだ。「関心」の表明はそれ自体、外部からの関与を求めるものではないのである。

人（子ども）が「関心」を示した時、それに対する対処法の大原則は、**それが何の妨害を受けずに、あるいは最小限の干渉で、それ自身のコースをとって流れ続けることを認めることである。**

「関心」の表出《ディスプレー》は、人間という存在におけるノーマルな部分である。精神と肉体は「自然」によってそれに対処するよう、つくられているのだ。さらに成長し、さらに効果的に生存して行けるよう、それらの「関心」を活用するべく、つくられているのである。「関心」とは乳歯が抜けたり、妊娠したり出産したり、思春期になって性徴が現れたりするのと大変よく似た正常なことであるのだ。

それどころか「関心」を持つ者は、外部の人々あるいは周囲のその他のファクターからの干渉を、なんとかして避けたいと思う自然の性向を持っている。邪魔されない機会が欲しいのだ。自分がよしとするやり方で、可能性を最大限追求できるチャンスが欲しいのだ。

したがって生徒たちによって設定された「関心によって決定された目標」の最大限の実現を支援しようとする教育機関はすべて、生徒たちが自分たちで取り組もうとしている間、彼らに対する妨害を排除することに専念しなければならない。事実、子どもたちをそっと独りにする以外、何もしていない〈学校〉の方が、今日存在するいかなる既製の「学校」より、子どもたちが生き生きとして、創造的かつエネルギッシュな想像力に富んだ成長を遂げる上でより役に立っているのだ。（原注141）

原注141　ハンナ・グリーンバーグ（著者の夫人で、サドベリーのスタッフ。MIT（マサチューセッツ工科大学）の元研究者。生化学を専攻）の以下の論文を参照。"What children Don't Learn at SVS", *The Sudbury Valley School Experience*, 第三版（サドベリー・バレー校出版会）、一七頁〜。"The Art of Doing Nothing", ダニエル・グリーンバーグ著、『世界一素敵な学校』（緑風出版）一九八頁以降に収録。

時には「関心」を示している生徒たちが、自分では如何ともしがたいものについて、自分の周囲のサポートを求めなければならないこともある。その場合、生徒たちは、私が先に示した「関心」というものの「兆候」——中でも「粘り強さ」の自然な性向によって、自分の要求が叶えられ、それなりに満足が行くまで頑強に意思表示し、サポートを求め続けるものなのだ。

サドベリーのスタッフとして一定の時間、過ごした人は誰でも、サドベリーではよほどの覚悟を求められることを知っている。子どもたちからどれだけ情け容赦なく責め立てられ、追いまくられるか身にしみて分かっているのだ。そして子どもたちが大人たちから摑み取った助けのひとかけらに食いつき、それを奇跡といってよい程の効果と効率でもって利用し切ることを心得ているのだ。ちょっとしたコメントが、わずか数分間の話し合いが、子どもたちの手助けとなって、どれだけ彼らを喜ばせ、その手助けの活用に向かわせるものなのか、サドベリーのスタッフたちは何度も何度も目の当たりにしているのである。子どもたちは、スタッフが与えたものを超えた完璧な取り込み《フル・イムポート》をしているのだ。

「関心」を持つ子どもがスタッフの「関わり」を求めた時、それに対してスタッフが行うべき「関わり」の適量は、「関わり」を求めた当人が決めるべきものであって、与えるスタッフが決めることではない。すでに見たように「関心」を持った子どもは、自然の勢いで自分の道を進むよう駆動されているのだ。自分の内なる誘導装置を使って、自分の進むべき道を探り当てている。したがって外部の手助けにすがろうとすることは、自分がすでに選んだ最適の道筋からの逸脱でしかない。だからなるべく早く、自分の「関心」を追求する元の状態へ復帰できればできるほど、より大きな満足を得ることができ、逸脱したことからより大きな便益を引き出すことができるのだ。手助けを求めた子どもが望んだものを手にしたかどうか外部の者がわずらう必要はない。その子本人が最高の判断者であるからだ。もし、もっと援助が必要なら、また手助けを求め戻ってくるだけのことである。

私が子どもについて、これまで語って来たことのすべては、もちろん大人に対しても当てはまることである。「関心」を示す点で、子どもも大人も全く変わらない。私たちが何かを追求しようと夢中になっている状況を考えれば、どんな外部援助が望ましいか私が語って来たことの正しさを認めてくれることだろう。

あなたが最後に、何かしようと一生懸命になった時のことを考えていただきたい。スキーを習ったり、模型をつくったり、コレクションを始めたり、絵を描き始めたり、写真を現像したり、オートバイの修理を習ったり、セーターを編んだり、本を読み耽ったりした時のことを。

どんな状況でも構わないので、あなたが自分自身の探求の際、他の誰かの手助けを求めた時のことを、その理由を、その仕方を、正直に考えていただきたい。そして、それが私の言っていることと響き合うものか、考えていただきたいのだ。

私の言う「外部からの介入」にはもちろん、あるプロジェクトで誰かに「協働参加」を求めることは含まれない。それは全く別次元の問題であり、このエッセイの主題ではない。しかしある子の「関心」がその時点で同じ「関心」を分け合い、同じような意欲に衝き動かされた他の子との協働プロジェクトによって最もうまく行くことも当然ある。そうした場合、私たちは「集団の関心《グループ・インタレスト》」というべき現象を目の当たりにしているわけだ。

そこでは個々人の「関心」が協働の取り組みの相乗作用で、そのさまざまな「兆候」をより活きいきとした形で姿を現す。こうした「集団の関心」に対する、外部の人間の適切な対処もまた個人の「関心」への対処と違ってはならない。

従来型の伝統的な教育環境は――その中には、いわゆる「新しい学校《オルタナティブ・スクール》」も含まれるが――、こうした「関心」の表出をうまく察知できずにいる。それに適切に対処するメカニズムを持てずにいる。こうした「学校」はたいてい、子どもたちの前に立ちはだかったまま、その場から去ることができずにいるのだ。そして子どもたちの「関心」の追求を妨害し、破壊した結果を自ら目の当たりにしている。時間の制約、空間の制約、題材の制約、人間関係の制約――それらのすべてが、「関心」を持った子どもの前で、乗り越えることのできない障害物となって立ち塞がるのだ。

こうした「学校」には、「関心」を持った子どもの求めに注意深く対応する、大人の側の適切なメカニズムがない。こうした「学校環境」の大人たちは、子どもたちとの間で、「カリキュラム」や「共通課題」といったものに支配された、ある種の儀式化された相互作用を続けているだけだ。こうした固定した教授パターンを忘れ、子どもたちの求めに対し、直《ちょく》に気軽な焦点を置けずにいるのだ。

兆候を示していた者が適切な対症療法を受けた時、その「予後《プログノーシス》」はどんなものになるのか?

以下に示す諸条件が基本的に満たされた環境に育った子どものことを考えていただきたい。

(a)その子の「何気ない関心」の表出に対し、大人たちは何気ない対処で応えて来た。時に間接的なかたちで、時に礼儀正しい沈黙でもって。視点を換えれば、その子の周りの大人たちはその子に対し、たとえば「ああそうね」といったシンプルな好奇心を口に出し、その子に応えて来たということである。その子の何気ない関心の重要性は、その子にしか分からないこと。その子の何気ない関心を敬意をもって受け入れる以外、大人は余計な行動を取ろうとしてはならないのだ。

(b)その子の「リアルな関心」が外部の障害に妨害されることなく、最大限、発揮することを許されて来た。そのため、それらの「リアルな関心」はその子が満足する結果を生むに至った。

(c)ある関心を追求する子の、外部からの特定の手助けを求める訴えが、外部の誰かの評価ではなく、その子の必要性から生まれた判断により、その子自身が求めているものと最大限、一致するかたちで満たされて来た。

こうして育った子どもには、大人として、さまざまな人格的特性を示すことが期待できる。長い間、そんなふうに実践を続けて習慣化すると、自分自身の関心の状態に対し自分自身で判断を下すことが自然に出来るようになるのだ。「自然」がその子にそうなってほしいと思うような「自己《セルフ》・開始者《スターター》」であり続けることができるのだ。成長の過程で、その子の生来のものを破壊する何の介入もなかったからだ。その子は、自分の内なる満足感を最大限持てるかたちで、自分の関心を自分のやり方で追求する自分に対する専門家になるのである。

その子は自分を深く信頼する人になるだろう。その信頼感は、自分が立てた目標をめぐるさまざまな課題と取り組み、くぐり抜けたことから生まれるものなのだ。

その子はまた自分の尊さを知る人になるだろう。その子を尊敬し、その子がもって生れた自尊の心を切り崩さない大人に囲まれて育つからである。

その子は自分の人生が、今も昔も価値あるものと思うことだろう。価値あるものと自ら思うすべてを追い求める自由を子ども時代を通して与えられるからである。価値のあるなしに関するその子の判断が、周囲の人々によって正しいものと認められるからである。

こうした「予後」は、サドベリーのこれまでの経験が全面的に支持するものだが、それは子どもたちの未来に何が待ち受けるか考える多くの親たちの心を明るくするものでもある。そうした親たちのために、サドベリーは（そして同じ原則に基づき運営されている全ての〈学校〉は）、私がこれまで綴って来たような人間に、子どもが育つチャンスを最大化する環境を提供するものであるのだ。

こうした「予後」は一定の年数、これとは違ったやり方で「関心」の表出を扱われ続け、その後になって、私が今述べたような対処をしている（サドベリー、もしくは同じような）環境に移って来た子どもたちの場合、必ずしもそうなるとは言いきれないものである。そうした子はギア・チェンジをしなければならないからだ。それまで自分の「関心」が被ったさまざまな不適切な対処に対応すべく発達させた行動パターンを再調整しなければならないからだ。この再調整に成功するかどうかは、その子しだいである。個体差は医学において、広く見られるものだ。

大量の薬を処方され、服用させられて来た患者は、より大きな全体観でもって対処する医師から、「もう薬に頼らなくても大丈夫。体全体に気を配る生活を取り入れましょう。その方が長い目で見た場合、より安定し、より健康なバランスが生れますから」と言われても、そうかんたんにギア・チェンジすることはできないのだ。時には不可能ですらある。

こんな患者のような薬漬けの子ども時代を、当たり前のこととして過ごさざるを得なかった子どもは、その後そうした状態から離脱しようとして、さまざまな経過をたどるのだ。

もちろん、それでもなお——完全な成功、あるいは部分的な成功を求める方が——何もしないよりはいい。より健康な環境へ転地した方がいいに決まっている。

「関心」というものの「原因《エティオロジー》」とは何か?

人はなぜ、何事かに関心を持つのだろう? この疑問を考えることは重要なことである。「関心」を考えるあらゆるアプローチの土台に潜む問いであるからだ。

「自然」は人間という動物を——生存に成功したほかのあらゆる種類の生物と同様——生存を奨励するかたちで創り上げた。生物の種に、こうしたサバイバルのメカニズムが組み込まれていなければ、すぐさま絶滅するしかない。

さて、人類もまた自分自身をデザインすることはできなかった生物種であるが、それと同様に、私たちに授けられた生存の基本メカニズムの真実を知ることは不可能なことである。私たちができることといえば、推察するだけだ。人間に広く共通する行動パターンを詳しく検討し、その中のどれが鍵を握るものなのか見分けることができるだけである。

思想家たちは古くから、あらゆる人々に「好奇心《キュアリオシティー》」があることに気づいていた。「好奇心」に駆られた「関心《インタレスト》」があることに気づいていた。そして、これが生物の存続メカニズムの鍵を握るもののひとつだと、今や広く考えられるに至っているのである。これがあるからこそ個人は周囲の環境を探り、環境の中でよりよく生きのびて行くために知る必要があると思われることを見つけ出すことができるのだ。

この「好奇心」と「関心」が誕生の時から自発的に生起し、どんな環境下にあろうと常に存在するという事実——。これこそ「自然」が個々の人間に、自分の内なる指導原則の形成能力を与えたことを物語るものである。この人間の内なる指導原則は、その人の「関心」の表出を、その人の生存にとって最も便益があると思える方向へ向けるものである。

人間が地球上に今なお生きているという事実——これこそ、私たちを結論に導くものなのだ。何が自分の存続に最も役立つ「関心」なのかを決定する個々の人間の生来の能力があるからこそ、私たちは生存しているのである。

こうした観察結果から、私は確信するに至っている。それは人は誰しも生れた時から、自分のニーズに最も役立つ「関心」の中で成長して行く完全な能力を生来、持っており、この命題には強力な進化論的な証拠があるという確信である。

逆に私は、自分自身の人生経験から言っても、他人の経験を見ても、ある個人の生存ニーズに最も役立つ関心は何なのかを、その当人以外の者や権威者が当人以上に良く知っているという証拠にお目にかかったことは一度たりともないのである。

人に「関心」を起こさせるものをめぐる私の見方は、私がこのエッセイで示したものの土台をなすものである。それはあくまで私の見方であるのだ。だから、関心の起源について、これとは全く別の見方をする者が、関心というものを、その兆候を、それに対する適切な対処の仕方を、そしてその予後を、全く別物に描き出すことは当然、あり得る。

したがって、たとえばテレビのショーに関心を示す子どもは問題を抱えた子だとか、子どもが持つべき関心に反していると考えるような人は、そうした子どもの関心こそ、外部の者が判断できず、判断すべきではないものであり、そのテレビのショーに対するその子の関心に対し、たとえば科学や数学に対する関心に対するのと同じ態度でもって対処すべきであるとする私の見方には同意しないはずである。

異なる見方というものは、同じように異なった関心及び人間性というものの理解の中から生れるものだから、最早議論の余地はない。私はつまり他の人間より私の理解の方が「正しく」、あるいは「よりよい」ものだと証明することはできない。

そう、それはある医師が、自分の人間に対する見方が、シャーマニズムの治癒者や、その他のオルタナティブな治癒者、さらには、異なった医学理論を持つ医師よりも優れていることを証明できないのと同じことである。

私にできるのは、私自身の理解を示し、誰かの好奇心なり関心の前に曝す――それだけのこと。それがすべてである。

「一九六八年」から──訳者あとがき

列柱のような巨木の影の中をしばらく走ると、空間が一気に開けた。芝生の緑の向こうに、前時代の邸宅のようなサドベリーの古い建物が見える。手前には、サドベリーのもうひとつのシンボルである、あの形のよいブナの木が枝をのばしている。

十年前、二〇〇〇年の夏の終わりに訪ねたサドベリー。カリキュラムもテストも、教科も時間割も、何もないサドベリー。代わりに、自由と自治が、関心と好奇心が、ありとあらゆるナチュラルな遊びと学びが、いつもそこにあるサドベリー。校地の裏を流れるサドベリー川の支流の、静かな水面を、芝生に寝そべって見上げたサドベリーの空の雲の行方を、私は本書を訳しながら、何度も思い出した。

本書の著者である、「自由とデモクラシーの学校」「サドベリー・バレー・スクール」の創始者、ダニエル・グリーンバーグ氏が、子どもたちとともに長い時間を過ごしながら、そこで考えに浸り、思索を重ねたその姿を──窓辺に佇み、子どもたちを見守るその姿を、心に思い浮かべていた。

そして思い浮かべるたびに、私はどうして、ボストン郊外フラミンガムにある、あの「サドベリー」に引き寄せられたのだろうと、不思議な思いにとらわれた。

私はなぜ「サドベリー」を、私の人生の「本籍」と定めるに至ったのだろう？　このダニエル・グリーンバーグ氏の主著である大著（原題は、*Worlds in Creation*。一九九四年、サドベリー・バレー校出版会の刊行）を、大学での職を投げ打ってつくった自由時間の中で、どうして日本語に訳出しようとしたのだろう？　本書の内容を紹介（あるいは事前の誘いを）するにあたり、まず私がどうして本書を訳出しようと決心したか、かんたんに説明することにしよう。

ダニエル・グリーンバーグ氏が「サドベリー」について書いた本は、ドイツ語、中国語にも翻訳された *Free at Last*（邦訳は拙訳、『世界一素敵な学校』、緑風出版）をはじめ数多いが、そのほとんどがエピソードを連ねた、いわば入門の書。新鮮な驚きと愉快さのあまり、一見、何気ない表現に込められた意味の深さを読み飛ばしてしまうきらいがあった。

これに対して本書は、フランスの本によくあるように、エッセイ風に書かれていながら、深く哲学した本である。だからこの本にはサドベリーのエピソードは、ほとんど出て来ない。そこにあるのは、物理学者でもあり科学史家でもあるダニエル・グリーンバーグ氏が、サドベリーでの経験の中で生み出し、実証した思索の結晶である。「サドベリーの教育哲学」というべきものが、氏のエッセイの集成として、ここにある。

そう、私はそれに触れてしまったものだから、身のほども知らず、全訳を志したのだ。

それにつけても思うのは、ダニエル・グリーンバーグ氏の思索の自由さ、思考の密度とスケールの大きさである。

古代ギリシャの自然哲学、科学、技術、歴史、言語、コミュニケーション、経済などさまざまな領域の壁――すなわち、精神の「エンクロージャー（囲い込み）」のヘッジ（垣根）を切り崩しながら、人間精神の「コモン」ともいうべき、共通の基盤を探索して行く、その精神の力動には驚かされる。それも、借り物ではなく、独自の思索の継続の中で。

この本はだから、サドベリーで子どもたちとともに経験を重ねて来たダニエル・グリーンバーグ氏による、一から考え抜かれた、実にオリジナルな思索の書である。大げさに聞こえるかも知れないが、自由な学びをめぐる新しい教育哲学が、人間学の新しい基礎理論が、進化した独自の姿で、ここに遂に出現した——と言っても許されるような気がする。自由とデモクラシーの学校、「サドベリー」の「新しさ」を説明する新しい「教育の基礎理論」が、本書によって与えられた、といっても構わない。

そのオリジナリティー、独自さは、たとえば本書のⅡの「子どもたちと大人たち——人間行動をめぐるエッセイ」で緻密に展開された、ダニエル・グリーンバーグ氏が「モードル（Modor）」と名付けたコンセプトをめぐる試論を辿ればよくわかる。

「モードル」とは、私たちが「世界（現実）」を理解する「モデル」と、その「モデル」づくりのために、私たちが環境及び他者と相互作用する「モード」の合成語だが、グリーンバーグ氏自身の「定義」によれば、「一人の人間が生きることの中から意味を取り出すメカニズムの全体性を示す言葉」である。より厳密な定義をすれば、それは「環境との相互作用を可能とする全ての媒介を（たとえば、諸感覚が伝達するものを）、個人の『システム』へのインプットを処理するあらゆる方法を、個人が周囲の世界を、意識的にも無意識にも、認知的にも感情的にも表すあらゆる表象を含むもの」となるが、私たち誰もが（つまり、子どもたちの誰もが）持つ——いや、私たちそれ自体であるこの「モードル」を起点に、ダニエル・グリーンバーグ氏は教育理論を（あるいは人間学を）土台から再構築しているのだ。

「モードル」コンセプトを基本に据える氏の議論は、「経済のあり方」すなわち「エコノミクス」（経済学）にも及ぶ（たとえば、本書のⅢに収められた「マネー・取引・経済秩序の進化」を参照。「経済単位」は「順序数」であり、「マネー」はそれに恣意的な「基数」を割り振っただけのものだという氏の指摘を読んだ時、私は鳥肌が立つのを覚えた！）。

「モードル」を起点に、個人・集団・社会に広がる、既製の「教育学」の狭窄を超えた、人間の全体理論――これが、ダニエル・グリーンバーグ氏が本書で展開した「サドベリーの教育哲学」である。

ある個人が自己の「モードル」づくりの中で、他者の「モードル」へ分け入り、その相互作用のなかで、（私なりの表現で言えば、「モードルのコモン」としての）「世界」が創造されて行く。

その個人（子ども）の「モードル」づくりの「自由」を妨害せず、励ますもの――それが「サドベリー」であり、本書に示された「サドベリーの教育哲学」であるのだ。

そしてその当然の帰結（あるいは前提）として、サドベリーの「デモクラシー」が導き出される（「サドベリー」は自らを「デモクラティック・スクール」と定義している！）。

グリーンバーグ氏は、こうも指摘する。

「人間はどんな時でも、『モードル』の指示に従い、そうしなければならないと思う行動に従事している――このことを認識することは、とても大事なことだ。人間の行動というものは、少なくともそれ自体において、ランダムなものではないし、『意味のない』ものでもない。こうした考え方は、重要な社会的・政治的な帰結をもたらすものだ。

すなわちそこに、あらゆる個人一人ひとりの『モードル』としての『姿（リアリティー）』に対する無条件の尊敬と、あらゆる個人の『モードドル』に関する平等と等価に基づく、リベラルなデモクラシーの出発点がある」と。

サドベリーの教育哲学とは、「モードドル」論を土台に構築された「自由とデモクラシーの教育哲学（人間論）」でもあるのだ。これだけの体系性、洞察力でもって書かれた教育の書を、私は現代において（同時代の人ではないが、あのシュタイナーを除き）他に知らない。

私を本書の訳出に向かわせたものの説明はこの程度にして、「サドベリー」を私が、大げさにも（しかし、本心から）自分の人生の「本籍」と考える理由を書いておこう。それは、これが私個人の問題ではなく、私と同世代・同時代の人間（日本人）問題でもある、と考えるからだ。

大学を出たあと新聞記者になり、教育記者になり、一九八〇年前後の日本の管理教育の惨憺たるありさまを取材したあと、デンマークの「フリスコーレン70」など欧米のフリースクールの存在を知って衝撃を受け、『教育に強制はいらない』（一九八二年、一光社刊）というルポルタージュを書き、その二年後、在米中に「サドベリー」を知って、ついには新聞社を中途退社、フリージャーナリストの人生に踏み切った私個人の問題ではなく、それは私たちが生きる同時代の日本の危機的な教育状況の問題でもある、と考えるからだ。

「一九六八年」――世界的に若者の反乱が起きた年である。私は当時、十九歳。仙台の大学の二年生だった。つまり、私もまた、「七〇年世代」。私は遂に「党派（組織）」に所属できなかった人間だが、法学部の学生グループに加わり、「全共闘」運動の隅っこには居続けた一人である。

その当時の「時代」を描いた、『1968』という小熊英二氏による大著（上下二巻、新曜社）が二〇〇九年に出た。私もまた早速、一読し、「あの時代」とは何だったたか、私なりに考えたものだが、この小熊氏の本のタイトルの四桁の数字、「1968」を見て私は、反射的に「サドベリー」を思い浮かべ、あの当時の若者たちの運動が「サドベリー」が提起した問題とつながるものではないか、との思いを深めたのだった。

「一九六八」――それは、既存の教育システムに根底的な疑問を持ち、ニューヨークの名門、コロンビア大学の教職を捨て、野に下ったダニエル・グリーンバーグ氏が、有志とともに「サドベリー」を開校した年でもあるのだ。

それにしても「あの時代」とは何だったたか？　それはたしかに小熊氏の言うように、「一言でいうなら（中略）高度経済成長にたいする集団的摩擦反応」（下巻、七七七頁）であるかも知れないが（誤解のないように付け加えておくと、小熊氏の分析は、この一言で言い切れるような単純なものではない）、「サドベリー」を知ってしまった私としては、「戦後民主主義の欺瞞に抗して」とか「サラリーマンになる未来への閉塞感」とか「ベトナム戦争・沖縄問題への怒り」といった問題以上に、当時、東大全共闘の議長だった山本義隆氏らが語っていた「近代合理主義に対する批判」が「叛乱」の基本衝動ではなかったたか、と思わざるを得ない。

無知な学生の私は、山本氏らの言う「近代合理主義」なるものの深い意味を理解すべくもなかったが、ダニエル・グリーンバーグの著作に親しみ、とくに本書を読んだ今となっては、近代・産業社会の合理主義、機械論モデルの〝異常性〟を、私たちなりに感じていたからこそ、私を含む同世代の若者はあの時、「体制」に対して反逆していたのだと思う。

その異常性を体現した組織である大学（あるいは高校、中学）という統制的な教育システムを否定しようとしたからこそ、その抑圧的な機械論的な時間・空間を消し去るべく、全国各地の大学で、「無期限バリケード封鎖」は行われたのではないか。

そう、あの「無期限バリスト」の時間と空間に、生れるべきものとしてあったもの、それが「サドベリー」的な、自由とデモクラシーの時間と空間だった！

その時間と空間は、量子論的な飛躍（？）でもって、その時すでに、地球の裏側において、サドベリーの時間と空間として現出していたのである。それを私たちは知らずにいた……。


だから私としては、当時、東大助手の若き物理学徒であった山本義隆氏が在野（大学の外）にあって、近代合理主義とはなにものか——それでもって構成される現代社会とはいったいなにものかを徹底追究し、『磁力と重力の歴史』や『一六世紀文化革命』（いずれも、みすず書房刊）という記念碑的な労作を書き上げた姿と、人も羨むコロンビア大学の物理学のポスト（准教授）を投げ打ち、「サドベリー」を立ち上げ、近代合理思想にもとづく機械論的な教育論批判を続けて来たダニエル・グリーンバーグ氏の姿を重ね合わせざるを得ない。

山本義隆氏は、「現在では全世界を制覇するまでになった近代の科学技術が、なぜ西洋近代にのみ誕生したのかは、科学史・技術史のつきせぬ謎である」（たとえば、『一六世紀文化革命』の「あとがき」）と書いているが、ダニエル・グリーンバーグ氏も本書で同じ問題に（別な角度で）迫っているのも、単なる偶然ではないだろう。山本氏の著作の読者で、本書をすでにお読みになった方はお分かりのはずだが、両氏の意見に共通する部分が多いことも、偶然の一致ではないように思われる。

さて「サドベリー」に戻ろう。

すでに述べたように、ダニエル・グリーンバーグ氏（博士＝Ph.D）は、ニューヨークにある名門、コロンビア大学の物理学の教職ポストを投げ打って、「サドベリー」の創設へと向かった人だが、世界の研究者の誰もが羨む職を自ら放棄する決断をするにあたって、こんな「夢」を見たそうだ。

「夢」といっても「ビジョン」ではなく、それは睡眠中に見た夢だ。書棚を埋め尽くした本が、なぜか全部、同じ、何も書かれていない本である夢を見たそうだ。そんな夢を見て、これじゃダメだと、大学を飛び出したのだそうだ。

「あの時代」の近代合理主義の「体制」は、当時、すでに危機にあったにもかかわらず、「教育システム」を軸に延命し、さまざまな弊害・悲劇を撒き散らしながら、なおも君臨している。教育書の世界でも「同じ本」が未だに支配の座に居座り続けている。

ダニエル・グリーンバーグ氏が書いた本書は、だから「同じ本」ではない。「一九六八年」以降、「サドベリー」の子どもたちにおいて創造された世界に関する新しい本であり、新しい「この時代」の現実的なモデルを提起した本である。

「同じ本」は今や無用。新しいものが、新しい言葉とともに生れなければならない。

グリーンバーグ氏はこう指摘している。

「子どもたちが育つ場所について、『学校（スクール）』『教育機関（エデュケーショナル・インスティチューション）』『学習（ラーニング）センター』など、これまでさまざまな呼称が使われて来た。それらはみな、『産業社会』においては重要な呼称だった。『ポスト産業社会』に移行した今、そこで最も役立つ、子どもたちの成長のためになる、これまでとは根本的に違う、全く新しい呼称が創造されなければならない。これは単なる『意味論』の問題ではない。これは『情報の時代』において、『モードル』が共有する、全く新たな意味を、どれだけ十分に表すかにかかわる問題である。既成の呼称はどれも『産業社会』に関係するものだから、一人で二役をこなせるものではない。古い呼称を新しい意味に見せかけることはできない」

「あの時代」一九六八年に、「サドベリー」で始まった流れは、もはや逆行を許されない「この時代」の流れである。

〈ここで念のため、誤解のないよう注記しておきたいことがある。ダニエル・グリーンバーグ氏は、「サドベリー」を「ポスト産業期」（あるいは「ポスト産業社会」、「ポスト・モダン」）の学校であると位置づけているが、この「ポスト産業期」は、全世界の「コモン」を囲い込んで収奪し、再植民地化を進めようとする、現在進行中の、ネオ・リベラリズムによる激烈な「グローバル産業化」を意味するものではない。水や空気さえ商品化する、「産業化」の暴走・暴虐を肯定しているものではない。あらゆる個人に「価値あるアイテム（これには、たとえばアイデアも含まれる）」を創造し、自分で「マネー」を発行する可能性が芽生えた「供給主導」型の時代（社会）――それがグリーンバーグ氏の言う（すでに訪れてはいるが、まだ顕在化し切っていない）「ポスト・モダン」である。

そこは、グリーンバーグ氏が厳しく指摘しているように、「政府」をはじめ、「計画的な盗賊行為を企む」者や、「まるで自分たちの法則に従って動いているような『財政・金融世界』が存在しない」場所だ。それは、ネオリベが僭称・簒奪する「グローバリズム」とは次元の異なった新世界を指すコンセプトである〉

さて最後に私が二〇〇〇年に、「サドベリー」を訪ねた時のエピソードをひとつ紹介して、「訳者あとがき」を終えることにしよう。

グリーンバーグ氏が実に愉快そうに、つい最近交わしたという、あるブラジル人企業経営者とのメールでのやりとりを、私に教えてくれたのだ。

サンパウロに本社を置く船舶用ポンプなどの世界的なメーカー、Semco のリカルド・センプラー（Ricardo Sempler）氏からのメールが「サドベリー」に届いたのだそうだ。「あの有名なセンプラー氏のことだな」と直観したグリーンバーグ氏は、返事にこう書いたそうだ。

「あなたは、あのマーベリック（異端児、一匹狼の意）ですよね。白状しなさい」と。

なぜ、そう書き送ったかというと、センプラー氏が父親から引き継いだ会社組織を徹底したデモクラテックな組織に改革し、経営的にも大成功したいきさつを英語で書いた本を、グリーンバーグ氏がたまたま読んで知っていたからだ。その本のタイトルが『マーベリック（*Maverick*）』（一九九三年、ワーナー・ブックス）だったからだ。

上意下達のピラミッド型組織から、対等の人間関係に基づく水平組織へ切り替え、組織を活性化させた「異端（?）の経営者」からのメールの返事はこうだった。

「いいえ、私はもうマーベリック（異端児）ではありません！」

センプラー氏は、自分が改革した会社組織も、サドベリー同様、最早、異端の組織体ではなく、ごく当たり前のものになるべきもの、自分はもう異端児でもなんでもありません、と言って来たのだ。

一九六八年に始まった「サドベリー」は、近代産業社会の行き詰まりの中で、すでに異端ではなくなり、正統の座を形成しつつある！

子どもたちが生きて育つ時間と空間から、新しい世界が創造されて行く、教育による創世！

本書の出版に踏み切って下さった緑風出版の高須次郎氏に、ここであらためて敬意を表し、「訳者あとがき」とします。

二〇一〇年八月　仙台で

訳者　大沼安史

[著者紹介]

ダニエル・グリーンバーグ（Daniel Greenberg）

1934年生まれ。

米ニューヨーク・コロンビア大学で博士号（Ph.d. 理論物理学）を取得。同大学で物理学、科学史を教えたあと、1968年、マサチューセッツ州のフラミンガムの地に、「サドベリー・バレー校」を創設。

1999年春、サドベリー・バレー校の共同創設者であるハンナ夫人とともに来日し、東京をはじめ各地で講演した。

著書は本書のほか、*Free at Last*（『世界一素敵な学校』、緑風出版）、*A Clearer View*（『自由な学びが見えてきた』、同）、*Kingdom of Childhood, The Pursuit of Happiness, Legacy of Trust, A New Look at Schools, Education in America, Starting a Sudbury School, Child Rearing* など多数。各国語に訳されている。

サドベリー校をモデルにした学校づくりは、米国内はもとより、オーストラリア、ドイツ、オランダ、日本などで進んでいる。

[訳者紹介]

大沼安史（おおぬま　やすし）

1949年生まれ。

東北大学法学部卒。北海道新聞社に入社し、社会部記者、カイロ特派員、社会部デスク、論説委員を歴任後、1995年に中途退社し、フリー・ジャーナリストに。2009年3月まで、東京医療保健大学特任教授。

著書は『教育に強制はいらない』（一光社）、『緑の日の丸』『NONOと頑爺のレモン革命』（以上、本の森）、『希望としてのチャータースクール』『戦争の闇　情報の幻』（以上、本の泉社）など。

訳書は、『世界一素敵な学校』（ダニエル・グリーンバーグ著、緑風出版）、『自由な学びが見えてきた』（同、同）、『イラク占領』（パトリック・コバーン著、同）、『戦争の家―― ペンタゴン』（ジェームズ・キャロル著、上下２巻、同）、『地域通貨ルネサンス』（トーマス・グレコ著、本の泉社）など。

個人ブログ「机の上の空」「教育改革情報」を開設。http://onuma-cocolog.nifty.com

自由《じゆう》な学《まな》びとは——サドベリーの教育哲学《きょういくてつがく》

2010年10月10日　初版第1刷発行　　定価3400円＋税

著　者　ダニエル・グリーンバーグ
訳　者　大沼安史
発行者　高須次郎
発行所　緑風出版 ©
〒113-0033　東京都文京区本郷2-17-5　ツイン壱岐坂
［電話］03-3812-9420　［FAX］03-3812-7262
［E-mail］info@ryokufu.com
［郵便振替］00100-9-30776
［URL］http://www.ryokufu.com/

装　幀　斎藤あかね
制　作　R企画　　印　刷　シナノ・巣鴨美術印刷
製　本　シナノ　　用　紙　大宝紙業　　E1500

Printed in Japan　　ISBN4-8461-1001-7　C0037

◎緑風出版の本

世界一素敵な学校
サドベリー・バレー物語
ダニエル・グリーンバーグ著／大沼安史訳
四六版上製
三一六頁
2000円
カリキュラムも、点数も、卒業証書もない世界一自由な学校と言われる米国のサドベリー・バレー校。人が本来持っている好奇心や自由を追い求める姿勢を育むことこそが教育であるとの理念を貫くまさに、21世紀のための学校。

自由な学びが見えてきた
サドベリー・レクチャーズ
ダニエル・グリーンバーグ著／大沼安史訳
四六版上製
二三二頁
1800円
本書は、自由教育で世界に知られるサドベリー・バレー校を描いた『世界一素敵な学校』の続編で、創立三十周年のグリーンバーグ氏の連続講話。基本理念を再検討し、「デモクラシー教育」の本質、ポスト産業社会の教育を語る。

ドイツ環境教育教本
［環境を守るための宝箱］
ティルマン・ラングナー著／染谷有美子訳
四六版上製
三五六頁
2800円
環境教育の重要性が叫ばれているが、子ども達にそれを認識させるのは、難しい。本書は、環境政策先進国、ドイツの教本であり、きっかけ作りから、ねらい、準備と実施、経験と成果というように、具体的な授業内容になっている。

ホームスクーリングに学ぶ
リンダ・ドブソン著／遠藤公美恵訳
四六並製
三六四頁
2300円
米国では、ホームスクーリングは優秀な生徒を多く排出している。本書は、草分け的存在である著者がそのエッセンスを披露。手法や勉強のこつを具体的に伝授。ホームスクーリングをめざす親のみならず、すべての親に必読の書。